management forum

Charles Lattmann und
Jan Krulis-Randa (Hrsg.)
Die Aufgaben der Personalabteilung in einer sich wandelnden Umwelt
1989. 239 Seiten. Brosch. DM 68,-
ISBN 3-7908-0448-7

Charles Lattmann und Bruno Staffelbach (Hrsg.)
Die Personalfunktion der Unternehmung im Spannungsfeld von Humanität und wirtschaftlicher Rationalität
1991. 314 Seiten. Geb. DM 90,-
ISBN 3-7908-0536-X

Michel Domsch und
Andrea Schneble (Hrsg.)
Mitarbeiterbefragungen
2. Aufl. 1992. 188 Seiten. Geb. DM 78,-
ISBN 3-7908-0617-X

Charles Lattmann, Gilbert J. B. Probst
und Frédéric Tapernoux (Hrsg.)
Die Förderung der Leistungsbereitschaft des Mitarbeiters als Aufgabe der Unternehmensführung
1992. 354 Seiten. Geb. DM 110,-
ISBN 3-7908-0661-7

Michael Hofmann, Klaus Zapotoczky und
Herbert Strunz (Hrsg.)
Gestaltung öffentlicher Verwaltungen
1993. 404 Seiten. Geb. DM 120,-
ISBN 3-7908-0669-2

Michel E. Domsch
Sven H. A. Siemers (Hrsg.)

Fachlaufbahnen

Mit 112 Abbildungen

Springer-Verlag Berlin Heidelberg GmbH

Reihenherausgeber
Michel E. Domsch, Universität der Bundeswehr Hamburg
Michael Hofmann, Wirtschaftsuniversitat Wien
Charles Lattmann, Rüschlikon, Schweiz

Schriftleitung
Dr. Christine Fohler-Norek, Wirtschaftsuniversität Wien
Dipl.-Kfm. Sven H. A. Siemers, Universität der Bundeswehr Hamburg

Bandherausgeber
Professor Dr. Michel E. Domsch
Dipl.-Kfm. Sven H. A. Siemers
I.P.A. Institut für Personalwesen
und Arbeitswissenschaft der
Universität der Bundeswehr Hamburg
D-22039 Hamburg

ISBN 978-3-7908-0755-4 ISBN 978-3-642-57988-2 (eBook)
DOI 10.1007/978-3-642-57988-2

Die Deutsche Bibliothek - CIP-Einheitsaufnahme
Fachlaufbahnen / Michel E Domsch, Sven H A Siemers
(Hrsg) - Heidelberg Physica-Verl , 1994
(Management-Forum)
ISBN 978-3-7908-0755-4
NE Domsch, Michel [Hrsg]

Ursprünglich erschienen bei Physica-Verlag Heidelberg 1994

Druckvorlage ecotext-Verlag, Wien
Druck Weihert-Druck GmbH, Darmstadt
Bindearbeiten Buchbinderei Schaffer, Grunstadt
88/2202-543210 - Gedruckt auf saurefreiem Papier

Vorwort

Zwei Schlagwörter haben die Personalarbeit in den letzten Jahren besonders geprägt: "Individualisierung" und "Professionalisierung". Beide haben zur Überprüfung der bisherigen Anreizkonzepte geführt.

Bei einer personalen Betrachtung steht durch "Individualisierung" der einzelne Mensch mit seinen individuellen Bedürfnissen, Fähigkeiten, Entwicklungsmöglichkeiten, individuellen Zielvereinbarungen im Mittelpunkt. Das muß automatisch zu einer Erweiterung der gängigen betrieblichen Anreizsysteme führen, die eher gruppenorientiert ein gleichförmiges Angebot beinhalten, ohne dabei dem einzelnen Individuum tatsächlich gerecht werden zu können. Dies trifft auch für den speziellen Anreiz "Entwicklungsmöglichkeiten" zu. Aufstieg durch Personal- und Laufbahnentwicklung ist in der Regel nur in der herkömmlichen, hierarchisch geschichteten Führungspyramide möglich. Aber es gibt Mitarbeiter/innen, die in ihrer fachlichen Kompetenz, deren Entwicklung und deren Einsatz ihre Arbeitszufriedenheit und Leistungsstärke empfinden. Für sie stellt eine Fachlaufbahn eine gewünschte Alternative zur traditionellen Führungslaufbahn und damit einen hohen Anreiz dar.

Bei einer organisationalen Betrachtung steht durch "Professionalisierung" die steigende Komplexität der Arbeitswelt ihrer Struktur, ihrer Abläufe, ihrer Steuerung, ihrer Inhalte nach im Mittelpunkt. Dies fordert in vielen Arbeitsbereichen, Arbeitsgruppen, -teams, in Gremien, Management Units etc. neben Management-Generalisten ebenso Management-Spezialisten, die überwiegend frei von Personalführungsaufgaben als Fach-Promotoren gefordert sind. Auch für sie ist ein engagierter Einsatz über einen längeren Zeitraum nur denkbar, wenn ein entsprechendes Anreizelement die eigenen Entwicklungsmöglichkeiten verstärkt.

So verbinden sich letztendlich persönliche und betriebliche Interessen bei Angebot und Nachfrage alternativer Entwicklungsmöglichkeiten. Die Fachlaufbahn kann hierzu einen wesentlichen Beitrag liefern. Dieser Sammelband will nicht diese Form der Laufbahnentwicklung euphorisch anpreisen. Ganz im Gegenteil. Es soll vielmehr ein Beitrag zur Diskussion über Möglichkeiten und Grenzen von Fachlaufbahnen angeboten werden. Denn in der Praxis als auch in der Wissenschaft gibt es Befürworter wie ablehnende Haltungen.

Wenn dennoch in dieser Veröffentlichung Autoren zu Wort kommen, die aus einem wissenschaftlichen oder praxisorientierten Standort eher für Fachlaufbahnen eintreten, so haben die Herausgeber diese Vorselektion bewußt betrieben. Denn Zweifler gibt es bei jedweder Neuerung sowieso. Fachlaufbahnen umfangreich einzuführen, ist eine dieser Neuerungen für den jahrzehntelang eher konservativen Personalführungsbereich. Von diesem wird zwar viel Innovationsbereitschaft der Mitarbeiter/innen gefordert, aber selbst oft nicht erbracht. Insofern soll dieses Buch auch "Mut machen" und nicht durch Negativbeispiele die Zauderer in ihrer Inaktivität stärken.

Die Herausgeber danken allen Autoren für ihre engagierte Beteiligung, die letztendlich zu dieser Veröffentlichung führte. Frau Erika Blum gilt ein besonderer Dank für die monatelange engagierte Betreuung und Gestaltung des Manuskriptes, bis es diese Endform gewann. Vielen Dank auch an den Verlag, der das unternehmerische Risiko des Markterfolges übernommen hat, an dem die Herausgeber jedoch nicht zweifeln. Denn Fachlaufbahnen sind Elemente einer flexiblen und innovativen Personalentwicklung. Insofern sind sie interessant für die Praxis, für Personalberater, für Lehrende wie Forschende.

Hamburg, Oktober 1993

Michel E. Domsch
Sven H. A. Siemers

Inhaltsverzeichnis

A. Konzeption von Fachlaufbahnen

Fachlaufbahn - ein Beitrag zur Flexibilisierung und Mitarbeiterorientierung der Personalentwicklung

Michel E. Domsch*

Gliederung

---

*) Univ.-Prof. Dr. Michel E. Domsch, Leiter des I.P.A. Institut für Personalwesen und Arbeitswissenschaft, Universität der Bundeswehr Hamburg

Fachlaufbahn - ein Beitrag zur Flexibilisierung und Mitarbeiterorientierung der Personalentwicklung

1. Einführung

Es ist unbestritten, daß erfolgreiche Unternehmen einen hohen Bedarf an qualifizierten und motivierten Fach- und Führungskräften haben. Eine systematische Personalplanung und -entwicklung ist daher für die kurz-, mittel- und langfristige Sicherung und den Ausbau des Unternehmenserfolges unabdingbar. Zudem wird für die gesamten 90er Jahre eine Verknappung des Angebotes an qualifiziertem Potential auf dem Arbeitsmarkt vorausgesagt. Dies gilt sowohl für Führungskräfte mit umfangreicher Personalverantwortung bzw. Führungsnachwuchskräfte, besonders aber für Fachkräfte, bei denen eine hohe Sach- und Fachverantwortung überwiegt. Darüber hinaus entspricht eine quantitative und qualitative Personalplanung und -entwicklung den berechtigten Ansprüchen der Mitarbeiter, als (angeblich) "wichtigstes Gut" und als "Humanvermögen" bzw. "human capital" auch so behandelt zu werden. Die Wertewandeldiskussion hat schon seit Jahren verdeutlicht, daß Mitarbeiter Entfaltungs-, Mitwirkungs- und Entwicklungsmöglichkeiten von Unternehmen erwarten und sich bei entsprechenden Maßnahmen mit herausragender Leistungsbereitschaft und -fähigkeit erfolgreich und verantwortungsbewußt für das Unternehmen einsetzen (v. Rosenstiel u.a., 1989).

Eine besonders wichtige Rolle spielen dabei Möglichkeiten im Rahmen der Personalentwicklung, speziell der Laufbahnentwicklung (Gerpott, 1988; Gerpott/Domsch, 1991). In mehreren Forschungsprojekten und in einer Vielzahl von wissenschaftlichen Beratungsprojekten und Weiterbildungsveranstaltungen für Fach- und Führungskräfte hat sich das I.P.A. Institut für Personalwesen und Arbeitswissenschaft der Universität der Bundeswehr Hamburg mit der Thematik der Laufbahnentwicklung im Rahmen des strategischen Personalmanagements in der Praxis für die Zielgruppe der Fach- und Führungskräfte auseinandergesetzt. Dabei standen insbesondere die in Abbildung 1 ausgewiesenen Laufbahnalternativen im Mittelpunkt.

(1) Traditionelle Führungslaufbahn

Aufstieg; z.B. vom Sachbearbeiter zum Gruppenleiter, Abteilungsleiter, Hauptabteilungsleiter, Bereichsleiter etc. mit zunehmender Personalverantwortung im Rahmen der traditionellen Führungshierarchie

(2) Fachlaufbahn

a. *Spezialistenlaufbahn*

Aufstieg über Positionen für hochqualifizierte Spezialisten mit hoher Expertenverantwortung, aber geringem Umfang an Personalverantwortung und Administration im Rahmen der Spezialistenhierarchie

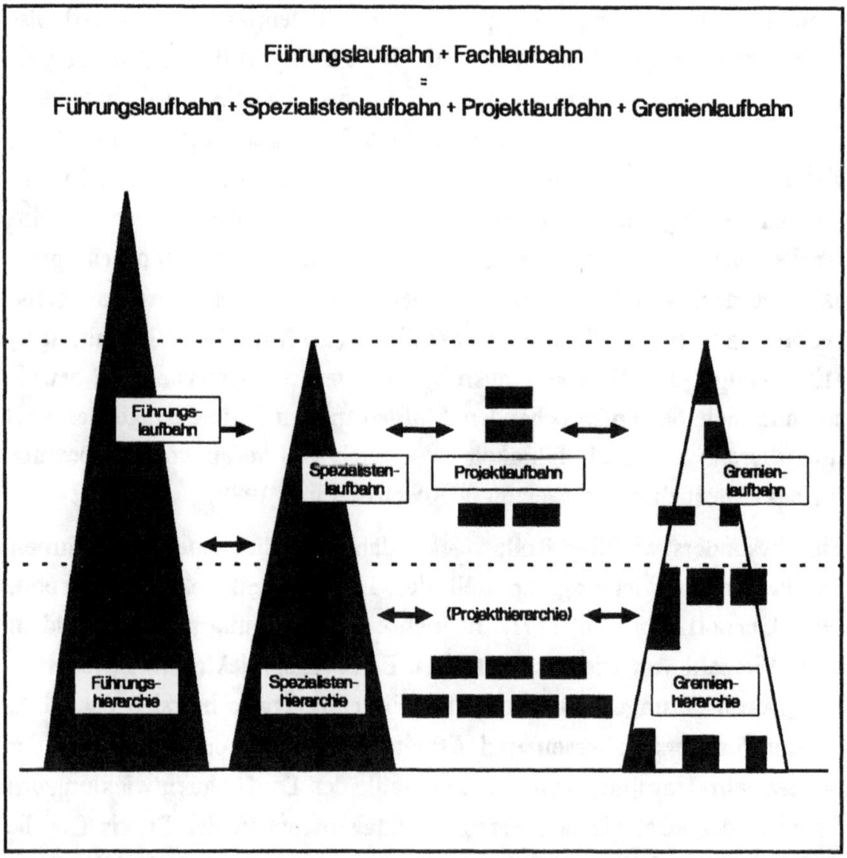

Abb.1: Alternative Laufbahnstrukturen

b. Projektlaufbahn

Aufstieg über zunehmend fachliches Engagement in kleineren hin zu umfangreichen und strategisch hochwichtigen Projekten im Rahmen einer Projekthierarchie

c. Gremienlaufbahn

Aufstieg als Fach- und Ressortvertreter in zunehmend höher angesiedelten Gremien/Expertenkreisen/Product-Teams/Business Units etc. im Rahmen einer Gremienhierarchie.

Diese Laufbahnen stehen nicht isoliert nebeneinander, sondern eine Gesamtkonzeption ermöglicht und bedingt natürlich Wechsel zwischen diesen grundsätzlich verschiedenen Laufbahnstrukturen. Grenzen und Möglichkeiten sind jedoch auf den Einzelfall der betrieblichen Situation und des individuellen Potentials abzustellen.

2. Empirische Befunde

Zur Einschränkung der verschiedenen Laufbahnen haben empirische Untersuchungen des I.P.A. in verschiedenen Branchen und Funktionsbereichen wichtige Diagnoseergebnisse erbracht. Abbildung 2 enthält davon ein typisches Beispiel aus der Chemieindustrie, Bereich "Forschung und Entwicklung" (Basis: Befragung von 312 Naturwissenschaftlern aus Chemieunternehmen):

- Die Existenz der traditionellen Führungslaufbahn sowohl innerhalb der Forschung und Entwicklung als auch in anderen Unternehmensbereichen wird von den befragten Mitarbeitern/innen zu 100 Prozent als (sehr) wichtig angesehen. Dieser Nachfrage steht in allen einbezogenen Unternehmen von der Art her auch das entsprechende Angebot zur Verfügung: alle Unternehmen haben - wie erwartet - in allen Bereichen die traditionelle Führungslaufbahn. Allerdings ist hinsichtlich des Angebotes aufgrund der relativ wenigen Führungspositionen der quantitative Umfang begrenzt. Insofern steht hier einem hohen Bedarf nur ein geringes quantitatives Angebot gegenüber.
- Eine Laufbahn in Form der Spezialistenlaufbahn wird stark nachgefragt. Aber nur 8 Prozent der Befragten aus dem F&E-Bereich sehen ein tatsächliches Angebot in den Unternehmen, obwohl es zahlenmäßig viel höher (mittel) möglich wäre. Unternehmensweit ist die Nachfrage nach einer Spezialistenlaufbahn zwar niedriger. Aber auch hier liegt das vorhandene quantitative Angebot wesentlich niedriger.

- Die Fachlaufbahn in Form der Projektlaufbahn weist aufgrund der empirischen Untersuchung des I.P.A. ebenfalls eine extreme Abweichung zwischen Angebot und Nachfrage auf.
- Dies gilt analog auch für die Fachlaufbahn in Form der Gremienlaufbahn.

Dieses Ergebnis wurde in der Tendenz ebenfalls bei anderen Zielgruppen (z.B. aus den Bereichen Datenverarbeitung, Organisation, Marketing und Vertrieb) bestätigt.

Aufgrund dieser Befunde der I.P.A.-Studien ist insgesamt festzustellen, daß einer hohen Nachfrage nach Laufbahnentwicklung bisher tatsächlich nur ein knappes Angebot für Fach- und Führungskräfte gegenübersteht. Allerdings kann dieses Angebot erheblich gesteigert werden, wenn die Formen der Fachlaufbahn unter Personalentwicklungsgesichtspunkten ausgebaut würden.

Laufbahnform	**Nachfrage** - Wichtigkeit -	**Angebot** - Ist -	**"Markt-volumen"**
(1) Traditionelle Führungslaufbahn			
a. in F&E	100	100	niedrig
b. unternehmensweit	100	100	mittel
(2) Spezialistenlaufbahn			
a. in F&E	78	8	mittel
b. unternehmensweit	38	12	niedrig
(3) Projektlaufbahn			
a. in F&E	57	4	hoch
b. unternehmensweit	72	1	niedrig
(4) Gremienlaufbahn			
a. in F&E	42	5	niedrig
b. unternehmensweit	38	10	niedrig

Abb. 2: Einschätzung der verschiedenen Laufbahnalternativen

3. Laufbahnalternativen im Rahmen der Fachlaufbahn

Die weiteren I.P.A.-Projekte haben sich deshalb darauf konzentriert, mit Hilfe der Methoden der Organisationsentwicklung diese Laufbahnalternativen praxisrelevant zu konzipieren. Die Grundlagen hierfür werden im folgenden skizziert.

3.1 Spezialistenlaufbahn

Eine Spezialistenlaufbahn (Domsch/Gerpott, 1988; Frieling/Klein, 1989) ist ein neben der traditionellen Führungshierarchie (Führungslaufbahn) existierendes hierarchisches Positionsgefüge für hochqualifizierte Fachspezialisten. Sie sieht Rangstufen parallel zu verschiedenen Leitungsebenen mit spezifischen Bezeichnungen und Anreizen vor.

Charakteristisch für Positionen in der Spezialistenlaufbahn sind ein hoher Anteil an reinen Fach- und ein geringer Umfang an Personalführungs- und Verwaltungsaufgaben. Synonym für eine Spezialistenlaufbahn werden oft Bezeichnungen wie Parallel-, (auch) Fach-, Professional- oder Duallaufbahn/-hierarchie gebraucht. Oberziel einer Spezialistenlaufbahn ist die Förderung, Erhaltung und Belohnung besonderer fachlicher Leistungen. Sie soll für Spezialisten ohne (mit geringer) Personalverantwortung ein transparentes System von zusätzlichen Aufstiegsmöglichkeiten schaffen, wobei der Anstieg in dieser Hierarchie primär auf nachgewiesener fachlicher Kompetenz beruht und nicht mit einem Zuwachs an (Personal-)Managementaufgaben einhergehen soll. Durch diese Spezialistenlaufbahn kann mittelbar die Fluktuation demotivierter Spezialisten verringert werden. Dies ist um so wichtiger, als in weiteren I.P.A.-Projekten nachgewiesen wurde, daß sich 71,5 Prozent der einbezogenen Industrieforscher als überqualifiziert empfinden (Abbildung 3) und dies auch bei 21,5 Prozent von ihren Vorgesetzten bestätigt wird (Domsch u.a., 1989; Domsch/Haugrund, 1990).

Spezialistenlaufbahnen sind grundsätzlich für alle Unternehmensbereiche geeignet, in denen in großem Umfang Fachspezialisten tätig sind. Als Beispiele sind zu nennen: Forschung und Entwicklung, Datenverarbeitung, Bildungsbereich, Marketing.

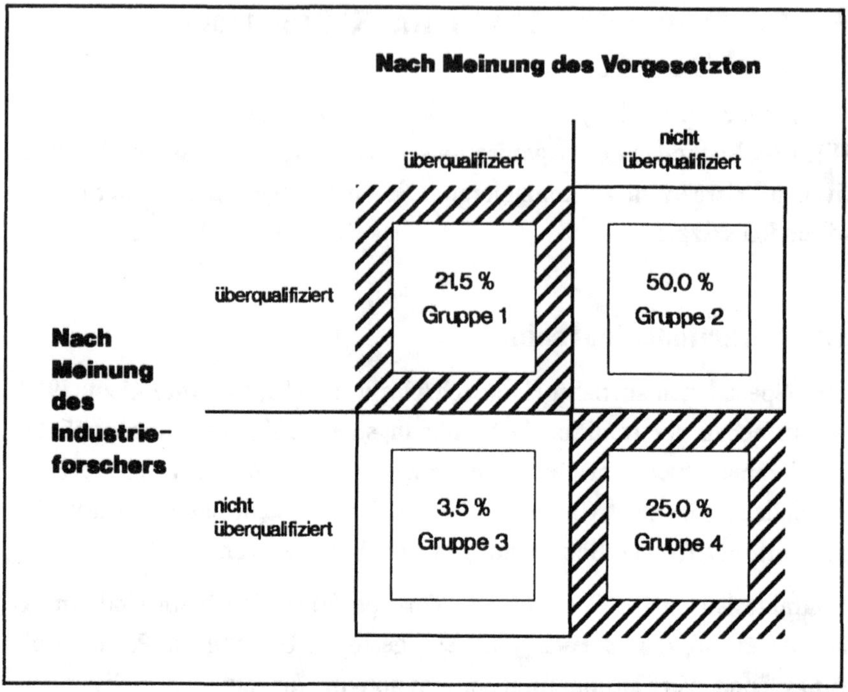

Abb. 3: Qualifikation von Industrieforschern

Damit eine Spezialistenlaufbahn in der Praxis zu einem effizienten Motivationsinstrument wird, ist vom Management eine Reihe von Aspekten zu beachten im Hinblick auf

- das Design der Spezialistenlaufbahn selbst,
- die Vorgehensweise bei der Einführung der Spezialistenlaufbahn,
- die Nutzung/Pflege der Spezialistenlaufbahn im Zeitablauf.

(1) Design der Spezialistenlaufbahn

Der strukturelle Entwurf einer Spezialistenlaufbahn wird zweckmäßigerweise einer Arbeitsgruppe übertragen, in der anerkannte Spezialisten, hochrangige Manager aus den relevanten Fachabteilungen und Vertreter der Personalabteilung zusammenarbeiten. Zu den Aufgaben dieser Arbeitsgruppe zählen:

- Festlegung der verschieden sachlich begründeten, klar unterscheidbaren Rangstufen der Spezialistenlaufbahn. Dabei ist grundsätzlich zwischen einer relativen und einer absoluten Spezialistenlaufbahn zu unterscheiden (Abbildung 4).

- Erstellung von Beschreibungen für typische Positionen auf den einzelnen Stufen der Spezialistenlaufbahn. Als Beschreibungskriterien kommen dabei unter anderem der Anteil und die Komplexität fachlicher Spezialaufgaben, Personalführungsverantwortung, Reporting-Beziehungen sowie die Bedeutung für den Unternehmenserfolg in Betracht.
- Bestimmungen der Gehaltsbandbreiten sowie sonstiger Anreiz-/Statussymbole (beispielsweise Freiräume bei der individuellen Arbeitszeitgestaltung oder Büroausstattung) für alle Rangstufen der Spezialistenlaufbahn, und zwar dergestalt, daß sie den entsprechenden Stufen der Managementlaufbhan wirklich gleichwertig sind.
- Definition der Eingangsvoraussetzungen/Auswahl- und Leistungsbeurteilungskriterien für jede Stufe der Spezialistenlaufbahn.
- Festlegung des Ernennungsverfahrens (zum Beispiel Initiativrechte, Entscheidungsträger). Hier hat sich die Einrichtung eines Auswahlgremiums bewährt, dem auch angesehene Spezialisten angehören.

Relative Spezialistenhierarchie			**Absolute Spezialistenhierarchie**		
Rangstufe	Leitungsebene	Spezialistenhierarchie	Rangstufe	Leitungsebene	Spezialistenhierarchie
1	Direktor	Wissenschaftlicher Berater	1	Direktor	Höherer fachwissenschaftlicher Berater
2	Bereichsleiter		2	Bereichsleiter	Fachwissenschaftlicher Berater
3	Abteilungsleiter		3	Abteilungsleiter	Wissenschaftlicher Experte
4	Gruppenleiter	Wissenschaftlicher Experte	4	Gruppenleiter	Fachwissenschaftler
5	Mitarbeiter		5	Mitarbeiter	Wissenschaftlicher Assistent

Abb. 4: Aufstiegsmöglichkeiten in der Spezialistenlaufbahn

(2) Einführung der Spezialistenlaufbahn

Die Akzeptanz einer Spezialistenlaufbahn bei den betroffenen Mitarbeitern kann durch eine partizipative Einführungsstrategie positiv beeinflußt werden. Eine solche Strategie beinhaltet nach Abschluß der Designphase eine Informationsphase, in der Spezialistenlaufbahnziele, -struktur und -auswahlprozeduren auch durch Vertreter des Topmanagements bekanntgemacht werden. Parallel hierzu sollten Vertreter des Personalwesens gemeinsam mit Ressortvertretern Positionsanalysen vornehmen, um die konkrete Einordnung von Stellen in die Spezialistenlaufbahn festzulegen. In einer ergänzenden personenbezogenen Betrachtung ist weiter zu untersuchen, inwieweit derzeitige Positionsinhaber die Voraussetzungen für eine Einordnung in eine bestimmte Spezialistenlaufbahnebene erfüllen. Die förmliche Ernennung der Bewerber, die die positionsbezogenen Anforderungen erfüllen, sollte zumindest auf den oberen Ebenen der Spezialistenlaufbahn durch die Geschäftsleitung selbst erfolgen und auch in geeigneter Form sichtbar gemacht werden (Organigrammänderung, Rundbrief etc.). Hierbei kann eine Anpassung der Positionsausstattung und Vertragsgestaltung notwendig werden. Um den exklusiven Charakter und damit den Anreizwert von Positionen der Spezialistenlaufbahn hervorzuheben und zu sichern, sollten Ernennungen eher konservativ gehandhabt werden: Ein Verhältnis von Management- zu Spezialistenlaufbahnpositionen von 3 : 1 oder höher hat sich als zweckmäßig erwiesen.

(3) Nutzung der Spezialistenlaufbahn

Eine Spezialistenlaufbahn als alternative Laufbahnstruktur wird langfristig dann am ehesten die an einer Karriere als Spezialist interessierten Mitarbeiter motivieren, wenn die negativen Erfahrungen beachtet und die negativen Erfahrungen im eigenen Unternehmen vermieden werden. Abbildung 5 enthält hierzu eine Gegenüberstellung.

Besonders ist hervorzuheben:

- Die Ernennung muß sich streng an der fachlichen Leistung orientieren. Das heißt, Spezialistenlaufbahnpositionen dürfen keinesfalls als "Abstellgleis" für erfolglose oder freigesetzte Manager mißbraucht werden.

- Die materielle sowie immaterielle Ausstattung einer Spezialistenlaufbahnposition muß einen gleich hohen Stellenwert wie bei einer vergleichbaren traditionellen Managementlaufbahn haben.
- Die Einordnung der jeweiligen Spezialistenposition in das Hierarchiesystem muß für den Positionsinhaber und für das gesamte Unternehmen transparent und nachvollziehbar sein. Dies setzt auch eine analoge, evtl. gemeinsame Veröffentlichung mit dem Organigramm voraus.
- Das personalwirtschaftliche Instrumentarium (z.B. Personalauswahlsysteme, Positions-/Funktions-/Stellenbeschreibungen, Beurteilungen, Mitarbeitergespräche, Entgelt- und Beteiligungssystem, Personalentwicklung) ist analog ebenso für die Spezialistenlaufbahn zu konzipieren und einzusetzen wie für die traditionelle Führungslaufbahn.

positive Erfahrungen	**negative Erfahrungen**
- wirksame Anreiz- und Belohnungsfunktion - zusätzliche Aufstiegschancen - kein Zwang, Spezialisten in Führungspositionen zu befördern - sinnvolle Aufgabentrennung zwischen Personalführungs-, Verwaltungs- und Fachaufgabe: keine bzw. geringere Personalführungs- und Verwaltungsaufgaben bei der Fachlaufbahn - Möglichkeiten zur Berücksichtigung unterschiedlicher individueller Zielvorstellungen - flexible Entgeltfindung - Förderung von notwendigem Spezialwissen	- zu wenig vernetztes Denken und Handeln - sinkende Einsatzflexibilität der Wissenschaftler bei zu einseitiger Spezialisierung - Sackgasse/Einbahnstraße/ Altersruhesitz/Treuebonus - Schwierigkeiten bei der Beurteilung für eventuelle Beförderungen - Verschärfung des Konkurrenzkampfes zwischen den Mitarbeitern - Personalführungsprobleme - ungeeignetes Beurteilungs- und Personalentwicklungssystem

Abb. 5: Erfahrungen mit Spezialistenlaufbahnen

3.2 Projektlaufbahn

Viele Unternehmensbereiche weisen ganz oder teilweise projektorientierte Organisationsstrukturen auf. In Ergänzung zum bestehenden, hierarchisch aufgebauten Organisationsgefüge wird zunehmend projektbezogen und teamorientiert, sowohl bereichsintern wie bereichsübergreifend, gearbeitet. Die Forderungen nach größerer Flexibilität bei der Zusammenarbeit und nach flacheren Hierarchien tragen dazu bei. In Abbildung 6 sind wichtige Projektformen und die damit verbundenen Laufbahnentwicklungsmöglichkeiten beispielhaft aufgeführt.

Dabei zeigt sich auf Basis der I.P.A.-Studien neben der traditionellen Führungslaufbahn und der Spezialistenlaufbahn für die Projektlaufbahn eine dritte praxisrelevante Laufbahnstruktur (s. auch Abbildung 1). Besonders hinzuweisen ist darauf, daß es sich hier nicht lediglich um die schon immer bestehende Projektarbeit als Mitarbeiter oder Projektleiter handelt. Hier geht es um eine systematische Einbindung der Projektarbeit in ein Personalentwicklungskonzept.

Eine Projektlaufbahn schafft nicht nur zusätzliche Möglichkeiten, die Karrieren eines ausgewählten Personenkreises durch Alternativen der Laufbahnentwicklung zu ermöglichen. Der zeitlich begrenzte Einsatz eines Mitarbeiters als Projektleiter kann vom Management auch zur Identifikation und Förderung von Führungspotential genutzt werden (Personalauswahl- und Entwicklungsfunktion). Es handelt sich um eine Art "reales" Assessment Center.

Um den Anreiz von Projekt(leiter)positionen zu erhöhen, sollten auch diese Positionen formal im Organisationsplan ausgewiesen und dann in die für Führungskräfte üblichen Informations- und Entscheidungsprozesse eingebunden werden. Auch für Spezialisten ohne Interesse an Projektleiterpositionen - oder solche ohne Potential dafür - bietet eine Projektlaufbahn durchaus Entwicklungsmöglichkeiten, wenn im Rahmen von Projektarbeiten zunehmend komplexere Fachaufgaben übertragen werden.

Generell sollten mit dem Mitarbeiter bereits bei Übernahme einer Position in der Projekthierarchie seine Einsatzmöglichkeiten nach Projektende besprochen werden. Denn es wird sich ja grundsätzlich um einen zeitlich begrenzten Einsatz handeln. Aber gerade zur Potentialerkennung

Projektform	Kurzbeschreibung	Projektlaufbahnentwicklung (Beispiele)
traditionelle Projekte	Eine bestimmte Anzahl von Teammitgliedern, die sich aus allen für die Projektaufgaben bedeutsamen Unternehmensbereichen rekrutieren, arbeiten auf Zeit an einer Problemstellung	- Team-Mitglied - Projektleiter (kleinere Projekte) - Projektleiter (komplexere Projekte)
Task Force	Einer bestimmten Anzahl von Mitarbeitern wird die Aufgabe gestellt, mit höchster Priorität innerhalb einer bestimmten Zeit eine Idee/eine Vorgabe unter wirtschaftlichen, juristischen, technischen usw. Gesichtspunkten zu penetrieren und deren Umsetzung zu forcieren.	- Team-Mitglied - Projektleiter (kleinere Projekte) - Projektleiter (komplexere Projekte)
New Venture Team	Eine Gruppe von Mitarbeitern, die in der Regel aus unterschiedlichen Unternehmensbereichen kommen, wird beauftragt, nach neuen Geschäftsfeldern für das Unternehmen zu suchen.	- Team-Mitglied - Projektleiter - Verantwortliche Position bei neuen Geschäftsaktivitäten
	Sonderform: "Spielwiesen" Einer Gruppe von Mitarbeitern, die in der Regel aus unterschiedlichen Unternehmensbereichen kommen, wird ein bestimmtes Budget ("Spiel"-Geld, Arbeitsräume, Laborkapazität etc.) für eine bestimmte Zeit zur Verfügung gestellt. Vorgaben (Projektthemen, Entwicklungsideen u.ä.) bestehen ansonsten nicht. Die Gruppe soll sich überlegen, was sie mit dem Budget im Sinne des Unternehmens anfangen würde.	- Team-Mitglied - Projektleiter - Verantwortliche Position bei neuen Geschäftsaktivitäten
Prduktteam	Mitarbeiter aus den relevanten Unternehmensbereichen (Forschung/Entwicklung, Produktion, Vertrieb national/international, Planung, Rechnungswesen, Personal etc.) managen als Produkt(gruppen-)leitung einen bestimmten produktbezogenen Geschäftsbereich (Unternehmen im Unternehmen).	- Team-Mitglied - Team-Sprecher (Vorsitzender in kleineren Produktbereichen) - Team-Sprecher (Vorsitzender von großen Produktbereichen)
Zirkel	Eine Gruppe von Mitarbeitern trifft sich in einer Serie von regelmäßig durchgeführten und moderierten Gesprächsrunden (Qualitätszirkel, Innovationszirkel, Lernstatt, Werkstattzirkel etc.), um über Probleme, Schwachstellen, neue Ideen und Ansätze im Zusammenhang mit ihrem Tätigkeitsbereich zu diskutieren, Lösungsansätze zu erarbeiten und diese zu präsentieren. Auch an der Umsetzung sollen die Gruppenmitglieder so weit wie möglich beteiligt werden.	- Mitglied von Zirkeln - Moderator von Zirkeln - Koordinator der Zirkelarbeit

Abb. 6: Verschiedene Projektformen und damit verbundene Projektlaufbahnentwicklung

und -entwicklung bieten auch diese projektgebundenen Zeiten wertvolle Hinweise.

Mit dem Einsatz der Projektlaufbahn sind in der Praxis positive und negative Erfahrungen gesammelt worden. Hierzu enthält die Abbildung 7 eine Zusammenstellung.

positive Erfahrungen	**negative Erfahrungen**
- wirksame Anreiz und Belohnungsfunktion - zusätzliche Aufstiegschancen - größere Flexibilität bei der Personalentwicklung - Potentialerkennung ("reales" Assessment Center) im Hinblick auf z.B. Kreativität, Verantwortungsbereitschaft, Teamfähigkeit, Kontaktfähigkeit, Konflikthandhabung, fachliche Anforderungen bei komplexen, innovativen Aufgabenstellungen, Personalführungsqualifikation - Entwicklung unternehmerischer Fähigkeiten bei der Leitung bereichsübergreifender Projektteams - Erkennen erforderlicher Personalentwicklungsmaßnahmen und Potentialförderung - Möglichkeit zur Berücksichtigung unterschiedlicher individueller Zielvorstellungen - flexiblere Entgeltfindung (z.B. durch Projektzulagen)	- Laufbahnentwicklung (zunächst) auf Zeit - Projektlaufbahn nicht in die Personalplanung einbezogen (re-entry-Problematik, ähnlich wie beim Auslandseinsatz) - keine Positionsbestimmung (Vergleichbarkeit mit Führungs- und Fachlaufbahn) für Projektlaufbahn - keine organisatorische Zuordnung und Veröffentlichung in Ergänzung zum Organigramm - unklare Kompetenzregelung, insb. für den Projektleiter bei Sach- und Personalfragen - Personalführungsprobleme (insb. unklare Trennung zwischen fachlicher und disziplinarischer Unterstellung der Projektmitarbeiter und insbesondere der Projektleiter)

Abb. 7: Erfahrungen mit Projektlaufbahnen

3.3 Gremienlaufbahn

Die Information und Kommunikation sowie die Entscheidungsfindung werden in den traditionellen Führungsstrukturen - mit ihren hierarchischen, insbesondere vertikalen Verknüpfungen - häufig als zu starr empfunden. Außerdem erfordern komplexe strategische und operative Entscheidungen eine fundierte Planung aller relevanten Facheinheiten im Zusammenhang. Zudem werden im Zuge der Dezentralisierung Verantwortlichkeiten (z.B. im Sinne von Profit- oder Cost- Center) und entsprechende Kompetenzen "in die Organisation vergeben". So bilden sich "Unternehmen im Unternehmen" und entsprechende "Gremien" wie "business units", "profit center boards", "Sparten-" und "Produktmanagement-Units", "Abstimmkreise", "Beratungsgruppen" etc. Sie können von ihrer Bedeutung her in eine "Wertigkeitsstufe" eingeordnet werden. Auch hier gilt wie bei den anderen Laufbahnmöglichkeiten analog, daß es Gremienarbeit schon immer gab. Aber im Rahmen dieser Überlegungen wird die Mitarbeit in Gremien in ein Personalentwicklungs-, speziell in ein Laufbahnentwicklungskonzept eingebunden. Mit zunehmender Bedeutung (gemessen an Aufgabenstellung, personeller Besetzung, Entscheidungskompetenz etc.) der Gremien bzw. mit zunehmend höherer Wertigkeitsstufe ist mit der Teilnahme im speziellen Gremium eine höhere Laufbahnstufe erreicht. So wird die Mitwirkung im Rahmen eines Produktmanagement-Gremiums in der Regel niedriger angesiedelt sein als die Mitgliedschaft in einem "Business Unit-Board", wo ein ganzes Sortiment gemanagt wird. Generell werden Art und Umfang der Gremienarbeit immer nur unternehmensspezifisch und damit situationsgebunden festgelegt werden können.

Erfahrungen liegen bisher nur im begrenzten Umfang vor. Zu nennen sind ähnliche Aspekte hinsichtlich Erfahrungen, wie sie für die Projektlaufbahn in Abbildung 7 aufgeführt wurden.

Für alle Laufbahnalternativen gilt, daß ein Wechsel zwischen ihnen vorgesehen werden muß. Zudem würde auch hier jeweils nur für eine begrenzte Anzahl im Rahmen der betrieblichen Möglichkeiten sowie der individuellen Fähigkeiten und Bereitschaften ein Aufstieg möglich sein. Aber durch die Konzeption eines Laufbahnsystems mit Fachlaufbahnen im dargestellten Sinne wird dem Wunsch nach Flexibilisierung und nach erhöhten Aufstiegsmöglichkeiten entsprochen.

4. Anforderungen an die Personalarbeit

Mit der Realisierung des Konzeptes einer flexiblen Laufbahnstruktur unter besonderer Berücksichtigung von Fachlaufbahnen ist eine Reihe von Anforderungen an die Personalarbeit gebunden. Hierzu gehören insbesondere folgende Themen:

4.1 Entscheidungsfindung

Es müssen eine detaillierte Vorstellung und Diskussion möglicher Laufbahnalternativen mit den damit verbundenen positiven und negativen Erfahrungen erfolgen. Häufig sind Unternehmensleitungen, aber auch Personalbereiche hier zunächst nur begrenzt innovationsfreudig. Zwar werden Flexibilität und Innovationsbereitschaft wie -fähigkeit als Grundvoraussetzungen für ein erfolgreiches Management herausgestellt. Die Personalarbeit ist aber eher als konservativ einzustufen. Insofern muß oft umfangreiche Überzeugungs- und Abstimmarbeit bei allen Führungskräften geleistet werden, um eine positive Entscheidung in Richtung Fachlaufbahn im dargestellten Sinne zu erreichen.

4.2 Erhebung von Angebot und Nachfrage

Zur konkreten Konzeptionsentwicklung sind Informationen über Angebot, Nachfrage und Potential hinsichtlich verschiedener Fachlaufbahnen zu gewinnen. Auf der betrieblichen Seite ist hier die mittel- und langfristige Personal- und Organisationsplanung gefordert, um das Angebot an Fachlaufbahnmöglichkeiten zu konkretisieren. Die Mitarbeiter selbst sind zu befragen, inwieweit Interesse (Nachfrage) danach besteht. Dies ist wichtig, um die tatsächliche Anreizwirkung festzustellen. Konkrete Hinweise können auch speziellen Mitarbeiterbefragungen entnommen werden (Domsch/Schneble, 1992).

4.3 Potentialerfassung und Personalentwicklung

Zu den wichtigsten personalwirtschaftlichen Fragen zählt die Auswahl und Förderung von Mitarbeitern/innen für die einzelnen Laufbahnmöglichkeiten. Auch hier hat das I.P.A. Institut für Personalwesen und Arbeitswissenschaft seit nunmehr fast zehn Jahren empirische Untersuchungen und in Zusammenarbeit mit der Industrie praxisnahe Projekte durchgeführt. Eine spezielle I.P.A.-Studie im Bereich Forschung und Entwicklung zeigt gemäß Abbildung 8 beispielhaft für projektorientierte Tätigkeit, daß es eine Vielzahl von Möglichkeiten gibt, Potentialeinschätzungen vorzunehmen. Die ausgewiesenen Prozentsätze beziehen sich hier auf Befragungsergebnisse aus der Chemieindustrie und der Elektroindustrie/ EDV. Hinter jedem der genannten Beurteilungsverfahren muß natürlich ein umfangreiches Konzept dem Inhalt, der Einführung, der Anwendung als auch Evaluierung nach stehen. Es zeigt sich, daß viele Verfahren von den Betroffenen zwar als außerordentlich wichtig angesehen werden, die Praxis jedoch noch relativ wenig anbietet bzw. einsetzt.

Form	Ist	Soll/ Wichtigkeit
Leistungsbeurteilung	67	100
- Projektleiter/Gruppenleiter alleine	22	63
- disziplinarischer Vorgesetzter alleine	(= 100) 65	16
- Projektleiter/Gruppenleiter/ Vorgesetzter gemeinsam	13	91
Potentialbeurteilung		100
- disziplinarischer Vorgesetzter	44	
- mehrere Personen	14	92
Mitarbeitergespräch	41	100
Assessment Center (AC)		
- Gruppen-AC	9	64
- Einzel-AC	2	24
Mitarbeiterbefragung		
- Mitarbeiter	6	37
- Selbsteinschätzung	2	59
- Gleichgestellte	3	27
Angaben in Prozent	F&E	Zeitraum: 1988/92

Abb. 8: Potentialerfassung (F&E)

Es genügt zudem nicht, die alternativen Laufbahnstrukturen neu einzuführen. Für die jeweiligen Zielgruppen und deren Vorgesetzte sind entsprechende Personalentwicklungsmaßnahmen zu konzipieren und umzusetzen.

Üblicherweise erfordert dies bei der Einführung von Fachlaufbahnen eine entsprechende Ergänzung in den Leitlinien der Führung und Zusammenarbeit.

5. Ausblick

Das Mitarbeiterpotential wird immer mehr zum strategischen Erfolgsfaktor für die Unternehmen. Daher werden die Anstrengungen für ein wirksames Personal-Marketing, eine systematische Potentialplanung und -entwicklung weiterhin zunehmen. Insofern werden entsprechende Investitionen im Personalbereich in den 90er Jahren mit Sicherheit die Sach- und Finanzinvestitionen oft übersteigen. Um aber auch bei den Personalinvestitionen einen hohen "return on investment" sicherzustellen, werden entsprechende Bemühungen in der Weiterentwicklung des traditionellen Instrumentariums der Personalplanung und -entwicklung unabdingbar sein.

Unternehmen, die diese hohe Relevanz von Personalinvestitionen für die Sicherung des Unternehmenserfolges noch nicht erkannt haben, eventuell nur "im Prinzip" und "selbstverständlich", dafür aber allgegenwärtig darüber reden, werden in Zukunft kaum eine erfolgreiche Rolle spielen. Engagierte und qualifizierte Mitarbeiter, die spüren, daß ihr Unternehmen für sie keine umfangreichen Personalinvestitionen vornimmt, sollten schnellstmöglichst ihre Arbeitssituation verändern. Potentialplanung und -entwicklung sind für Arbeitgeber/Personalabteilung, Vorgesetzte und Mitarbeiter im Rahmen einer kooperativen Führung und Zusammenarbeit Bring- und Holschuld. Alternative Laufbahnstrukturen in Form der Fachlaufbahn können hierbei Problemlösungen darstellen.

Literaturverzeichnis

Domsch, M./Gerpott, T. J. (1988): Personalführung als Erfolgsfaktor in Forschung und Entwicklung. In: *Harvard manager,* o. Jg., 2. Quartal, S. 64-70.

Domsch, M./Gerpott, T. J./Haugrund, S./Merfort, M. (1989): Personalentwicklung in der Industrieforschung. Stuttgart: Schäffer Poeschel.

Domsch, M./Haugrund, S. (1989): Überqualifikation in der industriellen Forschung und Entwicklung. Ergebnisse einer empirischen Untersuchung. In: *technologie & management,* 38. Jg., S. 15-24.

Domsch, M./Schneble, A. (1992): Mitarbeiterbefragungen, 2. Aufl., Heidelberg: Physica.

Frieling, E./Klein, H. (1989): Fachlaufbahn für Konstrukteure. In: *Personalwirtschaft,* o. Jg., Heft 10, S. 22-29.

Gerpott, T. J. (1988): Karriereentwicklung von Industrieforschern. Berlin/New York: Walter de Gruyter.

Gerpott, T. J./Domsch, M. (1991): Anreiz im Bereich der industriellen Forschung und Entwicklung. In: Schanz, G. (Hrsg.), *Handbuch Anreizsysteme in Wirtschaft und Verwaltung,* Stuttgart: Schäffer Poeschel, S. 999-1023.

Hämmerle, M. (1990): Gute Mitarbeiter bei der Stange halten. In: *industrielle organisation. Management Zeitschrift,* 59. Jg., S. 56-58.

Haugrund, S. (1990): Qualifikationsreserven in der industriellen Forschung und Entwicklung. Stuttgart: Schäffer Poeschel.

Laske, S. (1987): Personalentwicklung als Führungsmittel. In: Kieser,A./ Reber, G./Wunderer, R. (Hrsg.), *Handwörterbuch der Führung,* Stuttgart: Schäffer Poeschel, Sp. 1656- 1668.

Rosenstiel, L. v./Nerdinger, F. W./Spiess, E./Stengel, M. (1989): Führungsnachwuchs im Unternehmen. Wertkonflikte zwischen Individuum und Organisation. München: Beck.

Weber, W./Martin, A. (1987): Personalplanung für Führungskräfte. In: Kieser,A./Reber, G./Wunderer, R. (Hrsg.), *Handwörterbuch der Führung.* Stuttgart: Schäffer Poeschel, Sp. 1681-1659.

Fachlaufbahnen in der industriellen Forschung & Entwicklung

Torsten J. Gerpott*

Gliederung

---

*) Priv.-Doz. Dr. Torsten J. Gerpott, Mitglied der Geschäftsleitung, Booz•Allen & Hamilton Inc., Düsseldorf

Fachlaufbahnen in der industriellen Forschung & Entwicklung

1. Grundlagen

1.1 Industrielle Forschung und Entwicklung (F&E)

Verstärkter nationaler und internationaler Wettbewerbsdruck, gestiegene und sich z.T. rasch wandelnde Kundenanforderungen sowie damit verbundene verkürzte Produktvermarktungszeiträume haben in vielen Industrien dazu geführt, daß neue Produkte und/oder qualitativ bessere oder kostengünstigere innovative Herstellungsprozesse als Schlüsselfaktoren für den Unternehmenserfolg in den letzten Jahren erheblich an Bedeutung gewonnen haben. Die materielle Basis für solche technologischen Innovationen legen Industrieunternehmen überwiegend dadurch, daß sie systematische Aktivitäten entfalten, die auf den Erwerb neuer natur- und ingenieurwissenschaftlicher Erkenntnisse und/oder die neuartige Anwendung derartiger Erkenntnisse in Produkten und Produktionsprozessen ausgerichtet sind. Diese Aktivitäten und die sie ausführende Unternehmensfunktion werden als *industrielle Forschung und Entwicklung (F&E)* bezeichnet (vgl. Gerpott 1992a, S. 109f.; Kern/Schröder 1992, Sp. 627). Dabei zeichnet sich *Forschung* gegenüber *Entwicklung* durch einen graduell stärkeren Wissenschafts-/Technologiebezug, einen geringeren Bezug zu wohl definierten Produkt-Markt-Feldern, höheren Neuheits- und geringeren Strukturiertheitsgrad aus. Gegenüber den Aufgaben in anderen Funktionsbereichen unterscheiden sich F&E-Aufgaben insgesamt im Mittel durch die hohe Relevanz von neuestem natur- und ingenieurwissenschaftlichem Fachwissen für die Bewältigung von Arbeitsproblemen, durch ihr hohes Neuheits-/Komplexitätsniveau und die damit verbundene erhebliche Bedeutung kreativer Prozesse für den Arbeitserfolg.

Die gesamten F&E-Aufwendungen deutscher Unternehmen beliefen sich 1991 auf DM 55,2 Mrd., im Zeitraum zwischen 1971 und 1991 wuchsen die Aufwendungen um durchschnittlich real 3,9 Prozent p.a. (Brockhoff

1992, S. 142). Der überwiegende Teil der Mittel wird von großen Unternehmen mit mehr als 5000 Mitarbeitern bereitgestellt. Unternehmen dieser Größenordnung realisieren F&E-Aktivitäten arbeitsteilig in organisationsstrukturell abgegrenzten Einheiten ("F&E-Bereiche/-Abteilungen"). Letztere gliedern sich wiederum häufig wegen des Nicht-Routinecharakters und der Komplexität von F&E-Aufgaben (s.o.) in temporäre Projekteinheiten, um die Vielfalt der in Großunternehmen anfallenden F&E-Probleme flexibel und effizient bearbeiten zu können.

Unabhängig von den im Einzelfall anzutreffenden organisatorischen F&E-Strukturen implizieren die o.a. F&E-Aufgabenmerkmale aber generell, daß die Gewinnung von F&E-Ergebnissen nur sehr begrenzt "automatisierbar" ist (z.B. über Experten- oder CAD-Systeme) und damit den personellen Ressourcen überragende Bedeutung für den F&E-Output zukommt. Entsprechend wichtig sind vor dem Hintergrund des hohen monetären F&E-Inputs von Industrieunternehmen Managementinstrumente, die Leistungsfähigkeit und -motivation des F&E-Personals wirksam verbessern. Als ein in diesem Zusammenhang möglicherweise brauchbares Instrument werden Fachlaufbahnen in der industriellen F&E seit vielen Jahren primär von Praktikern und vereinzelt von Wissenschaftlern aus dem Bereich der Betriebs-/Personalwirtschaftslehre diskutiert. Eine integrative Darstellung der zeitlich und geographisch weit verstreuten vorliegenden einschlägigen Veröffentlichungen existiert bislang aber nicht. Ziel dieses Aufsatzes ist es deshalb, auf Basis einer kritischen Synopse dieser Publikationen und eigener Beratungserfahrungen, Grundkonzepte, Varianten und Gestaltungsprobleme von Fachlaufbahnen in der industriellen F&E zusammenfassend zu erörtern. Da Fachlaufbahnkonzepte durchweg auf spezifische Merkmale der in der industriellen F&E tätigen Naturwissenschaftler und Ingenieure Bezug nehmen, ist aber zuvor noch auf Charakteristika dieser Gruppe von F&E-Aufgabenträgern einzugehen.

1.2 Industrieforscher und -entwickler als spezifische Personalgruppe in F&E

Die in industriellen F&E-Bereichen tätigen Mitarbeiter lassen sich aufbauend auf Unterschiede in der Art der von ihnen bearbeiteten Aufgaben und auf mit letzteren verbundene divergierende Anforderungen an ihr formales Ausbildungsniveau vier Personalgruppen zuordnen, nämlich (vgl. Gerpott 1988, S. 15f.; Gerpott/Domsch 1991, S. 1003): (1) Industrieforscher und -entwickler, (2) F&E-Manager, (3) Techniker und vergleichbares Personal sowie (4) sonstiges Personal. Da Fachlaufbahnkonzepte i.d.R. nur mit Blick auf die ersten beiden Personalgruppen entwickelt werden, konzentriert sich auch der eigene Beitrag auf die Bedeutung von Fachlaufbahnen für Industrieforscher und -entwickler sowie F&E-Manager. Charakteristisch für die Personalgruppe der *Industrieforscher und -entwickler* ist, daß sie primär mit der Konzipierung wissenschaftlich-technologischer Problemlösungen beschäftigt sind und i.d.R. einen natur- oder ingenieurwissenschaftlichen (Fach-)Hochschulabschluß aufweisen. *F&E-Manager* dagegen verfügen zwar ebenfalls oft über einen solchen Abschluß, sind aber nicht (mehr) selbst direkt an der Lösung naturwissenschaftlich-technologischer Probleme beteiligt, sondern sie planen, organisieren und überwachen F&E-Programme. An Industrieforscher und F&E-Manager werden also merklich voneinander abweichende Arbeitsanforderungen gestellt.

In dieser Situation ist Grundgedanke von Fachlaufbahnen, den Industrieforschern, die F&E-Managementaufgaben nicht übernehmen können oder/und wollen, alternative Karriereentwicklungsmöglichkeiten anzubieten. Wesentlich für die Anreizwirkungen solcher Alternativen ist u.a., daß sie auf typische Wünsche von Industrieforschern im Hinblick auf

- inhaltliche Arbeitsanforderungen/-schwerpunkte einzunehmender Positionen,
- Maßstäbe für die Bewertung der eigenen Arbeitsleistung und
- Belohnungsarten bei erfolgreicher Aufgabenbewältigung

Rücksicht nehmen. Bei der Beschreibung beruflicher Entwicklungspräferenzen von Industrieforschern wird häufig zwischen einer wissenschaftlich-fachlichen und einer Management-Karriereorientierung unterschieden (s. Gerpott 1988, S. 241; Kern/Schröder 1992, Sp. 634 u. 1977, S. 315): Industrieforscher weisen eine starke *wissenschaftlich-fachliche Karriereorientierung* auf, wenn sie vor allem an wissenschaftlich (aber nicht notwendigerweise kommerziell) reizvollen Aufgabenstellungen und an einer Anerkennung ihrer Leistung in der "scientific community" (etwa durch

Publikationen, Fachvorträge) interessiert sind. Eine starke *Management-Karriereorientierung* liegt vor, wenn die Übernahme von Aufgaben, die primär die indirekte oder direkte Steuerung materieller und personeller F&E-Ressourcen zur Erreichung ökonomischer Unternehmensziele und nicht/nur nachrangig die Lösung wissenschaftlicher Fachprobleme beinhalten, angestrebt wird. Zu beachten ist hier, daß vorliegende empirische Forschungsbefunde (s. Gerpott 1988, S. 241 u. die dort angeführte Literatur) eindeutig gegen die populäre Ansicht sprechen, wonach wissenschaftlich-fachliche und Management-Karriereorientierungen entgegengesetzte Endpole *einer* Motivationsdimension darstellen (s. etwa Berthel 1992, Sp. 1205f.; Raelin 1987, S. 97f.; Dill 1985, S. 237; Allen/Katz 1992, S. 237f.). Vielmehr handelt es sich um zwei unabhängige Orientierungsfaktoren. Entsprechend gibt es innerhalb der Personalgruppe der Industrieforscher sowohl Mitarbeiter

- mit starker Ausprägung *genau einer* der beiden Karriereorientierungsdimensionen ("Manager" bzw. "Forscher") als auch
- mit starker oder schwacher Ausprägung *beider* Karriereorientierungsdimensionen ("Integratoren" bzw. "Desinteressierte").

Abb. 1 zeigt eine Verteilung von Industrieforschern auf diese vier Karriereorientierungstypen, die ich in einer internationalen Vergleichsstudie von 11 deutschen, vier britischen und zwei US-amerikanischen F&E-Einheiten industrieller Großunternehmen Mitte der achtziger Jahre beobachtete (zu Erhebungsdetails s. Gerpott 1989, S. 25-27): In jedem der drei Länder strebten lediglich weniger als ein Drittel der befragten Industrieforscher eine Karriere im Rahmen der "klassischen" Management-Laufbahn an. Mindestens ein Viertel präferierte in erster Linie Positionen, die sich durch herausfordernde wissenschaftlich-fachliche Aufgabenstellungen auszeichnen (s. Typ 2 "Forscher" in Abb. 1). Zwischen 18 und 31 Prozent der Industrieforscher in den drei Ländern wiesen gleichermaßen ein hohes Interesse an wissenschaftlich-fachlichen und F&E-Management-Aufgaben auf (s. Typ 3 "Integratoren" in Abb. 1). Deutsche F&E-Einheiten traten im internationalen Vergleich schließlich durch einen relativ hohen Anteil an "Desinteressierten" unter den Industrieforschern hervor, was möglicherweise auch auf unzureichende F&E-Laufbahnsysteme in Deutschland zurückzuführen sein kann.

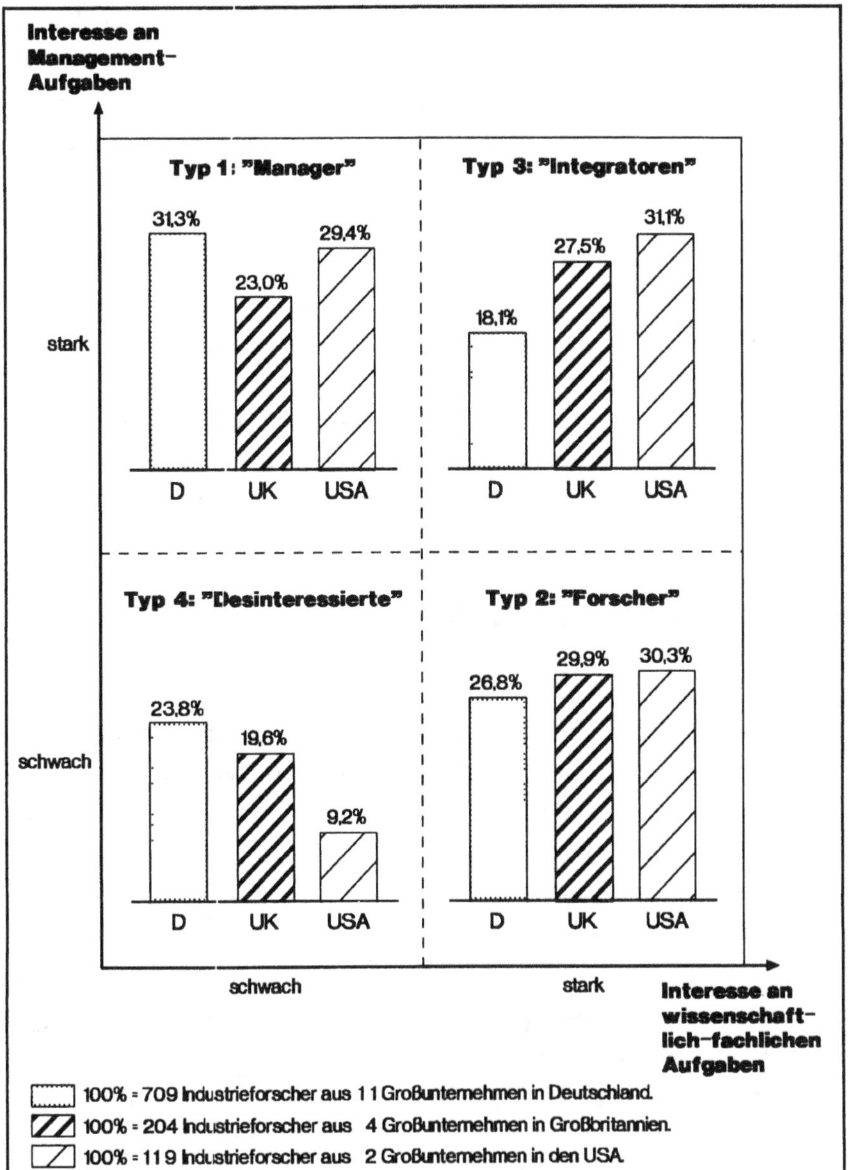

Quelle: In Anlehnung an Gerpott (1989), S. 27.

a) Die Typenzuordnung von Industrieforschern erfolgte anhand von Antworten, die im Rahmen einer schriftlichen Befragung erhoben wurden. Studien-/Methodendetails werden bei Gerpott (1989), S. 25-27 angegeben.

Abb. 1: Typologie von Industrieforschern auf Basis ihrer Karriereorientierungen - Prozentuale Häufigkeitsverteilungen in deutschen, britischen und US-amerikanischen F&E-Einheiten[a]

Angesichts der vielfältigen Belege für die Existenz von unterschiedlichen Karriereinteressen bei Industrieforschern (s.a. Epstein 1987; McKinnon 1987; Allen/Katz 1986; Cordero/Farris 1986) steht das F&E-Management vor der Aufgabe, über die traditionelle Managementlaufbahn in der F&E-Leitungshierarchie hinaus zusätzliche Karriereentwicklungsmöglichkeiten zu schaffen. Andernfalls ist ein großer Teil von Industrieforschern gezwungen, resignativ auf berufliche Entwicklungsfortschritte in ihrem Unternehmen zu verzichten oder aber (Management-)Positionen anzustreben, die für sie aufgrund anderer Karriereorientierungsschwerpunkte nicht optimal sind und für die sie aufgrund ihrer Fähigkeitsstrukturen oft auch nicht geeignet sind. Fachlaufbahnkonzepte stellen hier einen Ansatzpunkt zur Schaffung erweiterter beruflicher Entwicklungs- und Anerkennungsperspektiven für Industrieforscher dar.

2. Fachlaufbahnen in der industriellen F&E

2.1 Grundkonzept und Ziele

F&E-Fachlaufbahnen sind ein strukturelles Personalmanagement- und organisatorisches Gestaltungsinstrument, das den besonderen Merkmalen von Industrieforschern und von industriellen F&E-Aufgaben durch explizite Definition und Anwendung von F&E-typischen Positionsfolgen und Aufgabenkomplexen Rechnung trägt. Genauer lassen sich *Fachlaufbahnen (FL)* in der industriellen F&E charakterisieren als (s.a. Gerpott 1987, S. 494; Gerpott/Domsch 1991, S. 1018)

- neben der traditionellen Leitungspyramide mit auf Dauer angelegten Führungspositionen und Managementlaufbahn existierende
- hierarchische Positionsgefüge, durch die parallel zu den verschiedenen Leitungsebenen
- Rangstufen mit spezifischen Bezeichnungen, Anforderungen/Besetzungsvoraussetzungen und materiellen sowie immateriellen Zuwendungen eingerichtet werden.

Vielfach wird anstelle von FL auch von Spezialisten-, Parallel- oder Professionallaufbahnen/-hierarchien gesprochen (s. z.B. Kern/Schröder 1977, S. 349; Pössnecker 1986, S. 200; Gerpott/Domsch 1991, S. 1018). Im angloamerikanischen Sprachraum findet man Begriffe wie "parallel career paths/progression/ladders", "multiple/technical ladders" oder "technical career programs" (s.a. McMarlin 1957, S. 38; Garcia/Stevens 1968, S. 129; Feuer 1986, S. 26; Spear/Souder 1986, S. 25; Lentz 1990, S. 28). Unzweckmäßig ist dagegen m.E. die ebenfalls häufig anzutreffende Bezeichnung "dual hierarchy/ladder" (s. z.B. Shepard 1958, S. 177; Gunz 1980, S. 113; Allen/Katz 1986, S. 185) bzw. duale Laufbahn (s. Pössnecker 1986, S. 207), da FL-Systeme nicht nur einen zweiten, sondern mehrere alternative Karrierepfade zusätzlich zur Managementlaufbahn umfassen können (vgl. unten Kap 2.2).

Oberziel von FL ist die Beeinflussung der Leistungsfähigkeiten und -motivation und der aus diesen beiden Größen resultierenden Arbeitsoutputs von Industrieforschern in der Weise, daß die Leistungserwartungen, die das Unternehmen an diese Gruppe des F&E-Personals richtet, möglichst weitgehend erfüllt werden. Aus diesem abstrakten "Letztziel" von FL lassen sich folgende z.gr.T. interdependente *Einzelziele* von F&E-FL ableiten (s.a. Frieling/Klein 1989, S. 22; Gerpott 1987, S. 494f.; Domsch 1984, S. 263; Griffiths 1981, S. 14; Schriesheim et al. 1977, S. 58):

- Schaffung eines transparenten Systems von Aufstiegsmöglichkeiten für Fachspezialisten, das sich primär an Leistungsbeiträgen zur Lösung von auch aus Unternehmenssicht relevanten wissenschaftlich-fachlichen Problemen orientiert;
- Erhaltung und Förderung herausragender wissenschaftlich-fachlicher oder projektbezogener F&E-Leistungen durch deren sichtbare Dokumentation und Belohnung;
- Entwicklung konkreter fachlicher "F&E-Berufsbilder" (Anforderungsprofile, Entwicklungspfade) zur Schaffung eines Orientierungsrahmens, der dem einzelnen F&E-Mitarbeiter eine Analyse seines persönlichen beruflichen Standortes und möglicher beruflicher Entwicklungsziele sowie erforderlicher Entwicklungsmaßnahmen erleichtert;
- Schaffung von Möglichkeiten zur kompetenz- und nicht nur aufgabenorientierten Weiterentwicklung von F&E-Arbeitsstrukturen z.B. in Richtung auf größere Freiräume bei der Bearbeitung von F&E-Themen (= Erhöhung des fachlichen Delegationsgrades).

Als Hilfsgrößen, anhand derer überprüft werden kann, inwieweit im konkreten Einzelfall mit FL angestrebte Ziele erreicht wurden, sind insbesondere geeignet: (1) Daten zur Fluktuation von Industrieforschern, (2) Ergebnisse von Industrieforscherbefragungen zu ihrer Zufriedenheit mit den in ihrem Unternehmen angebotenen beruflichen Entwicklungsmöglichkeiten und (3) Analysen zum Image des F&E-Bereichs eines Unternehmens bei in den Arbeitsmarkt eintretenden Absolventen natur- und ingenieurwissenschaftlicher Studiengänge.

2.2 Varianten

Während in einigen, vielfach älteren FL-Konzepten (s. etwa Shepard 1958; Kern/Schröder 1977; Meisel 1977; Moravec 1993) die Einführung von *nur einer* Rangfolge von Positionen parallel zur Managementlaufbahn vorgeschlagen wird, basieren neuere FL-Konzepte (s. z.B. Spear/ Souder 1986; Frieling/Klein 1989; Lentz 1990) zunehmend auf der Idee, *mehr als ein* zusätzliches hierarchisches Positionsgefüge neben der Managementlaufbahn zu schaffen. Da plurale Strukturen im Gegensatz zu herkömmlichen dualen F&E-Karrierepfaden eher geeignet erscheinen, der Vielfalt der bei Industrieforschern vorgefundenen Karriereorientierungen (s.o. Kap. 1.2) gerecht zu werden, ist es m.E. nicht sinnvoll, von "der" FL zu sprechen. Es sollten vielmehr in einer systematischen Betrachtung explizit verschiedene Varianten von FL differenziert werden. Konkret lassen sich anhand der prinzipiellen Aufgabentypen, die für Positionen innerhalb eines FL-Stranges charakteristisch sind, *zwei Hauptvarianten von FL* unterscheiden (vgl. a. Schriesheim et al. 1977, S. 61-64; Heeb/Zingg 1984, S. 151; Renneke 1984, S. 349; Hall 1985, S. 275):

- *eine Spezialistenlaufbahn (= FL i.e.S.),* deren Positionen sich durch einen sehr hohen Anteil an wissenschaftlich-technologischen Fachaufgaben und einen geringen Anteil an Personalführungs-, Ressourcenbeschaffungs-, Koordinations-, Kontroll- und sonstigen allgemeinen Managementaufgaben auszeichnen;
- *eine Projektlaufbahn (= FL i.w.S.),* deren Positionen durch einen hohen Anteil an *auf ein oder zwei F&E-Projekte bezogene,* wissenschaftlich-technologische Planungs-, Ressourcenallokations- und sonstige Projektführungsaufgaben und einen geringen Anteil an projekt*un*spezifischen, fachdisziplinären wissenschaftlich-technologischen Planungs- und Umsetzungsaufgaben gekennzeichnet sind.

FL i.e.S. sind auf die Motivierung von Industrieforschern mit starker wissenschaftlich-fachlicher Karriereorientierung ausgerichtet. *Projektlauf-*

bahnen, bei denen Industrieforscher als Projektmitarbeiter systematisch (und nicht nur ad hoc) gestaltete Aufgabensequenzen in verschiedenen F&E-Vorhaben, die sich durch zunehmende wissenschaftlich-fachliche, Koordinations- oder Steuerungsanforderungen auszeichnen, durchlaufen, richten sich zwar auch an Industrieforscher mit deutlichem wissenschaftlich-fachlichen Interessenschwerpunkt. Anders als bei FL i.e.S. lassen sich aber bei Projektlaufbahnen auch die Industrieforscher, die als "Integratoren" gleichermaßen starke wissenschaftlich-fachliche *und* Management-Karriereorientierungen aufweisen (vgl. o. Abb. 1) durch eine strukturell verankerte Übertragung von (Teil-)Projektleiteraufgaben in immer bedeutsameren oder zumindest abwechselungsreichen F&E-Vorhaben motivieren. Aus Unternehmenssicht bietet die Projektlaufbahn auch noch den Vorteil, daß sie es durch die mit ihr i.d.R. verbundene stärkere Ausrichtung der F&E auf eine begrenzte Zahl wichtiger Vorhaben sowie durch den mit ihr möglichen Abbau von Schnittstellenproblemen leichter macht, konzentriert in kurzer Zeit signifikante F&E-Grundlagen für im Wettbewerb überlegene neue Produkte/Prozesse zu schaffen. Positionen in Projektlaufbahnen unterscheiden sich durch ihren temporären Charakter und durch ihren strikten Bezug auf ein oder maximal zwei F&E-Vorhaben von Stellen in Managementlaufbahnen, die auf unbegrenzte Zeit angelegt und projektübergreifend ausgerichtet sind.

FL i.e.S. (Spezialistenlaufbahnen) umfassen in Unternehmen, deren Aktivitäten regelmäßig in verschiedenen Phasen von F&E-Prozessen (d.h. Grundlagenforschung, angewandte Forschung, Entwicklung, Anwendungstechnik) angesiedelt sind, wiederum oft noch weitere *Untervarianten.* Beispielsweise berichtet Lentz (1990), daß im F&E-Bereich eines US-Glasproduzenten drei Spezialistenlaufbahnen für die Forschung, Entwicklung/Anwendungstechnik und das Prozeß-Engineering eingeführt wurden. Ähnliche Differenzierungen mehrerer Spezialistenlaufbahnen findet man auch in etlichen weiteren publizierten Praxisbeispielen von F&E-Laufbahnsystemen (s. u. Abb. 3). Allerdings sollte nicht übersehen werden, daß hierarchisch gleichrangige Positionen in den verschiedenen Spezialistenlaufbahnen weniger hinsichtlich ihrer prinzipiellen formalen Aufgabenarten (Planung, Ressourcensteuerung, Umsetzung, Management, vgl. u. Abb. 4) voneinander abweichen, sondern sich durch unterschiedliche Aufgabeninhalte und Produkt-/Anwendungsbezüge der bearbeiteten Themen auszeichnen. Entsprechend stellen sich bei allen Untervarianten von Spezialistenlaufbahnen sehr ähnliche Gestaltungsprobleme. Nachfolgend können wir deshalb - ungeachtet der Feststellung, daß die beschriebene strukturelle Differenzierung im einzelnen Praxisfall durchaus angebracht sein kann - weitgehend auf eine getrennte Behandlung verschiedener Spezialistenlaufbahnen für einzelne F&E-Phasen verzichten.

Abb. 2 enthält die Prinzipskizze eines F&E-Laufbahnsystems, das zwei Spezialistenlaufbahnen, eine Projekt- und die herkömmliche Managementlaufbahn mit jeweils vier Rangstufen und einer Eintrittsebene unterscheidet. In diesem Beispiel existiert zu jeder Ebene in der Managementlaufbahn eine äquivalente Rangstufe in jeder der drei alternativen FL; für solche Strukturen prägte Neuhaus (1968, S. 572) den Begriff *absolute* Parallelhierarchien/FL. Werden hingegen *mehrere* Rangstufen der Managementlaufbahn jeweils zu einer entsprechenden Spezialisten-/Projektlaufbahnebene zusammengefaßt, dann spricht man seit Neuhaus (1968, S. 572) von *relativen* Parallelhierarchien/FL.

2.3 Entwicklung der Literatur zu F&E-Fachlaufbahnen

Nach dem zweiten Weltkrieg begannen vor allem US-amerikanische Großunternehmen in F&E-intensiven oder oligopolistisch strukturierten Industrien (Chemie/Pharma, Mineralöl, (Luft-)Fahrzeugbau, Telekommunikation/Informationsverarbeitung) mit der Einrichtung von FL, um der gestiegenen Bedeutung der Mitarbeitergruppe der Industrieforscher für den Unternehmenserfolg Rechnung zu tragen. US-Unternehmen, die eine Pionierrolle bei der Nutzung von F&E-FL übernahmen, waren etwa Du Pont, Dow Chemical, Monsanto, Esso/Exxon, ITT, AT & T und IBM (s. Neuhaus 1968, S. 572; Feuer 1986, S. 27f.).

Angeregt durch diese Entwicklungen in der Praxis, erschienen ab Ende der 50er Jahre in zumindest bis ca. 1985 zunehmend kürzerer Folge englischsprachige Artikel, in denen häufig auf Basis persönlicher Erfahrungen in einem Unternehmen über Merkmale, Vorteile und Probleme von F&E-FL-Systemen berichtet wurde. Mittlerweile als "klassisch" zu bezeichnende Arbeiten sind hier die Aufsätze von Shepard (1958) und

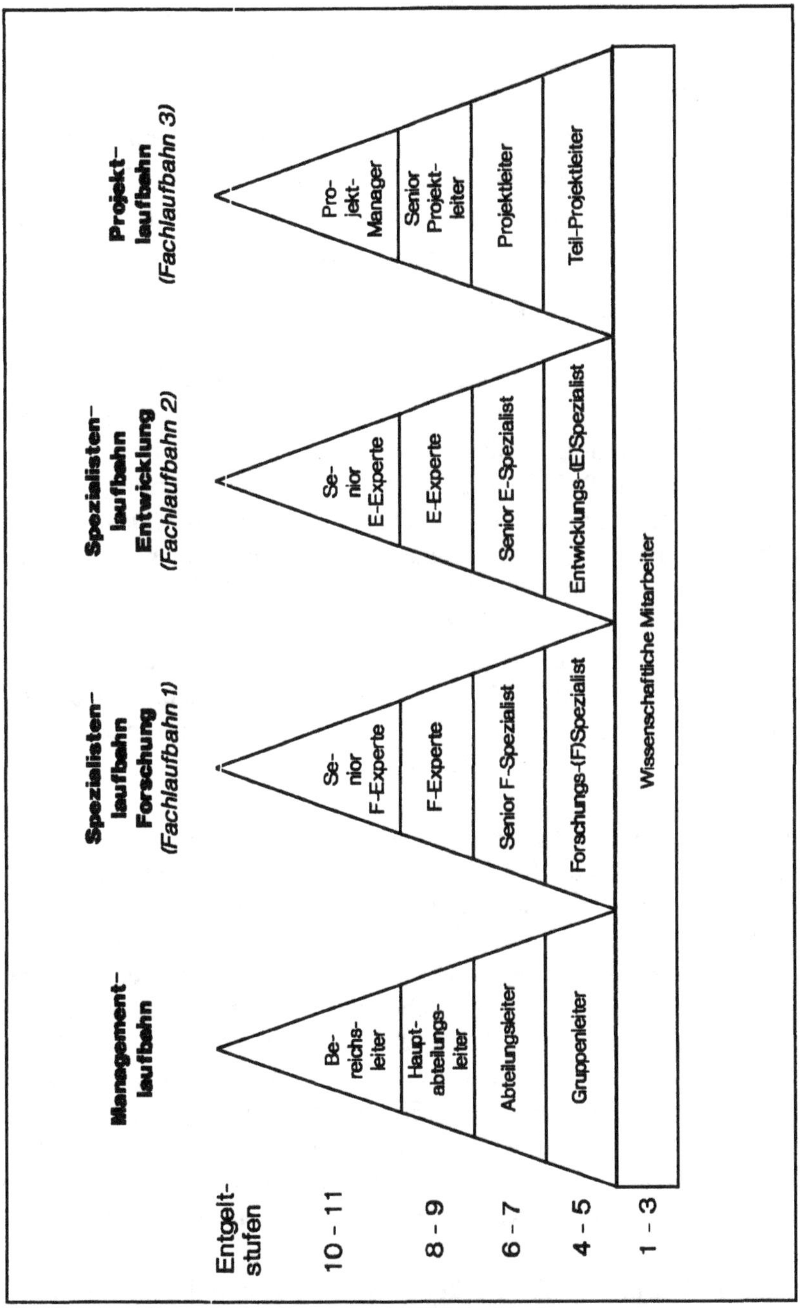

Abb. 2: Strukturen eines pluralen F&E-Fachlaufbahnsystems (Prinzipskizze)

McMarlin (1957). Im deutschen Sprachraum wurde die Idee der Spezialistenlaufbahn wohl erstmals in ausführlicherer Weise in einem Artikel von Neuhaus (1968) beschrieben,[2] der dabei hauptsächlich auf seine Erfahrungen mit einer von Ciba-Geigy 1966 eingeführten Spezialistenlaufbahn Bezug nahm. Bei aller Vielfalt im Detail läßt sich die bisher im angelsächsischen und deutschsprachigen Raum erschienene Literatur zu F&E-FL zu drei Hauptkategorien zusammenfassen:

- *Kategorie I: Empirisch-deskriptive Arbeiten.* Hierbei handelt es sich einmal um Studien, die in einer größeren Stichprobe von Unternehmen analysiert haben, ob und gegebenfalls in welchen Varianten FL in industriellen F&E-Bereichen eingesetzt werden (s. Garcia/Stevens 1968, S. 130-133; Gunz 1980, S. 113-117; Kossbiel et al. 1984, S. 674; Domsch/Gerpott 1986, S. 341; Gerpott 1988, S. 62). Derartige Untersuchungen sind leider durchweg älteren Datums. Für Deutschland deuten sie darauf hin, daß zumindest bis Mitte der achtziger Jahre FL nur in einer Minderheit (deutlich weniger als 30 %) von industriellen F&E-Bereichen großer und mittlerer Unternehmen existierten. Zum anderen gehören in diese Literaturkategorie Arbeiten, die als Fallbeispiele aus der Praxis F&E-FL-Konzepte eines einzelnen Unternehmens beschreiben. Abb. 3 vermittelt einen Überblick hinsichtlich einschlägiger nach 1980 publizierter Quellen.
- *Kategorie II: Kritische, z.gr.T. empirisch fundierte Arbeiten.* Diese Literaturkategorie umfaßt *erstens* relativ selten vorkommende, zumeist ältere Aufsätze, die die Sinnhaftigkeit von F&E-FL-Systemen *grundsätzlich* mit dem Argument in Zweifel ziehen, daß FL-Positionen in industriellen F&E-Einheiten nie das gleiche Prestige und damit den gleichen Anreizwert erreichen können wie Positionen in der Managementlaufbahn, weil Industrieforscher nur in Managementpositionen über die *Macht* zur Auswahl von F&E-Themen verfügen (s. Goldner/Ritti 1967; Ritti 1971; Shepard 1958). Ein Aufstieg in FL beinhaltet demnach stets keine nachhaltige Erhöhung der *strategischen* (im Gegensatz zur operativen) Handlungsautonomie von Industrieforschern und hat deshalb auch nicht einmal eine wirksame "Trostpflasterfunktion" für Industrieforscher, die nicht in der Managementlaufbahn vorankommen konnten.

  Zweitens sind dieser Literaturklasse Studien zuzurechnen, die F&E-FL-Systeme zwar prinzipiell für sinnvoll halten, die jedoch i.S. einer

Quelle	Unternehmen (Land)	Wichtige Erkenntnisse
Frieling/Klein (1989)	Automobilhersteller (Deutschland)	• Differenzierung von 4 Spezialistenlaufbahnen (Fach-, Koordinations-, Logistik- u. CAD-Spezialisten) neben der Managementlaufbahn erforderlich
Heeb/Zingg (1984)	Motor-Columbus-Ingenieurunternehmung (Schweiz)	• Spezialistenlaufbahn/FL i.e.S. nicht ausreichend, zusätzliche Einrichtung einer Projektlaufbahn notwendig
Lentz (1990)	Dow Corning Corporation (USA)	• Differenzierung von 3 Spezialistenlaufbahnen für Forschung, Entwicklung/Anwendungstechnik u. Prozeß-Engineering sinnvoll
Pössnecker (1986)	A. Teves (Deutschland)	• Partizipative Einführungsstrategien sind für den Erfolg einer Spezialistenlaufbahn mindestens so wichtig wie deren strukturelle Merkmale
Renneke (1984)	Dornier (Deutschland)	• Unterscheidung von Spezialisten- und Projektlaufbahn vorteilhaft • Ergänzende Personalentwicklungsaktivitäten, insbesondere für Industrieforscher in (Teil-)Projektleiterpositionen zur Verankerung der Projektlaufbahn erforderlich
Sacco/Knopka (1983)	Goodyear Tire & Rubber Company (USA)	• Erfolgskritische Gestaltungsaspekte bei Fachlaufbahnen: Analytische Positionsbewertung, Leistungsbeurteilung von Industrieforschern, Auswahl-/Ernennungsverfahren für Positionen der Spezialistenlaufbahn
Spear/Souder (1986)	Alcoa (USA)	• Differenzierung von zwei Spezialistenlaufbahnen (Forschung, Entwicklung/Engineering) und einer Projektlaufbahn neben der Managementlaufbahn sinnvoll • Empirische Aufgabenanalysen als Basis für eine fundierte Zuordnung von Positionen/Industrieforschern auf einzelne Forschungslaufbahnzweige unverzichtbar
Wolff (1987)	General Mills (USA)	• Restriktive Handhabung des Auswahl-/Ernennungsverfahrens von Kandidaten für Positionen in der Spezialistenlaufbahn ist ein "Eckpfeiler" des Erfolgs dieses Laufbahnkonzeptes

a) Es werden ausschließlich nach 1980 publizierte Arbeiten (geordnet nach den Anfangsbuchstaben des (ersten) Autorennamens einer Veröffentlichung) angeführt. Nachweise älterer, zumeist US-amerikanischer Quellen findet man bei Lentz (1990), S. 34, Wolff (1987), S. 12 und Garcia/Stevens (1968).

Abb. 3: Veröffentlichungen zu F&E-Fachlaufbahnkonzepten einzelner Unternehmen[a]

konzeptimmanenten Detailkritik darauf hinweisen, daß *duale* FL-Strukturen wenig erfolgversprechend sind, da

(1) viele Industrieforscher weder nur eine starke Management- noch nur eine starke wissenschaftlich-fachliche Karriereorientierung, sondern eine integrierte "projektbezogene" Karriereorientierung aufweisen (s. Hall/Louis 1988; Epstein 1987; McKinnon 1987; Allen/Katz 1986; Cordero/Farris 1986; Hall 1985; vgl. a.o. Kap. 1.2);

(2) ihnen Mechanismen wie "liaison positions" oder "linking pin persons" zur Integration der beiden Hierarchiestränge fehlen (s. Schriesheim et al. 1977, S. 60-67).

- *Kategorie III: Positive, nicht erkennbar empirisch fundierte Darstellungen.* Dieser Literaturkategorie sind Veröffentlichungen zuzuordnen, die auf Basis mehr oder minder umfangreicher Analysen des Schrifttums und ohne Bezugnahme auf eigene empirische Daten FL als positiv zu bewertende Erweiterungen traditioneller F&E-Laufbahnpfade beschreiben und Handlungsempfehlungen zur Gestaltung von F&E-FL-Systemen geben (s. etwa Griffiths 1981; Domsch 1984; Miller 1986; Gerpott 1987; Raelin 1987; Gerpott/Domsch 1991; Freimuth 1992).

Alles in allem ist die F&E-FL-Literatur durch eine hohe Zahl von Praktikerbeiträgen und Einzelfalldarstellungen geprägt. Ohne den Wert der vorliegenden Arbeiten schmälern zu wollen, vermittelt der Stand des einschlägigen Schrifttums insgesamt klar den Eindruck, daß ein großer Bedarf an weiteren anwendungsorientierten, aber zugleich stärker wissenschaftlich fundierten Untersuchungen vorhanden ist, in denen

- im Rahmen großzahliger Feldstudien Ausmaß und Details des Einsatzes von FL-Varianten in Unternehmen verschiedener Größenklassen und Branchen empirisch analysiert werden;
- unter Rückgriff auf vorliegende Konzepte zum Controlling von Personalprogrammen transparente quantifizierte Nutzen-Kosten-Rechnungen zu FL-Systemen durchgeführt werden, um Erkenntnisse zu den ökonomischen Erfolgswirkungen von F&E-FL aus Unternehmenssicht und zu erfolgskritischen Gestaltungsparametern zu gewinnen;
- tatsächliche und nicht nur behauptete Wirkungen des Einsatzes spezifischer Varianten von FL und von Vorgehensmustern bei der FL-Einführung/-Nutzung auf Arbeitseinstellungen (z.B. Karrierezufriedenheit), -verhaltensweisen und -ergebnisse von Industrieforschern empirisch erkundet werden, d.h., in denen auf der Analyseebene des

einzelnen Industrieforschers gewissermaßen der "personale Erfolg" von FL ermittelt wird.

Der konstatierte Mangel an über Einzelfallbeschreibungen hinausgehenden, großzahligen empirischen Studien und theoretisch-konzeptionellen Arbeiten zu F&E-FL ist aus wissenschaftlicher Sicht ohne Zweifel unbefriedigend. Die F&E-Praxis kann aber nicht erst auf zusätzliche wissenschaftliche Forschungsergebnisse warten, sondern muß sich unmittelbar mit Fragen der Gestaltung von F&E-FL-Systemen auseinandersetzen. Deshalb stelle ich im folgenden Kapitel solche Empfehlungen zur Handhabung zentraler Gestaltungsprobleme bei der Nutzung von F&E-FL vor, die sich i.S. eines "konsensfähigen Erfahrungskerns" aus der bis heute vorliegenden Literatur herausdestillieren lassen und mit eigenen praktischen Erfahrungen übereinstimmen. Der Fokus liegt dabei auf Spezialistenlaufbahnen (FL i.e.S., s.o. Kap. 2.2).

3. Zentrale Problemfelder bei der Gestaltung von F&E-Fachlaufbahnen

3.1 Organisation und Hauptaufgaben bei der Entwicklung und Einführung von F&E-Fachlaufbahnen

Die Neueinführung von FL beinhaltet eine Vielzahl von zeitlich begrenzten Einzelaufgaben und erfordert die Einbringung des Wissens von Mitarbeitern verschiedener Hierarchieebenen und Funktionen, so daß sie i.d.R. *nicht* erfolgreich von nur einer Stelle (z.B. "Personalentwicklung F&E") neben der Tagesarbeit abgewickelt werden kann. Notwendig ist vielmehr die Einrichtung eines *Projektteams*, das die Verantwortung für

- die Entwicklung der FL-Strukturen und
- die detaillierte Planung und Umsetzung der FL-Einführung im F&E-Bereich

trägt. Es hat sich gezeigt, daß F&E-FL-Konzepte sich i.d.R. nicht durch einen streng hierarchischen Top-down-Ansatz ("Bombenwurfstrategie") erfolgreich einführen lassen, sondern eine eher *partizipative Entwicklungs- und Implementationsstrategie* erfordern (s. Pössnecker 1986, S. 214; Frieling/Klein 1989, S. 28; Moravec 1993, S. 39). Entsprechend ist es zumeist sinnvoll als Mitglieder für ein Projektteam "F&E-FL" zu gewinnen:

- *Anerkannte Fachspezialisten* aus den wesentlichen F&E-Teilbereichen eines Unternehmens, um deren wissenschaftlich-fachliche Kompetenz bei der Entwicklung von FL-Strukturen zu nutzen und um sie als Fachpromotoren für die FL-Implementierung zu gewinnen;
- *F&E-Führungskräfte* verschiedener Ebenen der vorhandenen Managementlaufbahn, um Widerstände aufgrund von Machtverlustbefürchtungen abzubauen und die Integration verschiedener Laufbahnzweige zu fördern;
- *Vertreter der obersten F&E-Leitung*, um den Stellenwert des FL-Projektes zu signalisieren und um sie als Machtpromotoren für die FL-Implementierung zu gewinnen;
- *Experten des Personalwesens* (Personalentwicklung, Entgeltfindung), um die Abstimmung des FL-Systems mit vorhandenen personalwirtschaftlichen Instrumenten sicherzustellen und die FL-Betreuung nach der Systemeinführung frühzeitig vorzubereiten;
- *Experten der Organisations(entwicklungs)abteilung*, um die Abstimmung des FL-Systems mit ablauf- und aufbauorganisatorischen Prinzipien und Unterstützungssystemen (z.B. Projektsteuerungstools) sicherzustellen;
- *Betriebsratsmitglieder*, um - unter der Prämisse, daß FL sich nicht nur an Industrieforscher mit dem Status "leitender Angestellter" richten - betriebsverfassungsrechtliche Auseinandersetzungen (s. § 87, I, Nr. 10 sowie §§ 94, 95 u. 99, I BetrVG) proaktiv zu vermeiden und um den Betriebsrat als "Multiplikator" bei der FL-Einführung zu gewinnen.

In der Praxis hat sich eine Begrenzung der FL-Projektteamgröße auf maximal 7-8 Personen bewährt, um dessen Arbeitsfähigkeit nicht zu gefährden. Diese Begrenzung schließt keineswegs aus, zur Bewältigung von Spezialfragen unternehmensinterne oder -externe Experten als zeitlich begrenzt "kooptierte" Teammitglieder hinzuzuziehen. Die vom FL-Projektteam zu bewältigenden Aufgaben lassen sich grob in zwei Hauptblöcke/-phasen gliedern: (1) Entwicklung der FL-Strukturen (= strukturelles Design) und (2) Einführung des FL-Systems in den F&E-Bereich. Die *strukturelle FL-Entwicklung* umfaßt dabei folgende Teilaufgaben (vgl. a. Gerpott/Domsch 1991, S. 1018f.; Frieling/Klein 1989, S. 23; Pössnecker 1986, S. 205):

- Gewinnung eines Überblicks im Hinblick auf alternative FL-Modelle (Literatur-/Fremdfirmenanalysen, Beraterkontakte);

- Diskussion und Verabschiedung der Ziele und Zielgruppen für das eigene F&E-FL-System;
- Erstellung von Aufgabenbeschreibungen/-bewertungen für unterschiedliche F&E-Positionen (Ist-Analyse, s.a. unten Kap. 3.2);
- Entwicklung eines strukturellen Rahmenkonzeptes für das FL-System (z.B. organisatorischer Geltungsbereich der FL; s.a. unten Kap. 3.2);
- Festlegung von Beschreibungen für typische Positionen auf den einzelnen Ebenen jeder FL (Soll-Vorgaben);
- Definition möglichst klarer Kriterien für die Beurteilung von Kandidaten für eine Einordnung auf einer bestimmten Stufe einer FL (s.a. unten Kap. 3.3);
- Festlegung eines Auswahl-/Ernennungsprozesses für FL-Positionen (Entscheidungsträger, Initiativrechte, Ergebnisfeedback, zeitliche Meilensteine; s.a. unten Kap. 3.4);
- Festlegung einer Instanz mit der Verantwortung für die Pflege/Weiterentwicklung des FL-Systems nach seiner Einführung; s.a. unten Kap. 3.5).

An die Phase der Entwicklung der FL-Strukturen schließt sich die Phase der eigentlichen *Einführung des Systems im F&E-Bereich* an. Wenn zunächst erste Erfahrungen mit FL gesammelt werden sollen, ist bei der Systemeinführung ein zweistufiges Vorgehen angebracht: In einer ersten Stufe werden FL als Pilotprojekt in einem Teilbereich der F&E (z.B. Zentralforschung) implementiert und dann später in einer zweiten Stufe in gegebenenfalls modifizierter Form in der gesamten F&E umgesetzt. Bei einer (ein- oder zweistufigen) FL-Systemeinführung ergeben sich für das Projektteam als wichtigste Teilaufgaben:

- Durchführung von Marketing-Maßnahmen zur Information der Industrieforscher über Hintergründe, Ziele und wesentliche Merkmale des geplanten FL-Systems (z.B. Artikel in der Werkszeitung, Abteilungspräsentationen durch die F&E-Leitung, gemeinsame Rundschreiben von F&E-Leitung/Vorstand und Betriebsrat);
- Orientierung/Unterstützung der Entscheidungsgremien, die die Einordnung vorhandener Stellen/Positionsinhaber in die FL in Zusammenarbeit mit den mittelbar als F&E-Vorgesetzte und unmittelbar als Positionsinhaber betroffenen Personen vornehmen, bei der erstmaligen Anwendung der vom FL-Projektteam erarbeiteten Kriterienkataloge zur F&E-Positionsanalyse und -Kandidatenbeurteilung;

- Unternehmensweite Kommunikation der ersten FL-Ernennungen als sekundäre Marketing-Maßnahmen für die FL;
- Kontinuierliches Nutzen-Kosten-Controlling des FL-Systems nach Abschluß der eigentlichen Ersteinführung jeweils nach Ablauf eines bestimmten Zeitabschnittes (i.d.R. 12-18 Monate).

Nach dem listenartigen Überblick hinsichtlich der Hauptaufgaben beim Design und der Einführung von FL gehen wir anschließend in Kap. 3.2 - 3.7 etwas ausführlicher auf Handhabungsaspekte einiger zentraler Problemfelder bei der Gestaltung von F&E-FL ein.

3.2 Breite und Tiefe der Hierarchiestrukturen von F&E-Fachlaufbahnsystemen

Zu den wichtigsten strukturellen Eckwerten eines jeden FL-Systems gehören nach der Fixierung seines organisatorischen Geltungsbereichs (z.B. Zentralforschung und alle dezentralen europäischen F&E-Bereiche der strategischen Geschäftseinheiten des Unternehmens) die Zahl/Arten der zu differenzierenden FL-Varianten *(Breite des FL-Systems)* und die Zahl der Hierarchieebenen in jedem der Fachlaufbahnpfade *(Tiefe des FL-Systems)*. Um diese Eckwerte fundiert festlegen zu können, ist eine sorgfältige Analyse der Aufgaben von Industrieforschern im geplanten Geltungsbereich des FL-Systems vorzunehmen. Die Analyse umfaßt in einem ersten Schritt eine *(Ist-)Beschreibung von Aufgaben in verschiedenen F&E-Positionen.* Da in Unternehmen allgemein verwendete Aufgabenbeschreibungsverfahren für die F&E oft nicht zu aussagekräftigen Ergebnissen führen, werden in der Literatur unterschiedliche Vorschläge speziell zur F&E-Aufgabenbeschreibung gemacht (s. etwa Pössnecker 1986, S. 210; Spear/Souder 1986, S. 26; Frieling/Klein 1989, S. 27). Die Vorschläge laufen letztlich auf die Beschreibung von F&E-Aufgaben anhand von vier Hauptkriterien/-dimensionen hinaus, die eine F&E-Position anhand des Umfangs und der Wichtigkeit von (1) (operativen) Planungsaufgaben, (2) Ressourcensteuerungsaufgaben, (3) wissenschaftlich-fachlichen Aufgaben i.e.S. und (4) Management-/Administrationsaufgaben charakterisieren. Abb. 4 konkretisiert jeden der vier Kriterienblöcke durch Angabe von Einzelmerkmalen, die zur analytischen F&E-Aufgabenbeschreibung herangezogen werden können. Die Einrichtung

Kriterienblock I: Planungsaufgaben (operativ)	**Kriterienblock II: Ressourcensteuerungsaufgaben**
• Identifikation neuer F&E-Themen • Gewinnung von Lösungsideen für Fachprobleme • Definition von inhaltlichen Zielen für F&E-Vorhaben • Definition von Experimenten, Konstruktionsaufgaben etc.	• Festlegung von Vorgehensschritten/Prioritäten bei der Bewältigung von Fachproblemen • Spezifikation erforderlicher Ressourcen zur Bewältigung eines Fachproblems • Ressourcenbeschaffung (z.B. bei unternehmensinternen/-externen Auftraggebern) für die Lösung eines Fachproblems • Themen-/projektbezogene F&E-/unternehmensweite Vorgehenskoordination
Kriterienblock III: Wissenschaftlich-fachliche Aufgaben i.e.S.	**Kriterienblock IV: Management-/Administrationsaufgaben**
• Problembezogene Informationssuche/-auswertung (unternehmensintern und -extern) • Durchführung von Tests/Experimenten etc. • Erstellung von Konstruktionsentwürfen/Berechnungen etc. • Evaluation von wissenschaftlichen Befunden, Empfehlungen zu wissenschaftlich-fachlich fundierten Problemlösungen • Beratung von Unternehmensbereichen außerhalb von F&E, Transfer von Technologie-Know-how	• Personalführung (Aufgabendefinition, Anleitung, Koordination unterstellter Mitarbeiter) • Unterstützung der kommerziellen Nutzung von F&E-Ergebnissen • Themen-/projektübergreifendes Budgetcontrolling • Themen-/projektübergreifende Gesamtkoordination • Strategische F&E-Planung

Idealtypische Zeitaufteilung zwischen/Wichtigkeit von Aufgabenblöcken in verschiedenen F&E-Laufbahnen

Laufbahnvarianten	**Prozentuale Zeitaufteilung/Gewichtung** [a]			
Spezialistenlaufbahn I: Forschung	40%	5%	50%	5%
Spezialistenlaufbahn II: Entwicklung	20%	5%	70%	5%
Projektlaufbahn	25%	30%	25%	20%
Managementlaufbahn	15%	30%	5%	50%

a) Planungsaufgaben (operativ) (dicht gepunktet); Ressourcensteuerungsaufgaben (schraffiert); Wissenschaftlich-fachliche Aufgaben i.e.S. (locker gepunktet); Management-/Administrationsaufgaben (weiß)

Abb. 4: Kriterien zur analytischen Beschreibung von Aufgaben in verschiedenen F&E-Positionen und -Laufbahnen

von alternativen Laufbahnen ist sinnvoll, wenn sich Positionen/Positionsfolgen identifizieren (Ist) oder definieren (Soll) lassen, die deutlich von denen in der Managementlaufbahn abweichen. Aus der Beschreibung von F&E-Aufgaben(unterschieden) können also wesentliche Anhaltspunkte für die unter Sachgesichtspunkten zu differenzierende Zahl der Laufbahnstränge eines FL-Systems gewonnen werden. Der untere Teil von Abb. 4 visualisiert, wie sich die vier o.a. Aufgabenblöcke in verschiedenen F&E-FL idealtypischerweise unterscheiden sollten.

Von der Beschreibung und der darauf aufbauenden Festlegung der Breite eines FL-Systems analytisch zu trennen ist die Bewertung von Positionen innerhalb eines jeden FL-Astes. Die *Bewertung von F&E-Positionen* liefert eine Hauptgrundlage für die Festlegung der Zahl der Hierarchieebenen/Rangstufen in jeder FL, die sich sachlich begründet und klar jeweils unterscheiden lassen. Wichtige Kriterien zur analytischen Bewertung von F&E-Positionen sind (vgl. a. Gerpott/Domsch 1991, S. 1019; Frieling/Klein 1989, S. 28; Wolff 1987, S. 9-12; Pössnecker 1986, S. 211f.):

- Erfahrungs-/Ausbildungsvoraussetzungen, die Positionsinhaber zu erfüllen haben;
- Komplexität/Schwierigkeit der zu bewältigenden Aufgaben;
- Verantwortung für unternehmensinterne oder -externe Kontakte;
- Budgetverantwortung;
- Personalverantwortung;
- Bedeutung der Position für den F&E-(Projekt-)/Unternehmenserfolg.

Die Tiefe von FL-Systemen orientiert sich natürlich in der Praxis nicht nur an den Aufgabenstrukturen in der F&E, sondern auch und gerade an der Zahl der Hierarchieebenen in anderen Unternehmensbereichen. In der Literatur findet man daher auch sehr unterschiedliche F&E-FL-Beispiele, deren Ebenenzahlen sich zwischen einem Rang und neun Rängen bewegen (s. Healey 1960, S. 240; Sacco/Knopka 1983, S. 37; Heeb/Zingg 1984, S. 150). Da viele industrielle Großunternehmen wie etwa Daimler-Benz, ABB oder General Electric sich derzeit verstärkt darum bemühen, die Zahl ihrer Managementebenen zu verringern, ist m.E. auch bei F&E-FL-Systemen ein Trend zur Verringerung ihrer Tiefe auf typischerweise zwei bis vier Rangstufen zu erwarten.

Liegen Breite und Tiefe eines F&E-FL-Systems in groben Zügen fest, dann sind *Soll-Beschreibungen* für typische Positionen auf den einzelnen Ebenen der FL-Stränge zu erstellen, um eine spätere sachlich überzeugend begründete Einordnung einzelner Positionen/Industrieforscher in die FL zu erleichtern. Zudem müssen mit der Festlegung der Breite und Tiefe von F&E-FL-Hierarchiestrukturen *Rahmenentscheidungen* hinsichtlich

- der Zuordnung von Gehaltsgruppen/-bandbreiten zu und Entgeltrelationen zwischen FL-Rangstufen (vgl. a. oben Abb. 2),
- der Vertragsgestaltung (Boni, Dienstwagen etc.) für bestimmte FL-Rangstufen,
- der Wechselmöglichkeiten/-voraussetzungen zwischen verschiedenen FL-Pfaden,
- der organisatorischen Unterstellung von Positionen in den FL und
- der angestrebten absoluten und relativen Besetzungshäufigkeiten für FL-Rangstufen

eng abgestimmt werden. Typisch ist in diesem Zusammenhang, daß Positionen auf einer Spezialistenlaufbahnebene an die nächsthöhere Managementlaufbahnebene berichten (s. Domsch 1984, S. 265; Pösnecker 1986, S. 213). Weiter werden in der Praxis zumeist FL-Rangstufen wesentlich schwächer/seltener besetzt als die entsprechenden Ebenen der Managementlaufbahn; als Faustregel wird angegeben, daß einer FL-Position etwa sieben bis zehn Positionen in der Managementlaufbahn gegenüberstehen sollten (vgl. Gunz 1980, S. 116; Griffiths 1981, S. 15f.; Pössnecker 1986, S. 213; Wolff 1987, S. 8).

Besteht im Unternehmen Konsens bezüglich des strukturellen Rahmenkonzeptes für ein F&E-FL-System, dann sind darauf aufbauend Auswahl-/Ernennungskriterien zu entwickeln, die möglichst objektiv beobacht-/ermittelbare Voraussetzungen für den Aufstieg von Industrieforschern in einer FL spezifizieren.

3.3 Kriterien bei der Beurteilung von Aufstiegskandidaten in F&E-Fachlaufbahnen

Die in Unternehmen zur Beurteilung der Leistungsvoraussetzungen von Industrieforschern für einen Aufstieg in FL verwendeten Kriterien und

Verfahren (s. etwa Sacco/Knopka 1983, S. 39f.; Klein/Frieling 1989, S. 28; Lentz 1990, S. 30) ähneln denen, die in der Industrie generell zur Leistungsbeurteilung von Führungskräften verwendet werden. Analytisch lassen sich dabei fach-, erfahrungs- und persönlichkeitsbezogene Kriterien unterscheiden. Abb. 5 listet zu jeder der drei genannten Kriterienklassen Einzelmerkmale auf, die in Praxis und Wissenschaft häufig genannt werden, wenn es darum geht, "... möglichst eindeutige Kriterien zu finden, die es den Personalverantwortlichen erlauben, die Auswahl [eines Industrieforschers; T.J.G.] ... für eine Fachlaufbahn inhaltlich und nachvollziehbar zu begründen" (Frieling/Klein 1989, S. 29). Eine kritische Durchsicht der Einzelkriterien in Abb. 5 führt allerdings zu dem Schluß, daß die in der industriellen F&E i.d.R. vorzufindenen Maßstäbe, auf die bei der Beurteilung der Eignung potentieller Kandidaten für einen Aufstieg in einer Spezialisten- oder Projektlaufbahn Bezug genommen wird, insgesamt recht vage sind. Ob ein Industrieforscher beispielsweise ein hohes Maß an "Initiative" (s. die rechte Spalte in Abb. 5) aufweist, kann nur *indirekt* aus einer Vielzahl von Einzelverhaltensweisen abgeleitet werden, und eine solche Ableitung durch den oder die Entscheidungsträger ist *nicht objektiv nachvollziehbar.* Die in Abb. 5 genannten Kriterien sollten daher auch *nicht* als inhaltliche Bezugspunkte interpretiert werden, anhand derer sich objektiv richtig und in quantifizierbarer Weise die Leistungen eines Industrieforschers bzw. die Erfüllungsgrade von Voraussetzungen für einen Aufstieg in F&E-FL ablesen lassen. Die Kriterien stellen vielmehr Hilfsmittel zur Strukturierung und Anregung des Diskussionsprozesses über die Qualifikationen eines Industrieforschers im Vorfeld einer von subjektiven Werturteilen nicht auch nur annähernd abgekoppelten Entscheidung über dessen Fortkommen in einer FL dar. Um diesen Diskussionsprozeß möglichst auf die Bedingungen eines F&E-Bereichs auszurichten, können die Kriterien nicht einfach als "Fertigprodukt" von anderen Unternehmen(steilen) übernommen oder vorgegeben werden, sondern sind als Teil der FL-Entwicklung F&E- und unternehmensspezifisch zu erarbeiten. Dabei sollten aufbauend auf allgemeinen Erkenntnissen zur Mitarbeiterbeurteilung in Wirtschaftsorganisationen (s. Gerpott 1992b, S. 239-244; Domsch/Gerpott 1986, S. 332-335) folgende Richtlinien beachtet werden:

Fachbezogene Kriterien i.e.S.	Erfahrungsbezogene Kriterien	Persönlichkeitsbezogene Kriterien
• F&E-interne wissenschaftlich-fachliche Leistungen - Lösungsbeiträge zu F&E-Problemen mit hoher Unternehmensrelevanz - Tiefe der Kenntnisse auf einem Spezialgebiet - Breite der Fachkenntnisse • Unternehmensweite/-externe wissenschaftlich-fachliche Reputation - Übernahme einer wissenschaftlichen Mentorenrolle - Hinzuziehung als Fachberater - Veröffentlichungen/Fachvorträge/-ehrungen - Funktionen in wissenschaftlichen Vereinigungen • Kundenorientierte Innovationsumsetzung - Identifikation von Kundenproblemen als Input für die F&E-Ausrichtung - Implementierung von F&E-Ergebnissen bei Kunden - Transfer von F&E-Ergebnissen in andere Unternehmensbereiche	• Länge der F&E-Erfahrung (Tätigkeitsdauer) • Budgets der verantworteten F&E-Aufgaben/-Projekte • Zahl/Inhalte der bearbeiteten F&E-Themen/-Projekte • Beherrschung von Präsentationstechniken • Beherrschung von Kreativitäts-/Moderationstechniken • Beherrschung von Projektsteuerungshilfsmitteln (z.B. Netzplansoftware) • Sprachkenntnisse • Formales Ausbildungsniveau	• Unternehmerisch-ganzheitlicher Denkansatz • Initiative • Entscheidungs-/Risikobereitschaft • Überzeugungskraft/Kommunikation • Flexibilität/Umstellungs-/Lernfähigkeit

Quelle: Z.T. in lockerer Anlehnung an Lentz (1990), S. 30 u. Frieling/Klein (1989), S. 28.

Abb. 5: Kriterien bei der Beurteilung von Kandidaten für einen Aufstieg in einer Fachlaufbahn

- Kompatibilität der Beurteilungskriterien mit den Dimensionen zur Beschreibung der Aufgaben von FL-Positionen;
- Beschränkung der Zahl der Beurteilungskriterien auf maximal fünf bis acht;
- Beschränkung der Zahl der Beurteilungsstufen pro Kriterium auf maximal fünf bis sieben Ränge;
- Bevorzugung beobachtbarer Leistungsverhaltens- und -ergebniskriterien gegenüber abstrakten Persönlichkeitsmerkmalen;
- Differenzierte Gewichtung der Kriterien für verschiedene F&E-Spezialisten- und Projektlaufbahnen; beispielsweise kommt der unternehmensweiten/-externen wissenschaftlichen Reputation bei der Kandidatenauswahl für eine "Spezialistenlaufbahn Forschung" im Mittel deutlich größere Bedeutung zu als bei Selektionsentscheidungen für eine Projektlaufbahn im Entwicklungsbereich.

3.4 Entscheidungsträger im Auswahl-/Ernennungsprozeß für Positionen in F&E-Fachlaufbahnen

Hinsichtlich der Entscheidungsträger im Auswahlprozeß für Positionen in FL lassen sich drei praxisnahe Alternativen unterscheiden:

- *Alternative 1:* Die Auswahlentscheidung wird nach Rücksprache mit dem Personalwesen von dem Vorgesetzten in der Managementlaufbahn gefällt, dem der betrachtete Industrieforscher disziplinarisch unterstellt ist; diese Lösung scheint von Unternehmen in Deutschland präferiert zu werden (s. Pössnecker 1986, S. 207f.; Frieling/Klein 1989, S. 29).

- *Alternative 2:* Die Auswahlentscheidung wird von einem "promotion review committee" (Lentz 1990, S. 29) mehrheitlich gefällt, das sich aus herausragenden wissenschaftlichen Fachexperten (i.d.R. sind dieses Positionsinhaber auf der jeweils obersten Ebene einer FL), F&E-Managern, dem F&E-Leiter und Führungskräften des F&E-Personalwesens zusammensetzt (s. etwa Sacco/Knopka 1983, S. 38; Lentz 1990, S. 29). Bei Entscheidungen über Aufstiege in einer *Forscher*-Spezialistenlaufbahn kann an die zusätzliche Einbeziehung einschlägig ausgewiesener, unternehmensexterner Experten aus wissenschaftsnahen Institutionen als Fachgutachter gedacht werden, um Ernennungen in dieser Laufbahn ein hohes wissenschaftlich-fachliches Ansehen im Unternehmen zu sichern.

- *Alternative 3:* Die Auswahlentscheidung wird von einem Komitee vorbereitet und von dem F&E-Manager, der disziplinarischer Vorgesetzter eines FL-Kandidaten ist, unter Berücksichtigung einer vom Auswahlkomitee auszusprechenden Empfehlung getroffen. Das Auswahlgremium ist dabei ähnlich zusammengesetzt wie bei der zuvor dargestellten Alternative 2. Weicht der F&E-Manager mit seinem Votum von dem des Komitees ab, dann gilt die Entscheidung des Managers; letzterer hat aber seinen abweichenden Entschluß schriftlich zu begründen.

Jede der drei Alternativen weist bestimmte Vor- und Nachteile im Hinblick auf die Klarheit der Entscheidungsverantwortung, die Entscheidungsakzeptanz bei F&E-Managern und Industrieforschern in Spezialisten- und Projektlaufbahnen, die Entscheidungsgeschwindigkeit und die Neigung zu "Kompensations-/Kompromißgeschäften" im Auswahlprozeß auf. Für Spezialistenlaufbahnen in der Forschung bzw. Entwicklung scheint mir tendenziell die Alternative 2 bzw. 3 am besten geeignet zu sein, situations- und laufbahnadäquate Auswahlentscheidungen herbeiführen zu helfen, für Projektlaufbahnen mit engem Anwendungs-/Kundenbezug der bearbeiteten F&E-Themen hingegen die Alternative 1.

Die *Möglichkeit zur Benennung von Kandidaten,* die dann von den für FL-Aufstiegsentscheidungen Zuständigen beurteilt werden, sollte nicht nur Inhabern von Positionen in der Managementlaufbahn, sondern auch Inhabern hochrangiger FL-Positionen eingeräumt werden, um Macht-/Statusungleichgewichte zwischen den verschiedenen Laufbahnsträngen zu vermeiden. Weiter sollten Selbstnominierungen für den Auswahlprozeß zugelassen werden, nicht zuletzt um darauf hinzuwirken, daß die übrigen Vorschlagsberechtigten leistungsstarke Industrieforscher nicht zum eigenen Vorteil in ihren Verantwortungsbereichen "verstecken/horten".

Es hat sich gezeigt, daß sich Akzeptanz und Folgewirkungen positiver und (vorläufig) negativer Aufstiegsentscheidungen drastisch verbessern lassen, wenn die verantwortliche Selektionsinstanz mit den Kandidaten die Entscheidung bzw. die ihr zugrundeliegende Leistungsbeurteilung in einem ausführlichen Gespräch diskutiert und mit den betroffenen Industrieforschern individuelle Entwicklungspläne/-maßnahmen formuliert.

Auf ein solches *Feedback-Gespräch und eine individuelle Entwicklungsplanung* für FL-Kandidaten/-Positionsinhaber sollte deshalb in keinem FL-System verzichtet werden.

Zum Abschluß dieses Teilkapitels sei hervorgehoben, daß die Einführung einer speziellen Auswahl-/Beurteilungsprozedur für Aufsteiger in FL *nicht* bedeutet, daß bereits etablierte Leistungsbeurteilungssysteme, die zumeist die jährliche Beurteilung eines Industrieforschers durch dessen disziplinarischen und/oder fachlichen Vorgesetzten in der Leitungshierarchie vorsehen, hinfällig werden. FL-Auswahlentscheidungen bauen im Gegenteil auf den periodischen Leistungsbeurteilungen von Industrieforschern auf, sollten diese aber auch durch zusätzliche Informationen, die in normalen Top-down-Personalbeurteilungen nicht enthalten sind, ergänzen, um ein möglichst breit gezeichnetes Leistungsbild eines FL-Kandidaten bei einer (Nicht-)Auswahlentscheidung zugrundelegen zu können.

3.5 Nutzung und Pflege von F&E-Fachlaufbahnen

Die Nutzung und Pflege von FL-Systemen umfaßt die Aktivitäten, die das F&E-Management *nach* der erstmaligen "flächendeckenden" Einführung von FL in deren Geltungsbereich entfaltet, um darauf hinzuwirken, daß die mit dem System angestrebten Effekte auch über längere Zeitspannen hinweg erreicht werden. Als einschlägige Handlungsrichtlinien zu diesem FL-Gestaltungsbereich sind zu nennen (vgl. a. Gerpott/ Domsch 1991, S. 1019; Gerpott 1987, S. 495; Pössnecker 1986, S. 213):

- Sicherung einer echten Gleichwertigkeit von einander entsprechenden Ebenen der Fach- und Managementlaufbahnen durch regelmäßige Überprüfung der Äquivalenz von Entgelt, Zusatzleistungen, Statussymbolen (z.B. Büroausstattung, Freiräume bei der Gestaltung der Arbeitszeit und der Wahl von F&E-Themen) und Arbeitsressourcen (z.B. Sekretariatspersonal, Weiterbildungs-/Reisebudgets).
- Streng leistungs- und nicht etwa senioritätsorientierte Aufstiegsentscheidungen innerhalb der FL, d.h.: FL-Positionen dürfen insbesondere *nicht* "... as a dumping ground for incompetent managers" (Feuer 1986, S. 30) mißbraucht werden.
- Sichtbare Durchführung von Ernennungen, zumindest auf den oberen FL-Ebenen durch das Top Management des Unternehmens,

verbunden mit Maßnahmen zur Kommunikation von FL-Aufstiegen (z.B. durch Rundbrief, Werkszeitungsartikel, Organigrammänderung).

- Systematische Förderung der Integration der von Positionsinhabern in den Fachlaufbahnen und in der Managementhierarchie erarbeiteten Ergebnisse in strategische und operative Entscheidungen zur F&E-Planung (z.B. durch Einrichtung von F&E-Steuerungsgremien mit Mitgliedern aus verschiedenen Laufbahnzweigen, periodische Sitzungen zur gegenseitigen Information von Industrieforschern aus verschiedenen Laufbahnästen).
- Regelmäßige Marketing-Maßnahmen zur Information von Industrieforschern und Hochschulabsolventen, die als F&E-Nachwuchskräfte für das Unternehmen in Betracht kommen, über die F&E-FL des Unternehmens, FL-Ziele und -Hierarchiestrukturen, -Entwicklungsmöglichkeiten, -Aufgabeninhalte, -Entgeltbandbreiten und Qualifikationsvoraussetzungen für Aufstiege in den FL.
- Flexible Anpassung der FL-Strukturen (insbesondere Hierarchiebreite/-tiefe, Auswahlkriterien/-gremien) an strategische und damit verknüpfte wesentliche organisatorische Umorientierungen des F&E-Bereichs.
- Proaktive Abstimmung von geplanten Änderungen anderer Personalmanagementinstrumente mit den Erfordernissen des FL-Systems; hier angesprochene "andere Instrumente" sind vor allem Entgelt-, Positionsbeschreibungs- und -bewertungssysteme, Leistungsbeurteilungsverfahren, Weiterbildungs- und Hochschulmarketingprogramme sowie Einstellungsinterviews.

3.6 Randbedingungen für erfolgreiche F&E-Fachlaufbahnsysteme

Inwieweit die mit FL-Systemen für Industrieforscher angestrebte Förderung von herausragenden wissenschaftlich-fachlichen Leistungen und von projektorientierten Umsetzungen derartiger Leistungen in am Markt erfolgreiche Innovationen erreicht wird, hängt *nicht allein* von der Struktur, der Einführung und der Pflege des FL-Systems allein ab. Vielmehr werden (1) durch den allgemeinen Entwicklungsstand des (F&E-)Personalmanagements im Unternehmen, (2) durch den generellen Stellenwert, der technologischen Spitzenleistungen/Innovationen für den Unternehmenserfolg eingeräumt wird (Technologie-/Innovationsorientierung der

Unternehmenskultur), und (3) durch Merkmale der vom Unternehmen beschäftigten Industrieforscher erfolgsbeeinflussende Randbedingungen für FL-Systeme gesetzt. Im einzelnen ist die *Anwendungssituation* für F&E-FL-Systeme dann *besser*, wenn

- die (F&E-)Personalfunktion mit genügend Ressourcen zum Systemmanagement ausgestattet ist.
- die (F&E-)Personalfunktion über langjährige Erfahrungen mit dem Einsatz bewährter Positions-/Aufgabenbeschreibungs- und -bewertungsverfahren sowie verhaltens- und ergebnisorientierter Leistungsbeurteilungsinstrumente für Industrieforscher verfügt.
- die (F&E-)Personalfunktion in Abstimmung mit der F&E-Leitung systematisches Personalmarketing an Hochschulen/Universitäten betreibt, das das akquisitorische Potential von FL-Systemen nutzen kann.
- die (F&E-)Personalfunktion genügend Autorität besitzt, die es ihr ermöglicht, ein FL-System nicht nur zu verwalten, sondern aktiv dezentral in der F&E darauf hinzuwirken, daß im Rahmen einer systematischen Personalentwicklung Pläne zur Förderung von Industrieforschern auch in Positionen außerhalb der Managementlaufbahn aufgestellt und durch On- und Off-the-Job-Maßnahmen (z.B. Abordnung in ein bestimmtes Projekt, CAD-Trainingsteilnahme) tatsächlich umgesetzt werden.
- das Unternehmen generell eine konsequente Politik der leistungsabhängig *deutlich* differenzierten Anreizvergabe verfolgt. (Diese Randbedingung ist z.B. in Öffentlichen Großforschungseinrichtungen in Deutschland nicht erfüllt.)
- das Unternehmen zur Definition/Optimierung von Schnittstellen zwischen verschiedenen Ebenen und Teilfunktionen innerhalb der F&E und zwischen der F&E und anderen Unternehmensbereichen seit langem systematisch Instrumente wie Koordinationsteams/Integratoren, Funktionsdiagramme und Stellenbeschreibungen einsetzt.
- die Unternehmenskultur durch ein deutliches Bekenntnis zu technologischen Innovationen als Schlüsselfaktoren für den Unternehmenserfolg gekennzeichnet ist; eine solche Technologie-/F&E-Orientierung spiegelt sich etwa in der F&E-Intensität, in der Ausbildungsfachrichtung und im beruflichen Werdegang von Top Managern eines Unternehmens, in Mythen über die Grundlagen des Erfolgs eines Unternehmens oder in Ritualen zur unternehmensöffentlichen Herausstellung technologischer Einzel- oder Teamleistungen wider.

- im F&E-Bereich eine hinreichende Anzahl von wissenschaftlich-fachlich hochqualifizierten Kandidaten beschäftigt wird, die zu einem nichtunerheblichen Teil ein nachhaltiges Interesse an einer Karriereentwicklung außerhalb der Managementlaufbahn zeigen.

Die *optimale Anwendungssituation* für F&E-FL-Systeme, in der sämtliche der o.a. acht Rahmenbedingungen gleichzeitig und vollständig erfüllt sind, wird man in der F&E-Praxis *sehr selten* (wenn überhaupt) vorfinden. Vor der Entwicklung und Einführung eines F&E-FL-Systems können aber die genannten einzelnen erfolgsbeeinflussenden Rahmenfaktoren i.S. einer Checkliste herangezogen werden, um zu prüfen, welche Unterschiede zwischen der in einem Unternehmen gegebenen und der optimalen Anwendungssituation bestehen; sind die Divergenzen sehr groß, dann sollte im Zweifelsfall eher auf eine vorschnelle Einführung von FL in der F&E verzichtet und zuerst auf eine Verbesserung der Rahmenbedingungen für alternative F&E-Laufbahnsysteme hingearbeitet werden.

3.7 Sonderprobleme bei F&E-Projektlaufbahnen

Mit der Schaffung einer *Projektlaufbahn (PL)* sind einige Probleme verbunden, die sich beim strukturellen Design und bei der Einführung von FL nicht in gleichem Maße stellen. Diese Sonderprobleme sind auf den zeitlich begrenzten Charakter von F&E-Projekten und die hohen Anforderungen an die Integrationsfähigkeiten von Positionsinhabern in der PL zurückzuführen, da Projektpositionen regelmäßig eine enge Abstimmung innerhalb eines Teams, mit den Projektauftraggebern und mit der herkömmlichen, auf Dauer angelegten (funktionalen) F&E-Linienorganisation erfordern. PL-Strukturen sind darauf ausgerichtet, die aus dem temporären Charakter *einzelner* F&E-Vorhaben resultierenden Unsicherheiten für das F&E-Personal zu verringern, indem sie

- einen festen und transparenten Rahmen zur Einbettung von Entgelt- und anderen Personalentscheidungen bereitstellen (vgl. a. Freimuth 1992, S. 220);
- Projektpositionen formal sichtbar im Organigramm der F&E ausweisen;
- Regelungen zur Einbindung der einzelnen Rangstufen in der Pro-

jekthierarchie, in die für Führungskräfte in der Managementlaufbahn üblichen Informations- und Entscheidungsprozesse festlegen.

Häufig unklar bleibt jedoch bei Projektbeginn noch, wer die Leistungen von (Teil-)Projektleitern und -mitarbeitern beurteilt und wie deren Einsatz *nach* Projektabschluß/-abbruch aussehen wird. Deshalb sollte von seiten der für die Pflege der F&E-PL zuständigen Instanz(en) besonderes Augenmerk darauf gerichtet werden, daß bereits mit dem Projektstart eindeutig geklärt ist, *wer nach welchen Kriterien die Leistungen der Projektmitarbeiter/-leiter beurteilen wird.* Da F&E-Projektteammitglieder zumeist eng miteinander und mit ihrem Auftraggeber kooperieren müssen, liegt es nahe, in PL die praxistypische Beurteilung von oben nach unten allein durch den Disziplinarvorgesetzten durch innovative Personalbeurteilungsansätze zu erweitern: So vermag eine Einbeziehung des Auftraggebers in die Projektteambeurteilung, eine Beurteilung von Projektleitern durch ihre Mitarbeiter "von unten nach oben" (vgl. Domsch 1992) und eine gewissermaßen "seitwärts gerichtete Gleichgestelltenbeurteilung" der Teammitglieder untereinander (vgl. Gerpott 1992b) speziell in der F&E interessante Leistungsinformationen hervorzubringen, die bei herkömmlichen Personalbeurteilungsverfahren nicht zur Verfügung stehen und die helfen können, Leistungen von Positionsinhabern in PL bzw. von F&E-Projektteams systematisch zu verbessern.

Die *Planung von Anschlußeinsätzen* von Industrieforschern in der PL, deren aktuelles Projekt zu einem bestimmten Termin voraussichtlich beendet werden wird, ist bereits bei der Übernahme einer Projektposition durch einen Mitarbeiter und *nicht* erst kurz vor Projektabschluß ausdrücklich zum Thema von Personalgesprächen zu machen, um die Projektarbeit nicht durch Ängste der Teammitglieder/-leiter über ihre berufliche Zukunft im Unternehmen zu beeinträchtigen. Wenn es aufgrund von Prognoseunsicherheiten nicht möglich ist, eine *bestimmte* Anschlußverwendung bereits zum Start eines neuen Projektes zu planen, dann sollte zumindest festgelegt werden, in welchen organisatorischen Linienbereich in der F&E/im Unternehmen und auf welche Spezialisten- oder Managementrangebene Industrieforscher mit PL-Positionen wechseln können, falls auch im Verlauf des gerade aktuellen F&E-Projektes im Zuge einer rollierenden Personaleinsatzplanung nicht die Rolle eines Industrieforschers in einem neuen F&E-Projekt konkretisiert werden kann.

Inhaber von Positionen in Projekthierarchien benötigen neben exzellenter wissenschaftlich-fachlicher Kompetenz noch eine im Vergleich zu Industrieforschern in Spezialisten- und Managementlaufbahnen überdurchschnittliche *Integrationskompetenz.* Insbesondere F&E-Projektleiter verschiedenster Rangstufen, aber auch F&E-Projektmitarbeiter haben nämlich naturwissenschaftlich-technologische und markt-/kundenbezogene Perspektiven bei der Projektumsetzung miteinander in Einklang zu bringen und für die Abstimmung ihres Vorhabens mit der Linienorganisation zu sorgen. Mehr noch als andere alternative F&E-Hierarchien sind deshalb PL durch Fortbildungsprogramme zu unterstützen, in denen primär *Sozial- und Machtkompetenzen* vermittelt werden, die es Inhabern von PL-Positionen erleichtern, ihre schwierige Rolle als "Integratoren" (s.a. oben Abb. 1) erfolgreich wahrzunehmen. Beispiele für entsprechende Kompetenzfelder sind etwa die Projektstrukturierung, die Teamführung, die dialogische Bewältigung von Projektkonflikten mit Linienmanagern, das Vorgehen bei der Beschaffung von Projektressourcen und bei der Förderung der raschen Projektumsetzung. Solche Integrationskompetenzen versucht z.B. die Dornier-Unternehmensgruppe angehenden Inhabern von F&E-Projektleiterpositionen in einem 1-jährigen Personalentwicklungsprogramm zu vermitteln, in dem sich Seminare und praktische Projektarbeit abwechseln (vgl. detaillierter Gerpott 1993, insbesondere Abb. 4).

4. Schlußbemerkungen

Industrielle F&E-Bereiche, die ein FL-System implementiert haben oder dessen Einführung ernsthaft erwägen, befinden sich in einer nicht ganz einfachen Situation: Auf der einen Seite sehen sie sich mit seit Beginn der neunziger Jahre modischen Konzepten eines "schlanken Managements in allen Unternehmensbereichen" konfrontiert, die im Kern für den Abbau hierarischer Ebenen und extrem arbeitsteiliger Strukturen, eine Dezentralisierung von Entscheidungs- und Kontrollaufgaben und eine stärkere Einbindung sämtlicher Mitarbeiter in Informationsprozesse im Unternehmen plädieren; diese Lean-Management-Philosophien legen die Sichtweise nahe, daß zwar "alternative", letztlich aber doch hierarchische

FL-Positionsgefüge möglicherweise ein "Personalmanagement-Fossil aus vergangenen Tagen" darstellen. Auf der anderen Seite deuten etliche wissenschaftliche Studien und aktuelle Äußerungen aus der Praxis darauf hin, daß Industrieforscher (1) im Vergleich zu anderen Führungskräftegruppen mit ihren Karriereentwicklungsmöglichkeiten überdurchschnittlich unzufrieden sind und (2) die Motivationswirkungen zusätzlicher Aufstiegsmöglichkeiten im Mittel deutlich höher einstufen als die F&E-Leitung (vgl. Gerpott 1988, S. 253; Brockhoff 1990, S. 127 (Item 4d); Kern/Schröder 1992, Sp. 636; Pfluger 1992, S. 28), so daß FL-Systeme von der "F&E-Basis" höchstwahrscheinlich als positive Neuorientierung der Personalentwicklungspolitik industrieller F&E-Bereiche angesehen werden.

Diese auf den ersten Blick widersprüchlichen Argumentationsmuster lassen sich jedoch miteinander in Einklang bringen, wenn FL-Systeme vom F&E-Management *und* den Industrieforschern vor allem als Mittel

- zur Schaffung transparenter, organisatorisch unterstützter Handlungsfreiräume für leistungsstarke F&E-Experten (-Teams) im Rahmen klarer strategischer Vorgaben und Informationen begriffen werden;
- angesehen werden, bei dem die optimale Nutzung der Fähigkeiten hochqualifizierter F&E-Spezialisten (-Teams) durch adäquate individualisierte/teamzentrierte Entwicklungsangebote (z.B. Berater-/Mentoraufgaben als On-the-Job-Förderung) und nicht das bloße Hinzufügen neuer Hierarchieebenen eindeutig im Vordergrund stehen.

Anmerkungen

1 Aus Vereinfachungsgründen wird im folgenden nur noch von *Industrieforschern* gesprochen, gemeint sind damit aber gleichermaßen Industrieforscher *und* - entwickler.

2 Der Leitbildcharakter des Artikels von Neuhaus kommt nicht zuletzt darin zum Ausdruck, daß das von ihm aufgeführte FL-Beispiel später mehrfach unverändert wieder abgedruckt wurde; s. Kern/Schröder 1977, S. 349; Domsch 1984, S. 264; Pössnecker 1986, S. 200.

Literaturverzeichnis

Allen, T. J./Katz, R. (1986): The dual ladder: Motivational solution or managerial delusion? In: *R&D Management*, 16. Jg., S. 185-197.

Allen, T. J./Katz, R. (1992): Age, education and the technical ladder. In: *IEEE Transactions on Engineering Management*, 39. Jg., S. 237-245.

Berthel, J. (1992): Laufbahn- und Nachfolgeplanung. In: Gaugler, E./ Weber, W. (Hrsg.), *Handwörterbuch des Personalwesens*, 2. Aufl., Stuttgart: Schäffer-Poeschel, Sp. 1203-1213.

Brockhoff, K. (1990): Stärken und Schwächen industrieller Forschung und Entwicklung. Stuttgart: Poeschel.

Brockhoff, K. (1992): Vor den Zahlen wird gewarnt. In: *Manager Magazin*, 22. Jg., Nr. 9, S. 142-143.

Cordero, R./Farris, G. F. (1986): Career maturity and career paths in R&D laboratories. *Beitrag zur 46. Jahresversammlung der Academy of Management*, Chicago (hektographiertes Manuskript, 20 S.).

Dill, D. D. (1985): Theory versus practice in the staffing of R&D laboratories. In: *R&D Management*, 15. Jg., S. 227-241.

Domsch, M. (1984): Anreizsysteme für Industrieforscher. In: Domsch, M./Jochum, E. (Hrsg.), *Personal-Management in der industriellen Forschung und Entwicklung (F&E)*, Köln: Heymanns, S. 249-270.

Domsch, M. (1992): Vorgesetztenbeurteilung. In: Selbach, R./Pullig, K.-K. (Hrsg.), *Handbuch Mitarbeiterbeurteilung*, Wiesbaden: Gabler, S. 255-298.

Domsch, M./Gerpott, T. J. (1986): Personalplanung im F&E-Bereich. In: Staudt, E. (Hrsg.), *Das Management von Innovationen*, Frankfurt/M.: FAZ, S. 329-343.

Epstein, K. A. (1987): The dual ladder: An attempt at matching individual and organizational needs. *Beitrag zur 47. Jahresversammlung der Academy of Management*, New Orleans (hektographiertes Manuskript, 22 S.).

Feuer, D. (1986): Two ways to the top? In: *Training*, 23. Jg., Nr. 2, S. 26-34.

Freimuth, J. (1992): Die personalpolitische Absicherung von Projektmanagement. In: *Zeitschrift Führung + Organisation*, 61. Jg., S. 220-225.

Frieling, E./Klein, H. (1989): Fachlaufbahn für Konstrukteure. In: *Personalwirtschaft*, 16. Jg., Nr. 10, S. 22-29.

Garcia, J. R./Stevens, W. L. (1968): Technical career programs in large research and development laboratories. In: *IEEE Transactions on Engineering Management*, 15. Jg., S. 129-138.

Gerpott, T. J. (1987): Parallelhierarchie. In: *Die Betriebswirtschaft*, 47. Jg., S. 494-496.

Gerpott, T. J. (1988): Karriereentwicklung von Industrieforschern. Berlin u. New York: De Gruyter.

Gerpott, T. J. (1989): Arbeitsbezogene Werthaltungen bei Industrieforschern. In: *Die Unternehmung*, 43. Jg., S. 20-34.

Gerpott, T. J. (1992a): Aktuelle Forschung über Forschung und Entwicklung (F&E). In: *Die Betriebswirtschaft*, 52. Jg., S. 109-127.

Gerpott, T. J. (1992b): Gleichgestelltenbeurteilung: Eine Erweiterung traditioneller Personalbeurteilungsansätze in Unternehmen. In: Selbach, R./Pullig, K.-K. (Hrsg.), *Handbuch Mitarbeiterbeurteilung*, Wiesbaden: Gabler, S. 211-254.

Gerpott, T. J. (1993): Lernprozesse im Zeitwettbewerb. In: Simon, H./ Schwuchow, K. (Hrsg.), *Lernen und Strategie*, Stuttgart: Schäffer-Poeschel, im Druck.

Gerpott, T. J./Domsch, M. (1991): Anreize im Bereich der industriellen Forschung und Entwicklung. In: Schanz, G. (Hrsg.), *Handbuch Anreizsysteme in Wirtschaft und Verwaltung*, Stuttgart: Poeschel, S. 999-1023.

Goldner, F. H./Ritti, R. R. (1967): Professionalization as career immobility. In: *American Journal of Sociology*, 72. Jg., S. 489-502.

Griffiths, D. (1981): Job evaluation, technical expertise and dual ladders in research and development. In: *Personnel Review*, 10. Jg., Nr. 4, S. 14-17.

Gunz, H. P. (1980): Dual ladders in research: A paradoxical organizational fix. In: *R&D Management*, 10. Jg., S. 113-118.

Hall, D. T. (1985): Project work as an antidote to career plateauing in a declining organization. In: *Human Resource Management*, 24. Jg., S. 271-292.

Hall, D. T./Louis, M. R. (1988): When careers plateau. In: *Research •Technology Management*, 31. Jg., Nr. 2, S. 41-45.

Healey, F. H. (1960): Job status for the research scientist. In: *Research Management*, 3. Jg., S. 239-244.

Heeb, W./Zingg, B. (1984): Mitarbeiterentwicklung. In: *Personal*, 36. Jg., Nr. 4, S. 147-152.

Kern, W./Schröder, H.-H. (1977): Forschung und Entwicklung in der Unternehmung. Reinbek bei Hamburg: Rowohlt.

Kern, W./Schröder, H.-H. (1992): Forschung, Organisation der. In: Frese,

E. (Hrsg.), *Handwörterbuch der Organisation,* 3. Aufl., Stuttgart: Schäffer-Poeschel, Sp. 627-640.

Kossbiel, H./Flöck, G./Flohr, B./Schröder, H.-D. (1984): Personalbereitstellung für industrielle Forschung und Entwicklung. In: *Schmalenbachs Zeitschrift für betriebswirtschaftliche Forschung,* 36. Jg., S. 657-676.

Lentz, C. W. (1990): Dual ladders become multiple ladders at Dow Corning. In: *Research•Technology Management,* 33. Jg., Nr. 3, S. 28-34.

McKinnon, P. D. (1987): Steady-state people: A third career orientation. In: *Research Management,* 30 Jg., Nr. 1, S. 26-32.

McMarlin, R. D. (1957): Parallel progression: Careers for non-supervisory engineers and scientists. In: *Personnel Administration,* 20. Jg., Nr. 2, S. 38-42.

Meisel, S. L. (1977): The dual ladder: The rungs and promotion criteria. In: *Research Management,* 20. Jg., Nr. 4, S. 24-26.

Miller, D. B. (1986): Managing Professionals in Research and Development. San Francisco: Jossey-Bass.

Moravec, M. (1993): How BPX implemented dual-career ladders. In: *Research•Technology Management,* 36. Jg., Nr. 1, S. 39-44.

Neuhaus, J. (1968): Die Parallelhierarchie. In: *Industrielle Organisation,* 37. Jg., S. 568-575.

Pfluger, P. (1992): Welches Maß an Freiheit sollen "High-tech-Künstler" haben? In: *Handelsblatt,* Nr. 202 (19.10.1992), S. 28.

Pössnecker, F. (1986): Die Einführung einer Fachlaufbahn in der Industrie. In: *Management Forum,* 6. Jg., S. 199-214.

Raelin, J. A. (1987): Two-track plans for one-track careers. In: *Personnel Journal,* 66. Jg., Nr. 1, S. 96-101.

Renneke, H. (1984): Personalentwicklung von Wissenschaftlern und Ingenieuren in der industriellen F&E - am Beispiel Dornier. In: Domsch, M./Jochum, E. (Hrsg.), *Personal-Management in der industriellen Forschung und Entwicklung (F&E),* Köln: Heymanns, S. 340-352.

Ritti, R. R. (1971): Dual management: Does it work? In: *Research Management,* 14. Jg., Nr. 6, S. 19-26.

Sacco, G. J./Knopka, W. N. (1983): Restructuring the dual ladder at Goodyear. In: *Research Management,* 26. Jg., Nr. 4, S. 36-41.

Schriesheim, J./Glinow, M. A./Kerr, S. (1977): Professionals in bureaucracies: A structural alternative. In: Nystrom, P. C./Starbuck, W. H. (Hrsg.), *Prescriptive Models of Organizations,* Amsterdam et al.: North-Holland, S. 55-69.

Shepard, H. A. (1958): The dual hierarchy in research. In: *Research Management,* 1. Jg., S. 177-187.

Spear, R. E./Souder, W. E. (1986): Defining the technical ladder. In: *Research Management,* 29. Jg., Nr. 5, S. 25-28.

Wolff, M. E. (1987): Revisiting the dual ladder at General Mills. In: *Research Management,* 30. Jg., Nr. 3, S. 8-12.

Die Gestaltungsrealität der Fachlaufbahn in der industriellen Forschung und Entwicklung der Bundesrepublik Deutschland: Eine Pilotuntersuchung

Felicia Preuschoff *

Gliederung

---

*) Dipl.-Kffr. Felicia Preuschoff, Zentrale Ablauforganisation, Volksfürsorge Deutsche Lebensversicherung AG, Hamburg

Die Gestaltungsrealität der Fachlaufbahn in der industriellen Forschung und Entwicklung der Bundesrepublik Deutschland: Eine Pilotuntersuchung[1]

1. Einführung

In dieser Arbeit soll die Anwendungspraxis der Fachlaufbahn (auch: "Parallelhierarchie") in der deutschen industriellen Forschung und Entwicklung deutlich werden. Als Grundlage dient ein auf organisatorischen Dimensionen beruhender Ansatz zur Beschreibung dieser Laufbahnalternative. Da bisher lediglich quantitative Daten über die Installation von Fachlaufbahnen in der Bundesrepublik Deutschland vorliegen, ist diese Arbeit als Piloterhebung zu verstehen. Sie soll erste Hinweise geben, welche Ziele Unternehmen mit der Einrichtung einer Fachlaufbahn verbinden, wie sie in der Praxis gestaltet wird und ob die gesetzten Ziele durch das Angebot dieses Karriereweges auch erreicht werden. Als weiterer Indikator des "Erfolgs" der Fachlaufbahn dient ihre Bewertung durch verschiedene Mitarbeitergruppen.

Zur Beschreibung der Positionsinhaber von Fachlaufbahn-Stellen werden die Begriffe "Spezialisten", "Fachspezialisten" und "Fachkräfte" verwendet. Mitglieder der Managementlaufbahn werden auch als "Manager", "Führungskräfte" und "Führungsverantwortliche" bezeichnet.

2. Die theoretische Basis zur Untersuchung der Fachlaufbahn

2.1 Ziele der Fachlaufbahn-Einrichtung

Die Institution der Fachlaufbahn in der industriellen Forschung und Entwicklung verfolgt mehrere personalpolitische Ziele 2. Die Motivation des Industrieforschers (zum Begriff des Industrieforschers vgl. Schwetlick 1977, S. 49; Kern/Schröder 1977, S. 314; Domsch 1984, S. 251; Domsch

1984, S. 251; Gerpott/Domsch 1985, S. 210 sowie Gerpott 1988, S. 16) soll dadurch positiv beeinflußt werden, daß das Unternehmen seinen Zielen entgegenkommt und weitere Leistungsanreize schafft. Gleichzeitig soll die Attraktivität des Unternehmens für F&E-Mitarbeiter erhöht werden, so daß sich Forscher stärker an ihr Unternehmen gebunden fühlen, und die Chancen der Rekrutierung neuer Mitarbeiter sollen verbessert werden. Ebenso kann die Fachlaufbahn zur Verringerung und zur Lösung von Zielkonflikten beitragen, wenn durch die Verknüpfung von beruflichem Aufstieg und technisch-fachlicher Weiterentwicklung eine gewisse Kongruenz zwischen Forscherzielen und Unternehmensinteressen hergestellt wird (zu den Zielen der Fachlaufbahn vgl. im einzelnen Shepard 1956, S. 305; Shepard 1958, S. 179f.; Neuhaus 1968, S. 571f.; Filley/House/Kerr 1976, S. 402; Kern/Schröder 1977, S. 136; Domsch/Reinecke 1983, S. 210; Balderston/Birnbaum/Goodman/Stahl 1984, S. 257; Domsch 1984, S. 263; Domsch/Gerpott 1985, S. 12; Raelin/Sholl/Leonard 1985, S. 39; Staehle 1987, S. 420; Gerpott 1987, S. 494f.; Domsch/Gerpott 1988, S. 67).

2.2 Organisatorische Strukturdimensionen der Fachlaufbahn

Die sonst üblichen Formen der Beschreibung von Organisationsstrukturen gehen von der Existenz einer einzigen Stellenhierarchie im Unternehmen aus (vgl. z.B. Kieser/Kubicek 1983, S. 91). Mit der Fachlaufbahn wird ein zweiter "Hierarchie-Ast" eingerichtet, der in einem parallelen Bezug zum Leitungsgefüge steht. Dieser ist ein Teil der Organisationsstruktur und kann entsprechend von organisatorischen Strukturdimensionen beschrieben werden. Hier liegt der Schwerpunkt auf der Beschreibung der Spezialisierung und auf der Darstellung ihrer Konfiguration. Erstere spiegelt sich im Aufgabeninhalt und in der Positionsausstattung wider, während letztere durch die Gliederungstiefe und die Unterstellungsverhältnisse dokumentiert wird. Als Bezugspunkt dient jeweils die Managementhierarchie. Auf Formen der Koordination, der Entscheidungszentralisierung und der Formalisierung kann nur am Rande eingegangen werden, da sie in der Literatur zur Fachlaufbahn kaum Beachtung finden.

2.2.1 Spezialisierung

In bezug auf die Fachlaufbahn sind die Spezialisierungsdimensionen Aufgabeninhalt, Positionsausstattung und Aufstiegskriterien von besonderem Interesse.

Positionen unterschiedlicher Hierarchieebenen weisen abweichende Aufgabeninhalte auf, die verschiedene Entscheidungsbefugnisse sowie Informations- und Mitspracherechte einschließen. Fachlaufbahnpositionen sind besonders durch einen geringen Umfang an administrativen Aufgaben gekennzeichnet. Autorität, Leitungsbefugnisse und Personalverantwortung fehlen (vgl. Goldner/Ritti 1967, S. 489; Schröder 1979, S. 5f.; Thom 1980, S. 192; Gerpott 1987, S. 494; Domsch/Gerpott 1988, S. 67. Zu weiteren Aufgabeninhalten von Parallelpositionen vgl. auch Neuhaus 1968, S. 573; Marr 1980, Sp. 956; Griffiths 1981, S. 14; Balderston/Birnbaum/Goodman/Stahl 1984, S. 258).

Die Ausstattungsmerkmale einer Position symbolisieren die Rangordnungsverhältnisse in einem Unternehmen. Für Positionen der Parallelhierarchie werden in der Literatur solche Parameter angeführt, die auch sonst für die Beschreibung traditioneller Führungslaufbahnen üblich sind. Sie können noch um für F&E-Bereiche typische Merkmale ergänzt werden (zu Ausstattungselementen von Fachlaufbahnen vgl. insbesondere Neuhaus 1968, S. 573; Goldner/Ritti 1967, S. 489; Paßmann 1969, S. 147; Braun 1975, Sp. 1759; Martin 1984, S. 218; Domsch/Gerpott 1986, S. 343; Domsch/Gerpott 1987, Sp. 311; Gerpott 1987, S. 495; Domsch/Gerpott 1988, S. 68). Daneben bedingen ungleiche Belohnungen eine Divergenz in der Positionsausstattung (vgl. Gerpott 1988, S. 62).

Dem Ausstattungsmerkmal "Titel" kommt eine besondere Bedeutung zu, da Titeln in unserer Gesellschaft teilweise noch eine sehr große Wertschätzung entgegengebracht wird. Trotzdem darf nicht übersehen werden, daß Titel nur so lange als echte Statussymbole fungieren, wie das tatsächliche Tätigkeitsfeld, also der Aufgabeninhalt, ihnen auch entspricht. Ebenso können sich dann Probleme ergeben, wenn ein Titel innerhalb des Unternehmens ein anderes Ansehen genießt als in der Gesamtgesellschaft (vgl. Braun 1975, Sp. 1759f.).

Berichte englischsprachiger Autoren lassen vermuten, daß es eine Vielfalt von Titeln für Positionen der Fachlaufbahn gibt. In verschiedenen Unternehmen stellen gleiche Titel sehr unterschiedliche Stufen dar. Weiterhin wird aus einer Gegenüberstellung mit den Titeln der jeweiligen Managementlaufbahnen deutlich, daß die Bezeichnungen die unterschiedlichen Funktionen der beiden Hierarchien unterstreichen. Fachspezialisten-Titel beschreiben mit "Fellow", "Associate" oder "Consultant" anscheinend unabhängige Experten, während die Titel "Manager", "Leader", "Head" und "Director" eher die Entscheidungsgewalt von F&E-Führungskräften symbolisieren (vgl. dazu Meisel 1977, S. 24; Moore/Davies 1977, S. 15; Smith/Szabo 1977, S. 21; Wakeham 1977, S. 33; Hallenberg 1979, S. 222; Sacco/Knopka 1983, S. 38; Wolff 1987, S.9).

Schließlich kann man davon ausgehen, daß entsprechend unterschiedliche Bedingungen des Aufstieges an die Rangstufen geknüpft sind. In der Literatur spielen vor allem die nachgewiesene wissenschaftliche Kompetenz (vgl. McMarlin 1957, S. 42; Domsch/Gerpott 1986, S. 341) sowie die besondere wissenschaftlich-fachliche Befähigung, die zur Lösung unternehmensrelevanter Probleme eingesetzt wird (vgl. Domsch (1984), S. 263), eine Rolle (zu weiteren Aufstiegskriterien vgl. auch McMarlin 1957, S. 42 sowie Domsch 1984, S. 267). Als Voraussetzungen für einen Aufstieg innerhalb der Parallelhierarchie werden also bewußt primär fachliche und wissenschaftliche Qualifikationen gefordert (vgl. Gerpott 1968, S. 495).

2.2.2 Konfiguration

Die Konfiguration als Element der Organisationsstruktur einer Fachlaufbahn umfaßt als wichtige Parameter die Gliederungstiefe und, mit Blick auf die Managementlaufbahn, das "Kräfteverhältnis" sowie die Struktur der Weisungsbeziehungen (vgl. Thom 1980, S. 192; Balderston/Birnbaum/Goodman/Stahl 1984, S. 257).

In bezug auf die Tiefe der Gliederung kann die absolute von der relativen Parallelhierarchie unterschieden werden (vgl. Filley/House/Kerr 1976, S. 403). Eine andere Klassifikation richtet sich nach dem Grad der Exklusivität der Fachlaufbahn (vgl. Kieser/Kubicek 1983, S. 132ff.). Es erscheint hier zweckmäßig, die Gliederungstiefe durch die Anzahl paralleler Stufen darzustellen und die zahlenmäßige Relation der Positionen beider Karrierewege als eine weitere Größe zur Beschreibung der organisatorischen Eingliederung zu verwenden. Als Maßgröße für das "Kräfteverhältnis" wird die Relation von Management- zu Fachlaufbahnpositionen vorgeschlagen. Ein Verhältnis von 5:1 oder höher hat sich laut Domsch und Gerpott als zweckmäßig erwiesen (vgl. Domsch/Gerpott 1988, S. 68). Hingegen empfiehlt Griffiths als Anhaltspunkt, höchstens genauso viele Fachpositionen einzurichten wie Führungspositionen vorhanden sind (vgl. Griffiths 1981, S. 16). Empirische Ergebnisse liegen für dieses wichtige organisatorische Merkmal jedoch nicht vor.

Keiner der Autoren geht explizit auf die Regelung der Berichtspflicht zwischen Management- und Parallelhierarchie oder innerhalb der Fachlaufbahn ein. Klar ist jedoch, daß in Hierarchiesystemen Weisungsbefugnisse festgelegt werden müssen (vgl. Gerpott 1988, S. 62). Hinweise auf die Reporting-Beziehungen eines zweigleisigen Laufbahnsystems finden sich außer in wenigen Darstellungen aus der Fachlaufbahn-Praxis einzig bei Balderston und Kollegen, die fordern, nur eine vertikale oder eine diagonale Reporting-Struktur zuzulassen (vgl. Balderston/Birnbaum/Goodman/Stahl 1984, S. 257).

Daraus kann folgende Differenzierung hinsichtlich der Unterstellungsverhältnisse abgeleitet werden:

- "Horizontale" Berichtspflicht:
  Der Inhaber einer Fachlaufbahnposition ist gegenüber einem Manager, der einen gleichwertigen Rang innehat, berichtspflichtig;
- "Diagonal-aufwärts" gerichtete Berichtspflicht:
  Der Fachspezialist erhält Weisungen von einer Führungskraft, die auf einer im Vergleich höheren Stufe steht;
- "Diagonal-abwärts" gerichtete Berichtspflicht:
  Der Spezialist ist einem Führungsverantwortlichen unterstellt, der auf einer im Vergleich niedrigeren Stufe steht;
- "Vertikale" Berichtspflicht:
  Der Fachspezialist berichtet an ein Mitglied der Fachlaufbahn, welches eine höhere Position bekleidet.

2.3 Fragestellungen der empirischen Untersuchung

Eigenschaften und Karriereorientierungen von Forschern sind bereits in der Literatur umfassend beschrieben und untersucht worden, so daß diese Ergebnisse hier als Grundlage dienen und nicht weiter betrachtet werden. Es wurde bisher jedoch nicht empirisch festgestellt, welche Gründe Unternehmen dazu veranlassen, eine Fachlaufbahn einzurichten. Eine entsprechende Untersuchung könnte Aufschluß darüber geben, welche Bedeutung die vermuteten Konflikte zwischen Organisation und Forscher in der Realität haben und in welchem Ausmaß die darauf basierenden Ziele, die mit der Fachlaufbahn verbunden werden, in der Praxis anzutreffen sind. Ebenso ist von Interesse, ob weitere Zielvorstellungen an eine Parallelhierarchie geknüpft werden, beispielsweise die Durchsetzung organisatorischer Maßnahmen.

Die oben angeführten organisationsstrukturellen Begriffe stellen ein Instrumentarium dar, mit dem sich die Fachlaufbahn grundlegend beschreiben läßt. So sind Antworten auf die folgenden Fragestellungen möglich: Wie wird die Fachlaufbahn in der Realität der Forschungs- und Entwicklungsbereiche der Bundesrepublik Deutschland gestaltet? Inwieweit verwenden Unternehmungen die aufgeführten Spezialisierungs- und Konfigurationsmöglichkeiten? Wie stellt sich die jeweilige Fachlaufbahn in Relation zur Führungslaufbahn dar?

Weitere Interessengebiete tun sich auf: Gibt es eine Abstimmung der Gestaltung der Fachlaufbahn auf die gesetzten Ziele? Welche Erfahrungen haben Unternehmen mit der Fachlaufbahn gemacht? Entsprechend ließen sich vorteilhafte und problematische Eigenschaften in einer Parallelhierarchie feststellen. Und: Können die ursprünglich gesteckten Ziele mit Hilfe der Fachlaufbahn erreicht werden, und werden sie auch erreicht? Hier wird also die Effektivität dieses Anreizinstrumentes betrachtet, also die grundsätzliche Eignung einer Maßnahme zur Erreichung eines angestrebten Zieles (vgl. Welge/Fessmann 1980, Sp. 577).

Ein Teilerfolg könnte bereits in der Akzeptanz durch die einbezogenen Mitarbeiter liegen. Der Grad ihrer Zufriedenheit ließe sich als Indikator für den Erfolg eines Laufbahnsystems verwenden, und damit könnte die organisatorische Effizienz[3] bestimmt werden. Hinweise auf die Akzeptanz können solche Bewertungsaussagen geben, die ein positives oder ein negatives Bild der Fachlaufbahn zeichnen.

Für alle angesprochenen Fragestellungen ist ebenfalls von Interesse, ob verschiedene Gruppen im Unternehmen eine unterschiedliche Einstellung zur Institution der Fachlaufbahn zeigen. Die Auffassungen könnten mit der "Nähe" der Organisationsmitglieder zu diesem Karriereweg variieren. Zeigen sich Fachspezialisten als die "Betroffenen" zufrieden mit der weiteren Karrieremöglichkeit? Fühlen sich F&E-Manager durch die Parallelhierarchie in ihrer Autorität bedroht? Wie steht die Unternehmung als Ganzes zu dem ungewöhnlichen zweigleisigen Hierarchiesystem? Und: Gibt es Unterschiede in der Wahrnehmung von Zielen, Aufstiegskriterien, Effektivität und Effizienz der Fachlaufbahn bei diesen verschiedenen Mitarbeitergruppen? Die folgende Beschreibung einer Pilotuntersuchung der Fachlaufbahn in der Bundesrepublik Deutschland soll helfen, Antworten auf diese Fragen zu finden.

3. Das Design der Untersuchung

3.1 Der Objektbereich der Befragung

Zu Beginn des Jahres 1990 erklärten sich acht Großunternehmen, die eine Fachlaufbahn installiert hatten, zu einer Teilnahme an der Untersuchung bereit. Abb. 1 zeigt ihre wichtigsten Merkmale.

NR	**Branche**	Anzahl der F&E-Mitarbeiter	Anzahl der Forscher	Alter der Fachlaufbahn (Jahre)	Zusätzliche(r) Karriereweg(e)	Fachlaufbahn-
1	Elektrotechnik	400	220	15	nein	nein
2	Elektrotechnik	12000	4000	15	nein	nein
3	Kraftfahrzeugbau	5200	1900	5	nein	ja
4	Kraftfahrzeugbau	1280	1090	15	nein	nein
5	Luft- u. Raumfahrt	3500	1900	4	ja	ja
6	Luft- u. Raumfahrt	1500	1200	1	ja	ja
7	Chemische Industrie	1400	400	4	nein	ja
8	EDV-Anlagen	2000	4000	ca. 40	nein	ja

Abb. 1: Übersicht über die befragten Unternehmen

Von den befragten Unternehmen können je zwei den Sektoren Straßenfahrzeugbau, Luft- und Raumfahrzeugbau sowie Elektrotechnik zugeordnet werden. Die restlichen an der Untersuchung teilnehmenden Firmen können jeweils als zu den Herstellern von EDV-Anlagen und zur Chemischen Industrie zugehörig eingestuft werden.[4] Die Art der jeweils betriebenen Forschungs- und Entwicklungsaktivitäten (Grundlagenforschung, angewandte Forschung, Entwicklung (vgl. Brockhoff 1988, S. 27)) blieb bei der vorliegenden Untersuchung unberücksichtigt. Denn mit einer Ausnahme ist die Fachlaufbahn auch außerhalb des F&E-Bereiches installiert worden, um in anderen technischen und kaufmännischen Bereichen Mitarbeiter mit Spezialkenntnissen zu fördern. In der Regel ging jedoch der Impuls zur Einrichtung einer Parallelhierarchie vom Forschungs- und Entwicklungsbereich aus.

Jedes der Unternehmen hat zwischen 400 und 12000 F&E-Mitarbeiter (im Mittel 3410), davon zwischen 220 und 4000 Forscher (Mittelwert 1539).

Der Zeitpunkt der Einführung der Fachlaufbahn war sehr unterschiedlich: Ein Unternehmen hatte sie gerade erst installiert, drei Unternehmen konnten auf eine vier- bis fünfjährige Erfahrung zurückblicken, während die restlichen vier Firmen seit 15 und mehr Jahren ihren F&E-Mitarbeitern diese Karrieremöglichkeit anboten. Zwei Unternehmen eröffneten ihren Forschern darüber hinaus noch einen oder zwei weitere Aufstiegswege.

3.2 Die Vorgehensweise

Aus jedem Unternehmen wurden jeweils drei Vertreter mit Unterstützung eines standardisierten Fragebogens interviewt. Den Befragten wurde der Fragebogen zum Mitlesen vorgelegt, und die Gespräche dauerten zwischen 20 Minuten und 1,5 Stunden. Als Interviewpartner standen jeweils ein Inhaber einer F&E-Fachlaufbahnposition, eine F&E-Führungskraft sowie ein Vertreter einer zentralen Abteilung (meist Personal) zur Verfügung.

Die befragten Fachspezialisten vertraten verschiedene Positionen auf der Parallelhierarchie. Mal hatten sie bereits die höchstmögliche Stufe erreicht, mal standen sie gerade erst am Anfang der Fachlaufbahn. Ebenso fanden sich die Interviewpartner des F&E-Managements auf den verschiedensten Hierarchiestufen der Führungslaufbahn.

Der Vertreter der Personalabteilung wurde in jedem Unternehmen zuerst konsultiert, um einen grundlegenden Überblick über die Gestaltung der jeweiligen Fachlaufbahn zu erhalten. Damit wurden die Fragen zu Struktur, Gliederungstiefe, Aufgabeninhalten, Positionsausstattungen, Aufstiegswegen und Berichtspflicht im Vorfeld geklärt, so daß sich die anschließenden Interviews mit den Vertretern der Fach- und der Führungslaufbahn auf Wahrnehmungs- und Bewertungsaussagen konzentrieren konnten. Jedoch wurden auch hier noch zusätzliche Informationen zu den firmenspezifischen Gestaltungen der Fachlaufbahn gewonnen.

Aus den 24 Gesprächen ergibt sich ein sehr differenziertes Bild davon, wie sich die Fachlaufbahn in der Realität der Bundesrepublik Deutschland darstellt. Zunächst sollen jedoch die verwendeten Variablen und das Meßkonzept vorgestellt werden.

3.3 Die Variablen und ihre Messung

3.3.1 Firmenspezifisch erhobene Variablen

Die Strukturen der Fachlaufbahn in den einzelnen Unternehmen wurden durch folgende Größen erfaßt:

Dimensionen der Spezialisierung:
- Aufgabeninhalte der Fachlaufbahn,
- Positionsausstattung der Fachlaufbahn,
- Titel der Fachlaufbahn-Stufen.

Dimensionen der Konfiguration:
- Anzahl der Stufen der Fachlaufbahn,
- Weisungsbeziehungen,
- Anzahl der Mitarbeiter im F&E-Bereich, die sich auf Positionen der Fachlaufbahn befinden.

Für den Vergleich der Fachlaufbahn mit der Managementhierarchie wurden außerdem benötigt:

Dimensionen der Spezialisierung:
- Aufgabeninhalte der Managementlaufbahn,
- Positionsausstattung der Managementlaufbahn,
- Titel der Managementlaufbahn-Stufen.

Dimensionen der Konfiguration:
- Anzahl der Stufen der Managementlaufbahn,
- Anzahl der Mitarbeiter im F&E-Bereich, die Führungspositionen bekleiden.

Soweit wie möglich wurden Intervallskalen zur Messung der Variablen verwendet. Hingegen konnten Titel, Weisungsbeziehungen und Branche lediglich als nominale Größen codiert werden. Außerdem wurde für Aufgabeninhalte und Positionsausstattung pro Merkmal jeweils eine Ordinalskala verwendet, die die Häufigkeit der Änderung des Items bei einem Aufstieg auf der jeweiligen Laufbahn erfaßte.

3.3.2 Personenspezifisch erhobene Variablen

Zur Untersuchung von

- Zielen und weiteren Gründen der Einrichtung,
- Aufstiegskriterien,
- Erreichung der gesetzten Ziele und
- Bewertung der Fachlaufbahn

wurden ordinale Skalen verwendet. Jeder Gesprächspartner wurde gebeten, die jeweils vorgegebenen Einrichtungsziele und -gründe und die Aufstiegskriterien auf einer Wichtigkeitsskala zu bewerten. Zu den als "wichtig" oder "sehr wichtig" eingestuften Zielen sollte außerdem der Grad ihrer Erreichung angegeben werden. Die anschließende Bewertung der Fachlaufbahn erfolgte durch positive und negative Aussagen, zu denen der Befragte den Grad seiner Zustimmung angab.

Die Gesprächspartner wurden jeweils darauf hingewiesen, daß bei ordinalen Skalen von gleichen Abständen zwischen den einzelnen Ausprägungen einer Skala auszugehen war. Ebenso hatten die Befragten bei allen Untersuchungsteilen die Möglichkeit, auch andere als die vorgegebenen Kriterien, Ziele oder Aussagen zu nennen.

Der befragte Personenkreis wird, schon bedingt durch die Auswahl der Interviewpartner, in drei Befragtengruppen eingeteilt. Es werden "Fachlaufbahn" (Fachspezialisten) von "Managementlaufbahn" (F&E-Führungskräfte) und "Personalabteilung" (Mitglieder der Zentralabteilungen) unterschieden. Durch die geringe Anzahl der an der Untersuchung teilnehmenden Unternehmen können abweichende Antworten in den einzelnen Befragtengruppen nur sehr vorsichtig bewertet werden.

4. Die Anwendung der Fachlaufbahn in der Bundesrepublik Deutschland

4.1 Zielsetzungen der Fachlaufbahn-Einrichtung

Die Interviewpartner wurden gebeten, einen Teil dieser Ziele unabhängig voneinander mit Hilfe einer Skala mit den Stufen 1 = "unwichtig", 2 = "weniger wichtig", 3 = "wichtig" und 4 = "sehr wichtig" nach ihrer Relevanz zu klassifizieren. Sie gaben ebenfalls an, für wie bedeutsam sie solche häufig genannte Gründe für die Einrichtung einer Fachlaufbahn hielten, die auf die Eigenschaften und das Wertsystem von Industrieforschern zurückgehen.

Die Wichtigkeit vieler Ziele ist in den verschiedenen Befragtengruppen sehr unterschiedlich. Auch innerhalb dieser Gruppen gibt es zum Teil sehr breite Antwortspektren, wie einige sehr hohe Standardabweichungen deutlich machen. Durch eine Betrachtung der Rangplätze, die die Mittelwerte der Ziele einnehmen (siehe Abb. 2), wird ersichtlich, daß "Leistungsgerechte Belohnung der Forscher" (1) ein am wenigsten umstritten "wichtiges" Ziel ist. Insgesamt lassen sich auch die folgenden Gesamt-Rangplätze 2 bis 7 noch als im Mittel wichtige Ziele der Fachlaufbahn-Einrichtung bezeichnen. Es sticht ebenfalls hervor, daß Vertreter der Personalabteilung die "Schaffung zusätzlicher Aufstiegs- und Entwicklungsmöglichkeiten" (2) vermutlich für das wichtigste Ziel halten, während eine leistungsgerechte Belohnung für Mitglieder der Fachlaufbahn und der Managementlaufbahn wahrscheinlich die höchste Bedeutung hat. Signifikante Unterschiede der Mittelwerte zwischen den einzelnen Befragtengruppen sind jedoch selten.[5] Sie sind erkennbar für die Ziele:

Ziel (Nr.)	Rangplatz Gesamt (n = 24)	Rangplatz Fach-spezialisten (n = 8)	Rangplatz F&E-Manager (n = 8)	Rangplatz Personal-Abteilung (n = 8)
(1) Leistungsgerechte Belohnung der Forscher	1	1	1	2
(2) Schaffung zusätzlicher Aufstiegs- und Entwicklungsmöglichkeiten	2	3	4	1
(3) Individuelle Förderung der Forscher	3	6	2	2
(4) Gebührende Anerkennung der Leistung	4	6	3	4
(5) Erhalt oder Steigerung der Leistung	5	2	5	5
(6) Geringe Belastung der Spezialisten mit Verwaltungsaufgaben	6	3	6	7
(7) Sinnvolle Aufgabentrennung zwischen Führung bzw. Verwaltung und Forschungsarbeit	7	5	8	5
(8) Verringerung der Fluktuation	8	8	7	11
(9) Verbesserte Rekrutierungsmöglichkeiten	9	8	11	9
(10) Unternehmenskultur soll glaubwürdig gemacht werden	10	11	10	8
(11) Klarere Gliederung des F&E-Bereiches	11	12	9	12
(12) Schaffung von Aufstiegsmöglichkeiten für Mitarbeiter ohne Hochschulabschluß	12	14	12	10
(13) Schaffung von Auffangpositionen für Problemfälle	13	10	13	14
(14) Verbesserung der Kommunikation zwischen technischen und kaufmännischen Bereichen	14	13	14	12

Abb. 2: Wichtigkeit von Zielen der Fachlaufbahn-Einrichtung nach Rangplätzen

- "Individuelle Förderung der Forscher" (3) zwischen Fachlaufbahn und Managementlaufbahn [6] sowie zwischen Fachlaufbahn und Personalabteilung [7],
- "Gebührende Anerkennung der Leistung" (4) zwischen Fachlaufbahn und Managementlaufbahn sowie zwischen Fachlaufbahn und Personalabteilung [8].

Fachspezialisten gehen also eher nicht davon aus, daß Förderung und Anerkennung zu den herausragenden Zielen der Fachlaufbahn gehören. Trotzdem halten sie diese Ziele nicht für unwichtig. Da es nicht sehr viele signifikante Mittelwertunterschiede zwischen den Befragtengruppen gibt, erscheint es zweckmäßig, im folgenden die gesamte Stichprobe (n=24) zu betrachten.

Abb. 3 enthält die Ergebnisse eines Mittelwertdifferenzentests, durch den signifikante Unterschiede in den durchschnittlichen Wichtigkeiten der Ziele deutlich werden sollen. In der Darstellung zeigen die in der Rangreihe erstplazierten sieben Ziele untereinander relativ wenige signifikante Unterschiede. Ähnliches gilt für die nachrangigen Ziele (8) bis (14). Teilt man die Ziele entsprechend in zwei Klassen, so werden jeweils relativ viele signifikante Mittelwertdifferenzen zwischen den einzelnen Zielen dieser beiden Klassen ersichtlich.

Somit können weitere Aussagen über die Prioritäten von mit einer Fachlaufbahn-Einrichtung verbundenen Aussagen gewonnen werden. Die Klasse der primären Ziele enthält zum einen solche Absichten, die Belohnungs- und Anreizelemente beinhalten, und zwar

- leistungsgerechte Belohnung (1),
- Schaffung zusätzlicher Aufstiegsmöglichkeiten (2),
- gebührende Anerkennung der Leistung (4) und
- Erhalt oder Steigerung der Leistung (5).

Zu dieser Zielklasse können weiterhin solche Ziele gezählt werden, die eine Unterstützung der spezifischen Forscher-Eigenschaften darstellen:

- individuelle Förderung (3),
- geringe Belastung der Spezialisten mit Verwaltungsaufgaben (6),
- Trennung von Managementtätigkeit und Forschungsarbeit (7).

	Ziel-Nr. (1)	(2)	(3)	(4)	(5)	(6)	(7)	(8)	(9)	(10)	(11)	(12)	(13)	(14)
(1)		:	:	#	#	#	#	#	#	#	#	#	#	#
(2)	:		:	:	:	#	#	#	#	#	#	#	#	#
(3)	:	:		:	:	:	:	#	#	#	#	#	#	#
(4)	#	:	:		:	:	:	#	#	#	#	#	#	#
(5)	#	:	:	:		:	:	#	#	#	#	#	#	#
(6)	#	#	:	:	:		:	#	#	#	#	#	#	#
(7)	#	#	:	:	:	:		*	#	#	#	#	#	#
(8)	#	#	#	#	#	#	*		:	:	*	*	#	#
(9)	#	#	#	#	#	#	#	:		:	:	*	#	#
(10)	#	#	#	#	#	#	#	:	:		:	:	:	#
(11)	#	#	#	#	#	#	#	*	:	:		:	:	:
(12)	#	#	#	#	#	#	#	*	*	:	:		:	:
(13)	#	#	#	#	#	#	#	#	#	:	:	:		:
(14)	#	#	#	#	#	#	#	#	#	#	:	:	:	

Legende: Es wird dargestellt, auf welchen Signifikanzniveaus Unterschiede in den Mittelwerten der Wichtigkeit der Ziele bestehen.
Zur Berechnung wurde ein t-Test durchgeführt.
\# = Signifikanzniveau $0 < p < 0{,}05$
* = Signifikanzniveau $0{,}05 < p < 0{,}1$
: = nicht signifikant
Die Ziele sind wie in Abb. 7 und Abb. 8 nach ihrer Rangstufe in der Rangreihe der Gesamt-Mittelwerte numeriert.

Anmerkung: Größe der Grundgesamtheit n = 24

Abb. 3: Signifikanzniveaus eines Mittelwerttests für die Ziele der Fachlaufbahn-Einrichtung

Die Dominanz der Ziele, die die Anreizfunktion der Fachlaufbahn verdeutlichen, wird dadurch unterstützt, daß der Installationsgrund "Karrieremöglichkeiten hatten sich bereits als Leistungsanreize bewährt" von fast allen Interviewpartnern als "wichtig" oder "sehr wichtig" angesehen wird (siehe Abb. 4). In erster Linie soll also die Einrichtung einer Fach-

Grund	Gesamt (n = 24) $\bar{x}$	s	Fach-spezialisten (n = 8) $\bar{x}$	s	F&E-Manager (n = 8) $\bar{x}$	s	Personal-abteilung (n = 8) $\bar{x}$	s
Karrieremöglichkeiten hatten sich als Leistungsanreize bewährt	2,96	0,69	2,88	0,84	3,25	0,84	3,13	0,35
Viele fachlich gute Forscher *konnten* keine Managementaufgaben übernehmen	2,79	0,88	2,50	1,07	2,86	0,84	3,00	0,76
Viele fachlich gute Forscher *wollten* keine Managementaufgaben übernehmen	2,75	0,99	2,88	0,99	2,50	1, 20	2,88	0,86

Legende: 1 = "unwichtig"; 2 = "weniger wichtig"; 3 = "wichtig; 4 = "sehr wichtig"

Abb. 4: Wichtigkeit weiterer Gründe der Fachlaufbahn-Einrichtung in Mittelwerten

laufbahn Belohnungen gewähren können, die das Auftreten von Unzufriedenheit verhindern. Durch das Angebot zusätzlicher Karrieremöglichkeiten will man dem Aufstiegsstreben Sorge tragen und ein gewisses Maß an "Gerechtigkeit" erreichen, um Ungerechtigkeitsgefühle bei den Nicht-Beförderten eines nur mit einer Managementlaufbahn ausgestatteten Karrieresystems zu vermeiden.[9]

Erst in zweiter Linie will man dem forscherspezifischen Wertsystem entgegenkommen und die Besonderheiten der Forschernatur unterstützen, jedoch ist dieses Ziel nicht unwichtig. Denn die Unwilligkeit und die Unfähigkeit des Fachspezialisten zur Übernahme von Managementaufgaben werden von allen Gesprächspartnern im Mittel eher noch als "wichtiger" Installationsgrund eingestuft.

Der Klasse der sekundären Ziele werden zum einen solche Ziele zugeordnet, die eine Erhöhung der Attraktivität des Unternehmens anstreben:

- Verringerung der Fluktuation (8),
- Verbesserung der Rekrutierungsmöglichkeiten (9) und
- Glaubwürdigkeit der Unternehmenskultur erhöhen (10)

Zum anderen zählen zu dieser Klasse solche Ziele, die mit der Parallelhierarchie organisationsstrukturelle Veränderungen anstreben:

- klare Gliederung des F&E-Bereiches (11),
- Aufstiegsmöglichkeiten für Mitarbeiter ohne Hochschulabschluß (12),
- Schaffung von Auffangpositionen für Problemfälle (13) und
- Verbesserung der Kommunikation zwischen kaufmännischen und technischen Bereichen (14).

Dieses Ergebnis steht im Gegensatz zu der aus theoretischen Überlegungen gewonnenen Erwartung, daß gerade durch die unvermeidlichen Konflikte zwischen Forscher und Unternehmen (vgl. Ritti 1968, S. 130; Carroll/Tosi 1977, S. 94) das Verlassen der Organisation eine große Rolle spielen müßte. Trotz divergierender Wertsysteme scheinen jedoch entsprechende Konflikte selten durch eine Trennung beigelegt zu werden. Im Gegensatz zu den Äußerungen in der Literatur hat hier das Streben nach einer Verringerung der Fluktuation im Durchschnitt nur eine nachgeordnete Bedeutung. Dieses könnte auch durch den Hinweis einiger

Gesprächspartner erklärt werden, daß in ihren F&E-Bereichen eine recht hohe Fluktuation wünschenswert sei, um möglichst viele Impulse von außen zu erhalten. Es ist jedoch auch möglich, daß speziell die befragten Unternehmen ihre hauptsächlichen Probleme nicht mehr in der Fluktuation sehen, da sie mit der Einrichtung einer Fachlaufbahn eine besondere Wertschätzung der wissenschaftlichen Mitarbeiter demonstrieren und diese so halten können.

Diese Einstufung zeigt die Grenzen der Fachlaufbahn. Sie ist wohl in erster Linie als Motivationsinstrument für hochqualifizierte Mitarbeiter zu verstehen, während die Erhöhung der Attraktivität des Unternehmens eine nachgeordnete Rolle spielt. Insbesondere soll die Fachlaufbahn anscheinend nicht für organisatorische Maßnahmen verwendet werden.

4.2 Die Gestaltungsrealität: Strukturelle Ausprägungen

4.2.1 Spezialisierung

4.2.1.1 Merkmale des Aufgabeninhaltes

Das erste grundlegende Merkmal des Aufgabeninhaltes der Fachlaufbahn-Positionen ist der Anteil an fachlichen Aufgaben und Kompetenzen. Er spiegelt sich in folgenden Variablen wider:

- Tätigkeits- oder Zuständigkeitsbereich,
- Entscheidungsspielraum bezüglich Forschungs- oder Entwicklungsvorhaben und
- Teilnahme an unternehmensinternen Konferenzen.

Die zweite Komponente des Aufgabeninhaltes, nämlich der Anteil an Managementaufgaben, wurde durch die Items

- Personalverantwortung,
- Kostenverantwortung und
- Verantwortung für Ressourcen und Material

repräsentiert.

In jedem Unternehmen wurde erhoben, inwieweit sich die Aufgabeninhalte im Rahmen eines Fachlaufbahn-Aufstieges und im Rahmen eines Führungslaufbahn-Aufstieges verändern. Da sich im Verlauf der Untersuchung herausstellte, daß der Wandel der Aufgabeninhalte nicht klar nach "keine Änderung" und "generelle Änderung" abgegrenzt werden konnte, wurde die Skala um das Item "gelegentliche Änderung" ergänzt.

Aus den Befunden, die in Abb. 5 dargestellt sind, wird deutlich, daß ein Fachlaufbahn-Aufstieg eindeutig mit einem größeren Entscheidungsspielraum bezüglich Forschungs- und Entwicklungsvorhaben verbunden ist. Der kompetente Rat des Spezialisten ist gefragt; dieses wird durch die sichtbare Zunahme der Teilnahme an Konferenzen zusätzlich betont. Gleichzeitig wird dafür Sorge getragen, daß sich der Forscher auf der Fachlaufbahn nicht allzusehr von seinem Spezialgebiet entfernt. Eine geringe Belastung mit Managementaufgaben wird insbesondere dadurch erreicht, daß die Fachspezialisten von Personalführungsaufgaben und entsprechender Verantwortung freigehalten werden.

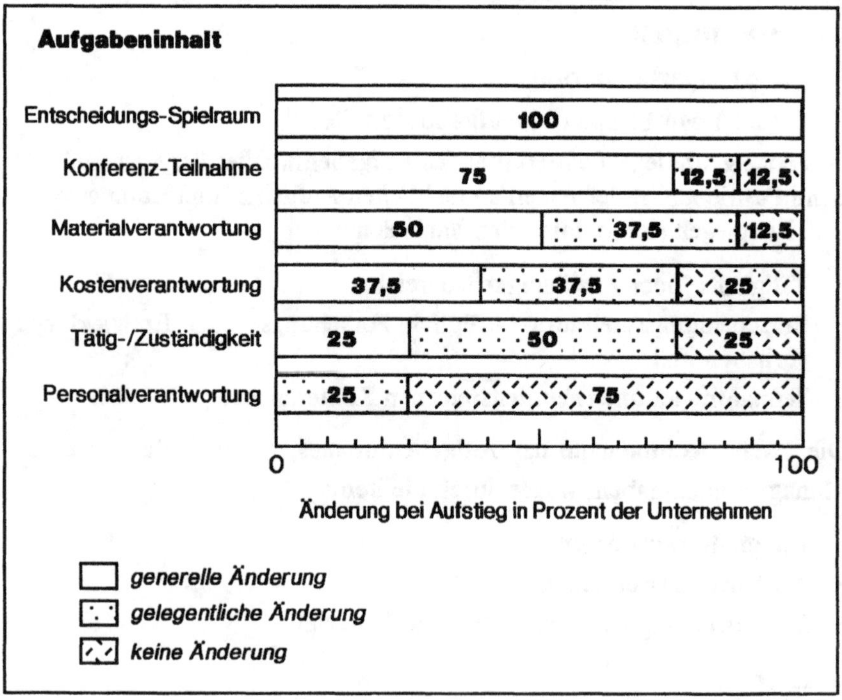

Abb. 5: Änderung der Aufgabeninhalte auf der Fachlaufbahn

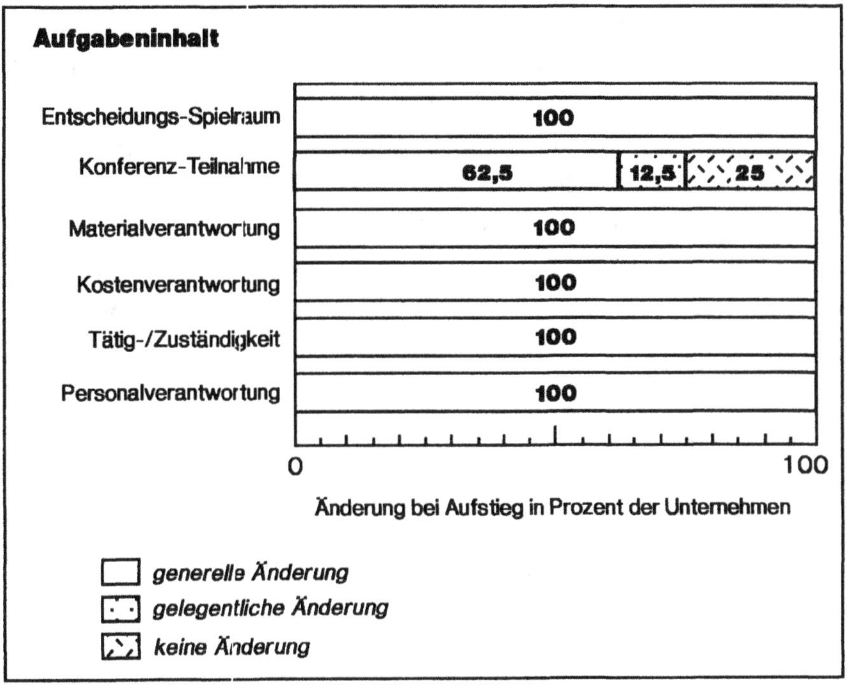

Abb. 6: Änderung der Aufgabeninhalte auf der Managementlaufbahn

Der Vergleich bei einem Führungslaufbahn-Aufstieg (siehe Abb. 6) zeigt, daß die Fachlaufbahn in dieser Hinsicht keineswegs der Managementlaufbahn gleichgestellt ist.

Die Karriere einer Führungskraft ist zwangsläufig mit ständig wachsenden Managementaufgaben verbunden; entsprechend ändert sich der Tätigkeitsbereich des Managers. Ähnlichkeiten im Kompetenzraum von Fach- und Führungslaufbahn finden sich jedoch bezüglich des Entscheidungsspielraumes und bezüglich der Teilnahme an Konferenzen, so daß sich sogar eine Arbeitsteilung zwischen Führungs- und Fachaufgaben andeutet. Sie könnte zur innerbetrieblichen Akzeptanz der Fachlaufbahn erheblich beitragen.

4.2.1.2 Merkmale der Positionsausstattung

Für die exakte Parallelität von Fach- und Führungslaufbahn wird die Schaffung von einander entsprechenden Rangstufen gefordert (vgl. Griffiths 1981, S. 16; Goldstein 1988, S. 58). Ihre Gleichwertigkeit soll sich nicht nur in vergleichbarem Entgelt und Statussymbolen niederschlagen, sondern auch in der Einbeziehung in solche Unternehmensentscheidungen, bei denen die vergleichbaren Führungskräfte mitwirken (vgl. Thom 1980, S. 192). Nur so könne die Akzeptanz der Parallelhierarchie erreicht werden (zu weiteren Bedingungen für eine Akzeptanz der Fachlaufbahn vgl. auch McMarlin 1957, S. 42; Shepard 1958, S. 182ff.; Filley/House/Kerr 1976, S. 403; Raelin/Sholl/Leonard 1985, S. 39; Staehle 1987, S. 421). Hier wurden folgende Vergleichskriterien verwendet:

- Titel oder Funktionsbezeichnung,
- Entgelt (Gehalt und Boni),
- Statussymbole wie Büroausstattung, Freiräume der Gestaltung der eigenen Arbeitszeit und Verfügbarkeit arbeitsnotwendiger Ressourcen (vgl. Gerpott (1987), S. 495),
- Freiraum für Publikationen, Vorträge und Informationsreisen,
- Weiterbildungsmöglichkeiten,
- Individuelle Vertragsgestaltung.

Für jedes Unternehmen wurde ermittelt, inwieweit sich die Positionsausstattung im Rahmen des Fachlaufbahn-Aufstieges verändert. Auch hier war der Maßstab mit den Items "keine Änderung", "gelegentliche Änderung" und "generelle Änderung" belegt.

Die in Abb. 7 dargestellten Ergebnisse deuten darauf hin, daß sich der Aufstieg in der Parallelhierarchie in hohem Maße durch Gehaltsänderungen manifestiert, die durch einen höheren Titel und zum Teil auch durch zusätzliche Statussymbole ergänzt werden. Andere Elemente zur Verbesserung der Positionsausstattung finden nur in relativ geringem Maße Anwendung.

Zur Gegenüberstellung dienen die gleichen Ausstattungsänderungen im Rahmen des Führungslaufbahn-Aufstieges, die in Abb. 8 dargestellt sind.

Es fällt zunächst auf, daß die Unternehmen auch bei der Managementlaufbahn auf die Veränderung von Entgelt, Titel und Statussymbolen einen größeren Wert legen. Darüber hinaus werden Sekretariatsleistungen relativ häufig zur Verfügung gestellt. Hingegen werden andere Ausstattungselemente in geringerem Maße zur Demonstration einer

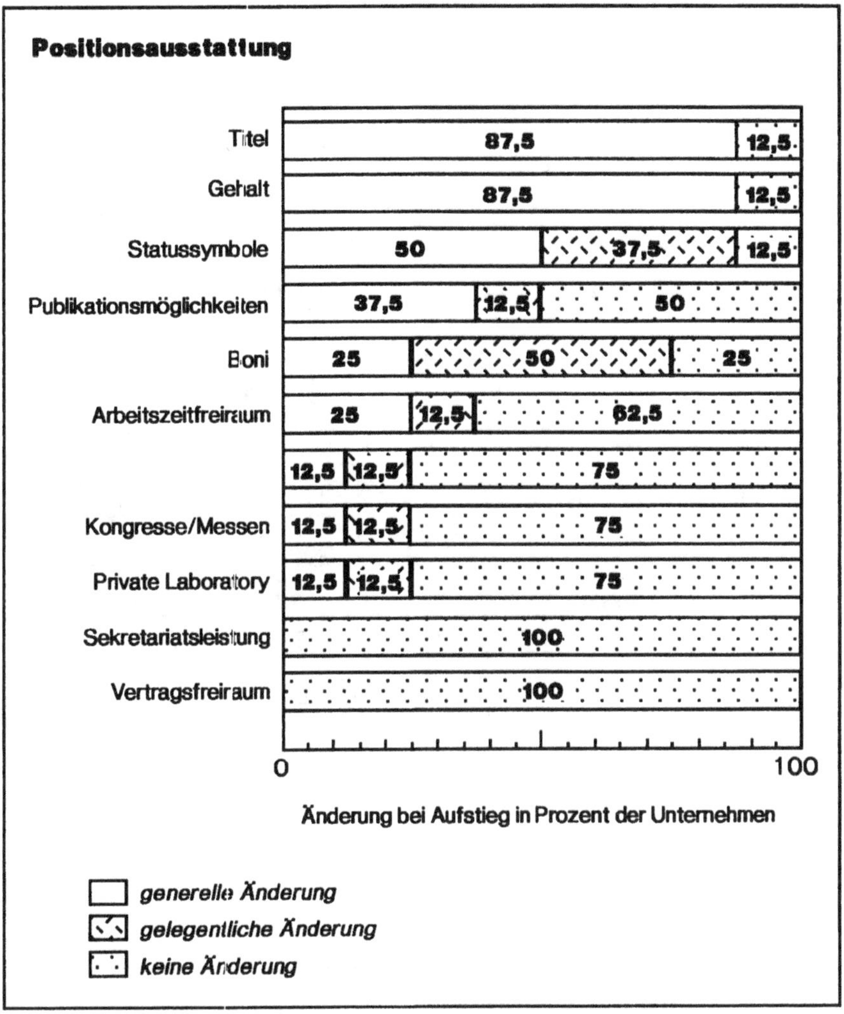

Abb. 7: Änderung der Positionsausstattung auf der Fachlaufbahn

Beförderung eingesetzt. Der Vergleich von Fach- und Führungsaufstieg zeigt, daß Veränderungen hinsichtlich Titel, Gehalt, Boni, Arbeitszeitfreiraum, Seminar- und Schulungsteilnahme, Kongress- und Messebesuche sowie Vertragsfreiraum nur in Einzelfällen voneinander abweichen. Deutlichere Divergenzen hinsichtlich möglicher Veränderungen bei einem Aufstieg zeigen sich in bezug auf die Statussymbole, die Sekretariatsleistungen, die Publikationsmöglichkeiten und die Nutzung eines Private Laboratory. Daß Veränderungen hinsichtlich der Seminar- und

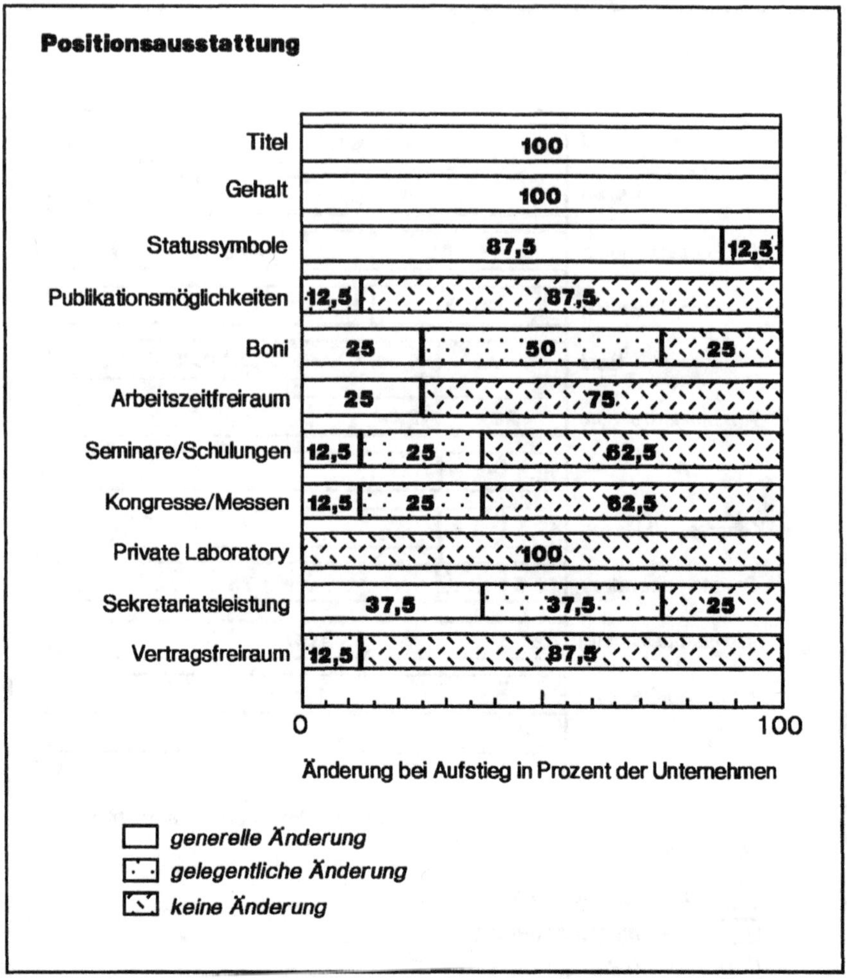

Abb. 8: Änderung der Positionsausstattung auf der Managementlaufbahn

Schulungsteilnahme sowie der Teilnahme an Messen und Kongressen nur selten zur Verdeutlichung eines Aufstieges verwendet werden, ist erstaunlich. Denn diese Ausstattungselemente würden die wissenschaftliche Qualifikation der Fachlaufbahn-Positionsinhaber besonders hervorheben. Als Erklärung könnte jedoch der Hinweis einiger Gesprächspartner dienen, sie würden in dieser Hinsicht alles erhalten, was sie bräuchten, unabhängig von ihrer Hierarchiestufe. Dieses stellt dann sogar noch eine höhere Form der "Forschungsfreiheit" dar.

Die fehlende Zubilligung von zusätzlichen Statussymbolen des Arbeitsplatzes wurde von den Interviewpartnern häufig mit der Notwendigkeit begründet, die Kommunikation zwischen dem Fachspezialisten und der restlichen F&E-Abteilung nicht zu gefährden. Ein Schreibtisch in einem Großraumbüro sei förderlicher als ein gut ausgestattetes Büro, das Distanz zu den Kollegen erzeuge. Ebenso gäbe die Beibehaltung des bisherigen Arbeitsplatzes trotz einer Fachlaufbahn-Beförderung dem Forscher das Gefühl, nicht von seiner Spezialaufgabe getrennt worden zu sein. Neben diesem Ungleichgewicht in bezug auf die Ausstattung des Arbeitsplatzes war allerdings zu beobachten, daß nicht direkt zur Aufgabenerfüllung notwendige Statussymbole in gleicher Weise gewährt wurden, wie z.B. die Möglichkeit, einen Personenwagen günstig zu leasen.

Als Grund dafür, daß dem Fachspezialisten keine gesonderten Sekretariatsleistungen zur Verfügung stehen, gaben die Interviewpartner an, diese seien für die Aufgabenerfüllung nicht notwendig. Der Inhaber einer Spezialistenposition habe nur wenig Verwaltungsaufgaben, zu deren Erfüllung er keine Unterstützung benötige, und bei Bedarf, z.B. für Publikationen, könne er jederzeit auf das Sekretariat seines vorgesetzten Managers oder auf ein zentrales Schreibbüro zurückgreifen.

Die eher fehlende Gleichstellung von Parallel- und Führungshierarchie hinsichtlich der Ausstattungsmerkmale "Publikationsmöglichkeiten" und "Private Laboratory" könnte auf die dem Forscher zugerechnete wissenschaftliche Ausrichtung zurückgeführt werden. Mit der Fachlaufbahn kann seinem Streben nach höherer wissenschaftlicher Qualifizierung entsprochen werden. Hingegen würde eine allzu wissenschaftsorientierte Positionsausstattung wohl kaum den Vorstellungen einer Führungskraft entgegenkommen, die nicht in erster Linie von ihren Fachkollegen, sondern innerhalb ihres Unternehmens Anerkennung gewinnen will.

Als ein bedeutendes Merkmal der Positionsausstattung sollen die Titel oder Funktionsbezeichnungen näher betrachtet werden. Bereits den Berichten englischsprachiger Autoren ist zu entnehmen, daß es eine Vielfalt von Titeln für Positionen der Fachlaufbahn gibt. Daß in der Bundesrepublik Deutschland ebenfalls viele Titelvarianten auf den verschiedenen Stufen von Fachlaufbahn und Managementlaufbahn auftreten, zeigen

Variation I	II	III	IV	V	VI	VII	VIII
						Direktionsberater	Wissenschaftlicher Chefberater
			Wissenschaftlicher Berater	Bereichsbevollmächtigter	Bereichsreferent	Leitender Chefberater	Wissenschaftlicher Berater
	Hauptabteilungsreferent	Fachgebietsleiter	Wissenschaftlicher Hauptreferent	Hauptabteilungsbevollmächtigter	Hauptabteilungsreferent	Chefberater	Chefberater
Scientific Advisor	Abteilungsreferent	Fachgebietsreferent	Wissenschaftlicher Referent	Abteilungsbevollmächtigter	Abteilungsreferent	Leitender Berater	Fachberater
Senior Scientist	Referent	Fachgebietsbeauftragter	Wissenschaftlicher Mitarbeiter	Gruppenbevollmächtigter	Fachreferent	Berater	Fachbeauftragter

Aufstiegsrichtung ↑

Abb. 9: Titelhierarchien der Fachlaufbahnen

Aufstiegsrichtung ↑

Variation I	Variation II	Variation III	Variation IV	Variation V
		Leiter 3. Ebene	Leiter Hauptbereich	Direktor
Bereichsleiter	Ressortleiter	Leiter 2. Ebene, Zusatz 2	Leiter Bereich	Abteilungsdirektor
Hauptabteilungsleiter	Hauptabteilungsleiter	Leiter 2. Ebene, Zusatz 1	Leiter Hauptabteilung	Hauptabteilungsleiter
Abteilungsleiter	Abteilungsleiter	Leiter 2. Ebene	Leiter Abteilung	Abteilungsleiter
(Fach-) Gruppenleiter	(Fach-) Gruppenleiter	Leiter 1. Ebene	Leiter Gruppe	Gruppenleiter

Abb. 10: Titelhierarchien der Managementlaufbahnen

Abb. 9 und Abb. 10. Die Unterteilung der Stufen basiert auf der jeweils entsprechenden Führungshierarchie unter der Annahme, daß dort bei gleichen Bezeichnungen zwischen den Unternehmen geringe Unterschiede bestehen. Die Rangpositionen der Fachlaufbahn sind so angeordnet, wie sie in den Unternehmen den Führungspositionen entsprechen.

Es fällt auf, daß die Stufen der Parallelhierarchie in jedem Unternehmen mit anderen Titeln bedacht werden, selbst wenn man die unterschiedlichen Gliederungstiefen außer acht läßt. Die Worte "Referent", "Berater" und "Bevollmächtigter" werden in fast allen denkbaren Variationen auf Hierarchiestufen der Fachlaufbahn angewendet. Gleiche Bezeichnungen stellen unterschiedliche Stufen in verschiedenen Unternehmen dar. So ist der "Berater" in Variante VII erst am Beginn seiner Fachkarriere, während der "Wissenschaftliche Berater" der Laufbahn IV bereits die höchste Stufe der Parallelhierarchie erreicht hat.

Demgegenüber sind die Titelvariationen bei den Führungslaufbahnen erheblich weniger ausgeprägt. Es fällt auf, daß eine Führungskraft immer wenigstens ein "Leiter" ist, während diese Bezeichnung in der Parallelhierarchie nur bei einem Unternehmen zu finden ist (Laufbahn VII in Abb. 9). Dieses könnte die Annahme bestätigen, daß Funktionsbezeichnungen der Managementhierarchie auch über Unternehmensgrenzen hinweg sehr ähnlich sind und für vergleichbare Verantwortungsbereiche stehen. Jede Organisation benötigt eine Form der Führungshierarchie, also müßte es in dieser Hinsicht in jedem Unternehmen ähnliche Strukturen und Bezeichnungen geben.

Die Vielfalt der Titel für Fachpositionen deutet darauf hin, daß die Parallelhierarchie in der Bundesrepublik Deutschland ein sehr unternehmensspezifisches Konstrukt ist. Denn es kann davon ausgegangen werden, daß eine Fachhierarchie nur von solchen Unternehmen eingerichtet wird, die in größerem Rahmen neue Technologien entwickeln und deshalb den Wert wissenschaftlich-fachlicher Leistungen betonen wollen.

Hinsichtlich der Vergleichbarkeit von Fach- und Führungslaufbahn lassen sich somit einige Vermutungen anstellen. Eine gewisse Parallelität der Rangstufen wird dadurch erreicht, daß fast jeder Aufstieg Veränderungen von Gehalt und Titel des Beförderten beinhaltet. In allen Unternehmen wurden parallelen Hierarchiestufen auch gleiche Gehaltsstufen zugewiesen. Diese stellen in der Regel jedoch lediglich Bandbreiten dar, so daß die Frage unbeantwortet bleibt, ob der Fachspezialist eher am unteren Ende und die Führungskraft eher im oberen Bereich eines für beide gleichen Gehaltsrahmens zu finden ist oder nicht. Auch die Titelvergabe der Fachlaufbahn zeigt deutlich Aufstiegscharakter, da die Bezeichnungen häufig an Titel der Führungslaufbahn angelehnt sind. Trotzdem verlieren diese Funktionsbezeichnungen dadurch an Wert, daß sie in der außerbetrieblichen Umwelt eher nicht anzutreffen sind und somit auch kaum einen ideellen Wert darstellen können. Außerdem sind hinsichtlich der Ausstattung mit Statussymbolen und Sekretariatsleistungen nicht selten Unterschiede zwischen Fach- und Führungslaufbahn zu erkennen.

Die beschriebenen Ungleichgewichte könnten somit in Problemen bezüglich der Akzeptanz der Fachlaufbahn resultieren.

4.2.1.3 Aufstiegskriterien

Die maßgeblichen Autoren betonen, daß jede Beförderung im Rahmen der Fachlaufbahn auf den wissenschaftlichen oder technischen Leistungen des Ernannten beruhen muß (vgl. Kern, Schröder (1977), S. 45f.; Martin (1984), S. 218f.; Domsch, Gerpott (1988), S. 68). Ziel ist es, einen fachlichen Aufstieg mit zugenommener Kompetenz und höherer technischer Verantwortung zu begründen, während ein Führungsaufstieg auf der organisatorischen Notwendigkeit der Führung und einer Zunahme der finanziellen Verantwortung basiert (vgl. Miller (1986), S. 258). Die in der Literatur beschriebenen Aufstiegskriterien der Fachlaufbahn wurden in der vorliegenden Untersuchung etwas feiner unterteilt, und mögliche Gesichtspunkte einer Managementbeförderung wurden hinzugefügt. Die Befragten beurteilten die Bedeutung der einzelnen Kriterien auf einer vierstufigen Wichtigkeitsskala mit den Items 1 = "unwichtig", 2 = "weniger wichtig", 3 = "wichtig" und 4 = "sehr wichtig".

Wenn man aus den Mittelwerten aller Einstufungen eine Rangreihe bildet, wird - wie in Abb. 11 dargestellt - ersichtlich, daß die Befragten von den Aufstiegskandidaten in erster Linie eine überdurchschnittliche fachliche Leistung erwarten. Auch eine besondere wissenschaftlich-fachliche Befähigung, Spezialkenntnisse auf für das Unternehmen bedeutsamen Gebieten und die Bewältigung der aktuellen Arbeitsaufgaben werden, bis auf sehr wenige Ausnahmen, von allen Befragten als "wichtig" oder "sehr wichtig" eingestuft. Signifikante Unterschiede [10] hinsichtlich der mittleren Wichtigkeit bei den verschiedenen Befragtengruppen ließen sich nur feststellen bei:

- "Bedeutsame Erfindungen oder Patente" (7) zwischen Fach- und Managementlaufbahn sowie zwischen Managementlaufbahn und Personalabteilung,
- "Internationale Reputation" (13) zwischen Managementlaufbahn und Personalabteilung,
- "Führungsqualitäten" zwischen Fachlaufbahn und Personalabteilung.

Also ist auch hier die Durchführung eines Mittelwertdifferenzentests für die gesamte Stichprobe angebracht. Es soll festgestellt werden, ob in der

(Gesamt-Rangplatz nach Mittelwerten) Aufstiegskriterium	Gesamt (n=24)		FL (n=8)		ML (n=8)		PA (n=8)	
	$\bar{x}$	s	$\bar{x}$	s	$\bar{x}$	s	$\bar{x}$	s
(1) Überdurchschnittliche fachliche Leistung	3,96	0,20	3,88	0,35	4,00	0,00	4,00	0,00
(2) Besondere fachliche Befähigung	3,63	0,50	3,50	0,54	3,63	0,52	3,75	0,46
(3) Spezialkenntnisse auf wichtigen Gebieten	3,54	0,78	3,13	1,13	3,75	0,46	3,75	0,46
(4) Bewältigung aktueller Arbeitsaufgaben	3,50	0,66	3,50	0,54	3,63	0,74	3,38	0,74
(5) Ausbildungsniveau	3,00	0,83	2,75	0,89	3,13	0,84	3,13	0,84
(6) Firmeninterne Reputation	2,96	0,55	2,75	0,46	2,88	0,35	3,25	0,71
(7) Bedeutsame Erfindungen oder Patente	2,71	0,91	2,88	0,35	2,13	1,13	3,13	0,84
(8) Nationale Reputation	2,54	0,72	2,50	0,54	2,88	0,71	3,25	0,84
(9) Veröffentlichter schriftlicher Output	2,50	0,78	2,50	0,93	2,38	0,74	2,63	0,74
(10) Internationale Reputation	2,46	0,78	2,38	0,74	2,13	0,64	2,88	0,84
(11) Tätigkeitsdauer im Unternehmen	2,33	0,57	2,25	0,71	2,25	0,46	2,50	0,54
(12) Sympathie des Vorgesetzten	2,29	0,69	2,25	0,71	2,25	0,89	2,38	0,52
(13) Führungsqualitäten	2,25	0,68	2,63	0,74	2,13	0,64	2,00	0,54
(14) Glück	2.21	0,88	2,25	1,04	2,00	1,07	2,38	0,52
(15) Unterstützung durch Freunde oder Mentoren	1,67	0,70	1,75	0,89	1,50	0,76	1,75	0,46

Legende: 1 = "unwichtig" 3 = "wichtig" FL = Fachlaufbahn
2 = "weniger wichtig" 4 = "sehr wichtig" ML = Managementlaufbahn
PA = Personalabteilung

Abb. 11: Wichtigkeit von Aufstiegskriterien der Fachlaufbahn bei allen Befragten in einer Rangreihe der Mittelwerte

Gesamtbetrachtung signifikante Unterschiede zwischen den mittleren Wichtigkeitsbewertungen der Beförderungsanforderungen bestehen. Abb. 12 verdeutlicht die Signifikanzniveaus und erlaubt weitere Schlußfolgerungen.

Krite-rium-Nr.	Kriterium-Nr. (1)	(2)	(3)	(4)	(5)	(6)	(7)	(8)	(9)	(10)	(11)	(12)	(13)	(14)	
(1)		#	#	#	#	#	#	#	#	#	#	#	#	#	#
(2)	#		:	:	#	#	#	#	#	#	#	#	#	#	#
(3)	#	:		:	#	#	#	#	#	#	#	#	#	#	#
(4)	#	:	:		:	#	#	#	#	#	#	#	#	#	#
(5)	#	#	#	:		:	#	*	#	#	#	#	#	#	#
(6)	#	#	#	#	:		:	#	#	#	#	#	#	#	#
(7)	#	#	#	#	#	:		:	:	:	*	*	*	#	#
(8)	#	#	#	#	*	#	:		:	:	:	:	:	:	#
(9)	#	#	#	#	#	#	:	:		:	:	:	:	:	#
(10)	#	#	#	#	#	#	:	:	:		:	:	:	:	#
(11)	#	#	#	#	#	#	*	:	:	:		:	:	#	#
(12)	#	#	#	#	#	#	*	:	:	:	:		:	:	#
(13)	#	#	#	#	#	#	*	:	:	:	:	:		:	#
(14)	#	#	#	#	#	#	#	:	:	:	#	:	:		:
(15)	#	#	#	#	#	#	#	#	#	#	#	#	#:		

Legende: Es wird dargestellt, auf welchen Signifikanzniveaus Unterschiede in den Mittelwerten der Wichtigkeit der Aufstiegskriterien bestehen.

Zur Berechnung wurde ein t-test durchgeführt.

\# = Signifikanzniveau $0 < p < 0{,}05$

* = Signifikanzniveau $0{,}05 < p < 0{,}1$

: = nicht signifikant

Die Aufstiegskriterien sind wie in Abb. 18 nach ihrer Rangstufe in der Rangreihe der Gesamt-Mittelwerte numeriert.

Anmerkung: Größe der Grundgesamtheit n = 24

Abb. 12: Signifikanzniveaus eines Mittelwerttests für die Aufstiegskriterien der Fachlaufbahn

Es wird ersichtlich, daß die Gruppe der Kriterien (1) bis (6) in sich relativ wenige signifikante Differenzen hat. Ebenso weist die Gruppe der Kriterien (7) bis (15) eine eher geringe Zahl an signifikanten Mittelwertunterschieden auf. Jedoch weichen die Mittelwerte der ersten Kriteriengruppe häufig signifikant von denen der zweiten Kriteriengruppe ab.

Somit lassen sich die Aufstiegskriterien in primäre und sekundäre Anforderungen unterteilen. Primäre Anforderungen beinhalten Leistungs- und Fähigkeitsmerkmale, die innerhalb des Unternehmens zur Geltung kommen, und zwar

- überdurchschnittliche fachliche Leistung (1),
- Besondere fachliche Befähigung (2),
- Spezialkenntnisse auf für das Unternehmen bedeutsamen Gebieten (3),
- Bewältigung der aktuellen Arbeitsaufgaben (4),
- Ausbildungsniveau (5) und
- firmeninterne Reputation (6).

Der Befund unterstützt die in der Literatur immer wieder geforderte Festlegung von primär wissenschaftlich-fachlichen Qualifikationsvoraussetzungen für einen Aufstieg.

Erst in zweiter Linie sind solche Leistungen von Bedeutung für eine Beförderung auf der Parallelhierarchie, die die fachliche Qualifikation des Forschers nach außen hin dokumentieren. Als Kriterien sind zu nennen:

- bedeutsame Erfindungen und Patente (7),
- nationale und internationale Reputation (8, 10) und
- veröffentlichter schriftlicher Output (9).

Zu den sekundären Aufstiegskriterien gehören auch solche Anforderungen, die eng mit der "Umwelt" des Industrieforschers verknüpft sind und eher nicht von ihm beeinflußbar sind. Es sind:

- Dauer der Tätigkeit im Unternehmen (11),
- Sympathie des Vorgesetzten (12),
- Glück (14),
- Unterstützung durch Freunde oder Mentoren (15).

Bei einer näheren Betrachtung des ebenfalls zu den am niedrigsten eingestuften Bedingungen gehörenden Elementes "Führungsqualitäten" in

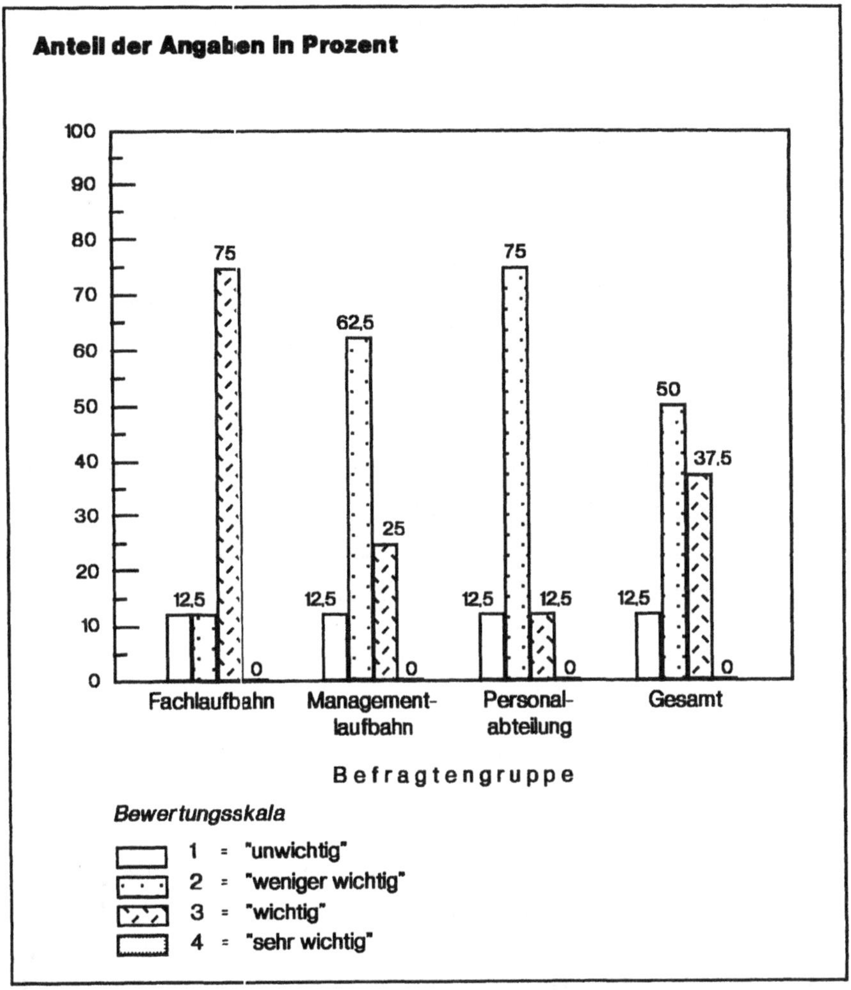

Abb. 13: Wichtigkeit des Aufstiegskriteriums "Führungsqualitäten" innerhalb der Befragtengruppen

Abb. 13 wird deutlich, daß der überwiegende Teil (75%) der Fachlaufbahn-Vertreter diese als "wichtig" einstufen. Hier zeigt sich eine Diskrepanz zu den zuvor dargestellten Zielen, bei denen die "geringe Belastung mit Verwaltungsaufgaben" und die "Aufgabentrennung zwischen Führung und Forschungsarbeit" nicht unwichtig waren. Der Forscher auf der Fachlaufbahn soll demnach von Verwaltungsaufgaben freigehalten werden, zu denen auch die Personalführung zählen müßte. Also dürften keine entsprechenden Fähigkeiten für eine Fachkarriere verlangt werden.

Hier werden Führungsfähigkeiten jedoch von vielen Spezialisten als notwendig für eine fachliche Beförderung erachtet. Vielleicht wollen sie betonen, daß eine größere Verantwortung auf einem Fachgebiet die Interaktion mit einem größeren Personenkreis nach sich zieht, für die entsprechende kommunikative und soziale Fähigkeiten notwendig sind. Ein Gesprächspartner wies darauf hin, daß die besten fachlichen Fähigkeiten unbedeutend wären, wenn der Forscher seine Ideen und Ergebnisse nicht vermitteln könnte. Jedoch wäre es auch möglich, daß fachlich aufgestiegene Forscher ihre Laufbahn als "Managementlaufbahn zweiter Klasse" verstehen und deshalb Führungsfähigkeiten für notwendig halten.

Es kann vermutet werden, daß ein Grund dafür darin liegt, daß ein Industrieforscher zwangsläufig den Unternehmenszielen den Vorrang geben muß und deshalb auch an seinem Beitrag zur Zielerreichung gemessen wird. Somit ist es möglich, daß die Fachlaufbahn zu einer Arbeitsteilung im Forschungs- und Entwicklungsbereich beiträgt.

4.2.2 Konfiguration

Wie bereits aus der Darstellung der Titelhierarchien deutlich wurde, haben die Unternehmen hinsichtlich der Gliederungstiefe der Fachlaufbahn verschiedenste Positionenzahlen. Keines der Unternehmen wies mehr Ebenen der Fach- als der Führungshierarchie auf, und ebensowenig gab es eine "relative" Parallelhierarchie. Jede Parallelposition hatte eine Entsprechung in der Managementhierarchie, so daß von einer deutlichen Entscheidung für eine "absolute" Parallelhierarchie gesprochen werden kann. Jedoch ist es nur bei einem einzigen Unternehmen möglich, eine einem Vorstandsposten gleichwertige Parallelposition zu erreichen. Ansonsten bleiben Fachspezialisten von solchen Rangstufen ausgeschlossen, die sehr hohen Managementpositionen entsprechen (Forschungsleiter und aufwärts). Dieses widerspricht vielen Gestaltungsempfehlungen, die eine exakte Parallelität von Fach- und Führungslaufbahn fordern, welche sich auch in der gleichen Anzahl von Rangstufen auf beiden Hierarchie-Ästen widerspiegeln soll.

Das als zweckmäßig erachtete "Kräfteverhältnis" von 5 : 1 von Führungs- zu Parallelpositionen wird in den untersuchten Unternehmen in keinem

Fall beachtet, und auch die anderweitig empfohlene, gleiche oder geringere Anzahl von Fachpositionen als Managementpositionen sind eher selten.

Wie aus Abb. 14 deutlich wird, haben die meisten Firmen eine höhere Zahl an Spezialistenpositionen als an Managementpositionen. Lediglich ein Unternehmen (Nr. 6) weist ein Verhältnis von 4,5 : 1 auf, was allerdings auch daher rühren könnte, daß dort die Fachlaufbahn noch sehr "jung" ist, so daß die Ernennungen noch nicht abgeschlossen sind. Ein weiterer F&E-Bereich (Nr. 5) bemüht sich durch ein Verhältnis von 1 : 1 um quantitative Gleichwertigkeit. Hinzu kommen drei weitere Firmen (3, 4, 7), die zweimal mehr Fachpositionen als Führungspositionen besetzen. In den restlichen Unternehmen (1, 2, 8) ist die Parallelhierarchie unter den Forschern derart verbreitet, daß dort all die Hochschulabsolventen zu finden sind, die keine Managementkarriere eingeschlagen haben. Es fällt auf, daß diese Unternehmen die Fachlaufbahn schon 15 Jahre oder länger anbieten, so daß im Laufe der Zeit eine "Inflation" der Parallelpositionen stattgefunden haben könnte.

Die Verteilung der Unterstellungsverhältnisse in den untersuchten Unternehmen wird ebenfalls aus Abb. 14 deutlich. Die Mehrzahl der Firmen weist die Möglichkeit einer horizontalen und einer diagonal-aufwärts gerichteten Berichtspflicht auf. In einem Unternehmen (2) ist zusätzlich eine diagonal-abwärts ausgerichtete Berichtspflicht möglich. Viele Befragte berichteten, die jeweils gewählte Zuordnung würde jeweils von der Art der Fachaufgabe abhängig gemacht. Lediglich in einem Fall (1) wird daran festgehalten, daß nur ein Vertreter der nächsthöheren Rangstufe einem Fachspezialisten gegenüber weisungsbefugt ist. Weisungsbeziehungen innerhalb der Fachlaufbahn kamen nicht vor. Ein Grund dafür könnte in der bereits deutlich gewordenen bewußten Freihaltung der Spezialisten von Personalverwaltungsaufgaben liegen. Diese eindeutig der Managementhierarchie zugeordnete Weisungsbefugnis könnte dazu führen, daß die Fachlaufbahn von den F&E-Mitarbeitern nicht als gleichwertig zur Führungslaufbahn angesehen wird. Dieses dürfte besonders dann der Fall sein, wenn eine horizontale oder eine diagonal-abwärts gerichtete Berichtspflicht vorliegt.

Nur in einem der untersuchten Unternehmen galt die Parallelhierarchie nicht außerhalb des F&E-Bereiches. In zwei der befragten Firmen wurde

NR	Anteil Forscher in F&E [%]	Anteil Fachpositionen unter Forschern [%]	Anteil Managementpositionen unter Forschern [%]	Verhältnis Fach- zu Managementpositionen	Stufen der Fachlaufbahn	Berichtspflicht	Alter der Fachlaufbahn [Jahre]
1	55	92	8	1: 11,2	2	diagonal aufwärts	15
2	33	80	20	1: 4	4	diag. aufw./horiz./ diag. aufw.	15
3	37	21	11	1: 2	3	diag. aufw./horiz.	5
4	85	8	5	1: 1,8	5	diag. aufw./horiz.	15
5	54	16	16	1: 1	3	diag. aufw./horiz.	4
6	80	3	12,5	4,5 : 1	4	diag. aufw./horiz.	1
7	29	67	33	1: 2	6	diag. aufw./horiz.	4
8	33	84	16	1: 5,4	9	diag. aufw./horiz.	ca. 40

Abb. 14: Aspekte der Fachlaufbahn-Konfiguration

unterdessen neben der Fachlaufbahn wenigstens noch ein weiterer Karriereweg für Spezialisten angeboten; beide Unternehmen entstammen der Luft- und Raumfahrtindustrie.

4.2.3 Beurteilung der Ergebnisse

Zunächst soll erläutert werden, ob die Fachlaufbahn in den untersuchten Unternehmen auf die gesetzten Ziele abgestimmt wird. Als primäre Ziele der Einrichtung wurden solche Absichten genannt, die zum einen die Anreiz- und Belohnungsfunktion der Fachlaufbahn betonen und die außerdem eine Arbeitsteilung in verwaltende und forschende Aufgaben vorsehen. Im Rahmen der untersuchten Spezialisierungsdimensionen deuten die Aufgabeninhalte der Fachlaufbahn auf eine solche Arbeitsteilung hin. Die Übernahme von Personalverantwortung liegt schwerpunktmäßig bei der Managementhierarchie, während die durch unternehmerische Verantwortung einen vergrößerten Entscheidungsspielraum und vermehrte Konferenz-Teilnahme ausdrückt. Die Positionsausstattung als weitere Dimension der Spezialisierung vermittelt den Eindruck, daß Belohnungen und Anreize auf der Fachlaufbahn vornehmlich über eine Entgelterhöhung und einen höheren Titel vermittelt werden. Hier wird eine Arbeitsteilung durch die unterschiedliche Ausstattung der Fach- und der Führungslaufbahn mit Sekretariatsleistungen angedeutet. Die letzte Spezialisierungsdimension "Aufstiegskriterien" zeigt eine deutliche Betonung der innerbetrieblich sichtbaren Leistung. Somit zeigt sich, daß die Fachlaufbahn hinsichtlich ihrer Spezialisierung zur Erreichung der wichtigsten Ziele beitragen müßte. Einzig aus der Vielfalt der vergebenen Titel könnten sich Akzeptanzprobleme ergeben.

Die Tatsache, daß die Gliederungstiefe der Fachlaufbahn in fast allen untersuchten Unternehmen geringer ist als die der Managementlaufbahn, schließt eine Aufgabentrennung in verwaltende und forschende Tätigkeiten auf höheren Hierarchieebenen aus. Hinzu kommt, daß eher eine größere Zahl von Fach- als von Führungspositionen in den Unternehmen anzutreffen ist. Außerdem dominieren hinsichtlich der Berichtspflicht die Richtungen "diagonal-aufwärts" und "horizontal". Welchen Anreizwert kann eine Fachposition noch haben, wenn ihr Inhaber gegenüber einem

Mitglied der - offiziell - gleichwertigen Stufe der Managementhierarchie berichtspflichtig ist? Bei der Abstimmung der Konfiguration auf die gesetzten Ziele zeigen sich also größere Probleme und damit auch größere Gefahren für die Akzeptanz der Parallelhierarchie. Im folgenden soll deshalb untersucht werden, wie die Fachlaufbahn und ihre Anwendung in den befragten Unternehmen bewertet wird. Aus diesen Einschätzungen können Rückschlüsse auf die Akzeptanz dieses Karriereweges gezogen werden.

4.3 Der Erfolg der Fachlaufbahn in den befragten Unternehmen

4.3.1 Aspekte der Effektivität: Erreichung der gesetzten Ziele

Die Interviewpartner wurden gebeten, nach der Einschätzung der Wichtigkeit verschiedener Ziele, die mit der Einrichtung der Fachlaufbahn verbunden sein können, auch die Effektivität dieses Aufstiegsweges zu bewerten. Auf einer dreistufigen Skala mit den Items 1="nicht erreicht", 2="teilweise erreicht" und 3="erreicht" sollte angegeben werden, in welchem Ausmaß die als "wichtig" oder "sehr wichtig" erachteten Ziele erreicht wurden. Entsprechend liegen für die zuvor als "weniger wichtig" oder "unwichtig" bewerteten Ziele nur sehr unvollständige Angaben vor.

Jedoch lohnt sich die Betrachtung der Verwirklichung der sieben bedeutsamsten Ziele, die in dieser Hinsicht von wenigstens 70% der Befragten beurteilt wurden (siehe Abb. 15).

Wendet man die oben vorgeschlagene Klassenbildung der Ziele an, so wird ersichtlich, daß die wichtigsten Ziele der Fachlaufbahn am ehesten erreicht werden. Über 85% der Befragten halten die "Schaffung zusätzlicher Aufstiegsmöglichkeiten" (2) durch die Fachlaufbahn für verwirklicht. Die Gegenstimmen lassen sich vielleicht dadurch erklären, daß einige Interviewpartner in der Fachlaufbahn keinen zur Führungslaufbahn alternativen Karriereweg sehen. Die Befunde zur Erreichung der Ziele "Gebührende Anerkennung der Leistung" (4) und "Erhalt oder Steigerung der Leistung" (5) zeigen in der Gesamtbetrachtung, daß nur ein sehr geringer Teil der Befragten die Fachlaufbahn in dieser Hinsicht für nicht effektiv hält.

Ziel	Gesamt (N=24)	Gültige Antworten: Anteil [%] der Werte			Anteil gültiger Antworten [%]
	$\bar{x}$	1	2	3	
(1) Leistungsgerechte Belohnung der Forscher	2,74	0,0	26,1	73,8	95,8
(2) Schaffung zusätzlicher Aufstiegs- und Entwicklungsmöglichkeiten	2,82	4,5	9,1	86,4	91,7
(3) Individuelle Förderung der Forscher	2,52	0,0	47,6	52,4	87,5
(4) Gebührende Anerkennung der Leistung	2,57	4,8	33,3	61,9	87,5
(5) Erhalt oder Steigerung der Leistung	2,57	4,8	33,3	61,9	87,5
(6) Geringe Belastung der Spezialisten mit Verwaltungsaufgaben	2,65	0,0	35,0	65,0	83,3
(7) Sinnvolle Aufgabentrennung zwischen Führung bzw. Verwaltung und Forschungsarbeit	2,71	5,9	17,6	76,5	70,8

Legende: (n) = Zielpriorität über alle Befragten nach Abb. 8:
Zielerreichung: 1 = "nicht erreicht"
2 = "teilweise erreicht"
3 = "erreicht"

Abb. 15: Erreichung der primären Ziele

Die Auswertung der Verwirklichung der Ziel-Gruppe "Unterstützung der spezifischen Forscher-Eigenschaften" ergibt, daß eine "individuelle Förderung der Forscher" (3) nach Meinung aller Befragten zum großen Teil vollständig geglückt ist. Die Erreichung der außerdem zu dieser Gruppe gehörigen "Aufgabentrennung zwischen Managementtätigkeit und Forschungsarbeit" (7) wurde lediglich von 70 der Befragten beurteilt, jedoch spricht der übergroße Teil von einer Realisierung dieses Zieles.

Hinsichtlich der Realisierung der Klasse der sekundären Ziele ("Erhöhung der Attraktivität des Unternehmens" und "Organisationale Entwicklung") zeichnen die Befunde ein problematisches Bild. Die Teilziele wurden nur von höchstens der Hälfte der Befragten überhaupt beurteilt, so daß auf eine Auswertung verzichtet wurde.

4.3.2 Aspekte der Effizienz

4.3.2.1 Die Bewertung der Fachlaufbahn als Karriereweg

Den Interviewpartnern wurden positive und negative Aussagen zur Bewertung der Fachlaufbahn in ihrem Unternehmen vorgelegt. Auf einer fünfstufigen Skala gaben die Befragten den Grad ihrer Zustimmung auf einer Skala mit den Items "lehne völlig ab", "lehne eher ab", "unentschieden", "stimme eher zu" und "stimme voll zu" an. Diese Bewertungen wurden so codiert, daß ein hoher Wert einer positiven Aussage und ein niedriger Wert einer negativen Aussage entspricht.

Zunächst galt es, die Nutzung der Fachlaufbahn im Unternehmen einzustufen. Die Aussagen bezogen sich auf:

- das Ansehen und die Kompetenz der Forscher, die Fachpositionen bekleiden;
- die Hinzuziehung von Spezialisten als Berater bei weitreichenden Entscheidungen;
- die Existenz von klaren Aufstiegskriterien;
- die Beachtung von festgelegten Aufstiegskriterien;
- die Verwendung von Positionen der Fachlaufbahn als Abstellgleis für gescheiterte Führungskräfte.

Abb. 16 macht deutlich, daß wohl im allgemeinen versucht wird, die Fachpositionen nur mit hochqualifizierten Forschern zu besetzen. Die Aussage über hohe Kompetenz und großes Ansehen der Fachspezialisten findet nur wenige Gegenstimmen und ist damit im Einklang mit der oben gewonnenen Erkenntnis, daß an Aufstiegskandidaten der Fachlaufbahn hohe fachliche Anforderungen gestellt werden. Der überwiegende Teil der Befragten stimmt außerdem wenigstens eher zu, wenn es um die Hinzuziehung von Fachspezialisten bei weitreichenden Entscheidungen geht. Dieses untermauert die Aussage, daß der Rat der Experten in den untersuchten Unternehmen von großer Bedeutung ist. Ein weiterer Befund ist die fast einhellige Ablehnung des Statements, die Fachlaufbahn sei ein

Bewertungskriterium	Gesamt (n=24) $\bar{x}$	s
Positive Aussagen		
Inhaber von Spezialistenpositionen sind immer sehr angesehen und kompetente Forscher	3,88	0,80
Inhaber von Spezialistenpositionen werden bei weitreichenden Entscheidungen immer als Berater hinzugezogen	3,83	0,92
Die Aufstiegskriterien der Fachlaufbahn sind klar umrissen	3,48	1,16
Die Aufstiegskriterien der Fachlaufbahn werden immer genau beachtet	3,26	1,24
Legende: 1 = "lehne völlig ab", 2 = "lehne eher ab", 3 = "unentschieden", 4 = "stimme eher zu", 5 = "stimme voll zu"		
Negative Aussagen		
Die Fachlaufbahn ist eher ein Abstellgleis für gescheiterte Manager	4,71	0,55
Legende: 1 = "stimme voll zu", 2 = "stimme eher zu", 3 = "unentschieden", 4 = "lehne eher ab", 5 = "lehne völlig ab"		

Abb. 16: Bewertung der Fachlaufbahn-Nutzung in positiven und negativen Aussagen

Abstellgleis für gescheiterte Manager. Die negative Bewertung dieser Aussage weist außerdem einen starken Zusammenhang mit der positiven Bewertung von "Hinzuziehung von Fachspezialisten zur Beratung bei weitreichenden Entscheidungen" auf.[11] Insgesamt gibt es hier bereits einen Hinweis darauf, daß die Parallelhierarchie in den befragten Unternehmen effizient eingesetzt wird. Akzeptanzbarrieren, die aus einer mangelnden Wertschätzung der Fachlaufbahn resultieren, scheinen kaum aufzutreten. Ebenso bestätigt sich die Vermutung, daß die Einrichtung einer Fachlaufbahn keine organisatorischen Maßnahmen zum Ziel hat.

Eine zweite Gruppe von Aussagen bezieht sich auf das Ansehen der Fachlaufbahn im Unternehmen und auf die grundsätzliche Bewertung dieses Karriereweges. Die Statements lauten:

- Die Fachlaufbahn genießt auch außerhalb der F&E-Abteilung großes Ansehen im Unternehmen.
- Die Fachlaufbahn wird außerhalb des Unternehmens sehr geschätzt.
- Die Spezialistenlaufbahn ist etwas für Forscher ohne Führungsfähigkeiten.
- Die Fachlaufbahn ist nach oben begrenzt: eine Sackgasse.

In einer Gesamtbetrachtung (siehe Abb. 17) ist erkennbar, daß die Befragten tendenziell ein positives Ansehen der Fachlaufbahn innerhalb und außerhalb des Unternehmens wahrnehmen.

Die Bewertung fällt nur selten negativ aus. Jedoch konnten 25% der Befragten, darunter 50 der Fachspezialisten, zu dem Eindruck, den die Fachlaufbahn außerhalb des Unternehmens vermittelt, nichts sagen. Dieses läßt vermuten, daß Positionsinhaber der Fachlaufbahn ihren Karriereweg für ein eher unternehmensspezifisches Konstrukt halten.

Die dritte Aussagengruppe zur Bewertung der Fachlaufbahn als Karriereweg forderte zur Beurteilung der Gleichwertigkeit von Fach- und Managementlaufbahn im Unternehmen auf. Es wurde gefragt nach:

- Attraktivität der Fachlaufbahn im Vergleich zur Führungslaufbahn,
- Gleichheit beider Laufbahnen hinsichtlich Macht,
- gleichwertigem Ansehen der Fach- im Vergleich zur Führungslaufbahn innerhalb der F&E-Abteilung,
- Vergleichbarkeit von Fach- und Führungslaufbahn,
- Gleichheit beider Laufbahnen in bezug auf den Zugang zu Ressourcen.

Die Befunde ergeben im Mittel, daß die Fachlaufbahn tendenziell als wirkliche Alternative zur Managementlaufbahn angesehen wird, obwohl sie den Beförderten ein geringeres Machtpotental bietet, als es auf vergleichbaren Führungspositionen zu erhalten wäre (siehe Abb. 18).

Bewertungskriterium	Gesamt (n=24)	
	$\bar{x}$	s
Positive Aussagen		
Die Fachlaufbahn genießt auch außerhalb der F&E-Abteilung großes Ansehen im Unternehmen	3,73	0,99
Die Fachlaufbahn wird außerhalb meines Unternehmens sehr geschätzt	3,67	0,91
Legende: 1 = "lehne völlig ab" 2 = "lehne eher ab" 3 = "unentschieden" 4 = "stimme eher zu" 5 = "stimme voll zu"		
Negative Aussagen		
Die Fachlaufbahn ist nach oben begrenzt: eine Sackgasse	3,38	1,61
Die Spezialistenlaufbahn ist etwas für Forscher ohne Führungsfähigkeiten	2,88	1,60
Legende: 1 = "stimme voll zu" 2 = "stimme eher zu" 3 = "unentschieden" 4 = "lehne eher ab" 5 = "lehne völlig ab"		

Abb. 17: Bewertung und Ansehen der Fachlaufbahn über alle Befragten

Positiv äußerten sich besonders diejenigen Befragten, die zuvor eine hohe fachliche Leistung als ein wichtiges Aufstiegskriterium genannt hatten [12]. Trotzdem fällt die durchschnittliche Beurteilung der Gleichwertigkeit von Fach- und Managementlaufbahn nicht eindeutig positiv aus. Die große Standardabweichung bei den Antworten zu Ressourcenzugang kann dadurch erklärt werden, daß der Begriff "Ressourcen" in der Befragung nicht eindeutig definiert wurde.

Die Gleichwertigkeit wird von den Befragtengruppen unterschiedlich gesehen. So beurteilen die Vertreter der Personalabteilung die Aussage zum gleichwertigen Ansehen von Parallel- und Managementhierarchie in der

Bewertungskriterium	Gesamt (n=24) $\bar{x}$	s
Positive Aussagen		
Die Fachlaufbahn ist eine echte Alternative zur Managementlaufbahn	3,67	0,91
Die Fachlaufbahnpositionen sind mit der gleichen Macht ausgestattet wie die entsprechenden Managementpositionen	2,00	1,02
Die Fachlaufbahn wird innerhalb der F&E-Abteilung als gleichwertig zur Managementlaufbahn angesehen	3,13	1,12
Legende: 1 = "lehne völlig ab", 2 = "lehne eher ab", 3 = "unentschieden", 4 = "stimme eher zu", 5 = "stimme voll zu"		
Negative Aussagen		
Die Stufen von Fach- und Managementlaufbahn sind nicht vergleichbar	3,46	1,25
Im Vergleich zum Manager hat man als Spezialist weniger Zugang zu Ressourcen	2,67	1,49
Legende: 1 = "stimme voll zu", 2 = "stimme eher zu", 3 = "unentschieden", 4 = "lehne eher ab", 5 = "lehne völlig ab"		

Abb. 18: Bewertung der Gleichwertigkeit von Fach- und Managementlaufbahn in positiven und negativen Aussagen

F&E-Abteilung erheblich positiver als die Vertreter der Fachlaufbahn (siehe Abb. 19).

In bezug auf die Nutzung, das Ansehen, die Akzeptanz und die Gleichwertigkeit zur Führungslaufbahn lassen sich also wenige negative Bewertungen finden. Zwar ist bereits die Ungleichheit beider Laufbahnen hinsichtlich ihrer Ausstattung mit Macht deutlich geworden, aber dieses

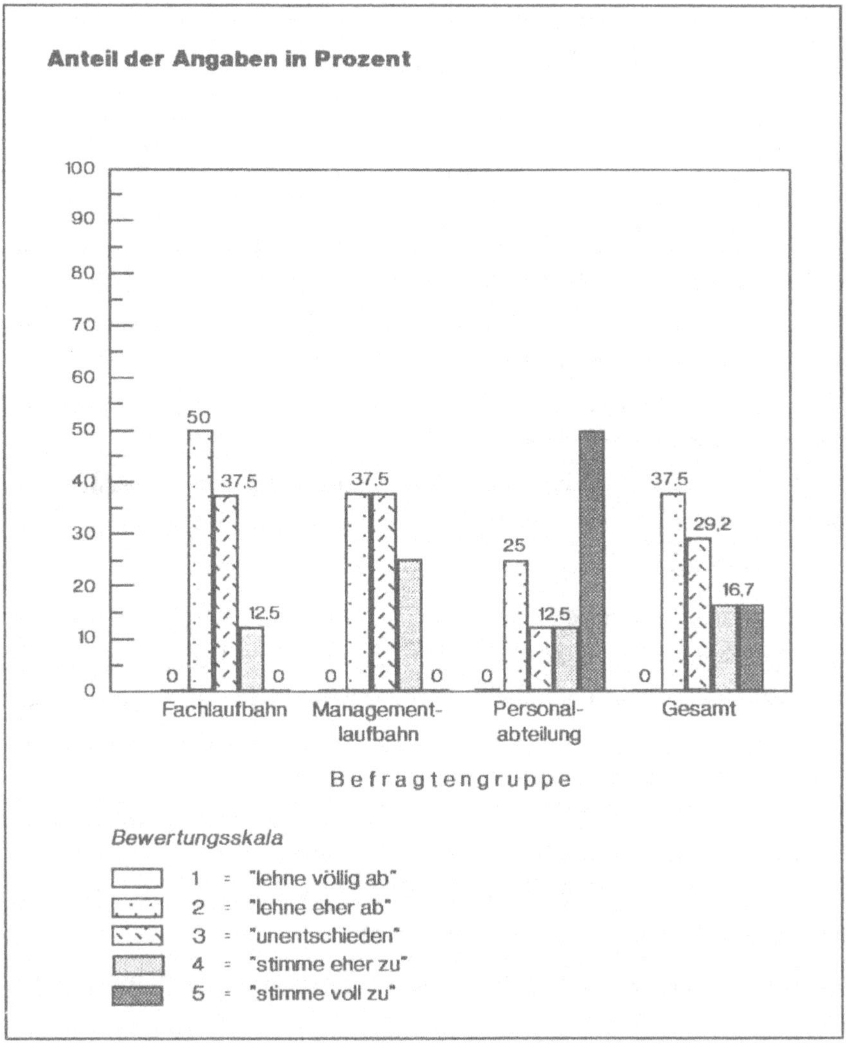

Abb. 19: Bewertung von "Die Fachlaufbahn wird innerhalb der F&E-Abteilung als gleichwertig zur Managementlaufbahn angesehen" nach Befragtengruppen

scheint nicht zu einer geringeren Wertschätzung der Fachlaufbahn als Karriereweg zu führen. Man gewinnt den Eindruck, daß die Institution der Parallelhierarchie in den befragten Unternehmen effizient eingesetzt wird, denn es kann nicht von einer fehlenden innerbetrieblichen Akzeptanz der Fachlaufbahn gesprochen werden. Jedoch wird sie von Mitgliedern der Zentralabteilungen tendenziell positiver bewertet als von Fachspezialisten und F&E-Führungskräften.

5. Fazit und Ausblick

Die vorliegende Untersuchung erhebt keinen Anspruch auf statistische Vollkommenheit. Die Stichprobe ist verhältnismäßig klein; geht man jedoch davon aus, daß Domsch und Gerpott in ihrer umfangreichen Erhebung in bundesdeutschen F&E-Bereichen lediglich 30 Unternehmen fanden, die eine Fachlaufbahn eingerichtet hatten (vgl. Domsch/Gerpott 1985, S. 12), so stellen diese acht ausgewählten Unternehmen immerhin schon ein Viertel der möglichen Kandidaten dar. Es konnten jedoch Anhaltspunkte für Grundrichtungen der Fachlaufbahn-Anwendung beschrieben werden.

Es wird deutlich, daß der Karriereweg "Fachlaufbahn" kein unbedeutendes Motivationsinstrument für Industrieforscher ist. Neben der Anreiz- und Belohnungsfunktion soll die Fachlaufbahn auch dafür sorgen, daß Forscher sich im Rahmen eines Aufstieges nicht von ihrem Forschungsgebiet entfernen müssen. Durch ihre Spezialisierung können sie F&E-Führungskräften bei der Beurteilung komplexer technischer Zusammenhänge unterstützen. Die Verringerung der Fluktuation und auch die Durchführung organisatorischer Maßnahmen spielt für die Zielsetzungen der Fachlaufbahn nur eine untergeordnete Rolle.

Bei den untersuchten Unternehmen kann hinsichtlich der Gestaltung der organisatorischen Strukturelemente der Fachlaufbahn festgestellt werden, daß die Spezialisierungsdimensionen eher zielkonform eingesetzt werden. Die gewonnenen Ergebnisse geben Anlaß zu der Vermutung, daß eine genaue Entsprechung von Fach- und Führungslaufbahn in der Praxis nicht vorliegt und auch nicht angestrebt wird. Trotzdem ist eine Gleichwertigkeit beider Hierarchien durch die zwar unterschiedlichen, aber für das Unternehmen gleich bedeutsamen Aufgabeninhalte und in ähnlich anspruchvollen Aufstiegskriterien erkennbar. Bei der Fachlaufbahn werden wissenschaftliche Leistungen betont und somit eine klare Abgrenzung zur Führungslaufbahn ermöglicht. Außerdem wird die Äquivalenz beider Karrierewege durch die gleiche finanzielle Ausstattung erreicht.

In bezug auf die Dimensionen der Konfiguration kann nicht von einer Zielkonformität gesprochen werden. Fachlaufbahnen sind meist kürzer als Managementlaufbahnen, und zudem zeigt das "Kräfteverhältnis" beider Laufbahnen häufig eine größere Anzahl an Fachpositionen. Ebenso ist grundsätzlich die Führungskraft disziplinarisch vorgesetzt, zum Teil sogar auf der gleichen Hierarchiestufe. Diese problematische Konfiguration scheint indessen wenig Einfluß auf die Effektivität der Fachlaufbahn zu haben. Die wichtigsten Ziele werden als erreicht angesehen. Vielleicht gelingt dieses aufgrund des gleichen Entgeltrahmens beider Hierarchien und der Beteiligung der Fachspezialisten an den Entscheidungen über Forschungsvorhaben.

Die ungünstigen Konfigurationsformen scheinen ebenfalls keine große Wirkung auf die innerbetriebliche Akzeptanz der Fachlaufbahn zu haben. Daß Fachspezialisten ihren Karriereweg eher als Sackgasse sehen, weil sie nicht eine der höchsten Managementstufe gleichwertige Position erreichen können, beeinflußt nicht ihre ansonsten eher positive Bewertung ihrer Laufbahn. Dieser Befund könnte auch dadurch beeinflußt sein, daß in dieser Untersuchung die gesprächsbereiten Fachspezialisten von den Vertretern der Zentralabteilungen ausgewählt wurden. Ebenso ist es möglich, daß sich die Vertreter der Fachlaufbahn bereits glücklich schätzen, überhaupt eine Karrieremöglichkeit zu haben, die ihnen eine weitere Forschungs- und Entwicklungstätigkeit erlaubt.

Die hier gewählte Unterteilung der Stichprobe in Befragtengruppen erwies sich lediglich hinsichtlich der Bewertung der Effektivität und hinsichtlich der Beurteilung der innerbetrieblichen Akzeptanz als zweckmäßig. Vielleicht ließen sich jedoch bei einer größeren Stichprobe Divergenzen zwischen den Gruppen auch bei der Beurteilung von Zielen, Aufstiegskriterien und weiteren Effizienzmaßstäben finden. Zusätzliche Hinweise auf die inner- und außerbetriebliche Beurteilung der Fachlaufbahn könnten auch Vertreter der Organisationsabteilung, F&E-externe Organisationsmitglieder und unternehmensexterne Personen liefern.

Anmerkungen

1 Als Basis dient die Diplomarbeit der Autorin am Institut für betriebliche Innovationsforschung der Christian-Albrechts-Universität zu Kiel, 1990.

2 "Ziele" sind hier im Sinne von Hauschildt (1977, S. 9) Aussagen mit normativem Charakter, die einen gewünschten, zukünftigen Zustand der Realität beschreiben.

3 Vgl. Gzuk 1975, S. 15; Welge/Fessman 1980, Sp. 577f. Die Unterscheidung von Effizienz und Effektivität wird hier auf Basis des "Zielansatzes" vorgenommen (vgl. Grabatin 1981, S. 21ff.), nach dem die beiden Maßgrößen in Abhängigkeit von den gesetzten Zielen des Beurteilenden operationalisiert werden.

4 Die Einteilung von Sektoren des verarbeitenden Gewerbes des Statistischen Bundesamtes (1988, S. 160ff.) liegt hier zugrunde.

5 Zur Bestimmung der Signifikanz der Mittelwertdifferenzen wurde ein t-Test durchgeführt.

6 Dieser Befund ist signifikant auf dem Niveau p = O, 05.

7 Signifikanzniveau p = 0,01.

8 Signifikanzniveau p = 0,05.

9 Vgl. hierzu die Erläuterung der "Gerechtigkeitstheorie" von Adams sowie die Befunde von Adams und Rosenbaum bei Scholz (1989, S. 350ff.). Danach ist es nicht sehr wahrscheinlich, daß das subjektive, auf die jeweils gewählte Vergleichsperson bezogene Gefühl einer Ungerechtigkeit zu höherer Leistung ansporn; stattdessen ist eher Resignation oder sogar das Verlassen des Unternehmens zu erwarten.

10 Signifikanzniveau p = 0,1.

11 Als Zusammenhangsmaß für Ordinalskalen wurde im Rahmen des Konzeptes der Rangkorrelation auf Kendalls Tau b zurückgegriffen. Eine nähere Erläuterung findet sich bei Brosius (1988, S. 225f.). Für den Zusammenhang der Variablen "Die Fachlaufbahn ist eher ein Abstellgleis für gescheiterte Manager" und "Inhaber von Spezialistenpositionen werden bei weitreichenden Entscheidungen immer als Berater hinzugezogen" ergab sich Kendalls Tau b = 0,30 auf einem Signifikanzniveau von 0,1.

12 Für die Stärke des Zusammenhangs ergab sich Kendalls Tau b = 0,37 auf einem Signifikanzniveau von O,05.

Literaturverzeichnis

Balderston, J./Goodman, R./Birnbaum, P./Stahl, M. (1984): Modern Management Techniques in Engineering and R&D, New York et al.

Bortz, J. (1984): Lehrbuch der empirischen Sozialforschung, Berlin, Heidelberg, New York und Tokio.

Braun, H. (1975): Rangordnung im Betrieb. In: Gaugler, E. (Hrsg.): *Handwörterbuch des Personalwesens,* Stuttgart 1975, Sp. 1751-171.

Brockhoff, K. (1988): Forschung und Entwicklung: Planung und Kontrolle, München und Wien.

Brosius, G. (1988): SPSS/PC+Basics und Graphics, Hamburg et al.

Carroll, S./Tosi, H. (1977): Organizational Behavior, Chicago, Illinois.

Domsch, M. (1984): Anreizsysteme für Industrieforscher. In: Domsch, M./Jochum, E. (Hrsg.): *Personalentwicklung in der industriellen Forschung und Entwicklung (F&E),* Köln et al., S. 249-270.

Domsch, M./Gerpott, T. J. (1985): Personalauswahl und Personalbeurteilung als Instrumente des Personal-Managements in der industriellen Forschung und Entwicklung (F+E). In: Moll, H./ Warnecke, H. (Hrsg.): *RKW-Handbuch Forschung, Entwicklung und Konstruktion (F+E),* Berlin, Kap. 5200.

Domsch, M./Gerpott, T. J. (1986): Personalplanung im F&E-Bereich. In: Staudt, E. (Hrsg.): *Das Management von Innovationen,* Frankfurt, S. 329-343.

Domsch, M./Gerpott, T. J. (1987): Forschung und Entwicklung (Führung in). In: Grochla, E. et al. (Hrsg.): *Handwörterbuch der Führung,* Stuttgart, Sp. 303-314.

Domsch, M./Gerpott, T. J. (1988): Personalführung als Erfolgsfaktor in Forschung und Entwicklung. In: *Harvard Manager,* Bd. 10, Nr. 2, S. 64-70.

Domsch, M./Reinecke, P. (1983): Personalmanagement in der Industrieforschung der USA. In: *Personalwirtschaft,* Bd. 10, Nr. 6, S. 207-210.

Filley, A. C./House, R. J./Kerr, S. (1976): Managerial Process and Organizational Behavior, 2. Aufl., Glenview, Illinois.

Gerpott, T. J. (1987): Parallelhierarchie. In: *Die Betriebswirtschaft,* Bd. 47. S. 494-496.

Gerpott, T. J. (1988): Karriereentwicklung von Industrieforschern. Positionswechsel in derselben Unternehmung?, Berlin.

Gerpott, T. J./Domsch, M. (1985): The Concept of Professionalism and the Management of Salaried Technical Professionals: A Cross-National Perspective. In: *Human Resource Management,* Bd. 24, S. 207-226.

Goldner, F. H./Ritti, R. R. (1967): Professionalization as Career Immobility. In: *American Journal of Sociology,* Bd. 72, S. 489-502.

Goldstein, M. L. (1988): Dual-Career Ladders - Still Shaky but Getting Better. In: *Industry Week,* Bd. 236, Nr. 1 v. 4. Jan., S. 57-60.

Grabatin, G. (1981): Effizienz von Organisationen, Berlin und New York.

Griffiths, D. (1981): Job Evaluation, Technical Expertise and Dual Ladders in Research and Development. In: *Personnel (GB),* Bd. 10, Nr. 4, S. 14-17.

Gzuk, R. (1975): Messung von Entscheidungen, Tübingen.

Hallenberg, E. (1970): Dual Advancement Ladder Provides Unique Recognition for the Scientist. In: *Research Management,* Bd. 13, Nr. 3, S. 221-227.

Hauschildt, J. (1977): Entscheidungsziele, Tübingen.

Kern, W./Schröder, H.-H. (1977): Forschung und Entwicklung in der Unternehmung, Reinbek bei Hamburg.

Kieser, A./Kubicek, H. (1983): Organisation, 2., neubearbeitete und erweiterte Aufl., Berlin und New York.

Marr, R. (1980): Innovation. In: Grochla, E. et al. (Hrsg.): *Handwörterbuch der Organisation,* 2. Aufl., Stuttgart, Sp. 947-959.

Martin, M. J. (1984): Managing Technological Innovation and Entrepreneurship, Reston, Virginia.

McMarlin, R. D. (1957): Parallel Progression - Careers for Non Supervisory Engineers and Scientists. In: *Personnel Administration,* Bd. 20, Nr. 2, S. 38-42.

Meisel, S. L. (1977): The Dual Ladder - The Rungs and Promotion Criteria. In: *Research Management,* Bd. 20, Nr. 4, S. 24-26.

Miller, D. B. (1986): Managing Professionals in Research and Development, San Francisco und London.

Moore, D. C./Davies, D. S. (1977): The Dual Ladder - Establishing and Operating It. In: *Research Management,* Bd. 20, Nr. 4, S. 14-19.

Neuhaus, J. (1969): Die Parallelhierarchie. In: *Industrielle Organsation,* Bd. 37, S. 568-575.

Paßmann, B. (1969): Das Leitungssystem des Forschungs- und Entwicklungsbereiches industrieller Unternehmungen, Diss., Köln.

Presthus, R. (1979): The Organizational Society, 2. Aufl., New York.

Raelin, J. A., Sholl, C. K., Leonard, D. (1985): Why Professionals Turn Sour and What to Do. In: *Personnel (USA)*, Bd. 62, S. 28-41.

Ritti, R. R. (1968): Work Goals Scientists and Engineers. In: *Industrial Relations*, Bd. 7, S. 118-131.

Sacco, G. J./Knopka, W. N. (1983): Restructuring the Dual Ladder at Goodyear. In: *Research Management*, Bd. 26, Nr. 4, S. 36-41.

Schröder, H.-H. (1979): Planung von Forschung und Entwicklung in der Industrie in den USA. In: Moll, H./Warnecke, H. (Hrsg.): *RKW-Handbuch Forschung, Entwicklung und Konstruktion (F+E)*, Berlin, Kap. 8600.

Schwetlick, W. (1973): Forschung und Entwicklung in der Organisation industrieller Unternehmungen, Berlin.

Shepard, H. A. (1956): Nine Dilemmas in Industrial Research. In: *Administrative Science Quarterly*, Bd. 1, S. 295-309.

Shepard, H. A. (1958): The Dual Hierarchy in Research. In: *Research Management*, Bd. 1, S. 177-187.

Smith, J. J./Szabo, T. T. (1977): The Dual Ladder - Importance of Flexibility, Job Content and Individual Temperament. In: *Research Management*, Bd. 20, Nr. 4, S. 20-23.

Staehle, W. H. (1987): Management. Eine verhaltenswissenschaftliche Einführung, 3., verbesserte und erweiterte Aufl., München.

Statistisches Bundesamt (1988): Statistisches Jahrbuch 1988 für die Bundesrepublik Deutschland, Stuttgart und Mainz.

Thom, N. (1980): Grundlagen des betrieblichen Innovationsmanagements, 2., völlig neu bearbeitete Aufl., Haustein.

Wakeham, H. (1977): The Dual Ladder - Successes and Failures. In: *Research Management*, Bd. 20, Nr. 4, S. 32-33.

Welge, M. K./Fessmann, K.-D. (1980): Effizienz (organisatorische). In: Grochla, E. et al. (Hrsg.): *Handwörterbuch der Organisation*, 2. Aufl., Sp. 578-592.

Wolff, M. F. (1987): Revisiting the Dual Ladder at General Mills. In: *Research Management*, Bd. 30, Nr. 3, S. 8-12.

Fachlaufbahnen in der EDV-Abteilung - ein konzeptioneller Beitrag zur Einführung eines Fachlaufbahnmodells

Sven H. A. Siemers*

Gliederung

---

*) Dipl.-Kfm. Sven H. A. Siemers, Wissenschaftlicher Mitarbeiter am I.P.A. Institut für Personalwesen und Arbeitswissenschaft der Universität der Bundeswehr Hamburg

Fachlaufbahnen in der EDV-Abteilung - ein konzeptioneller Beitrag zur Einführung eines Fachlaufbahnmodells

1. Einführung

Mitarbeiter, insbesondere hochqualifizierte Spezialisten, stellen heute das wertvollste Kapital einer Unternehmung dar. Sie sind grundsätzlich in allen Unternehmensbereichen (z.B. F&E, EDV, Marketing usw.) anzutreffen und lassen sich im wesentlichen mittels folgender Merkmale charakterisieren. Sie verfügen über:

- ein hohes spezialisiertes Expertenwissen
- einen hohen Leistungsstandard
- eine hohe Problemlösungsfähigkeit
- einen hohen Grad an Selbständigkeit
- eine persönliche und fachliche Akzeptanz innerhalb der Unternehmung
- den Wunsch nach Anerkennung (inner- oder außerhalb der Unternehmung)
- ein verstärktes Fachinteresse gegenüber einem geringen Interesse an administrativen Aufgaben (Baum, M. 1992, S. 934; Domsch, M./ Gerpott, T. J. 1985, S. 6; Grant, P./Holmes, J. D. 1991, S. 22; Gratton, L. 1987, S. 89; Shepard, H. A. 1956, S. 296f.)

Da in unserer Gesellschaft ein großer Wert auf das berufliche Weiterkommen gelegt wird, strebt ein Teil der Spezialisten, trotz, wie oben beschrieben, geringem Interesse an Mitarbeiterführung, nach wie vor die traditionelle Managementkarriere an, um innerhalb ihres Arbeitsbereiches Anerkennung für die erbrachten Leistungen zu erlangen (Gunz, H. P. 1980, S. 113). Mit einem Aufstieg im Hierarchiesystem der Unternehmung ist eine Zunahme an nicht-technologieorientierten Tätigkeiten (z.B. Personal- und Verwaltungsaufgaben) verbunden, womit dem Spezialisten die Basis für seine bisherige kreative wissenschaftliche Tätigkeit entzogen wird. Da er nicht mehr im gleichen Umfang wie bisher der Unternehmung als Spezialist innerhalb seines Fachgebietes zur Verfügung stehen kann, tritt eine Distanzierung von seinem eigentlichen Spezialgebiet (Thom, N. 1980, S. 191ff.) ein. Shepard beschreibt bereits 1958 dieses Problem mit den Worten: "... when a good scientist is made a manager, a good scientist is lost. Yet promotion to management is the reward for competence in scientific work. Hence the lab becomes a school for making non-scientists of its scientists..." (Shepard, S. 1958, S. 179).

Gerade eine technisch orientierte Unternehmung muß jedoch daran interessiert sein, daß ihre fähigsten Spezialisten möglichst langfristig wissenschaftlich orientiert innerhalb der Unternehmung tätig sind, da ansonsten eine Verringerung der Produktivitäts-, Kreativitäts- und Motivationspotentiale, insbesondere der in der Fachabteilung verbleibenden Spezialisten, die Folge wäre. Gleichzeitig könnte sich möglicherweise ein Attraktivitätsverlust für die Unternehmung bei den zu rekrutierenden Spezialisten einstellen, was insgesamt einem Verlust an Innovationskraft für die Unternehmung gleichkäme (Kern, W./Schröder 1980, Sp. 712). Will man das Mitarbeiterpotential weiter für die Unternehmung nutzen, gilt es, individuelle Wünsche und Anforderungen der Spezialisten auch im Rahmen der Organisation stärker zu berücksichtigen und in Anlehnung an die Führungslaufbahn eigenständige Karrierewege für diese einzurichten. Um ihnen auf diese Weise, trotz mangelnder Bereitschaft oder Fähigkeit zur Übernahme von administrativen Aufgaben, eine Aufwertung ihrer Tätigkeit im Rahmen ihres Aufgabenfeldes zu ermöglichen, räumt man ihnen die Möglichkeit eines innerbetrieblichen Aufstiegs über die fachliche Qualifikation ein.

Zu diesem Zwecke wird eine sog. Fachlaufbahn neben der traditionellen Führungslaufbahn in die Organisationsstruktur einer Unternehmung eingegliedert. Diese hat ihren Ursprung im Bereich der Forschung und Entwicklung (Moore, D. C./Davies, D. S. 1977, S. 14f.); mittlerweile hat sich jedoch das Konzept der Fachlaufbahn auch auf andere Sparten und Bereiche ausgeweitet, in denen akademisch ausgebildete Spezialisten vertreten sind. Die Vielfalt der Aufgabenbereiche und Tätigkeitsfelder, in denen die Implementation einer Fachlaufbahn sinnvoll ist, spiegelt gleichzeitig den Bedarf an einer Vielzahl einzelner Fachlaufbahnkonzepte wider, die auf diese Weise die bereits in der Unternehmung existierenden Laufbahnentwicklungsmöglichkeiten zu einer notwendigen Gesamtkonzeption der

Laufbahnplanung ergänzen. (Domsch, M. 1991, S. 346). Im Fortgang des Beitrages soll modellhaft ein Fachlaufbahnkonzept für einen EDV-Bereich, ergänzt um konkrete Praxisbeispiele aus den Unternehmungen (Beiersdorf AG Hamburg, Goodyear), dargestellt werden.

Ausgangspunkt der weiteren Betrachtungen ist folgender Grobentwurf eines Positionsgefüges des Fachlaufbahnmodells für einen EDV-Spezialisten im Bereich der Programmentwicklung.

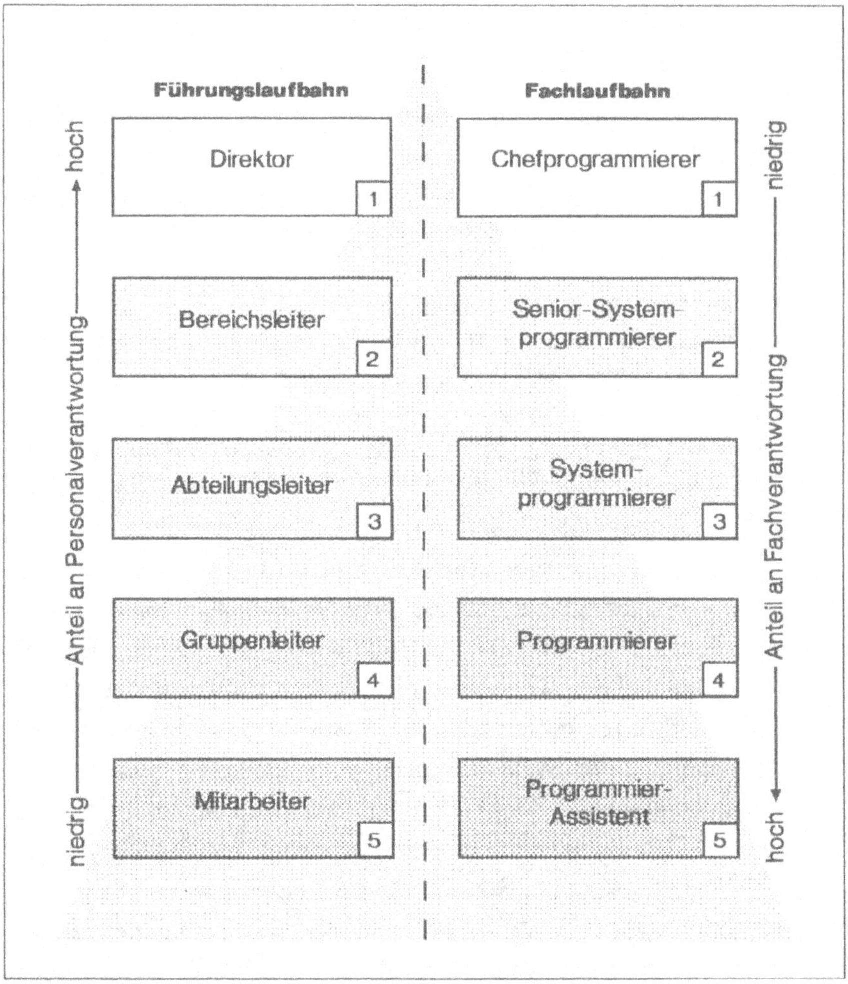

Abb. 1: Positionsgefüge innerhalb einer EDV-Abteilung

Beim Entwurf eines derartigen Positionsgefüges muß die der Unternehmung zugrundeliegende hierarchische Struktur als Vorbild dienen, um parallel zu den Rangstufen der Managementhierarchie die mit spezifischen Bezeichnungen, Statussymbolen und Ansehen versehenen Positionen des Fachlaufbahnkonzeptes anordnen zu können (Anderson, C. S./ Kleingartner, A. 1987, S. 15). In Abhängigkeit von der Gliederungstiefe wird hierbei zwischen einer absoluten, bei der die Anzahl und die Ausprägung der Stufen genau denen der Führungshierarchie entsprechen, und einer relativen Hierarchie, bei der ein Rang der Fachlaufbahn mehreren Rangstufen der Führungshierarchie gegenübersteht, unterschieden (Neuhaus, J. 1968, S. 572).

Die Fachlaufbahnpositionen sind dabei durch folgende Aufgabeninhalte charakterisiert:
- ein geringer Umfang an administrativen Aufgaben geht gleichzeitig mit einem Fehlen der Leitungsbefugnis respektive der Personalverantwortung einher
- ein hoher Anteil an Fachaufgaben, wobei gleichzeitig die technisch-wissenschaftliche Verantwortung hierfür aufgrund seiner anerkannten fachlichen Kompetenz auf dem Spezialisten ruht
- einen hohen Grad an Entscheidungsautonomie bezüglich der Auswahl der zukünftig zu erfüllenden Aufgaben (Domsch, M./Gerpott, T. J. 1988, S. 67; Goldner, F. H./Ritti, R. R. 1967, S. 489; Miller, D. B. 1986, S. 258).

Ein Aufstieg im Rahmen einer Fachlaufbahn ist damit verbunden, daß komplexere und schwierigere Aufgaben wahrgenommen werden und ist grundsätzlich nicht vom Alter bzw. der Betriebszugehörigkeit des jeweiligen Mitarbeiters abhängig. Gleichzeitig ist daneben ein Wechsel von einer Fach- in eine Führungsposition oder umgekehrt bei entsprechendem Vorhandensein der mit der Stelle verbundenen Qualifikation jederzeit im Rahmen der vorgegebenen Strukturen der Unternehmung möglich. D.b. die Fach- und Führungsstrukturen sind durchlässig, um den Neigungen und jeweiligen Interessen der Spezialisten auch dahingehend entgegenzukommen, daß eventuelle spätere Interessenveränderungen bei der Person berücksichtigt werden können. Dies wird um so bedeutsamer, da festgestellt wurde, daß die Spezialisten zwar nach dem Verlassen der Hochschule in den ersten Berufsjahren in ihrem Handeln zunächst kaum karriereorientiert ausgerichtet sind, sondern vielmehr ihr Hauptinteresse auf fachliche Aufgaben konzentrieren, sich diese Haltung aber nach einigen Jahren der Berufspraxis oder mit dem Erreichen eines bestimmten Lebensalters in eine stärker karrierebezogene Haltung umwandeln kann. Ein derartiger Wechsel wird zwar nicht den Regelfall darstellen, sollte aber aufgrund einer möglichen Änderung der persönlichen Bedürfnisse der betrachteten Person fest in das Fachlaufbahnkonzept integriert sein (Domsch, M./Sabisch, H./Siemers, S. H. A. 1993, S.160ff.).

2. Phasenschema der Fachlaufbahnarbeit

Für die Entwicklung einer Fachlaufbahnkonzeption ist es sinnvoll, eine Expertengruppe einzusetzen, die aus den in Betracht kommenden Spezialisten, der zu betreuenden Fachabteilung sowie aus den betreffenden Vorgesetzten der Fach- und Personalabteilung und Vertretern der Unternehmensführung bestehen sollte, um eine höhere Akzeptanz bei der späteren Einführung des Fachlaufbahnmodells zu erreichen (Domsch, M./ Gerpott, T. J. 1988, S. 86f.). Die hierfür zu entrichtende Arbeit zur Implementation eines Fachlaufbahnkonzeptes läßt sich in 3 Phasen untergliedern, die im Anschluß hieran am Praxisbeispiel der Beiersdorf AG Hamburg für den EDV-Bereich im einzelnen exemplarisch wiedergegeben werden.

Nach der positiven Willenserklärung von Unternehmensleitung und Betriebsrat, die Fachlaufbahnarbeit aufzunehmen, erfolgt in der 1. Phase, der Vorbereitungsphase der Fachlaufbahnarbeit, die Bildung eines sog. Fachlaufbahnteams zu deren Durchführung. Dessen Aufgabe besteht in der Erstellung eines Grobentwurfes des Fachlaufbahnkonzeptes (siehe Abbildung 1), der sich die Erstellung der Anforderungsprofile für die zu besetzenden Stellen und Positionen anschließt. Die genauen Stellenbeschreibungen und Anforderungsprofile der einzelnen Stufen innerhalb der Fachlaufbahn sollen schon im Vorfeld eventuelle Anforderungen an die zu besetzende Stelle festlegen, um zum einen dem Mitarbeiter als Orientierungsmöglichkeit und persönliche Standortbestimmung, zum anderen dem Vorgesetzten als Raster für eine zu erstellende Beurteilung zu dienen.

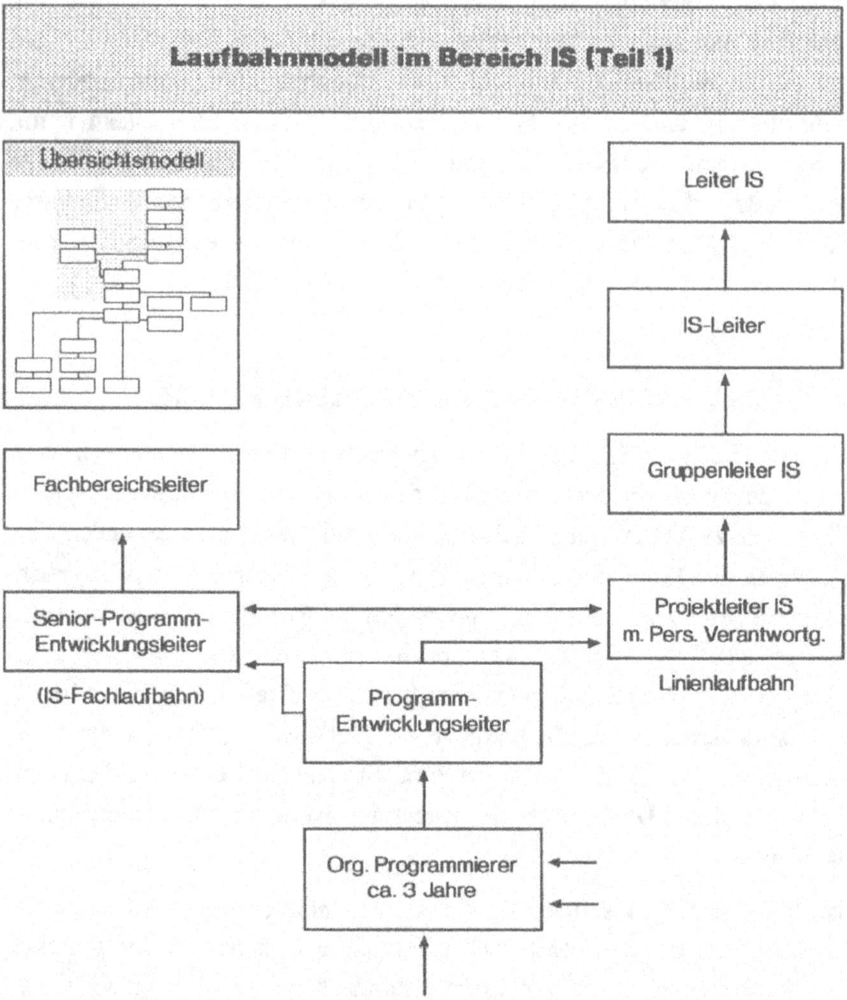

Abb. 2a: Fachlaufbahnmodell der Beiersdorf AG Hamburg im Bereich Informationssysteme (IS)

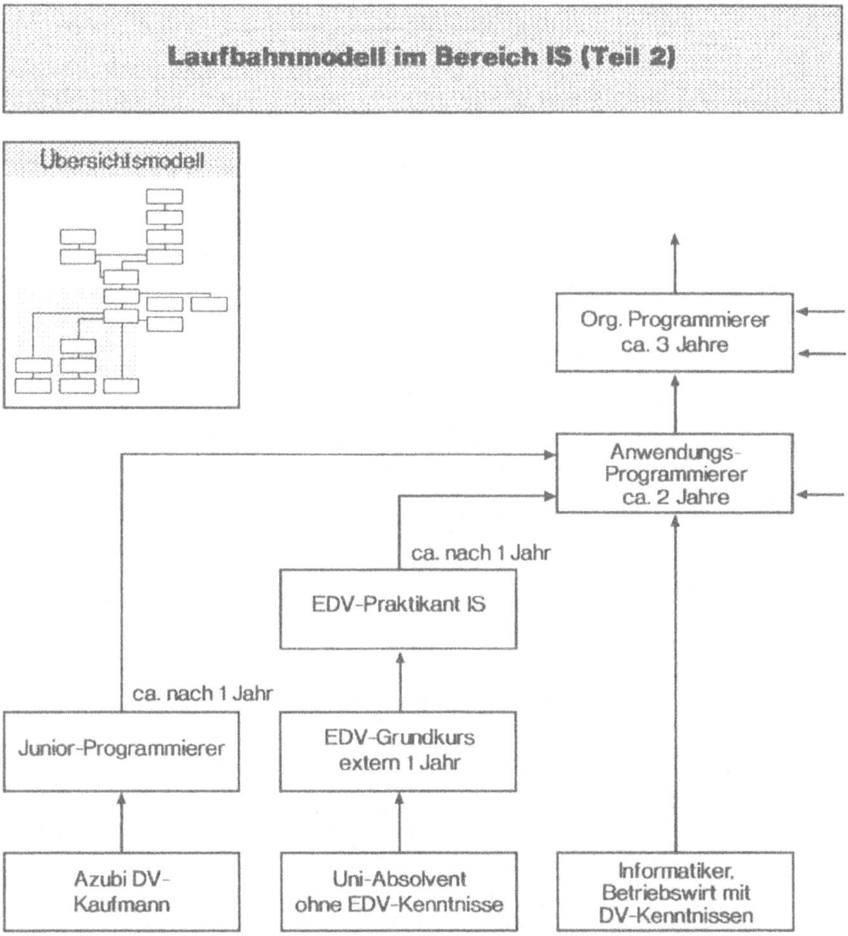

Abb. 2b: Fachlaufbahnmodell der Beiersdorf AG Hamburg im Bereich Informationssysteme (IS)

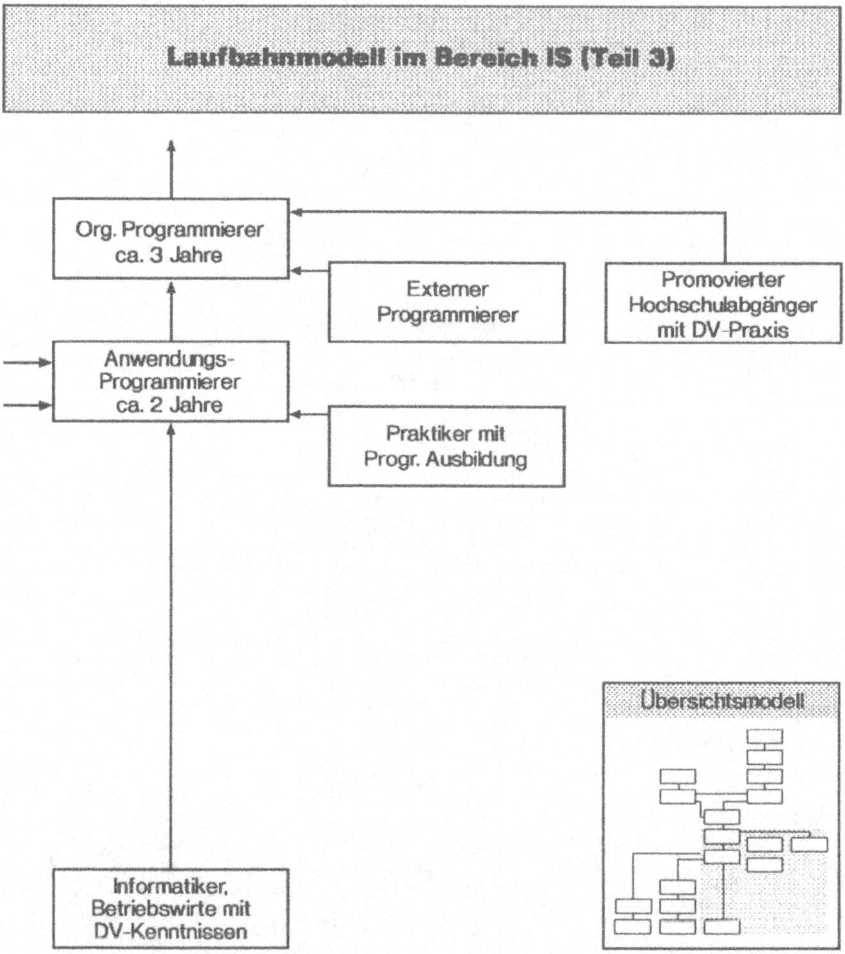

Abb. 2c: Fachlaufbahnmodell der Beiersdorf AG Hamburg im Bereich Informationssysteme (IS)

Die zu entwerfende Stellenbeschreibung legt in verbindlicher Form den organisatorischen Beziehungszusammenhang, Aufgaben, Kompetenzen sowie die Verantwortlichkeit einer Stelle dar. Für den hier beispielhaft zu betrachtenden EDV-Bereich richten sich die Stellenbeschreibungen nach den dort zu bewältigenden Problemen, d.h. es kann keine starren Stellenbeschreibungen, sondern nur grobe Richtlinien, die dann auf das aktuelle Projekt angewendet werden, geben (Abb. 3). Hierdurch wird gewährleistet, daß die Stellenbeschreibung z.B. aufgrund der Auswirkungen des technologischen Wandels im Zeitablauf, z.B. im Zuge der jährlichen Beurteilungsrunde, aktualisiert wird (Kenbel/Schneider 1985, S. 56f.).

Anwendungs-Programmierer

Hauptaufgaben der Stellenebene

- Entwicklung und Einsatz von Anwendungsprogrammen bzw. Systemprogrammen, Prozeduren und deren ordnungsgemäße Einführung und Übergabe an die Fachfunktionen/IS-Funktionen und die DV-Produktion
- Die Schwerpunkte der Systementwicklung liegen im allgemeinen in der Realisierung (Programmkonzeption, Programmierung, Test, Dokumentation) und Einführung
- Mitarbeit bei der Entwicklung von org. Lösungen - einschließlich der Erstellung von entsprechenden Regelungen - mit und ohne Verbindung zu DV-Lösungen
- Beratung von Mitarbeitern zugeordneter Fachfunktionen in IS-technischen und organisatorischen Fachfragen
- Wartung von zugeordneten Programmen und Prozeduren
- Realisierung eines hohen Qualitätsniveaus bei der Erfüllung der zugeordneten Aufgaben, besonders hinsichtlich
    - Verfügbarkeit (Fehlerfreiheit)
    - IS-technologischer Lösung
    - Standardisierung
    - Dokumentation

Abb. 3a: Stellenbeschreibung der Positionen im IS-Bereich der Beiersdorf AG, Hamburg

Organisations-Programmierer

Hauptaufgaben der Stellenebene
 	
- Entwicklung und Einsatz von Anwendungsteilsystemen bzw. Systemlösungen und deren ordnungsgemäße Einführung und Übergabe an die Fachfunktionen/IS-Funktionen und die DV-Produktion
- Die Schwerpunkte der Systementwicklung liegen im allgemeinen in der Fachkonzeption, ihre Umsetzung in dem Systementwurf, der Realisierung sowie Einführung und Kontrolle
- Entwicklung von org. Lösungen - einschließlich der Erstellung von entsprechenden Regelungen - mit und ohne Verbindung zu DV-Lösungen
- Beratung von Mitarbeitern zugeordneten Fachfunktionen hinsichtlich der Anwendung von DV-Systemen und org. Regelungen
- Sicherstellung der Wartung von zugeordneten Programmen und Prozeduren
- Selbständige Kontrolle von Erfüllungsgrad und Terminen der ihm selbst zugeordneten Aufgaben einschließlich aktiver Berichtserstattung an den Auftraggeber
- Realisierung eines hohen Qualitätsniveaus bei der Erfüllung der zugeordneten Aufgaben, besonders hinsichtlich
  - Verfügbarkeit (Fehlerfreiheit)
  - fachlicher Lösung (IS-technologisch, organisatorisch)
  - Standardisierung
  - Dokumentation

Abb. 3b: Stellenbeschreibung der Positionen im IS-Bereich der Beiersdorf AG, Hamburg

Programmentwicklungsleiter

Hauptaufgaben der Stellenebene

- Entwicklung und Einsatz von Anwendungssystemen bzw. Systemlösungen und organisatorischen Lösungen, mit Schwerpunkten in den konzeptionellen und kontrollierenden Phasen sowie deren ordnungsgemäße Einführung und Übergabe an die Fachfunktion und die DV-Produktion
- Beratung von zugeordneten Fachfunktionen und IS in organisatorischen und DV- technischen Fragen und Lösungsmöglichkeiten
- Sicherstellung der Wartung von zugeordneten Anwendungsgebieten
- Sicherstellung der fehlerfreien und geordneten Lösung aller Schnittstellenprobleme
- Durchsetzung eines hohen Qualitätsniveaus der zugeordneten Anwendungs- bzw. IS- Bereiche, besonders hinsichtlich
  - Anwenderakzeptanz
  - Verfügbarkeit
  - fachlicher Lösung (IS-technologisch, organisatorisch)
  - Standardisierung
- Abwicklung von Kurzprojekten mit allen dazugehörigen Aufgaben (vom Projektantrag bis zur Abrechnung)

Abb. 3c: Stellenbeschreibung der Positionen im IS-Bereich der Beiersdorf AG, Hamburg

Senior-Programmentwicklungsleiter

Hauptaufgaben der Stellenebene

- Entwicklung und Einsatz von Anwendungssystemen bzw. Systemlösungen und komplexen fachlichen oder organisatorischen Lösungen, die besondere Anforderungen an den konzeptionellen Ansatz und/oder die Realisierung stellen

- Beratung von Fachfunktionen und IS in komplexen organisatorischen und DV-technischen Fragen und Lösungsmöglichkeiten

- Gewährleistung der Wartung der zugeordneten Anwendungsgebiete

- Gewährleistung der fehlerfreien und geordneten Lösung aller Schnittstellenprobleme

- Gewährleistung eines hohen Qualitätsniveaus der zugeordneten Anwendungs- bzw. IS- Bereiche, besonders hinsichtlich

  - Anwenderakzeptanz
  - Verfügbarkeit
  - fachlicher Lösung (IS-technologisch, organisatorisch)
  - Standardisierung

Abb. 3d: Stellenbeschreibung der Positionen im IS-Bereich der Beiersdorf AG, Hamburg

IS-Gruppenleiter

Hauptaufgaben der Stellenebene
 	
- Durchführung und Koordination der Planungsprozesse und aktive Kontrolle der Planerfüllung durch die zugeordneten Bereiche
 	
- Entwickeln von Konzepten für Anwendungssysteme bzw. Hard- und Software-Systeme und organisatorische Lösungen für die zugeordneten Bereiche
 	
- Erkennen von Schwachstellen intern und im zugeordneten Anwendungsbereich bzw. IS-Bereich und Durchsetzen von Rationalisierungsmaßnahmen
 	
- Qualitätsmanagement, besonders hinsichtlich
  - Anwenderakzeptanz
  - Verfügbarkeit
  - Projektabwicklung
  - internem Informationsaustausch
 	
- Personalführung der zugeordneten MA, besonders Koordination der Personalführungsmaßnahmen in den zugeordneten Bereichen
 	
- Anregung und Durchsetzung von IS-einheitlichen Standards

Abb. 3e: Stellenbeschreibung der Positionen im IS-Bereich der Beiersdorf AG, Hamburg

IS-Leiter

Hauptaufgaben der Stellenebene

- Gestaltung der Planungsprozesse mit dem Ziel, daß die geplanten Projekte und Aktivitäten mit den Prioritäten der anfordernden Bereiche und von IS übereinstimmen
- Beschaffung der Mittel und Kontrolle des Mitteleinsatzes zur Erfüllung der Planungsziele
- Entwickeln und Durchsetzen von Gesamtkonzepten für die zugeordneten Fachgebiete bezüglich
  - Organisation
  - Daten
  - DV-technischer Realisierung und
  - HW-/SW-Ausstattung
- Aktives Erschließen von Rationalisierungspotentialen im eigenen und zugeordneten Fachbereich
- Qualitätsmanagement in allen Aktivitäten, besonders hinsichtlich
  - Anwenderakzeptanz
  - Mitarbeiter
  - Dienstleistungsverfügbarkeit
  - Projektabwicklung

Abb. 3f: Stellenbeschreibung der Positionen im IS-Bereich der Beiersdorf AG, Hamburg

Leiter IS-Projekte

Hauptaufgaben der Stellenebene

- Durchführung von Projektplanungen und Kontrolle der Projekterfüllung
- Einsatzplanung der zugeordneten MA und Sachmittel
- Verantwortliche Mitarbeit bei der Gestaltung von Anwendungssystem bzw. DV-technischen Systemlösungen, insbesondere bei der Integration der fachlichen Anforderungen und der DV-technischen Lösungsansätze sowie bei der Gestaltung von Org.-Lösungen
- Erkennen von Schwachstellen intern und im zugeordneten Bereich sowie Veanlassung, Durchführung und Kontrolle von Rationalisierungsmaßnahmen
- Qualitätsmanagement, besonders bezüglich
  - Anwenderakzeptanz
  - Verfügbarkeit
  - Projektabwicklung (termin-, kosten-, qualitäts-, inhaltsgerecht)
- Personalführung der zugeordneten MA
- Gewährleistung einer engen Zusammenarbeit mit den Anwenderfunktionen und sämtlichen tangierten IS-Funktionen
- Anregung und Durchsetzung von IS-einheitlichen Standards

Abb. 3g: Stellenbeschreibung der Positionen im IS-Bereich der Beiersdorf AG, Hamburg

Diese Mindestangaben der Stellenbeschreibung können durch qualitative Bedarfsbeschreibungen, also fachliche Anforderungen, ergänzt werden. Die Ausarbeitung eines solchen Anforderungsprofils erfordert wiederum die Zusammenarbeit der einzelnen betroffenen Abteilungen, wobei hier aber die Fachabteilung den stärksten Ausschlag im Hinblick auf die fachspezifischen Kenntnismerkmale, wie z.B. das Arbeitsverhalten von Programmierern, geben muß.

Goodyear bedient sich hierfür eines 12 Punkte umfassenden Kataloges, bestehend aus folgenden Kriterien:

- Spezialwissen
  beschreibt den erreichten Grad an technischer Sachkenntnis auf einem wissenschaftlichen Feld bzw. einem ausgewiesenen Spezialgebiet

- Basiswissen
  beschreibt, inwiefern unterschiedliche technische Aufgabengebiete mittels Methoden-, Theorien- und Konzeptwissens effektiv abgearbeitet werden

- Projektführung
  beschreibt den Umfang der benötigten technischen Führungsqualitäten für die zu betreuende Projektarbeit

- Wirtschaftlichkeitsinteresse
  gibt den Grad der Berücksichtigung des bestehenden Zusammenhanges zwischen der technischen Durchführung eines Projektes und deren wirtschaftlicher Bedeutung für das Unternehmen, in Anbetracht einer erfolgreichen Durchführung der Projektarbeit, wieder

- Problemlösungsfähigkeit
  beschreibt die Fähigkeit, akute Produkt- oder Prozeßprobleme mittels technischer Sachkenntnis unter Beachtung wirtschaftlicher Nebenbedingungen zu lösen

- Technologietransfer
  spiegelt eine erfolgreiche Umsetzung der Forschungsergebnisse in verbesserten Produkt - und/oder Prozeßqualitäten bzw. erhöhten Rentabilitäten wider

- Praxisrelevante Erfahrungen
  geben die erbrachten Leistungen bei für die Unternehmung unter ökonomischen Gesichtspunkten besonders wichtigen Projekten wieder

- Kommunikation
  Ausmaß der Fähigkeit, effektiv komplizierteste technische Sachverhalte auf unterschiedlichste Weise zu kommunizieren
- Betriebsinterne Anerkennung
  inwiefern das Mitglied der Unternehmung innerhalb der Unternehmung als jemand angesehen wird, der über das ausgewiesene Wissen und die Kompetenz in einer technischen Disziplin oder einem Spezialgebiet verfügt
- Betriebsexterne Anerkennung
  Ausmaß des Bekanntheitsgrades einer Person außerhalb der Unternehmung für dessen Tüchtigkeit und Kompetenz auf seinem Tätigkeitsfeld
- Mentor-Fähigkeit
  beschreibt die Führungsqualität einer Person, sowohl eine technische Beratung als auch eine karrierebezogene Laufbahnplanung mit den ihm unterstellten Mitarbeitern durchzuführen
- Projektarbeit
  demonstriert die erfolgreiche Anwendung der für die Unternehmung gültigen Arbeits- und Managementrichtlinien bei der Durchführung der Projektarbeit (Sacco, G. J./Knopka, W. N. 1983, 38f.).

Die einzelnen Faktoren des Anforderungspotentials müssen für jede zu besetzende Stelle explizit und genau definiert werden, um so ein möglichst stellentypisches Profil zu erhalten. Auf dessen Basis kann das Fachlaufbahnteam dann entweder einen mini- und maximalen Ausprägungswert für das jeweils zu betrachtende Kriterium der betreffenden Stelle festlegen, um hierdurch den Anforderungsrahmen an die zu beurteilenden Kandidaten aufzustellen, oder aber eine durchschnittliche Bewertung bzgl. der einzelnen Kriterien für eine sog. "typische" Person vornehmen, die für eine weitere Betrachtung als Richtgröße fungiert. Dabei soll die Bewertung einer Fachlaufbahnposition so aufgestellt und zu einem Gesamtwert aggregiert werden, daß für jede Laufbahnposition ein gesamtgleicher Wert herauskommt, um die Äquivalenz der einzelnen Laufbahnpositionen eindringlich aufzuzeigen. Trotzdem können sich die ermittelten Profile für die einzelnen Positionen aufgrund der stellenspezifischen Anforderungen signifikant voneinander unterscheiden (Spear, R. S./Souder, W. E., 1986 S. 26f.).

Nach der 2. Phase, der Informationsphase des Fachlaufbahnkonzeptes, in der die in Frage kommenden Mitarbeiter über Ziele und Auswahlverfahren der Fachlaufbahn informiert werden, um ihnen eine Einschätzung des Fachlaufbahnkonzeptes zu ermöglichen, wird in der 3. Phase die eigentliche Fachlaufbahnarbeit mit einer Potentialanalyse der in Frage kommenden Mitarbeiter aufgenommen. Die Kandidaten werden nun durch das Fachlaufbahnteam nach zweierlei Bewertungsmaßstäben, zum einen nach den erreichten Bewertungspunkten bzgl. der Anforderungskriterien, zum anderen nach mitarbeiterindividuellen Errungenschaften bzgl. seines Ausbildungsgrades, seines Erfahrungspotentials und seiner Arbeitsergebnisse (Forschungsberichte, Patente, Patentschriften, Präsentationen etc.) auf dem Gebiet der Produktentwicklung und Prozeßbetreuung, bewertet.

Anhand der "Soll- Beschreibungen" aufgrund des Stellen- und Anforderungsprofiles der einzelnen Stufen wird mit Hilfe des Eignungsprofils, d.h der Bewertung des Kandidaten bzgl. der einzelnen Anforderungskriterien als Ist-Beschreibung des Mitarbeiters, ein Profilvergleich zur Potentialanalyse durchgeführt. Die Bewertung anhand der Kriterienliste wird auf einer Punkte-Skala von 0 bis 10 vorgenommen, wobei die 0 eine geringe Erreichung, 5 eine durchschnittliche Erreichung und 10 eine völlige Erfüllung des geforderten Kriteriums darstellt. Diese Einzelbewertungen werden dann auf summarischem Wege zu einem Gesamtwert zusammengefaßt. Um dabei einen ordentlichen Verlauf der Bewertung/Einordnung/Ranking der Kandidaten, beginnend mit dem höchsten und endend mit dem niedrigsten Wert, zu garantieren, werden mittels einer Standardisierung der Beurteilung eines Kandidaten die entweder besonders hoch bzw. besonders niedrig ausgefallenen Bewertungen kompensiert.

Nachdem die Bewertung vollständig abgeschlossen und eine Zusammenfassung der Einzelwerte zu einem Gesamtwert erfolgt ist, werden die einzelnen zu beurteilenden Personen mittels ihres Gesamtwertes in eine Bewertungsreihenfolge, eine sog. Rankingliste, beginnend mit der höchsten und endend mit der niedrigsten Bewertung, eingordnet. Anhand der stellenspezifischen Minimal- und Maximalbewertung wird eine Kategorisierung der standardisierten Bewertungen vorgenommen. Um nun für eine Beförderung auf eine nächsthöhere Stufe vorgeschlagen zu werden, muß der betreffende Kandidat den Durchschnittswert der nächsthöheren Stufe zumindest erreichen bzw. sogar übertreffen (Sacco, G. J./Knopka, W. N. 1983, 38ff.).

Kandidat: ____________ Datum: ____________

Bewerter: ____________

Anforderungskriterium	1	2	3	4	5	6	7	8	9	10
Spezialwissen	❑	❑	❑	❑	❑	❑	❑	❑	❑	❑
Basiswissen	❑	❑	❑	❑	❑	❑	❑	❑	❑	❑
Projektführung	❑	❑	❑	❑	❑	❑	❑	❑	❑	❑
Wirtschaftlichkeitsinteresse	❑	❑	❑	❑	❑	❑	❑	❑	❑	❑
Problemlösungsfähigkeit	❑	❑	❑	❑	❑	❑	❑	❑	❑	❑
Technologietransfer	❑	❑	❑	❑	❑	❑	❑	❑	❑	❑
Praxisrelevante Erfahrungen	❑	❑	❑	❑	❑	❑	❑	❑	❑	❑
Kommunikation	❑	❑	❑	❑	❑	❑	❑	❑	❑	❑
Betriebsinterne Anerkennung	❑	❑	❑	❑	❑	❑	❑	❑	❑	❑
Betriebsexterne Anerkennung	❑	❑	❑	❑	❑	❑	❑	❑	❑	❑
Mentor-Fähigkeit	❑	❑	❑	❑	❑	❑	❑	❑	❑	❑
Projektarbeit	❑	❑	❑	❑	❑	❑	❑	❑	❑	❑

Abb. 4: Beurteilungsformular

			standardisiert*	
	Bewerter 1	Bewerter 2	Bewerter 3	Bewerter 4
Kandidat 1	65	63	79	65
Kandidat 2	49	52	63	49
Kandidat 3	57	57	70	56
Kandidat 4	70	68	85	71
Kandidat 5	61	60	73	59
Mittelwert	60	62	74	60

* Eine Standardisierung erfolgt mittels Subtraktion der Mittelwertdifferenz (74 - 60 = 14) von den jeweiligen Einzelbewertungen pro Kandidat (z.B. Kandidat 1: 79 - 14 = 65)

Abb. 5: Standardisierung der Bewertung

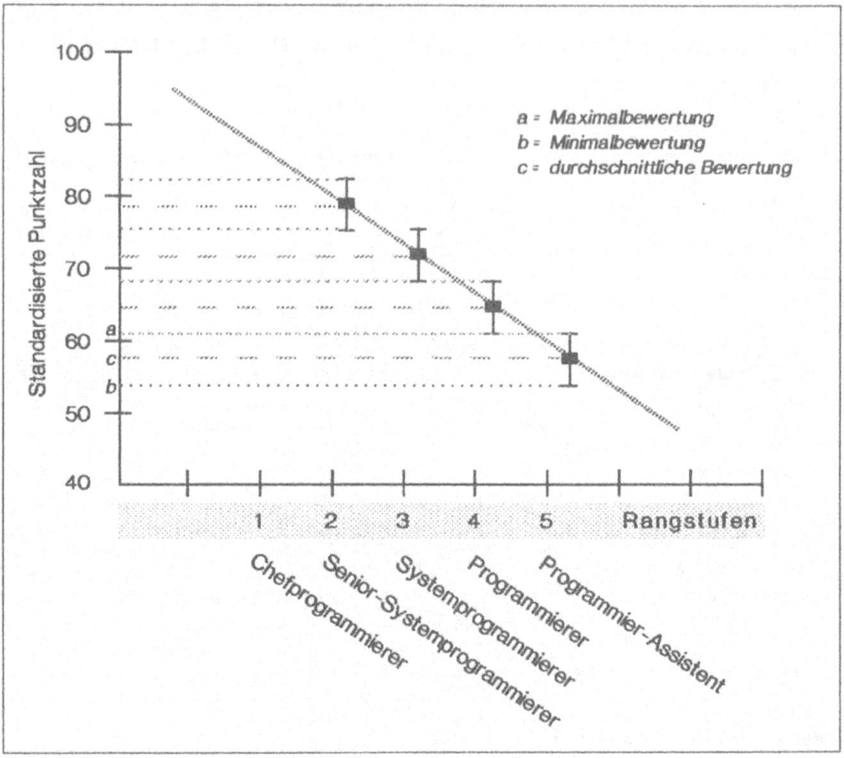

Abb. 6: Zusammenhang zwischen den standardisierten Bewertungen und den Rangstufen des Positionsgefüges

Zugleich sind bei einer Potentialanalyse des Kandidaten dessen Beförderungsschritte und die Häufigkeit der Signifikanz seiner Leistung zu beachten. Waren diese Schritte vertretbar regelmäßig, ist es wahrscheinlich, daß dieser Wesenszug fortgesetzt wird. Folglich wird dem Potential eine besondere Bedeutung zuteil. Wenn demgegenüber auf der anderen Seite die Vergangenheit des Kandidaten ein langsames Voranschreiten und eine unbeständige Leistung widerspiegelt, wird dem Potential nur ein geringeres Gewicht beigemessen. Dies trifft um so mehr zu, sofern die Kluft zwischen der Leistung auf der jetzigen Position und den Leistungserwartungen auf der zukünftigen Position stark differiert.

Im Anschluß an eine derartige Bewertung sollte ein Feedback des Bewertungsergebnisses erfolgen. Innerhalb eines Mitarbeitergespräches werden jedem Teilnehmer des Auswahlprozesses durch seinen Vorgesetzten zweierlei Arten an Informationen weitergegeben. Zum einen werden die individuellen Bewertungen der Teilnehmer in jeder der 12 Kriterien, die lediglich nur einen Wert zwischen 0 und 5 erreicht haben, mitgeteilt, um bestehende Abweichungen vom geforderten Anforderungsprofil deutlich zu machen. Daneben werden die Teilnehmer, die bei der Bewertung in irgendeinem der 12 Kriterien zu den unteren 25% der beurteilten Personen gehörten, ebenso davon in Kenntnis gesetzt, um ihnen die Bereiche aufzuzeigen, in denen sie zukünftig effektiver handeln müssen. Für den Mitarbeiter bietet sich dadurch die Möglichkeit einer leistungsbezogenen Standortbestimmung. Gleichzeitig kann er seine Meinung zu der erstellten Beurteilung, den Vorstellungen des Vorgesetzten bezüglich seines weiteren beruflichen Werdegangs und seine eigenen Erwartungen und Ideen äußern (Schroeter, D. G. 1977, S. 31).

Kandidat:______________ Datum:__________

Spalte "A": Ein "x" in dieser Spalte bedeutet, daß Sie bei diesem Anforderungskriterium mit 0 bis 5 von maximal 10 zu erreichenden Punkten beurteilt wurden.

Spalte "B": Ein "x" in dieser Spalte bedeutet, daß Sie bei diesem Anforderungskriterium in der Gruppe der unteren 25 % aller Befragten eingestuft wurden.

Anforderungskriterium	A	B
Spezialwissen	☐	☐
Basiswissen	☐	☐
Projektführung	☐	☐
Wirtschaftlichkeitsinteresse	☐	☐
Problemlösungsfähigkeit	☐	☐
Technologietransfer	☐	☐
Praxisrelevante Erfahrungen	☐	☐
Kommunikation	☐	☐
Betriebsinterne Anerkennung	☐	☐
Betriebsexterne Anerkennung	☐	☐
Mentor-Fähigkeit	☐	☐
Projektarbeit	☐	☐

Sehr geehrte(r)........

diese Angaben dienen lediglich zu Ihrer Information, wie Sie im Vergleich zu anderen Prüfungskandidaten vom Beratungskomitee in jedem einzelnen der insgesamt 12 Anforderungskriterien eingestuft wurden.

Auf keinen Fall bedeutet ein "x" in einer der Spalten, daß Ihre Leistungen auf diesem Gebiet nicht ausreichend sind.

Falls Sie irgendwelche Fragen haben sollten oder diese Ergebnisse besprechen möchten, wird Ihnen Ihr Abteilungsleiter gerne zur Verfügung stehen.

Abb. 7: Feedback-Formular

Im Anschluß an diese Analyseergebnisse bedarf es der Ermittlung des für eine erfolgreiche Fachlaufbahnarbeit erforderlichen Entwicklungsbedarfs der Kandidaten. Dabei gibt es für die Fachlaufbahn keinen verbindlichen Maßnahmenkatalog im Sinne einer "Qualifikationsrichtlinie für die Fachlaufbahn", vielmehr wird nach der Eignungsfeststellung in Zusammenarbeit der Fach- und Personalabteilungen ein Maßnahmenkatalog für die einzelnen Rangstufen zusammengestellt. Dieser enthält die wichtigsten Entwicklungsmaßnahmen, mittels derer eine einheitliche Qualifizierung der Mitarbeiter erreicht werden kann, um die Mitarbeiter in die Lage zu versetzen, zwischen den Alternativen Fach- oder Führungslaufbahn auf gleicher Basis entscheiden zu können. Dem Mitarbeiter wird somit die Möglichkeit geboten, zuerst alle Facetten seines zukünftig möglichen Berufsfeldes kennenzulernen, bevor er sich für eine Laufbahnvariante zu entscheiden hat.

Neben einem reinen Pflichtprogramm der Entwicklungsmaßnahmen wird bei der Beiersdorf AG Hamburg ein sog. Fakultativprogramm eingerichtet, mittels dessen sich der Mitarbeiter individuell und in Eigenverantwortung weiterbilden kann, um auf diesem Wege später eigene Vorstellungen verwirklichen zu können. Sowohl das Pflicht- als auch das Fakultativ- oder Optionsprogramm wird dabei für jede Ebene zusammengestellt. Nach erfolgter Abstimmung der benötigten Entwicklungsmaßnahmen zwischen den Fach- und Personalabteilungen (Detailplanung) kommt es zur Durchführung der benötigten Qualifikationsmaßnahmen. Hierbei ist jedoch zu beachten, daß die Individualität einer Maßnahme mit der Höherwertigkeit der Position, für die die Maßnahme entwickelt wurde, zunimmt. Z.B. ist es für einen Mitarbeiter der oberen Rangstufen durchaus möglich, daß für ihn individuelle Personalentwicklungsmaßnahmen konzipiert und, sofern nötig, sogar speziell auf ihn abgestimmt werden (z.B. die Einräumung einer Möglichkeit zum Doktorat). Die folgende Abbildung soll die im Bezug auf ihre Zielgruppe unterschiedlichen Personalentwicklungsmaßnahmen den jeweiligen Bezugsebenen zuordnen.

Zum Verständnis der Darstellung muß angemerkt werden, daß die einzelnen Personalentwicklungsmaßnahmen nicht nur auf die Bezugsebenen beschränkt sind, auf der sie jetzt abgestellt sind, sondern durchaus auch

Position		PE-Maßnahmen		
Rang	Titel	für org. Einheiten	für Gruppen	für Einzelpersonen
1	Chef-programmierer			- Führungs-kräftetraining - Projektmanagement - Verantwortungs-erweiterung - ...
2	Senior-System-programmierer		- fachspezifische Kurse - Weiterbildungs-seminare - AC-Teilnehmer - ...	
3	System-programmierer	- Informationsmarkt - Belegschafts-seminare - ...		
4	Programmierer			
5	Programmier-Assistent			

Abb. 8: Personalentwicklungsmaßnahmen in Abhängigkeit der Rangstufen

auf andere, sowohl höher- als auch niederwertige Bezugsebenen angewandt werden können.

3. Zielsetzung der Fachlaufbahnarbeit

3.1. Zielsetzung der Unternehmung

Das Hauptaugenmerk der Unternehmung bei der Einführung eines solchen Fachlaufbahnkonzeptes liegt, wie bereits erwähnt, auf der Förderung, der Erhaltung und Anerkennung der besonderen fachspezifischen Leistung eines Spezialisten, m.a.W. die Fachlaufbahn wird gezielt als Motivationsinstrument für den Bereich der Spezialisten eingesetzt. Des weiteren werden noch folgende Zielsetzungen aus unternehmerischer Sicht mit der Einführung eines Fachlaufbahnmodells verbunden:

- durch ein transparentes, an den fachlichen Leistungen orientiertes System der Beurteilung und Beförderung kann eine verbesserte, nur auf den Bereich der Spezialisten ausgerichtete Personalpolitik betrieben werden
- die Fachlaufbahnstruktur kann als mögliches Raster zur Stellenbewertung und Stellenbeschreibung im Zusammenhang mit der Erstellung spezieller Berufsbilder und den damit verbundenen Anforderungsprofilen dienen
- die Fachlaufbahnstruktur zeigt dem einzelnen Mitarbeiter seine individuellen Orientierungsmöglichkeiten zur Bestimmung seines persönlichen Qualifikationsbedarfs und den noch möglichen Entwicklungsperspektiven auf
- die Fachlaufbahnstruktur kann zum einen durch eindeutige Kompetenzdokumentation nach innen und außen, zum anderen durch Einführung eindeutiger unterscheidbarer Tätigkeitsbeschreibungen eine betriebliche Rangordnung schaffen
- durch Schaffung der fachspezialistenorientierten Personalpolitik erfolgt eine Erhöhung der Unternehmensattraktivität für Fachkräfte, sogleich kann damit eine arbeitsmarktorientierte Imagestärkung für die Unternehmung verbunden sein
- durch die auf die Erfordernisse der Fachlaufbahn abgestimmten Entwicklungsmaßnahmen entsteht eine Verbesserung der Qualifizierungsmöglichkeiten

- durch einen gezielten Stellenwechsel und einer damit verbundenen erhöhten Entfaltungsmöglichkeit innerhalb der Laufbahnmodelle erhöht sich die Attraktivität der Tätigkeit
- durch die Möglichkeit individueller Karriereplanung kann es zur Verringerung einer Fluktuation im Bereich der Spezialisten kommen (Balderston, J./Goodman, R./Birnbaum, P./Stahl, M. 1984, S. 257; Domsch, M./Gerpott, T. J., 1988, S. 67; Domsch, M./Reineke, P. 1983, S. 210; Filley, A. C./House, R. J./Kerr, S. 1976, S. 402; Gerpott, T. J. 1987, S. 494f.; Griffiths, D. 1981, S. 14; Raelin, J. A./Sholl, C. K./ Leonard, D. 1985, S. 39).

3.2. Zielsetzung der Mitarbeiter

Aus der Sicht des Spezialisten bietet die Fachlaufbahn die vorausschauende Möglichkeit, sich über die Möglichkeiten einer individuellen beruflichen Entwicklung zu informieren bzw. diese zu planen. Aus diesem mitarbeiterorientierten Oberziel lassen sich daneben die folgenden Zielsetzungen ableiten:

- Abgleichung der individuellen mit den unternehmerischen Qualifikations- und Fortbildungsmöglichkeiten zur Erhöhung des persönlichen Marktwertes
- Verwirklichung der individuellen Laufbahnziele, d.h. durch die Möglichkeit zur Übernahme von verantwortungsvolleren Aufgaben kann eine Selbstverwirklichung am Arbeitsplatz erzielt werden
- durch die Offenlegung der Beurteilungs- und Beförderungsentscheidungen können Konflikte innerhalb der Fachabteilungen vermieden werden
- die Möglichkeit eines innerbetrieblichen Aufstiegs durch die Übernahme fachlicher anstelle von Management- und/oder Personalführungsaufgaben
- Schaffung einer an den Problemfeldern der Spezialisten orientierten Personalführung (Balderston, J./Goodman, R./Birnbaum, P./Stahl, M. 1984, S. 257; Domsch, M./Gerpott, T. J. 1988, S. 67; Domsch, M./ Reineke, P. 1983, S. 210; Filley, A. C./House, R. J./Kerr, S. 1976, S. 402; Gerpott, T. J. 1987, S. 494f.; Griffiths, D. 1981, S. 14; Raelin, J. A./ Sholl, C. K./Leonard, D. 1985, S. 39).

Zusammenfassend betrachtet ermöglicht die Schaffung einer Fachlaufbahnstruktur eine differenzierte Abstimmung von Organisations- und Individualzielen, aufgrund derer mögliche Konfliktpotentiale abgebaut bzw.

Unzufriedenheit und Frustrationen innerhalb der Unternehmung verringert werden können.

4. Voraussetzungen der Fachlaufbahnarbeit

Für eine derart erfolgreiche Fachlaufbahnorganisation müssen jedoch drei Bedingungen erfüllt sein. Zum einen jene, die den Status der Fachlaufbahn im Verhältnis zur Managementlaufbahn betrifft, jene, die Zielsetzungen und die Verantwortungen aufteilt zwischen den beiden Laufbahnen und diejenige, die die Beförderungsmöglichkeiten innerhalb des Systems zum Gegenstand hat.

4.1. Funktion der Führungskräfte

Ein Fachlaufbahnkonzept kann nicht "von oben" her eingeführt werden, vielmehr ist dazu die aktive Unterstützung aller Führungskräfte im Unternehmen essentiell notwendig. Das Management muß die erforderliche Zeit und Arbeit aufbringen, um das System zu entwickeln und zu implementieren. Die Beteiligung der Führungskräfte sollte zudem für alle sichtbar, z.B. durch eine öffentliche Bekanntgabe der ausgewählten Mitarbeiter, erfolgen.

4.2. Auswahl der Mitarbeiter

Der Erfolg einer Fachkarriere und damit die potentielle Gleichwertigkeit der Fach- und Führungslaufbahn wird wesentlich von den dort tätigen Fachkräften bestimmt, insofern dürfen nur wirklich qualifizierte Mitarbeiter für die Fachkarrieren ausgewählt werden, um eine Vergleichbarkeit der Laufbahnvarianten nicht zu gefährden. Hierzu bedarf es eines verantwortungsbewußten Fachlaufbahnteams, um die Kandidaten anhand des im vorherein öffentlich genannten und vom technischen Spezialistenstab auch gänzlich akzeptierten Katalogs an Auswahlkriterien für die wissenschaftliche Laufbahn auszuwählen. Dieses systematische Vorgehen, z.B anhand des beschriebenen Anforderungskatalogs, ist notwendig, um der Vielfältigkeit einer erfolgreichen Fachlaufbahnstruktur, die sich für jede

Rangstufe des Fachlaufbahnkonzeptes in unterschiedlichen Anspruchsniveaus an Fachkenntnis und Können widerspiegelt, gerecht zu werden.

Eine Gefährdung der Vergleichbarkeit kann darüber hinaus ebenfalls dann eintreten, wenn die Parallelhierarchie zur Belohnung von Loyalität (anstelle von Fachkompetenz) verwendet und gescheiterte Führungskräfte der Managementlaufbahn dorthin auf ein sog. "Abstellgleis" befördert werden. Bereits Shepard ergänzt dieses Problem mit den Worten: "The reward aspect of appointment to a technical ladder position, together with its capacity for isolating the individual from the rest of the organization, makes it a convenient shelf for senior staff members whose managerial or technical skills are outmoded or wanting, but who occupy influential positions. To the scientific staff, such appointments are an admission by management that promotion to a technical ladder position is a punishment rather than a reward" (Shepard, S. 1958, S. 183).

Ein Aufstieg im Rahmen der Fachlaufbahn wird von den Mitarbeitern dann als ein Indiz für Mißerfolg und Unfähigkeit zur Übernahme von Managementaufgaben gewertet. Im Extremfall erlangt somit die Parallelhierarchie das Bedeutungsgewicht einer Laufbahn, die all diejenigen Mitarbeiter aufnimmt, die keine Chance mehr für eine erfolgreiche Managementlaufbahn innerhalb des Unternehmens haben und auf diesem Wege zur Karriereimmobilität gezwungen werden (Goldner, F. H./Ritti, R. R. 1967, S. 490).

Abschließend verbleibt anzumerken, daß trotz aller organisatorischen Bemühungen ein wesentlicher Unterschied zwischen der Management- und Fachlaufbahn bestehen bleibt, wie Shepard mit den Worten "it does not provide the power to allocate limited resources or to pursue alternative goals, and this power is intrinsic to traditional prestigious and successful professional performance" (Shepard, S. 1958, S. 186) in einem Nichtvorhandensein der Schlüsseleigenschaft "Macht" bei den Positionen der Fachlaufbahn zum Ausdruck bringt. Ein Aufstieg innerhalb der Fachlaufbahn ist im Gegensatz zur Managementlaufbahn weder mit einem Anstieg der Anzahl der unterstellten Personen, als inner- und außerhalb des Unternehmens sichtbares Zeichen für den beruflichen Aufstieg verbunden, noch erfolgt auf anders geartete Weise ein sichtbarer Machtzuwachs, um das erreichte Prestige zu verdeutlichen. Zwar erhält der Spezialist eine größere Autonomie bei seinen Entscheidungen oder verantwortungsvollere Aufgaben übertragen, doch ist damit kein gleichzeitiges Anwachsen seiner Autorität verbunden (Filley, A. C./House, R. J./Kerr, S. 1976, S. 403). Somit besteht für die Fachlaufbahn die Gefahr des innerbetrieblichen Bedeutungsverlustes gegenüber der traditionellen Managementlaufbahn. Selbst wenn sich zwei Vertreter der verschiedenen Laufbahnen auf der gleichen Hierarchiestufe befinden, können insofern Zweifel auftauchen, daß die Führungskraft der Managementlaufbahn nicht doch den größeren Machteinfluß innerhalb des Unternehmens hat (McKinnon, P. D. 1987, S. 26). So wird mittels des Fachlaufbahnkonzepts eher die Machtlosigkeit der Spezialisten formalisiert und mit diesem Führungskräfte zweiter Klasse geschaffen, als eine gleichwertige Laufbahnvariante neben der Managementlaufbahn institutionalisiert (Ritti, R. R. 1971, S. 25).

4.3. Maßnahmen der Informationspolitik

Eine jede Beförderung muß, wenn sie wirken soll, bekanntgemacht werden. Auch die Fachkarriere verlangt nach einer Bekanntmachung innerhalb und außerhalb des Unternehmens, um die Akzeptanz auf der Seite der in Frage kommenden Fachkräfte zu erhöhen. Um die innerbetriebliche Akzeptanz zu steigern, müssen den Fachkräften ausreichende Informationen über das Konzept der Fachlaubahn einschließlich Gehalt, Status, Aufgaben usw. zur Verfügung gestellt werden (Cantrall, E., 1977, S. 31). Eine derartige Informationspolitik über Stellenwert und Bedeutung der Fachkarriere für die Unternehmung als Ganzes verhindert Schnittstellenprobleme zwischen den Abteilungen. Hierfür ist ein umfassendes Marketingkonzept, das sich auch auf Geschäftsberichte, Presseveranstaltungen und sonstige PR-Aktionen bezieht, erforderlich (Meisel S. L. 1977, S. 26). Durch eine nach außen gerichtete Informationspolitik läßt sich gleichzeitig die außerbetriebliche Akzeptanz der Fachlaufbahn erhöhen. Dies ist um so dringender notwendig, zumal die Fachlaufbahn im Rahmen der allgemeinen kulturellen Werte unserer Gesellschaft ein geringeres Ansehen als die Managementlaufbahn genießt, da bis dato die Personalführung als höherwertig einzuschätzende Arbeit im Vergleich zu einer wissenschaftlichen, wenn auch hochspezialisierten Tätigkeit angesehen wird. Daneben kann von Außenstehenden den üblichen Bezeichnungen von Führungspositionen (Leiter, Manager) eher ein Wert beigemessen werden als für einen Titel der Fachlaufbahn (Chefprogrammierer, System-Programmierer) (Allen, T. J./Katz, R. 1986, S. 185).

5. Fazit

Die Lebensfähigkeit des Konzeptes ist sehr stark von seiner individuellen Flexibilität abhängig. Je flexibler auf technische und/oder organisatorische Änderungen reagiert werden kann, desto effizienter stellt es sich für die Unternehmung dar. Dies betrifft besonders den Aspekt der Anforderungsprofile, deren Wandel eng mit dem Technologiewandel einhergeht. Stellenbeschreibungen, Anforderungsprofile und Potentialanalysen müssen sich permanent an den neu zu bewältigenden Aufgaben orientieren, da die skizzierten Laufbahnmodelle nur so lange ihre Gültigkeit behalten, wie die Voraussetzungen, unter denen ein Laufbahnmodell entwikkelt wurde, erfüllt sind. Ein flexibleres Laufbahnkonzept kann z.B. durch die Mitberücksichtigung anderer Laufbahnvarianten (z.B. Serpentinenlaufbahn, siehe Abb. 9) beim Entwurf des Fachlaufbahnkonzeptes erfolgen.

Wie auch bei den anderen Motivationsinstrumenten hängt die Wirksamkeit dieses Instrumentes von den jeweiligen Bedingungen in der Unternehmung ab. Die zu erwartende weitere Zunahme der Bedeutung des "Faktors Humanvermögen" wird von den Unternehmungen weitere Maßnahmen in Richtung mitarbeiterorientierter Personalführung erfordern. Die Investition in den Spezialisten wird aller Voraussicht nach im Umfang denen im Bereich der Sach- und Finanzinvestitionen auf längere Sicht vergleichbar sein. Um so mehr werden die Unternehmungen nach Möglichkeiten suchen, diese Investition durch Anstrengungen im Bereich der Personalarbeit (speziell Personalbetreuung) an dieselben zu binden. Dabei kann das Konzept der Fachlaufbahn durchaus eine Hilfestellung bieten, doch muß stets bedacht werden, daß dieses Modell kein Allheilmittel für das personalpolitische Problemfeld der Spezialisten- und Expertenbetreuung ist. Es kann nur in Verbindung mit den anderen Instrumenten der Personalbetreuung zu einem Erfolgsfaktor werden.

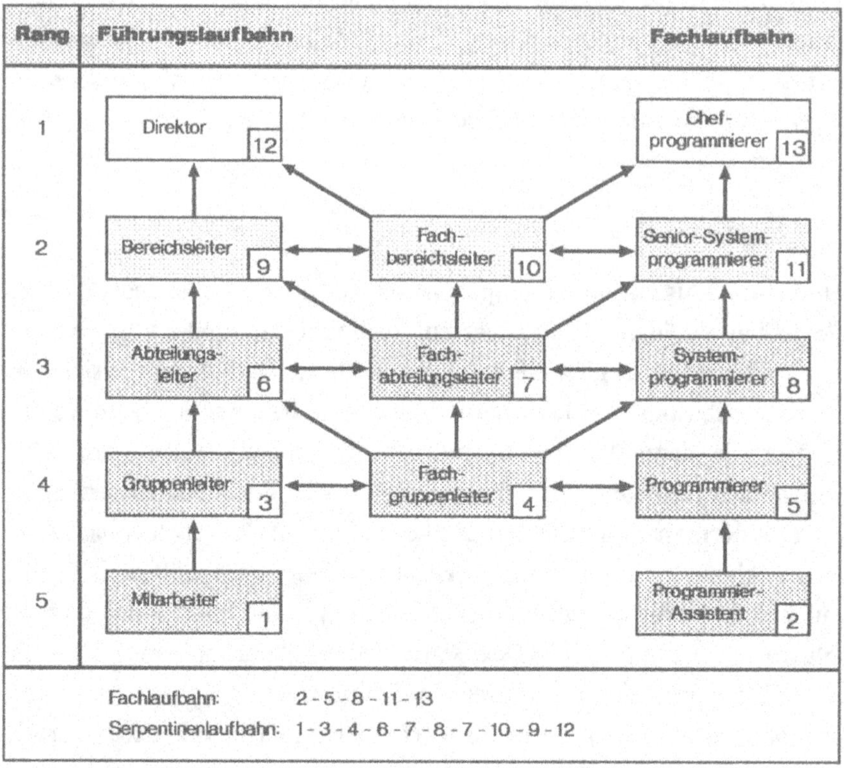

Abb. 9: Kombinatorisches Laufbahnmodell

Beiersdorf sieht z.B. in den Laufbahnmodellen kein Allheilmittel für eine systematische Personalarbeit, sondern beabsichtigt mittels der Laufbahnmodelle dem Einzelnen modellhaft seine Entwicklungsmöglichkeiten aufzuzeigen, um Hilfestelungen für seine Leistungs- und Entwicklungsorientierung geben zu können. Daneben sind die Möglichkeiten innerhalb des Laufbahnmodells bei Beiersdorf sehr stark von der individuellen Bereitschaft und Initiative des Einzelnen abhängig, d.h. je länger die Mitarbeiter im Unternehmen tätig sind, desto weniger können individuelle Entwicklungschancen aus den Laufbahnmodellen entnommen werden und um so mehr überwiegt dann eine individuelle Karriereplanung. Insofern sieht man bei Beiersdorf den elementaren Wert der Laufbahnmodelle mehr im Bereich der Nachwuchskräfte-Entwicklung angesiedelt.

Literaturverzeichnis

Allen, T. J./Katz, R. (1986): The dual ladder: motivational solution or managerial delusion?. In: *R&D Management,* Nr. 16, Heft 2, S. 185-197.

Anderson, C. S./Kleingartner, A. (1987): Human Resource Management in High Technology Firms and the Impact of Professionalism. In: Kleingartner, A/Anderson, C.S. (Hrsg.): *Human Resource Management in High Technology Firms,* Lexington, Massachusetts und Toronto, S. 3-21.

Balderston, J./Goodman, R./Birnbaum, P./Stahl, M. (1984): Modern Management Techniques in Engineering and R&D, New York et al.

Baum, M. (1992): Die Fachlaufbahn: Chance für Spezialisten in der Bayerischen Vereinsbank. In: *Personalführung,* Heft 11, S. 934-939.

Cantrall, E. (1977): The Dual Ladder - Successes and Failures. In: *Research Management,* Bd. 20, Nr. 4, S. 30-31.

Domsch, M. (1991): Personalplanung und -entwicklung für Fach- und Führungskräfte. In: Rosenstiel, L. von/Regnet, E./Domsch, M. (Hrsg.): *Führung von Mitarbeitern. Handbuch für erfolgreiches Personalmanagement,* Stuttgart.

Domsch, M./Gerpott, T. J. (1988): Akzeptanz von Zeitkontrollen in der industriellen Forschung und Entwicklung. In: Brockhoff, K./Picot, A./ Urban, Ch. (Hrsg.): *Zeitmanagement in Forschung und Entwicklung,* Sonderheft 23 der Zeitschrift für betriebswirtschaftliche Forschung, Düsseldorf.

Domsch, M./Gerpott, T. J. (1988): Personalführung als Erfolgsfaktor in Forschung und Entwicklung. In: Harvard Manager, Bd. 10, Nr. 2, S. 64-70.

Domsch, M./Gerpott, T. J. (1985): Personalauswahl und Personalbeurteilung als Instrument des Personal-Managements in der industriellen Forschung und Entwicklung (F+E). In: Moll, H./Warnecke, H. (Hrsg.): *RKW-Handbuch Forschung, Entwicklung und Konstruktion (F+E),* Berlin.

Domsch, M./Reineke, P. (1993): Personalmanagement in der Industrieforschung der USA. In: *Personalwirtschaft,* 1983, Bd. 10, Nr. 6, S. 207-210.

Domsch, M./Sabisch, H./Siemers, S. H. A. (1993): F&E-Management, Stuttgart.

Filley, A. C./House, R. J./Kerr, S. (1976): Managerial Process and Organizational Behaviour, 2. Aufl., Gelnview, Illinois.

Gerpott, T. J. (1987): Parallelhierarchie. In: *Die Betriebswirtschaft*, Bd. 47, S. 494-496.

Goldner, F. H./Ritti, R. R. (1967): Professionalization as Career Immobility. In: *American Journal of Sociology*, Bd. 72, S. 489-502.

Grant, P./Holmes, J. D. (1991): Putting Professionals and Managers on equal footing. In: *Personnel*, Heft 7, S. 17-22.

Gratton, L. (1987): How Can We Predict Management Potential in Research Scientists. In: *R&D Management*, Bd. 17, Nr. 2, S. 87-89.

Griffiths, D. (1981): Job Evaluation, Technical Expertise and Dual Ladders in Research and Development. In: *Personnel (GB)*, Bd. 10, Nr. 4, S. 14-17.

Gunz, H. P. (1980): Dual ladders in research: a paradoxical organisational fix. In: *R&D Management*, Heft 10, Nr. 3, S. 113-118.

Kenbel, H. & Schneider, H. (1985): Taschenbuch zur Stellenbeschreibung mit Speziallexikon, 3. Aufl. Heidelberg.

Kern, W./Schröder, H.-H. (1980): Forschung und Entwicklung (Organisation der). In: E. Grochla et al. (Hrsg.): *Handwörterbuch der Organisation*, 2. Aufl., Stuttgart, Sp. 707-719.

McKinnon, P. D. (1987): Steady State People: A Third Career Orientation. In: *Research Management*, Bd. 30, Nr. 1, S. 26-32.

Meisel, S. L. (1977): The Dual Ladder - The Rungs and Promotion Criteria. In: *Research Management*, Nr. 7, S. 24-26.

Miller, D. B. (1986): Managing Professionals in Research and Development, San Francisco und London.

Moore, D. C./Davies, D. S. (1977): The Dual Ladder - Establishing and Operating It. In: *Research Management*, Bd. 20, Nr. 4, S. 14-19

Neuhaus, J. (1968): Die Parallelhierarchie. In: Industrielle Organisation, 37. Jg., S. 568-575.

Raelin, J. A./Sholl, C. K./Leonard, D. (1985): Why Professionals Turn Sour and What to Do. In: *Personnel (USA)*, Bd. 62, S. 28-41

Ritti, R. R. (1971): Dual Management - Does It Work? In: *Research Management*, Bd. 14, Nr. 6, S. 19-26

Sacco, G. J./Knopka, W. N. (1983): Restructuring the dual ladder at Goodyear. In: *Research Management*, 26. Jg. No. 4, S. 36-41

Schroeter, D. G. (1977): The dual Ladder - successes and failures. In: *Research Management*, Bd. 20, Nr. 4, S. 31-32

Shepard, H. A. (1956): Nine Dilemmas in Industrial Research. In: *Administrative Science Quartely*, Bd. 1, S. 295-309

Shepard, H. A. (1958): The Dual Hierarchy in Research. In: *Research Management*, Bd.1, S. 177-187.

Spear, R. S. & Souder, W. E. (1986): Defining the technical ladder. In: *Research Management*, 29. Jg., Nr. 5, S. 25-28.

Thom, N. (1980): Grundlagen des betrieblichen Innovationsmanagements, 2. Auflage, Haustein, S. 191ff.

Fachlaufbahn in kleinen und mittleren Unternehmungen

Markus Hämmerle*

Gliederung

---

*) Univ.-Ass. Dr. Markus Hämmerle, Institut für Industrie u. Fertigungswirtschaft, Leopold Franzens Universität, Innsbruck

Fachlaufbahn in kleinen und mittleren Unternehmungen

1. Problemstellung und Abgrenzungen

Während im Fertigungs- und Verwaltungsbereich der Unternehmungen in den letzten Jahren erhebliche Produktivitätssteigerungen erzielt werden konnten, kristallisiert sich der Innovationsprozeß, der als einer der entscheidungsrelevanten Wettbewerbsfaktoren betrachtet wird, als Schwachpunkt in den Unternehmungen heraus. Innovationen sind nur durch engagierte und kreative Mitarbeiter zu erreichen, und demgemäß sind in einer Zeit des Wertewandels (vgl. Grausgruber-Berner/Grausgruber 1990, S. 29ff.) zunehmend individuelle Wünsche und Anforderungen der Mitarbeiter - auch wenn diese zu unternehmungsbezogenen Zielsetzungen scheinbar in Konkurrenz stehen - bei unternehmungspolitischen Entscheidungen miteinzubeziehen. Eine verstärkte Freisetzung der vorhandenen Mitarbeiterpotentiale im Hinblick auf eine Erhöhung der Innovationsfähigkeit verlangt danach, personelle und strukturelle Barrieren in der Unternehmung abzubauen (vgl. Bleicher 1989, S. 355ff.; Thom 1989, S. 109ff.). Der Schwerpunkt der nachfolgenden Betrachtung soll dabei vor allem auf kleinen und mittleren Unternehmungen liegen.

Unabhängig davon, ob Umsatz oder Beschäftigtenzahlen als Trennlinie zu Großunternehmungen herangezogen werden, stellen kleine und mittlere Unternehmungen im gesamten deutschsprachigen Raum zahlenmäßig den größten Anteil am Unternehmungssektor dar. Demgemäß ist auch die volkswirtschaftliche Bedeutung kleiner und mittlerer Unternehmungen, die quer durch alle Wirtschaftssektoren und Branchen vertreten sind, unbestritten (vgl. Kayser 1987, Sp. 1197).

Für die Abgrenzung kleiner und mittlerer Unternehmungen lassen sich je nach betrachtetem Problembereich unterschiedliche betriebsgrößenrelevante Merkmale wie beispielsweise Gewinn, Umsatz, Bilanzsumme, Beschäftigtenzahl, Maschinenstunden, Kundenanzahl oder Lieferantenanzahl heranziehen. Dabei ist zusätzlich zu berücksichtigen, daß es branchenspezifische Eigenheiten und Unterschiede gibt. Was in einer Branche als Großbetrieb gilt, stellt in einer anderen Branche lediglich einen Mittelbetrieb dar (vgl. Pfohl 1990, S. 6ff.).

Infolgedessen ist insbesondere zwischen der Gruppe der Handwerks-, Handels- und Dienstleistungsbetriebe einerseits und der Gruppe der Industriebetriebe andererseits zu unterscheiden. Da im folgenden Personal- und Organisationsfragen angesprochen werden, wird für die Zurechnung zur Gruppe der kleinen und mittleren Unternehmungen bezüglich der aussagebezogenen Auswahlkriterien auf die Anzahl der Beschäftigten und die Anzahl der Hierarchieebenen abgestimmt. Soweit es sich um Handwerks-, Handels- oder Dienstleistungsunternehmungen handelt, sind kleine und mittlere Unternehmungen mit insgesamt weniger als 50 Mitarbeitern und maximal zwei Hierachieebenen (Geschäftsleitung und Abteilungsleitung) charakterisiert. Demgegenüber sind Industriebetriebe als kleine und mittlere Unternehmungen zu bezeichnen, wenn sie weniger als 500 Mitarbeiter beschäftigen und maximal drei Hierarchieebenen (Geschäftsleitung, Abteilungsleiter bzw. Meister, Gruppenleiter bzw. Vorarbeiter) aufweisen (vgl. Hamer 1990, S. 62; Kayser 1990, S. 85f.).

2. Fachkräfte als Innovatoren

Von allen Mitarbeitern in der Unternehmung sind vor allem gut ausgebildete und engagierte Fachkräfte für den Innovationsprozeß entscheidend. Dabei soll die Bezeichnung Fachkraft hier nicht auf eine eng abgegrenzte Gruppe von Mitarbeitern - etwa Techniker mit einem bestimmten Schul- oder Studienabschluß - beschränkt bleiben (vgl. Staehle 1989, S. 161ff.). Vielmehr sollen aus einer umfassenderen Perspektive heraus, je nach Unternehmung und Branche, zur Gruppe der Fachkräfte Spezialisten aller funktionalen Bereiche unabhängig von der jeweiligen Position oder Hierarchieebene gezählt werden. Ausschlaggebend sind dafür unter dem Aspekt einer Potentialbeurteilung nachfolgende Merkmale (vgl. Becker 1992, Sp. 1921ff.; Fauth 1991, S. 258; Kupsch/Marr 1991, S. 864f.).

- hohes Expertenwissen (durch Ausbildung und Erfahrung) im jeweiligen Fachbereich
- hoher Grad an Selbständigkeit

- Fähigkeit zur Lösung komplexer Problemstellungen
- persönliche und fachliche Akzeptanz in der Unternehmung
- Interesse an herausfordernden Fachaufgaben
- geringes Interesse an administrativen Tätigkeiten
- wenig Interesse an Mitarbeiterführung

Generell kann gesagt werden, daß anspruchsvolle neuartige Tätigkeiten und Aufgaben Fachkräften mehr entgegenkommen als Routinetätigkeiten. Damit eng verbunden ist auch die Mobilität der Mitarbeiter, die sich im Wunsch nach einem Stellenwechsel in oder außerhalb der Unternehmung äußert (vgl. Kupsch/Marr 1991, S. 739ff.; Staehle 1989, S. 651ff.). Um das Potential qualifizierter Mitarbeiter in der Unternehmung zu halten und dieses vor allem für innovative Aufgaben zu nutzen, sind von Seiten der Unternehmung verstärkt Personalentwicklungsmaßnahmen gefordert, die über motivatorische Anreize, etwa monetäre Vorteile, hinausreichen (vgl. Meier 1991, S. 6f.). Gerade die individuellen Bedürfnisse der Mitarbeiter eröffnen dem Personalmanagement in der Unternehmung neue, bisher noch weitgehend ungenutzte Möglichkeiten, ein Aspekt, der auch in kleinen und mittleren Unternehmungen zum Tragen kommt.

Die Begriffe Karriere und Laufbahnplanung werden zunehmend nicht mehr nur als Weg nach oben gesehen, sondern beinhalten auch eine Entwicklung auf gleicher hierarchischer Ebene, eventuell auch einen bewußt geplanten Abstieg, so es sich dabei um attraktive Aufgaben für den Einzelnen handelt (vgl. Mentzel 1989, S. 156; Prante/Becker/Kurtz 1989, S. 187ff.; Thom/Nadig 1989, S. 311f.; Becker/Kurtz 1991, S. 35ff.). Eine gezielte Weiterentwicklung im jeweils spezifischen Fachgebiet gewinnt vor allem dann an Interesse, wenn die Mitarbeiter nicht primär an Führungsaufgaben und der klassischen Karriere nach oben interessiert sind.

3. Karrierealternativen für Fachkräfte in kleinen und mittleren Unternehmungen

Die bei der Beförderung auf eine Führungsposition erfolgte Anerkennung und Wertschätzung durch die Unternehmung stellt auch für eine Fachkraft ein erstrebenswertes Ziel dar. Faktoren wie Status, Einkommen, Zugang zu unternehmungsrelevanten Informationen, Entscheidungskompetenz und Selbständigkeit begründen dies hinlänglich (vgl. Herzberg 1988, S. 42ff.). Bei der Ausgestaltung spezieller Fachkarrieren sind diese Aspekte daher mit zu berücksichtigen. Während in Großbetrieben aufgrund der organisatorischen Gestaltungsmöglichkeiten unterschiedliche Karrierealternativen für Fachkräfte bereitgestellt werden können (vgl. Domsch 1984, S. 262ff.; Domsch 1991, S. 65f.), ist der Handlungsspielraum in kleinen und mittleren Unternehmungen enger.

3.1 Stabstelle als beratende Fachfunktion

Bei Stabstellen stehen Fachaufgaben gegenüber Führungsaufgaben deutlich im Vordergrund, da diese primär einer Entlastung bezüglich Entscheidungsvorbereitung und Kontrolle von Linieninstanzen dienen (vgl. Steinle 1992, Sp. 2311ff.). Obwohl bereits bei Unternehmungen mit bis zu 50 Beschäftigten Bedarf an Stabstellen gegeben sein kann, finden sich bei Unternehmungen dieser Größenordnung in aller Regel keine Stabstellen (vgl. Kayser 1990, S. 85ff.). Gründe für dieses organisatorische Defizit liegen meist in der Art der Stelle. Vor allem der beratende Charakter und die dadurch nicht vorhandene Entscheidungskompetenz sowie die daraus resultierende erschwerte Meßbarkeit der Arbeitsergebnisse und die hohen Personalkosten können als Gründe für die geringe Verbreitung von Stabstellen in kleinen und mittleren Unternehmungen angegeben werden.

Auch wenn in einzelnen Unternehmungen, etwa in mittleren Industriebetrieben, Stabstellen vorhanden sind oder in Zukunft an deren Einrichtung gedacht wird, so werden diese dennoch nur in Ausnahmefällen - für spezifische Aufgaben im Sinne einer Entlastung der Unternehmungsleitung - zur Verfügung stehen. Als generelles Karrieremodell für Fachkräfte scheiden Stabstellen jedoch aus.

3.2 Projektleitung als befristete Karriereform

Projektorientierte Organisationsstrukturen werden mit dem Ziel eingerichtet, umfangreichere, komplexere und in gewissem Sinn außergewöhnliche Aufgaben in der Unternehmung zeitlich begrenzt zu bearbeiten (vgl.

Haberfellner 1992, Sp. 2090ff.). Beispiele dafür sind etwa die Einführung einer EDV oder Kostenrechnung, eine Produktneuentwicklung oder die Erschließung neuer Absatzmärkte. Da es sich, unabhängig von der konkreten organisatorischen Ausgestaltung des Projektmanagements, nicht um Routinetätigkeiten handelt und vor allem an den Projektleiter hohe fachliche Anforderungen gerichtet sind, kann dies an sich einen attraktiven Aufgabenbereich für Fachkräfte darstellen.

Der Projektleiter ist in aller Regel im Rahmen der ihm übertragenen Aufgaben entscheidungsbefugt, die Durchführung des Projekts erfolgt in Teamarbeit. Somit ist der Projektleiter zu einem nicht unwesentlichen Anteil mit Fragen der Mitarbeiterführung befaßt, wodurch diese Funktion deutliche Parallelen zur klassischen Führungsposition aufzeigt (vgl. Heintel/Krainz 1990, S. 9ff.; Scholz 1991, S. 143ff.).

Während man in größeren Unternehmungen davon ausgehen kann, daß nach Abschluß eines Projekts eine ausreichende Zahl von Folgeprojekten zur Verfügung steht und sich daraus für den erfolgreichen Projektleiter eine eigenständige Projektlaufbahn entwickeln kann, ist dies in kleinen und mittleren Unternehmungen kaum der Fall. Der Projektleiter muß in aller Regel nach Abschluß des Projekts in seine ursprüngliche Funktion zurückkehren. Gerade in kleinen und mittleren Unternehmungen wird zudem öfters ein externer Berater mit der Projektleitung beauftragt. Auch für das Projektmanagement gilt somit, daß es sich für Fachkräfte in kleinen und mittleren Unternehmungen nur in Einzelfällen um eine Karrierealternative handeln kann, obwohl gerade die Herausforderungen des Projektmanagements als realer Test für höher qualifizierte Aufgaben betrachtet werden können (vgl. Volpp 1991, S. 194ff.).

3.3 Dual Ladder oder Y-Achse als eigenständiger Karrierezweig

Abgestimmt auf die spezifischen Wünsche und Anforderungen fachorientierter Mitarbeiter wurde, vorwiegend in den USA, eine eigene fachspezifische Karrierevariante entwickelt, die unter der Bezeichnung Dual Ladder, Y-Achse oder Parallelhierarchie bekannt ist. Dabei handelt es sich um eine Organisationsform, bei der für Fachkräfte parallel zu den

Führungskräften ein eigenständiger, bezüglich Status und Gehalt vergleichbarer Karriereweg eingerichtet wird, was dem Organigramm der Unternehmung die Gestalt eines "Y" verleiht (siehe Abb. 1) (vgl. dazu etwa die zusammenfassende Darstellung von Raelin 1986). Da beim Überwechseln auf die Y-Achse Führungsaufgaben und administrative Tätigkeiten gegen eigentliche Fachaufgaben abgetauscht werden, kommt diese Konzeption den Anforderungen und Wünschen der Fachkräfte weitgehend entgegen. Diese Karrierevariante findet zunehmend auch bei Unternehmungen im deutschen Sprachraum Eingang, und zwar nicht nur bei Industriebetrieben mit einem hohen Anteil an F&E-Leuten, sondern beispielsweise auch bei Banken und Versicherungen (vgl. Fauth 1991, S. 189f.; Mentzel 1989, S. 156ff.; Sattelberger 1991, S.46f.).

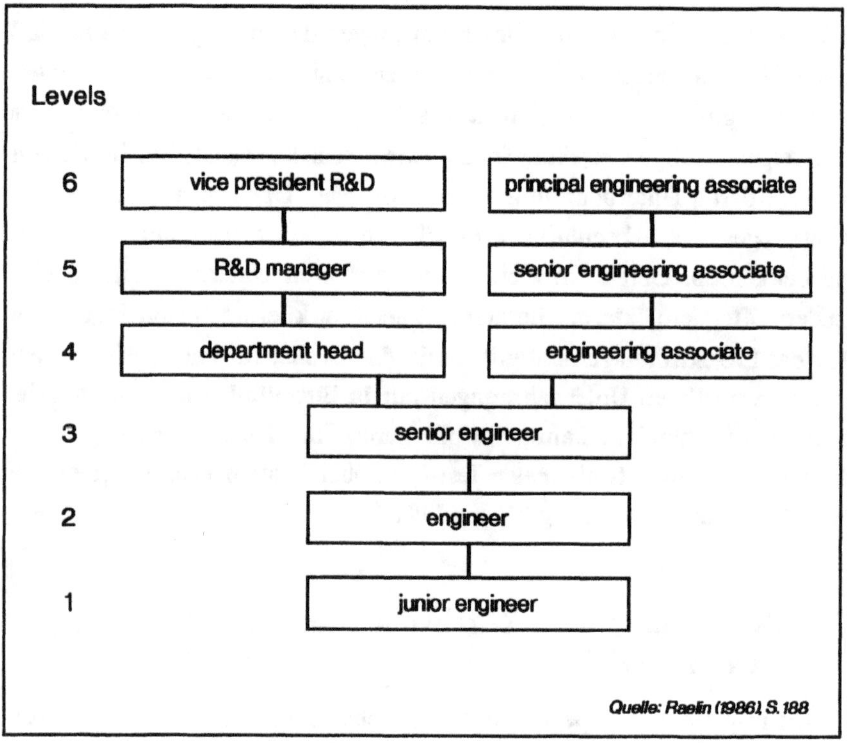

Abb. 1: Beispiel Dual Ladder für F&E

Da bei dieser Karrierevariante der Schwerpunkt auf aufbauorganisatorischen Maßnahmen liegt, wodurch die Unternehmungsstruktur aufgebläht wird, läßt sich dieses Konzept nur in Großbetrieben mit einem entsprechenden Potential an Fachkräften realisieren. Dazu kommt, daß sich im praktischen Einsatz der Y-Achse einige Gefahrenpunkte herauskristallisiert haben, die die Attraktivität entsprechend kritisch beurteilen lassen (vgl. etwa Domsch 1991, S. 65f.; Feuer 1986, S. 30; Goldstein 1988, S. 57ff.):

- die Y-Achse wird als Abstellgleis für Führungskräfte mißbraucht
- die Y-Achse ist als Sackgasse konzipiert, da sie keine Weiterentwicklungsmöglichkeiten beinhaltet
- Führungskräfte in der Unternehmung opponieren die Y-Achse
- die Y-Achse liegt bezüglich Gehalt, Anerkennung und Verantwortung wesentlich unter vergleichbaren Stellen auf der Managementebene
- Mitarbeiter der Y-Achse verfügen über keine oder unzureichende Infrastruktur (Personal und Ausstattung)
- Fachkräfte der Y-Achse werden wie Manager mit kurzfristigen Zielen gemessen, obwohl die Arbeit von Fachkräften aufgrund einer anders gearteten Aufgabenstruktur nur nach einem längeren Zeitraum meßbare Ergebnisse zeigt
- der Konkurrenzkampf unter den Mitarbeitern wird verschärft
- eine einseitige Entwicklung der Mitarbeiter wird forciert.

3.4 Integrierte Fachkarriere als ablauforganisatorisches Konzept

Da für kleine und mittlere Unternehmungen die Y-Achse als eigenständiger Karrierezweig kaum in Betracht kommt, soll hier für Fachkräfte ein darauf aufbauendes, weiterentwickeltes Karrierekonzept aufgezeigt werden. Dabei wird von einem neuen Organisationsverständnis (vgl. beispielsweise Perich 1989, S. 5ff.) ausgegangen, das den Aufbau zusätzlicher Strukturen in der Unternehmung zu vermeiden und demgegenüber bestehende starre Organisationsformen aufzulockern versucht. Damit soll auch ein egoistisches abteilungsbezogenes Denken eingebremst werden.

Die Mitarbeiter der integrierten Fachkarriere verbleiben aufbauorganisatorisch in ihrer bisherigen Position. Aufbau und Ausgestaltung der integrierten Fachkarriere liegen im ablauforganisatorischen Bereich; im Organigramm wird dies lediglich durch entsprechende Symbole oder Zusätze (Sternchen, Farbpunkte usw.) nach außen hin deutlich gemacht (siehe Abb. 2). Ebenso kann hier auf spezielle Titel oder Bezeichnungen für die betreffenden Mitarbeiter verzichtet werden. Dem Mitarbeiter werden vor allem anspruchsvolle Aufgaben zur selbständigen Erfüllung übertragen und stattdessen Routinetätigkeiten und administrative Arbeiten reduziert (vgl. Hämmerle 1991, S. 19ff.).

Die integrierte Fachkarriere kann prinzipiell von jeder Position in der Unternehmung heraus beschritten werden, ebenso ist dafür auch keine Mindestanzahl an Fachkräften notwendig. Damit wird der Einsatz der integrierten Fachkarriere vor allem auch in kleinen und mittleren Unternehmungen möglich. Die konkrete Ausgestaltung der integrierten Fachkarriere wird durch den betriebsindividuellen Bedarf geprägt, auch Stabsleute und Projektleiter können in dieses Karrierekonzept integriert werden.

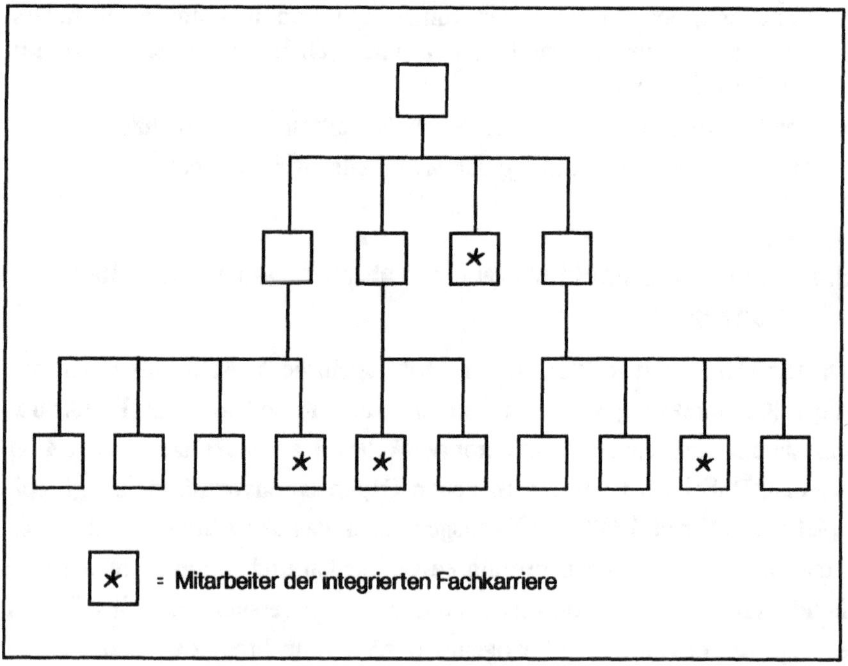

Abb. 2: Unternehmungsaufbau mit integrierter Fachkarriere

4. Möglichkeiten und Grenzen der integrierten Fachkarriere

4.1 Voraussetzungen

Für das Funktionieren der integrierten Fachkarriere sollten in der Unternehmung einige Voraussetzungen gewährleistet sein. Dabei kommt vor allem dem Führungsverhalten entsprechende Bedeutung zu. Führung sollte so als ein Zielbildungs- und Planungsprozeß mit Delegation und Entscheidungsdezentralisierung verstanden werden. Kernpunkt ist die Übertragung von verantwortungsvollen Aufgaben an die betreffenden Fachkräfte, um deren Leistungsbereitschaft und Motivation nachhaltig zu steigern (vgl. Thom 1988, S. 142). [1]

Der Erfolg der Konzeption verlangt weiters nach einem breiten Konsens in der Unternehmung, insbesondere bei allen Führungskräften. Da die jeweiligen Vorgesetzten die Fachkräfte für die integrierte Fachkarriere vorschlagen bzw. mitbeurteilen sollen, kommt dem entscheidende Bedeutung zu.

Da im Rahmen der integrierten Fachkarriere Mitarbeiter mit einem hohen Reifegrad tätig werden, ist hier in aller Regel über das hinaus zu gehen, was etwa im Rahmen von Management by Objectives als Standard gilt. Dies betrifft vor allem Entscheidungskompetenzen (einschließlich Budget), Verantwortung sowie Freiräume bei Arbeitszeit und Prioritätensetzung. Mit dem Fachmitarbeiter sollen anspruchsvolle Ziele, schwerpunktmäßig in seinem Fachgebiet, vereinbart werden. Der Weg zur Zielerreichung soll dann in den Entscheidungsfreiraum und Handlungsspielraum des jeweiligen Mitarbeiters fallen, wodurch ein entscheidender Schritt in Richtung Selbstorganisation gesetzt wird. Da komplexe Aufgabenstellungen zunehmend Teamarbeit verlangen, muß es dem betreffenden Mitarbeiter auch freigestellt sein, Teams selbst einzurichten und bei Bedarf auch Vorgesetzte miteinzubinden.

Je nach konkreter Einordnung in die Unternehmung stehen für den Mitarbeiter im Rahmen der integrierten Fachkarriere nicht immer ausreichend anspruchsvolle Aufgaben zur Verfügung. Daher ist der Einsatz dieser Mitarbeiter für Aufgaben über den Abteilungsbereich hinaus vorzusehen. Gerade in kleinen und mittleren Unternehmungen mit schwach ausgeprägten und tendenziell flexiblen Organisationsstrukturen ist ein unternehmungsweiter Einsatz der Mitarbeiter relativ leicht zu realisieren, wobei aber auch sichergestellt werden muß, daß für die Abwicklung des operativen Geschäfts genügend Mitarbeiterressourcen zur Verfügung stehen.

Für die Förderung der Mitarbeiter der integrierten Fachkarriere entsteht zusätzlicher Arbeitsaufwand im Zusammenhang mit Personalbeurteilung, Arbeitsstrukturierung und Umorganisation beim Vorgesetzten, was etwa in Form einer monatlichen Prämie abzudecken ist. Zusätzlich wird die Bearbeitung abteilungsübergreifender Projekte auch das Image und das Know-how der jeweiligen Abteilung erhöhen, wodurch der Vorgesetzte indirekt eine zusätzliche Entschädigung erfährt.

Da Mitarbeiter der integrierten Fachkarriere unmittelbar eine höhere Leistungsbereitschaft aufweisen werden, sollte sich dies auch in einer leistungsabhängigen Lohnerhöhung für den Mitarbeiter niederschlagen. Die Einrichtung eines eigenen Lohnschemas, wie dies beim Dual-Ladder-Konzept üblich ist, ist hier aber nicht erforderlich.

Die Aufwertung der Position der Mitarbeiter der integrierten Fachkarriere birgt die Gefahr einer gewissen Isolierung in der Unternehmung in sich. Bei den betreffenden Mitarbeitern kann weiters durch eine stärkere Aufgabenteilung und Spezialisierung eine einseitige Entwicklung erfolgen. Dem sollte von Anfang an entgegengesteuert werden, wobei etwa ein begleitendes Job Rotation Programm, bei dem die integrierten Fachmitarbeiter zeitweise anderen Bereichen oder Abteilungen, allenfalls auch außerhalb der Unternehmung, zugeordnet werden, eine zweckmäßige Maßnahme darstellt (vgl. etwa Fischer 1984, S. 273ff.).

4.2 Mitarbeiterbeurteilung und -auswahl

Der Zugang zur integrierten Fachkarriere soll nicht auf ein bestimmtes Einsatz- oder Fachgebiet in der Unternehmung beschränkt sein, der Karriereweg soll aber nur qualifizierten Mitarbeitern offenstehen. Eine fundierte Mitarbeiterselektion soll verhindern, daß die integrierte Fachkarriere als Abstellgleis mißbraucht wird und dadurch die Attraktivität für die Fachkräfte verlorengeht. Entscheidend für eine Qualifikations- und

Potentialbeurteilung (siehe dazu etwa die allgemeinen Überlegungen bei Mentzel 1989, S. 81ff. oder spezifische Problembereiche bei Jochum 1984, S. 148ff.) ist in dem Zusammenhang vor allem auch die zeitliche Zugehörigkeit zur Unternehmung, da sich Arbeitsleistungen, insbesondere im Hinblick auf den Grad der Selbständigkeit und der Problemlösungsfähigkeit, nur über einen längeren Zeitraum fundiert beurteilen lassen. Demgemäß ist von einer Mindestzugehörigkeit zur Unternehmung von rund zwei Jahren auszugehen. In der Checkliste in Abb. 3 sind Kriterien für die Mitarbeiterauswahl und -entwicklung in Richtung integrierte Fachkarriere angeführt.

4.3 Informationspolitik innerhalb und außerhalb der Unternehmung

Da die Mitarbeiter der integrierten Fachkarriere eine möglichst starke Wirkung ihrer neuen Position nach innen und vor allem nach außen wünschen, sollte die Unternehmung beispielsweise in Geschäftsberichten, Presseveranstaltungen und sonstigen PR-Aktionen den Stellenwert und die Bedeutung der integrierten Fachkarriere besonders herausstellen. Die Einbindung dieser Aktivitäten in ein Marketingkonzept erbringt zudem Synergieeffekte bei zukünftigen Personalrekrutierungen.

Dabei müssen zuerst die in Frage kommenden Fachkräfte ausreichend über das Konzept der integrierten Fachkarriere informiert werden. Transparenz über Gehalt, Status, Aufgaben usw. stellt für die individuelle Laufbahnplanung eine notwendige Voraussetzung dar und soll verhindern, daß Mitarbeiter aus falschen Vorstellungen auf die integrierte Fachkarriere überwechseln.

Eine kontinuierliche Informationspolitik sollte auch gegenüber allen anderen Mitarbeitern in der Unternehmung betrieben werden, um Neidkomplexe, infolge der Attraktivität der Aufgaben, des größeren Freiraums und der besseren Bezahlung der integrierten Fachmitarbeiter, gar nicht erst aufkommen zu lassen. In dem Zusammenhang ist auch regelmäßig über die Erfolge der integrierten Fachkarriere für die Unternehmung als Ganzes zu berichten. Infolge des unternehmungsweiten Einsatzes wirken die integrierten Fachmitarbeiter auch positiv auf die Unternehmungskultur.

Mitarbeiterbeurteilung

1. Fachliche Qualifikation

1.1 Ausbildungsstand

1.1.1 Wann ist die Berufsausbildung (schulische/universitäre Ausbildung) abgeschlossen worden?

1.1.2 Wurden zwischenzeitlich Weiterbildungsmaßnahmen erfolgreich absolviert?

1.1.3 Sind Qualifikationen vorhanden, die beim jetzigen Einsatzgebiet nicht benötigt werden?

1.2 Aus- und Weiterbildungsaktivitäten der letzten 5 Jahre

1.2.1 Aufstellung der in den letzten 5 Jahren absolvierten Aus- und Weiterbildungsmaßnahmen mit den vermittelten Inhalten in Kurzform

1.2.2 Durchschnittliche Anzahl absolvierter Seminartage pro Jahr

1.2.3 Gibt es Arbeitsergebnisse, die unmittelbar auf eine Ausbildungsmaßnahme (Seminar, Lehrgang usw.) zurückzuführen sind?

1.2.4 Werden Teile des zusätzlich erworbenen Wissens derzeit (im jetzigen Einsatzbereich) nicht benötigt?

1.2.5 In welchen Bereichen könnte das vorhandene Wissen noch eingesetzt werden?

1.3 Kreative Arbeitsleistungen

1.3.1 Anzahl erbrachter Verbesserungsvorschläge und/oder Innovationen

1.3.2 Anzahl konkret durchgeführter Umsetzungsmaßnahmen auf Basis der Vorschläge oder Ideen des Mitarbeiters

1.3.3 Haben die realisierten Maßnahmen den erwarteten Erfolg gebracht?

1.4 Bearbeitung komplexer Aufgaben

1.4.1 Welchen Umfang nimmt die Bearbeitung komplexer Aufgaben in Relation zu anderen Aufgaben beim jetzigen Einsatzgebiet ein?

1.4.2 Inwieweit wird die Zeitplanung bei der Bearbeitung komplexer Aufgaben eingehalten?

1.4.3 Werden Budgetvorgaben bei der Bewältigung komplexer Aufgaben eingehalten?

1.4.4 Werden komplexe Aufgaben über Abteilungsgrenzen hinweg bearbeitet?

1.4.5 Werden bei der Bewältigung komplexer Aufgaben neue Lösungswege beschritten?

1.4.6 Sind aus der Bearbeitung komplexer Aufgaben heraus konkrete Umsetzungsmaßnahmen gesetzt worden?

1.4.7 Gibt es von anderen Abteilungen konkrete Anfragen bzw. Wünsche in Richtung Bearbeitung komplexer Aufgaben durch den betreffenden Mitarbeiter?

Abb. 3a: Checklist zur Mitarbeiterauswahl und -entwicklung in Richtung integrierte Fachkarriere

2. Persönliche Qualifikation

2.1. Selbständigkeit

2.1.1 Durchschnittlicher Zeitaufwand von Vorgesetzten und Auftraggebern für die Unterstützung des Mitarbeiters bei der Bearbeitung komplexer Aufgaben

2.1.2 Setzt der Mitarbeiter klare Prioritäten und trifft er zeitgerecht Entscheidungen?

2.1.3 Geht der Mitarbeiter methodisch vor?

2.1.4 Zeigt der Mitarbeiter auch unter Belastung Ausdauer?

2.1.5 Hat der Mitarbeiter Selbstvertrauen?

2.1.6 Zeigt der Mitarbeiter Gereiftheit?

2.1.7 Paßt sich der Mitarbeiter neuen Situationen und Aufgaben gut an?

2.1.8 Wird das Ergebnis komplexer Aufgaben üblicherweise selbständig gegenüber Vorgesetzten und Auftraggebern vertreten?

2.1.9 Treten Vorgesetzte und Auftraggeber bei Unklarheiten direkt mit dem betreffenden Mitarbeiter in Kontakt oder werden andere Mitarbeiter oder Vorgesetzte eingeschaltet?

2.2 Akzeptanz in der Unternehmung

2.2.1 Dauer der Zugehörigkeit zur Unternehmung

2.2.2 Anzahl der Stellen, die der Mitarbeiter bisher bekleidet hat

2.2.3 Gründe für Stellenwechsel innerhalb und außerhalb der Unternehmung

2.2.4 War der Mitarbeiter bisher auch bei der Erfüllung von Aufgaben im Team/Projekt beteiligt?

2.2.5 War der Mitarbeiter schon als Leiter eines Teams/Projektes tätig?

2.2.6 Konnten die Termine bei der Team-/Projektarbeit eingehalten werden?

2.2.7 Waren die anderen Team-/Projektmitarbeiter nach Abschluß an weiteren gemeinsamen Aufgaben interessiert?

2.2.8 Hat der Mitarbeiter Kontakte zu Mitarbeitern außerhalb der eigenen Abteilung?

2.2.9 Gibt es Konflikte zwischen dem Mitarbeiter und anderen Mitarbeitern/Vorgesetzten in der Unternehmung?

2.3. Mitarbeiterwünsche in bezug auf Tätigkeitsbereich

2.3.1 Welche Wünsche und Anforderungen stellt der Mitarbeiter an seinen zukünftigen Einsatz in fachlicher Hinsicht?

2.3.2 Welche Wünsche und Anforderungen stellt der Mitarbeiter an seinen zukünftigen Einsatz in persönlicher Hinsicht?

2.3.3 Zeigt der Mitarbeiter Leistungswillen und Verantwortungsbereitschaft?

Abb. 3b: Checklist zur Mitarbeiterauswahl und -entwicklung in Richtung integrierte Fachkarriere

Mitarbeiterentwicklung	
3.	**Entwicklungsmöglichkeiten für die kommenden 5 Jahre**
3.1	Aufstellung über freie oder freiwerdende Positionen in der Unternehmung
3.2	Aufstellung über alternative Einsatz- und Aufgabenbereiche in der Unternehmung (vorwiegend Fachaufgaben)
3.3	Aufgabenbereiche und Anforderungsprofile für freie oder freiwerdende Positionen bzw. Einsatzgebiete
4.	**Beurteilung der Entwicklungsmöglichkeiten**
4.1	Gegenüberstellung Anforderungsprofil(e) (Stellenbild) und konkrete Eignung des Mitarbeiters für die einzelnen Positionen
4.2	Sind die Wünsche des Mitarbeiters in fachlicher und persönlicher Hinsicht hinreichend berücksichtigt?
4.3	Welche Abweichungen ergeben sich aus der Gegenüberstellung?
4.4	Können Personalentwicklungsmaßnahmen (z.B. Schulung) Abhilfe schaffen?
4.5	Ist der Mitarbeiter an diesen Personalentwicklungsmaßnahmen interessiert?
4.6	Muß für den Mitarbeiter in seiner jetzigen Funktion Ersatz gefunden werden?
4.7	Gibt es bereits potentielle Nachfolger?
4.8	Zeitplan mit Auflistung der einzelnen Realisierungsschritte

Abb. 3c: Checklist zur Mitarbeiterauswahl und -entwicklung in Richtung integrierte Fachkarriere

Dadurch erhöht sich nicht nur die Akzeptanz der integrierten Fachkarriere, sondern es lassen sich auch Probleme über Abteilungsgrenzen hinweg besser lösen. Je nach Aufgabengebiet können die integrierten Fachmitarbeiter auch bezüglich Teamarbeit eine Vorreiterrolle übernehmen.

Der erweiterte Einsatzbereich der integrierten Fachmitarbeiter erfordert, daß die Mitarbeiter nicht nur über ihren unmittelbaren Aufgabenbereich informiert werden, sondern darüber hinaus auch Zugang zu Informationen über die zukünftige Unternehmungsentwicklung bekommen. Den Mitarbeitern sollten diese Informationen prinzipiell in gleicher Art und Weise zugänglich sein wie ihren Vorgesetzten.

4.4 Weiterentwicklung der integrierten Fachkarriere

Um die integrierte Fachkarriere nicht als Einbahnstraße zu konzipieren, sind für die Mitarbeiter von Anfang an drei Entwicklungsmöglichkeiten vorzusehen (siehe dazu Abb. 4). Dabei soll der Mitarbeiter die Möglichkeit haben, sich einerseits auf der gleichen Ebene weiterzuentwickeln, was sich vorwiegend über entsprechende Aufgabenerweiterungen und Lohnanpassungen (z.B. Prämien) erreichen läßt. Andererseits soll der Mitarbeiter auch die Möglichkeit besitzen, auf eine andere organisatorische Einheit überzuwechseln. Dies kann auf der gleichen hierarchischen Ebene sein, kann aber auch auf einer hierarchisch höheren oder tieferen Ebene erfolgen, wobei das Überwechseln sowohl befristet als auch auf Dauer sein kann. Entscheidend ist jeweils das konkrete Aufgabengebiet, in dem der Mitarbeiter tätig ist oder in Zukunft tätig sein soll.

Schließlich soll dem Mitarbeiter auch die Möglichkeit offenstehen, eine Führungsposition in der Unternehmung zu erreichen. Obwohl gerade diese Entwicklungsvariante nicht den Regelfall darstellen wird, sollte sie doch in Einklang zu einer allfälligen Änderung der persönlichen Bedürfnisse im Zeitablauf stehen. Nach einer entsprechenden Tätigkeit im Rahmen der integrierten Fachkarriere, etwa bei Projekten mit Teamarbeit, können auch die Mitarbeiter oft besser abschätzen, ob die mit einer Managementkarriere verbundenen Aufgaben wie Mitarbeiterführung und administrative Tätigkeiten doch ihren individuellen Wünschen entgegenkommen.

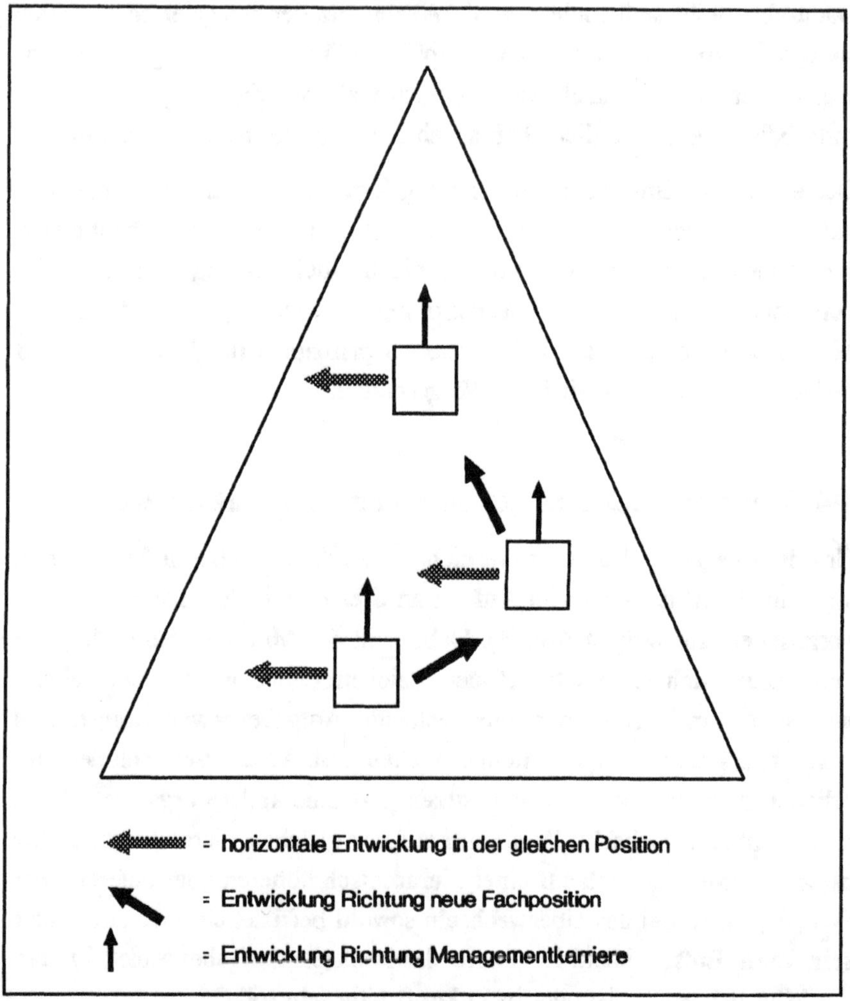

Abb. 4: Entwicklungsmöglichkeiten aus der integrierten Fachkarriere

4.5 Gesamtbeurteilung der integrierten Fachkarriere

Das Konzept der integrierten Fachkarriere bietet aufgrund des geringen organisatorischen Aufwands die Chance, das vorhandene Mitarbeiterpotential verstärkt zu aktivieren und die Fachkenntnisse der Mitarbeiter besser zu nutzen. Dies läßt sich mit anderen fachorientierten Karrierealternativen gerade in kleinen und mittleren Unternehmungen, wenn überhaupt, nur wesentlich schwerer realisieren.

Da durch die integrierte Fachkarriere ein Absenken der Fluktuationsrate erreicht werden kann, eröffnet sich für die Unternehmung daraus in zweierlei Hinsicht ein nicht unbeträchtliches Einsparungspotential. Zum einen wird direkt ein Abbau von Personalbeschaffungskosten (für Annoncen, Personalvermittlung und Selektion) und Einarbeitungskosten für neue Mitarbeiter (einschließlich arbeitsplatzbezogener Ausbildungskosten) erreicht. Zum andern kann die Unternehmung mittelbar mit Ergebnissteigerungen durch verbesserte Leistungsbereitschaft und höhere Innovationsfähigkeit rechnen.

Da es sich bei der integrierten Fachkarriere um ein individuelles unternehmungsspezifisches Konzept handelt, ist eine pauschale Beurteilung schwierig. Als generelle Handlungsempfehlung zur Vorbeugung bzw. Reduktion von Schwachstellen und Konflikten sollte, nach Einführung der Konzeption in der Unternehmung und dem Sammeln konkreter Erfahrungen, eine regelmäßige systematische Evaluation in institutionalisierter Form durchgeführt werden. Dazu sollte zumindest einmal jährlich ein Team, bestehend aus Mitarbeitern der integrierten Fachkarriere, Führungskräften und dem Personalverantwortlichen der Unternehmung, offene Fragen diskutieren, Lösungsvorschläge ausarbeiten und deren Umsetzung in die Wege leiten. Dabei sind insbesondere die Entwicklungsmöglichkeiten aus der integrierten Fachkarriere heraus konkret auszugestalten bzw. zu adaptieren.

Nicht übersehen werden sollte auch, daß Leistungssteigerung und Streß eng miteinander verbunden sind. Die integrierte Fachkarriere sollte jedenfalls nicht zu einer "Ausbeutung" oder Überforderung der Mitarbeiter führen. Eine kontinuierliche Pflege der Konzeption wird wesentlich dazu beitragen, auch dieses Problem in den Griff zu bekommen. Schlußendlich ist hier aus der Vorreiterrolle der integrierten Fachkarriere heraus auch eine positive Ausstrahlung auf andere Unternehmungsbereiche, vor allem was die Entwicklung der Unternehmungskultur betrifft, zu erwarten.

Anmerkungen

1 Auf das nicht automatische Eintreten von Arbeitseinstellungs- und Leistungswirkungen infolge eines horizontalen Stellenwechsels verweist insbesondere Gerpott (1988) aufgrund einer empirischen Studie für Industrieforscher.

Literaturverzeichnis

Becker, F. (1992): Potentialbeurteilung. In: Gaugler, E./Weber, W. (Hrsg.): *Handwörterbuch des Personalwesens*, Stuttgart, Sp. 1921-1929.

Becker, J./Kurtz, H.-J. (1991): Karriere und Wertewandel: Downwordmovement als Instrument der Personalpolitik. In: *zfo*, Nr. 1, S. 35-41.

Bleicher, F. (1989): Innovationsbarrieren überwinden - Auf dem Weg zu einer produktiveren FuE. In: Seidel, E./Wagner, D. (Hrsg.): *Organisation*, Wiesbaden S. 355-369.

Domsch, M. (1991): Alternative Laufbahnen. In: *io Management Zeitschrift*, Nr. 11, S. 65-66.

Domsch, M. (1984): Anreizsysteme für Industrieforscher. In: Domsch, M./Jochum, E. (Hrsg.): *Personal-Management in der industriellen Forschung und Entwicklung*, Köln u.a., S. 249-270.

Fauth, W. (1991): Praktische Personalarbeit als strategische Aufgabe: Grundlagen, Konzepte, Checklisten, Wiesbaden.

Feuer, D. (1986): Two Ways to the Top?. In: *Training*, Nr. 2, S. 2634.

Fischer, R. (1984): "Job Rotation" für wissenschaftliches und technisches Personal. In: Domsch, M./Jochum, E. (Hrsg.): *Personal-Management in der industriellen Forschung und Entwicklung*, Köln u.a., S. 271-281.

Gerpott, T. J. (1988): Karriereentwicklung von Industrieforschern, Berlin.

Goldstein, M. L. (1988): Dual-Career Ladders: Still Shaky but Getting Better. In: *Industry Week*, Nr. 4, S. 57-60.

Grausgruber-Berner, R./Grausgruber, A. (1990): Humankapital: Fördern oder vergeuden?, Wien.

Haberfellner, R. (1992): Projektmanagement. In: Frese, E. (Hrsg.): *Handwörterbuch der Organisation*, Stuttgart, Sp. 2090-2102.

Hämmerle, M. (1991): Karrierevariante für Fachkräfte, Personalerhaltung durch Organisationsentwicklung, Arbeitspapier des Instituts für Industrie und Fertigungswirtschaft der Leopold-Franzens-Universität, Innsbruck.

Hamer, E. (1990): Unternehmensführung. In: Pfohl, H.-C. (Hrsg.): *Betriebswirtschaftslehre der Mittel- und Kleinbetriebe: Größenspezifische Probleme und Möglichkeiten zu ihrer Lösung*, Berlin, S. 43-73.

Heintel, P./Krainz, E. E. (1990): Projektmanagement: Eine Antwort auf die Hierarchiekrise?, Wiesbaden.

Herzberg, F. (1988): Was Mitarbeiter wirklich in Schwung bringt. In: *Harvard manager*, Nr. 2, S. 42-54.

Jochum, E. (1984): Personalbeurteilung in der industriellen F&E. In: Domsch, M./Jochum, E. (Hrsg.): *Personal-Management in der industriellen Forschung und Entwicklung,* Köln u.a., S. 146-164.

Kayser, G. (1987): Klein- und Mittelbetriebe, Führung in. In: Kieser, A./ Reber, G./Wunderer, R. (Hrsg.): *Handwörterbuch der Führung,* Stuttgart, Sp. 1196-1205.

Kayser, G. (1990): Organisation. In: Pfohl, H.-C. (Hrsg.): *Betriebswirtschaftslehre der Mittel- und Kleinbetriebe: Größenspezifische Probleme und Möglichkeiten zu ihrer Lösung,* Berlin, S. 74-95.

Kupsch, P. U./Marr, R. (1991): Personalwirtschaft. In: Heinen, E. (Hrsg.): *Industriebetriebslehre. Entscheidungen im Industriebetrieb,* Wiesbaden, S. 729-896.

Meier, H. (1991): Personalentwicklung: Konzept, Leitfaden und Checklisten für Klein- und Mittelbetriebe, Wiesbaden.

Mentzel, W. (1989): Unternehmenssicherung durch Personalentwicklung: Mitarbeiter motivieren, fördern und weiterbilden, Freiburg im Breisgau.

Perich, R. (1989): Unternehmungsorganisation im Wandel: An der Schwelle zu einem neuen Organisationsverständnis. In: *zfo,* Nr. 1, S. 5-14.

Pfohl, H.-C./Kellerwessel, P. (1990): Abgrenzung der Klein- und Mittelbetriebe von Großbetrieben. In: Pfohl, H.-C. (Hrsg.): *Betriebswirtschaftslehre der Mittel- und Kleinbetriebe: Größenspezifische Probleme und Möglichkeiten zu ihrer Lösung,* Berlin, S. 1-23.

Prante, A./Becker, J./Kurtz, H.-J. (1989): Rückschritt und Stagnation. In: *ZfP,* Nr. 2/1989, S. 187-199.

Raelin, J. A. (1986): The Clash of Cultures: Managers and Professionals, Boston.

Sattelberger, Th. (1991): Die lernende Organisation im Spannungsfeld von Strategie, Struktur und Kultur. In: Sattelberger, Th. (Hrsg.): *Die lernende Organisation,* Wiesbaden, S. 11-55.

Scholz, C. (1991): Projektkultur: Der Beitrag der Organisationskultur zum Projektmanagement. In: *zfo,* Nr. 3, S. 143-150.

Staehle, W. H. (1989): Management. Eine verhaltenswissenschaftliche Perspektive, München.

Steinle, C. (1992): Stabstelle. In: Frese, E. (Hrsg.): *Handwörterbuch der Organisation,* Stuttgart, Sp. 2310-2321.

Thom, N. (1988): Innovationsmanagement in Klein- und Mittelbetrieben.

In: Schauer, R./Thom, N. (Hrsg.): *Wie leistungsfähig sind die Klein- und Mittelbetriebe?*, Linz u.a., S. 138-155.

Thom, N. (1989): Innovations-Management: Instrumente für die Innovationsförderung in Unternehmen. In: Seidel, E./Wagner, D. (Hrsg.): *Organisation*, Wiesbaden, S. 109-131.

Thom, N./Nadig, P. (1989): Laufbahnplanung im Rahmen einer integrierten Personalentwicklung. In: *zfo*, Nr. 5, S. 311-317.

Volpp, U. (1991): Reintegration des Projektpersonals in die Linienorganisation. In: *JfB*, Nr. 4, S. 194-207.

B. Praxisbeispiele zur Fachlaufbahn

Alternative Barrieren bei DIGITAL

Helmut Hofstetter*

Gliederung

*) Dr. Helmut Hofstetter, Leiter Personalentwicklung + Organisationsentwicklung, Digital Equipment, München

Alternative Barrieren bei DIGITAL

1. Der Markt als Vater aller Dinge

Als Computerhersteller bewegt sich Digital Equipment auf einem Markt, der sich dramatisch verändert. Die Zeiten sind vorbei, in denen Kunden geradezu stolz und dankbar waren, ein "Stück" Hardware und Software zu bekommen und damit für fette Zuwachsraten und Profitmargen sorgten. Die Blütenträume sind der Ernüchterung gewichen, und kein Unternehmen dieser Hi-Tech-Branche kann es sich leisten, auf schwerfälligen Organisationsstrukturen zu sitzen oder mit üppigen Karriereprogrammen zu locken.

Gleichwohl kann diese Veränderung des Marktes für Mitarbeiter und Geschäftspartner neue, faszinierende Perspektiven eröffnen, wenn es einem Unternehmen gelingt, auf diese Herausforderung richtig zu reagieren.

Wie hat sich nun der Markt verändert?

Der Kunde ist kritischer und kompetenter geworden: er kauft nicht mehr so ohne weiteres Computer, weil er schon genügend hat und trotzdem (oder deshalb?) immer noch jede Menge ungelöster Probleme; und er erwartet ganz entschieden Kompatibilität, Benutzerfreundlichkeit, exklusive Technologie und Service.

Die Herausforderung an Computerhersteller wird noch verschärft durch fallende Preise: neue Konkurrenten drücken in das untere Ende der Produktpalette (z.B. Billig-PCs aus Südostasien), und Allianzen der Etablierten pressen das obere Ende aus (z.B. IBM mit Apple) (Abb. 1).

"Das einzige, was zählt, ist der Markt, und der ist ungerecht, weil er nicht den Tüchtigsten belohnt, sondern den, der mit dem richtigen Produkt zur rechten Zeit am richtigen Ort ist" (Tom Peters).

Das "richtige Produkt" sind im Markt der Informationstechnologie nicht mehr bloße "Systeme", sondern Commodities einerseits (z.B. preiswerte,

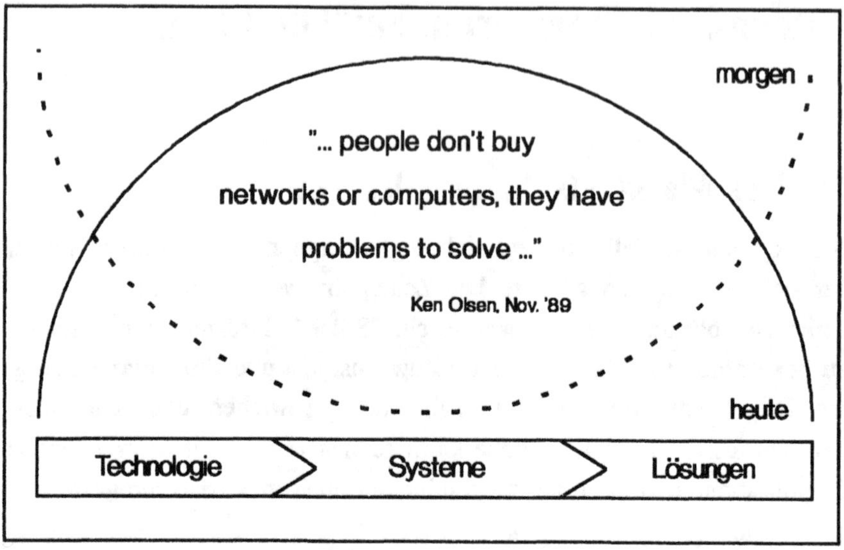

Abb. 1: Changing Business Needs

standardisierte PCs) und Lösungen andererseits (z.B. Integration vorhandener Systeme plus maßgeschneiderter Dienstleistung). Schnelligkeit (time to market) und Kundennähe sind die weiteren Marktforderungen (vgl. Belasco 1990).

2. Structure follows strategy

Traditionelle Organisationsstrukturen entstanden in traditionellen Märkten. Die tayloristische Arbeitsteilung wird jedoch den heutigen Kundenerwartungen nicht mehr gerecht. Viele Marktchancen passen einfach nicht in die aufgestellten, kleinen "Kästchen" einer hierarchischen, sequentiellen Organisationsstruktur. Kunden ähneln eher multiplen Amöben, so unscharf, unklar und durch äußere Einflüsse stetig sich ändernd sind ihre Anforderungen. Die klassische Organisationspyramide mit ihrem Command- und Control-Prinzip und Scheuklappendenken kommt damit nicht zurecht. Die bloße Linienhierarchie mit "Häuptlingen" unterschiedlicher Macht (vgl. Hofstetter 1988, S. 161ff.) und mit "Indianern" paßt nicht mehr zum Markt (s. Abb. 2 und 3).

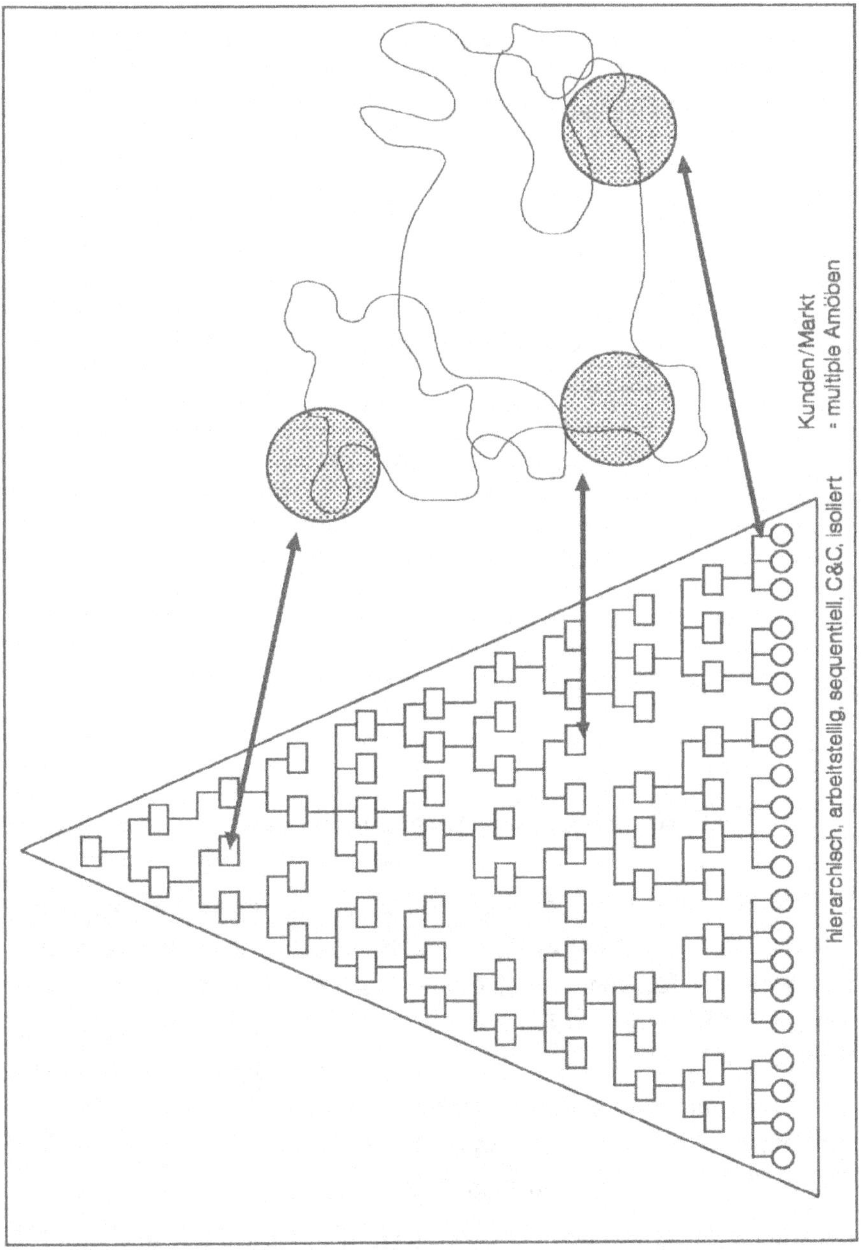

Abb. 2: Kundenerwartungen und Hierarchie

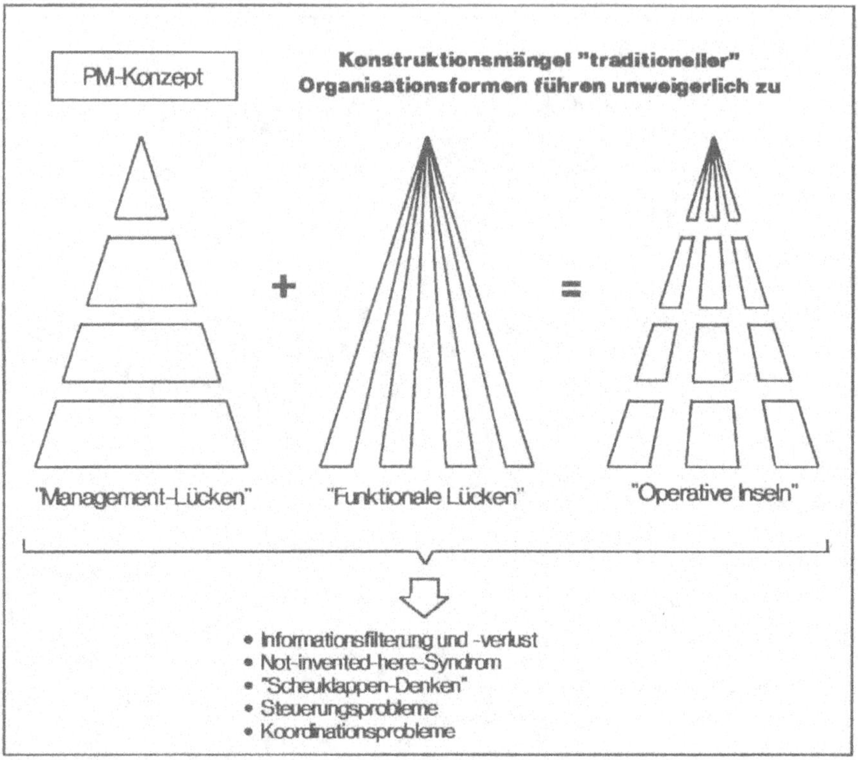

Abb. 3: Konstruktionsmängel traditioneller Organisationen

Eine Marktstrategie, die den Kunden nicht nur mit (teuren) Fertigprodukten abspeisen will, muß demnach andere Organisationsformen installieren. Viele der Marktforderungen lassen sich erfüllen, wenn eine zweite Dimension der Organisation geöffnet wird und damit eine sog. Matrixorganisation entsteht. Für den Kunden werden damit anspruchsvolle, komplexe, maßgeschneiderte Leistungen mit klarem Zeitmanagement möglich. Für den Mitarbeiter eröffnet sich ein *zweiter Karrierepfad*: die Fachlaufbahn oder Projektmanagerkarriere.

Bei Digital Equipment (wie bei anderen Hi-Tech-Unternehmen) gibt es Erfahrungen mit den Vor- und Nachteilen des Projektmanagements seit mehreren Jahrzehnten: am schwierigsten ist der Konflikt zwischen Linienmanagement, das die Ressourcen zur Verfügung stellen soll, und dem Projektmanagement, das engfokussiert "tickt" (s. Abb. 4).

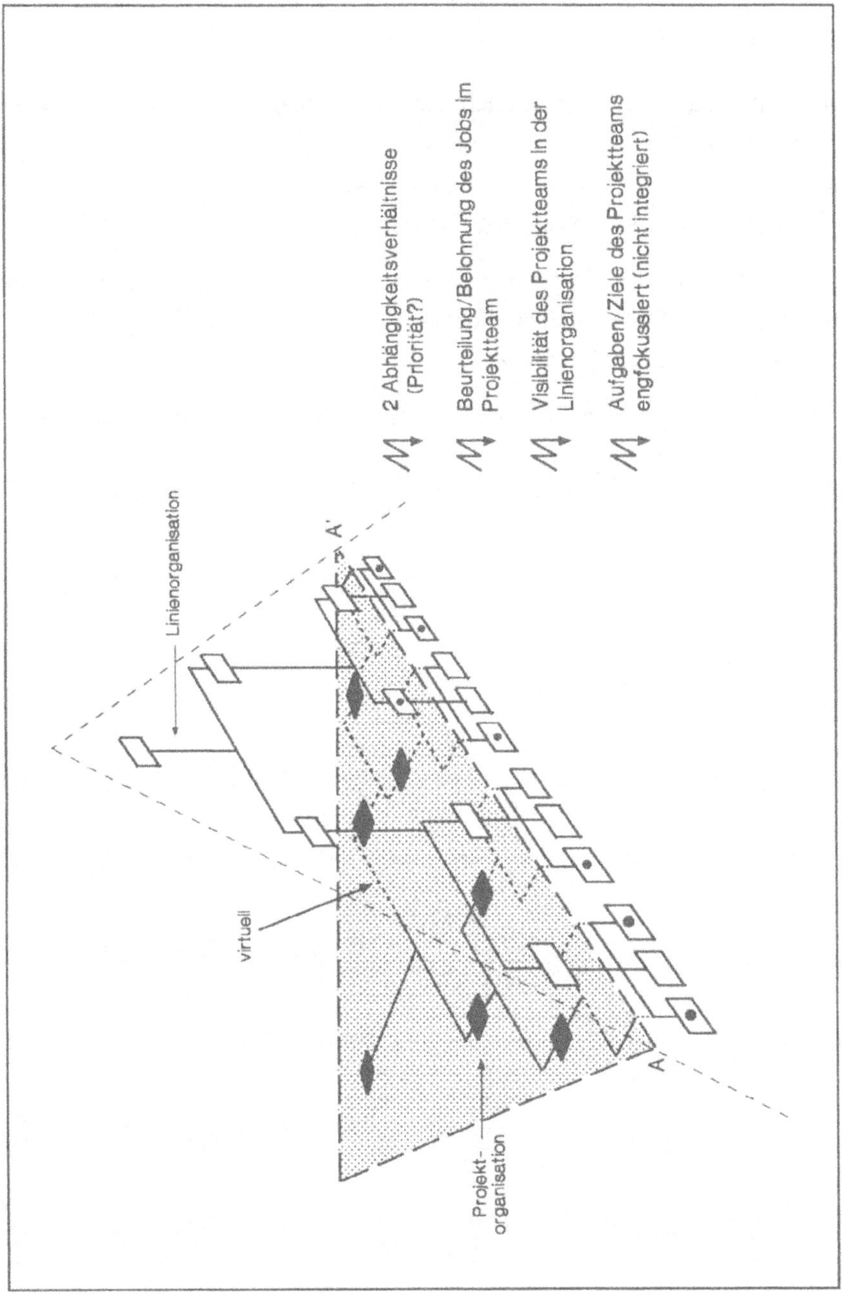

Abb. 4: Matrixorganisation

3. OE - von der Diagnose zum gesteuerten Wandel

Projektmanagement ist demnach keine Panazee, die die neuen Bedürfnisse des Marktes und der Mitarbeiter befriedigt. Offensichtlich muß man etwas tiefer schürfen und den Bogen etwas weiter spannen, also echte "Organisationsentwicklung" (OE) betreiben.

OE beginnt mit der Diagnose der internen Stärken und Schwächen und der externen Chancen und Risiken (vgl. Thompson/Strickland 1987, S. 97 ff.; Porter 1985, chap. 2) (s. Abb. 5).

Von dieser Analyse sind wir zu vier Zielen für unsere Organisationsentwicklung gekommen:

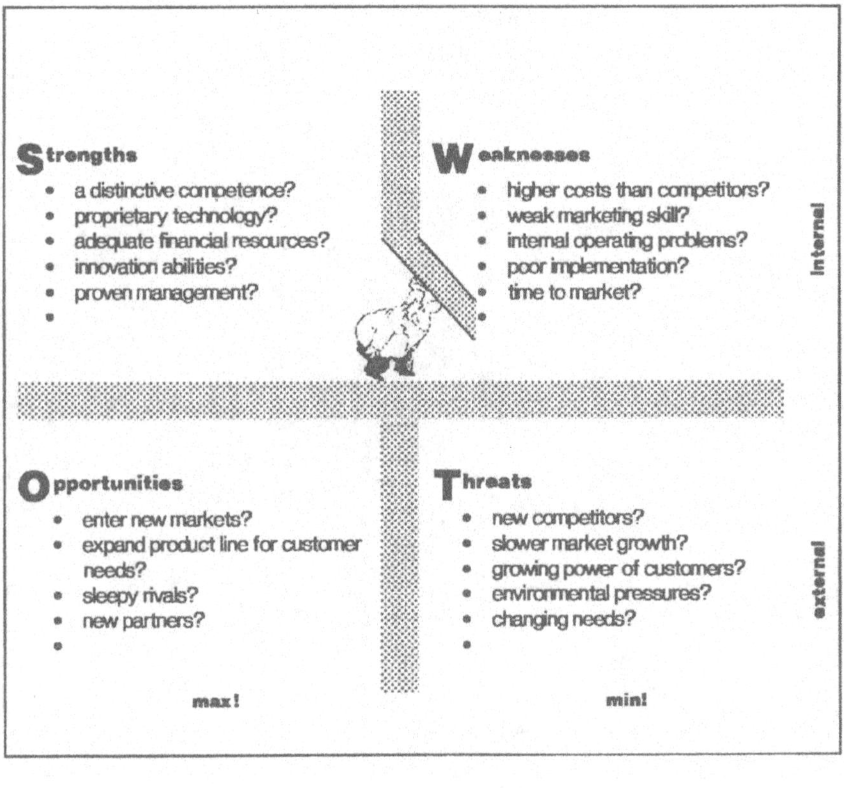

Abb. 5: SWOT-Analysis

(1) Marktorientierung praktizieren
- Kundennahe Organisationsstruktur (single customer interface)
- Verantwortung so marktnah wie möglich und so zentral wie nötig (do what's right to do)
- Schnelle und kompetente (Re-)Aktion

(2) Unternehmertum entwickeln
- kleine, selbständig operierende Geschäftseinheiten (viele Davids statt Goliath)
- volle Delegation der Ergebnisverantwortung (entrepreneurs)
- Transparenz von Zielen und Resultaten (account based management reporting system)
- Leistungsanreize (pay for performance)

(3) Einfach und flexibel werden
- Abbau überflüssiger Instanzen und Prozesse (rightsizing)
- überschaubare, interdisziplinäre Aufgabenbereiche
- vernetzte und virtuelle Teams
- Fitmachen zum permanenten Wandel (learning organization)

(4) Partizipation pflegen
- Aktive Beteiligung des Topmangements
- "Abholen" der Betroffenen (I want to contribute)
- Change Agents (s. Abb. 6 und 7).

Wird die Organisationspyramide zu schnell gekippt, so unsere leidvolle Erfahrung, wird viel Gutes von Deck gespült, und die Crew ist mehr mit dem Sich-Festhalten und dem Beschimpfen der Steuerleute beschäftigt als mit Ausschau halten nach fetten Fischen (Kunden).

Ziel einer Restrukturierung der Organisation ist auf jeden Fall, daß die Organisation für den Kunden da ist und nicht für das Management. Damit ist eine massive Veränderung der Rollen verbunden: der "Boss" wird zum "Coach", und die Mitarbeiter bekommen eine sehr starke Eigenverantwortung. "Karriere" kann damit einen neuen Sinn bekommen, sie ist nicht einfach mehr Aufstieg nach oben, weil "oben" in der Struktur ja der Kunde steht, Laufbahnentwicklung erfolgt dann lateral durch Wechsel oder Erweiterung von Aufgaben und Verantwortlichkeiten.

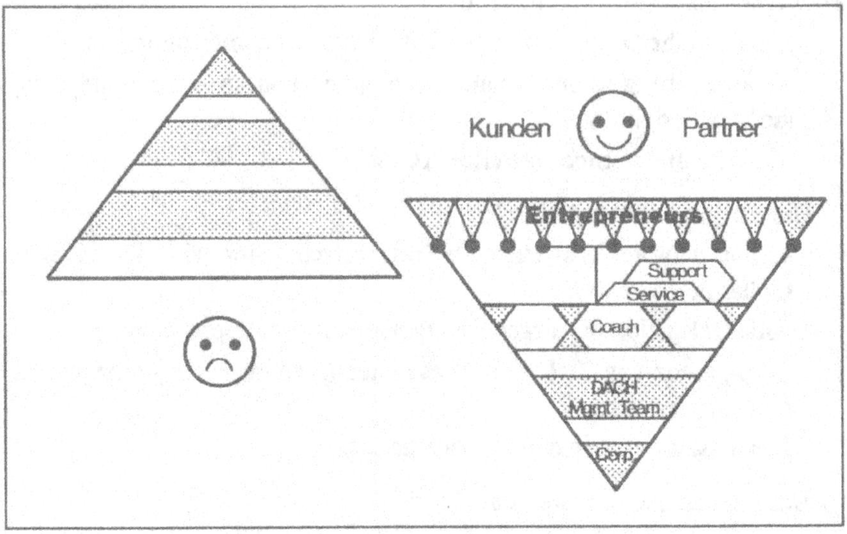

Abb. 6: Personalentwicklung: Warum?

4. Die neue Managementgeneration

Natürlich ist es eine Illusion zu glauben, daß damit das Denken in Kategorien des Oben (Herr) und Unten (Knecht) aufhört. Vielen ist es nach wie vor sehr wichtig, Chef zu werden (zu sein), obwohl die komplexen Strukturen kaum noch zu managen sind. Die alten Managementparadigma spuken in den Köpfen weiter

- Patriarchalische Führung (1. Managementgeneration)
- Tayloristische Arbeitsteilung (2. Managementgeneration)
- Matrix/Teamorganisation (3. Managementgeneration)
- Intrapreneur/lernende Organisation (4. Managementgeneration) (vgl. Savage 1990).

Angesagt sind jedoch Strukturen und Prozesse, die in der Lage sind, Komplexität zu managen. Komplexität, die sowohl vom Markt herkommt [1] als auch von der technologischen Innovation.[2] Das Meistern dieser multiplen, schnell sich verändernden, vieldimensionalen Anforderungen ist der Wettbewerbsfaktor, der über das Überleben entscheidet.

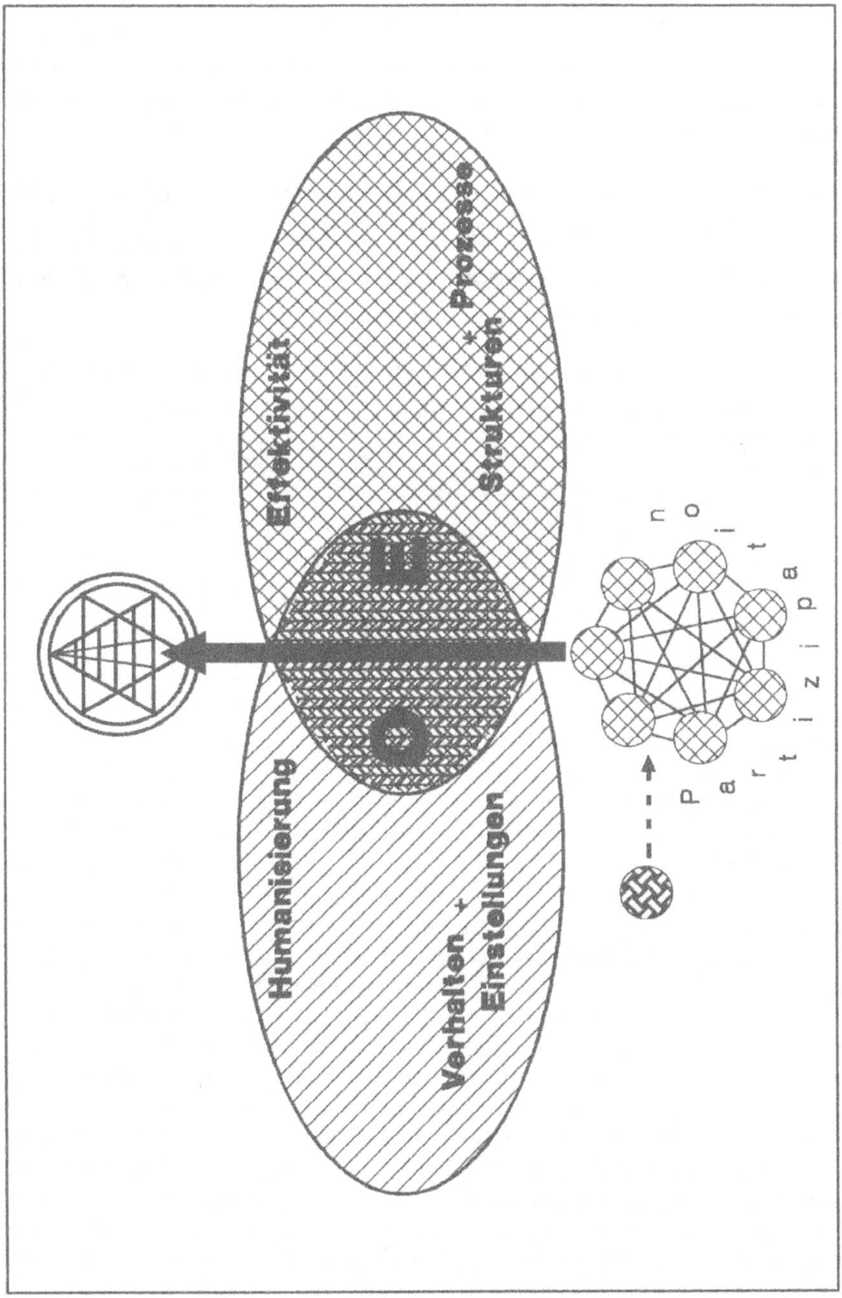

Abb. 7: Organisationsentwicklung

Die klassische Trennung von Entwicklung, Fertigung, Vertrieb und Service führt zur Kurve des "frown" (Stirnrunzeln). Eine "smile"-Kurve ist gekennzeichnet durch Stichworte wie "Simultaneous Engineering", "Total Quality", "Just in Time" und ähnliche Ideen, die in aller Munde sind (s. Abb. 8).

Damit kann es keine simplen Wege für Personalentwicklung (wie Schulung, Fachlaufbahn) mehr geben. Die neue Managementgeneration besteht aus Projekt- und Accountteams, Netzwerken, integrierten Kompetenzzentren, virtuellen Taskforces und Coaches.

Die Offenheit dieser Systeme macht sie natürlich anfällig für alle möglichen intellektuellen Spinnereien ("there's only one rule there's no rule", "anything goes") mit dem Trend zum Chaos (s. Abb. 9).

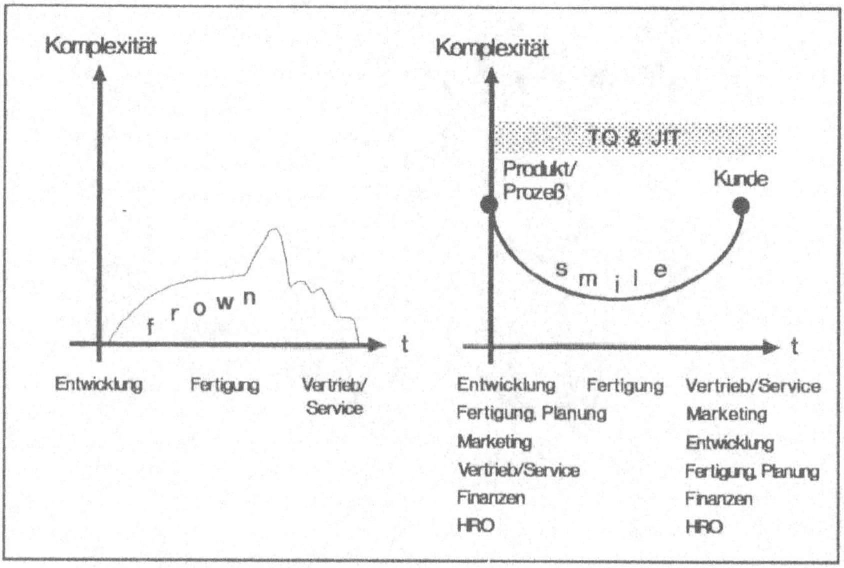

Abb. 8: Managen von Komplexität

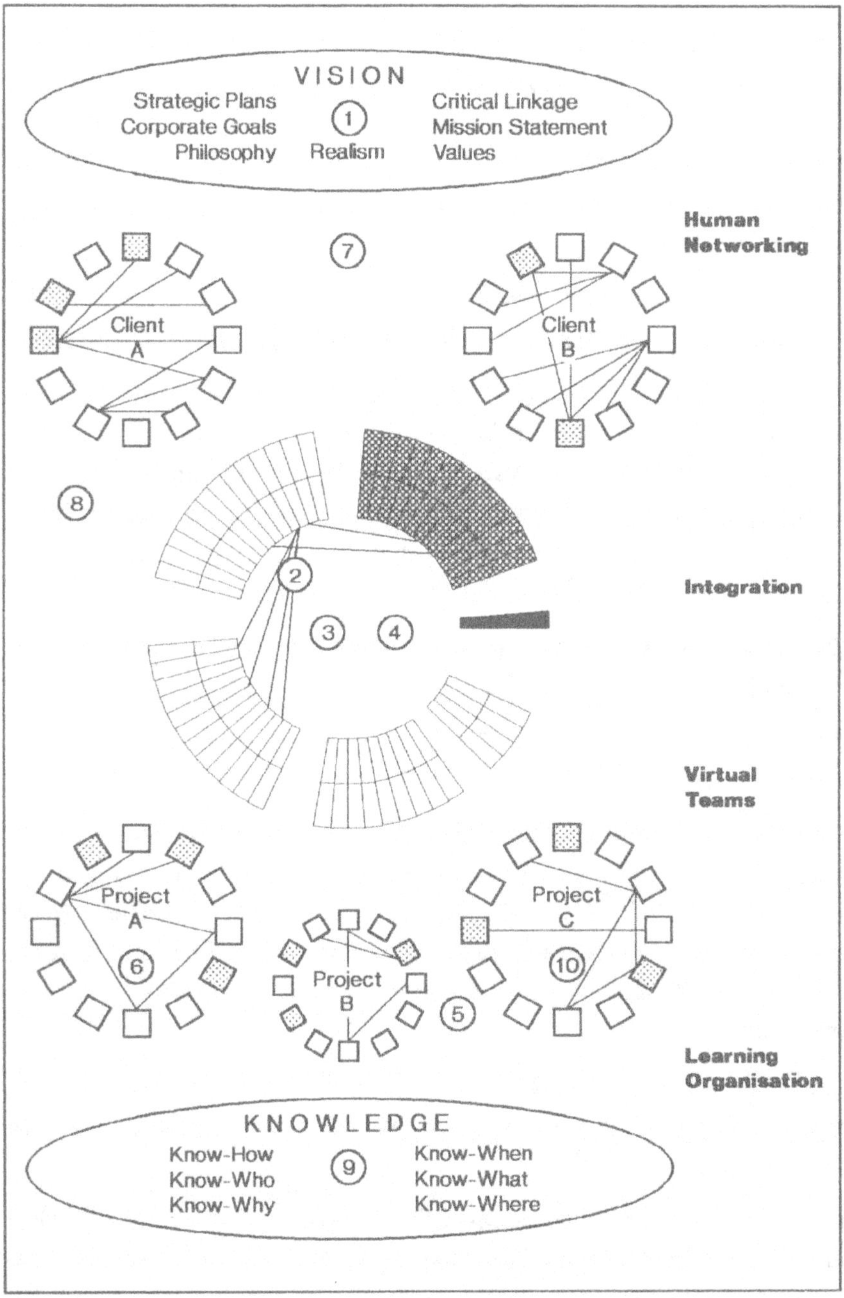

Abb. 9: 5th Generation Management

5. Notwendige Prozesse

Um einerseits neue, flexible Organisationsstrukturen zu etablieren, andererseits chaotische Entwicklungsformen einzudämmen, sind einige wichtige Schienen zu legen und verbindliche Rahmenbedingungen festzuzurren. Die Managemententwicklung muß aus einem transparenten System mit allgemein anerkannten Prozessen bestehen (Abb. 10) System der Management-Entwicklung).

(1) Job-Profile: abgeleitet aus den Erfordernissen des Marktes und der Langfriststrategie des Unternehmens; festgelegt werden die Anforderungskriterien und die möglichen Entwicklungspfade.

(2) Ziel- und Potentialidentifikation: in Job-Planing- und -Review-Gesprächen zwischen Vorgesetzten (Coach) und Mitarbeitern werden Aufgaben und Ziele vereinbart und kontrolliert und eventuelles Potential für andere Jobs herausgearbeitet; dieses Potential wird in Workshops ("COSA") validiert und verplant (vgl. Belasco 1990, Kap. 9).

(3) Training on/off the job: die notwendigen Schlüsselkompetenzen werden bevorzugt durch nichtschulische Maßnahmen entwickelt.

Punkt 1, der den Themenkreis "Fachlaufbahn" ausmacht, soll hier weiter vertieft werden.

Will man die *Kompetenz* eines Menschen für eine bestimmte Laufbahn diagnostizieren, ist es wichtig, über Sprachkonventionen zu verfügen, die sicherstellen, daß jeder das gleiche meint, wenn er eine Beurteilung abgibt. Ich habe hierfür ein sog. Kompetenzmodell eingeführt, mit dem der "Mensch bei Digital" in 4 Dimensionen gemessen wird (Abb. 11: Kompetenzmodell)

Die große Herausforderung besteht nun darin herauszufinden, was und wieviel von jeder Dimension jemand braucht, um in einem bestimmten Job erfolgreich zu sein. [3]

Mit Hilfe bestimmter Erhebungsmethoden (critical incident; STAR-Interview) kommt man tatsächlich zu markanten Profilen, die helfen, verschiedene Laufbahnen zu differenzieren (Abb. 12).

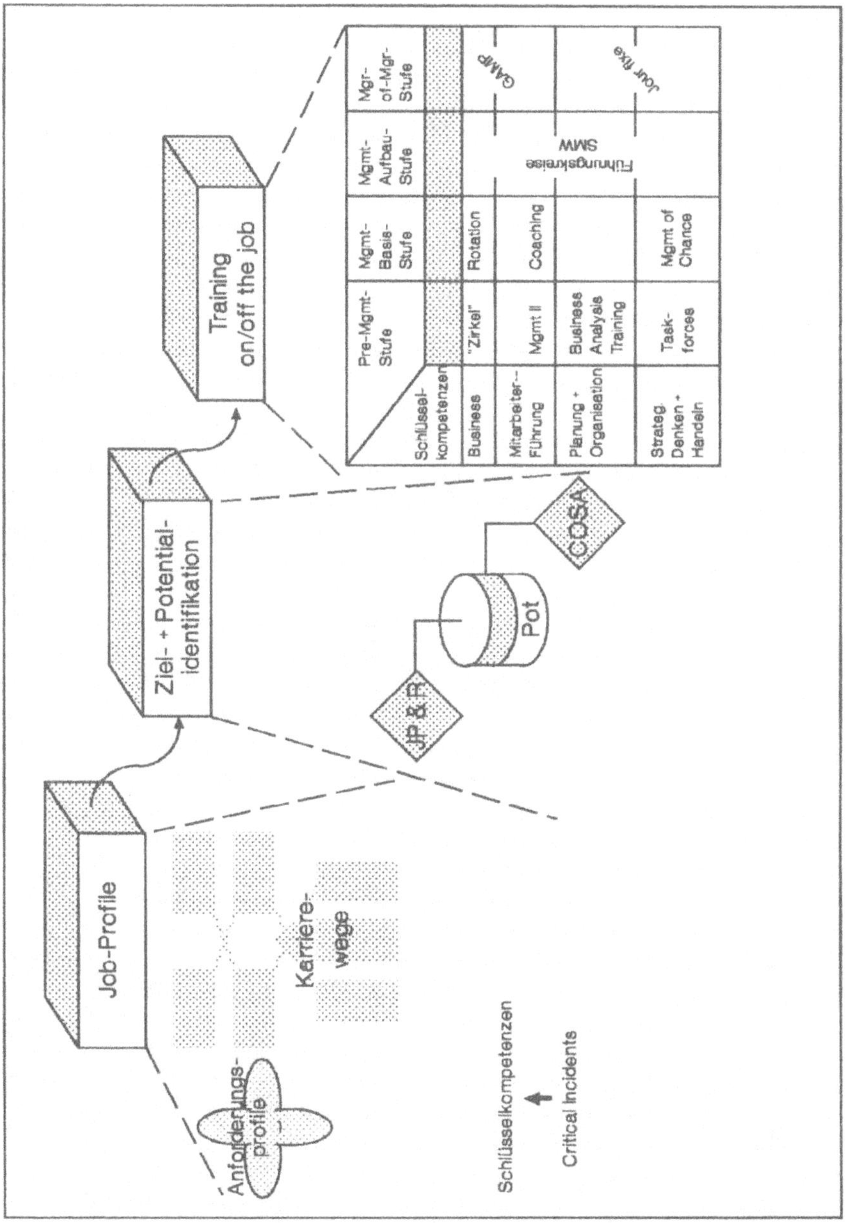

Abb. 10: System der Management-Entwicklung

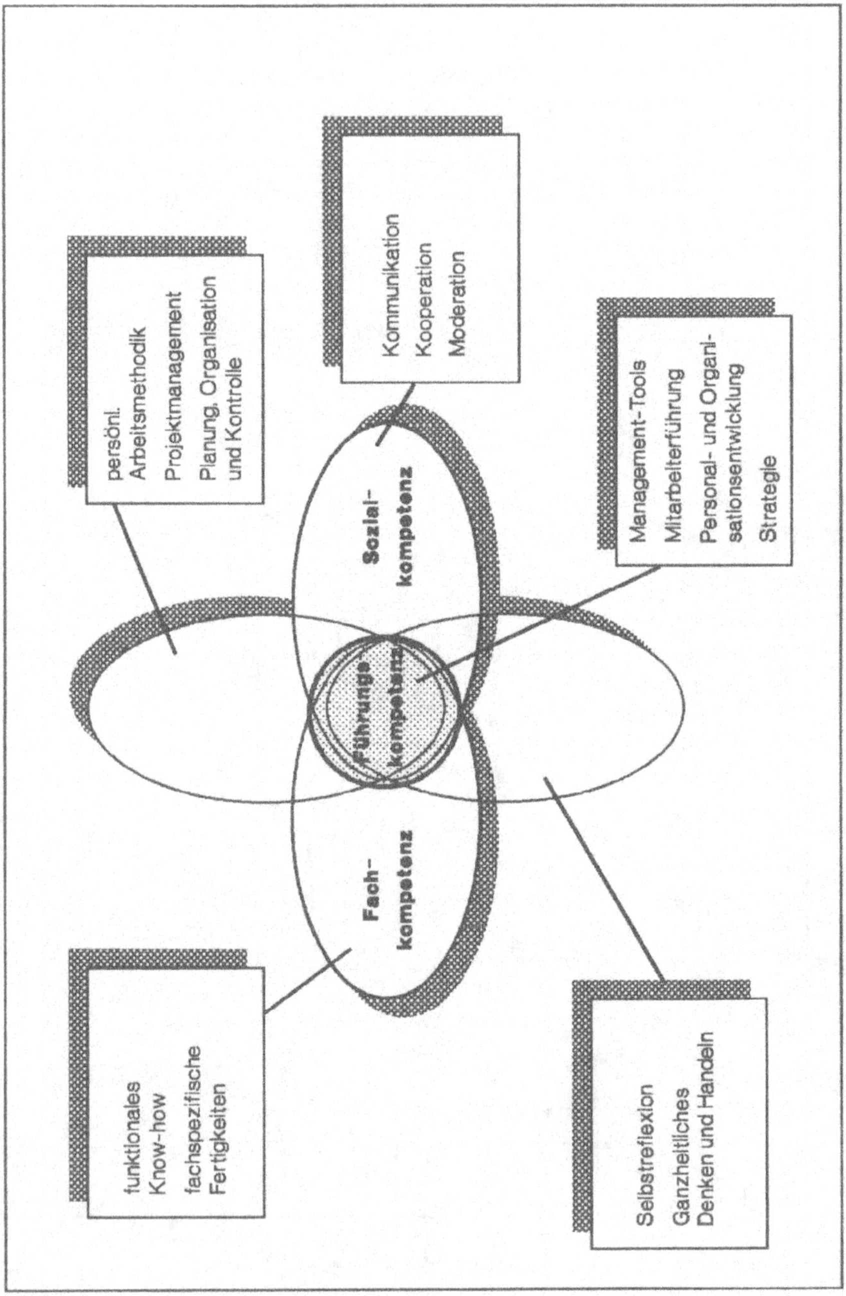

Abb. 11: Kompetenzmodell

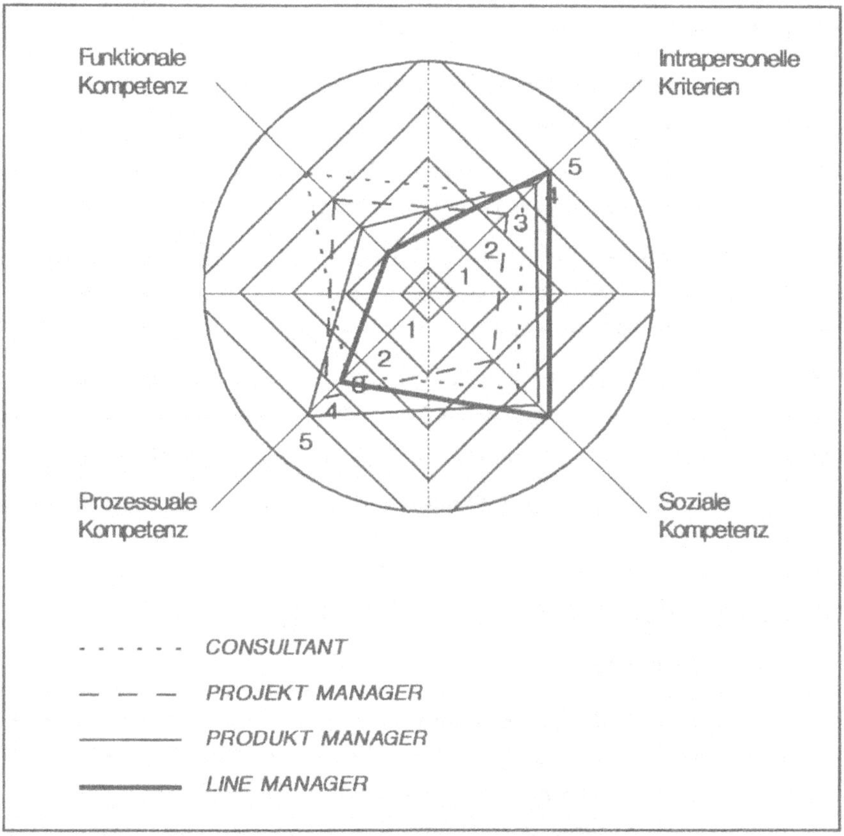

Abb. 12: Anforderungsprofil

Ist das Sollprofil klar, kann man darangehen, die Prozesse zur Identifikation bzw. Analyse von Istprofilen und die Entwicklungspfade festzulegen.

Betrachtet man die Entwicklung von unten, sieht man verschiedene Einstiegspforten in das Unternehmen: Direkteinstieg von Mitarbeitern mit beruflicher Vorerfahrung, spezielle Entwicklungsprogramme für Berufsanfänger (Trainee- und Azubi-Programme, berufsbegleitende Studien), Schnupperprogramme (Werkstudenten, Praktikanten). Sinnvollerweise beginnt bereits hier die Potentialanalyse, will man sich nicht später Entwicklungsprobleme schaffen. Eine verbreitete Unsitte ist nämlich, schnell (am besten gestern) "Löcher zu stopfen" und sich wenig Gedanken zu machen, was aus dem neuen Mitarbeiter in zwei Jahren werden soll; oder - mangels Personalplanung - den "Goldfischteich leerzufischen", ohne ausreichend Toppositionen anbieten zu können.

Nimmt man Personalentwicklung ernst, gibt es nicht die tayloristische Arbeitsteilung in ab ovo Führungsnachwuchs oder Fachkraft, sondern jeder startet in der "Professionallaufbahn", gewinnt funktionale Tiefe und crossfunktionale Perspektive (vgl. Ouchi 1981, S. 29ff.) [4] und entwickelt sich entsprechend den Interessen und Möglichkeiten. Die Entwicklung in der Professionallaufbahn muß gesteuert werden von kontinuierlichen Prozessen der Ziel- und Potentialidentifikation, um zum einen die Qualität der Aufgabenerfüllung zu sichern und zum anderen die Karriere voranzutreiben. Diese Nichtmanagement-Laufbahn mündet schließlich in einer im mehrfachen Sinne zentralen Schaltstelle, wo es um die Frage geht, Linienmanagement oder Fachmanagement (Abb. 13).

6. Unter der Lupe: Projektmanager und Consultants

Wir hörten, daß der Markt in seinen Ansprüchen markant steigt und damit nach immer höherwertiger Qualifikation verlangt. Fachkompetenz allein reicht immer weniger, gefragt sind neue, komplexe Verhaltensweisen wie soziale Kompetenz, Flexibilität, Eigensteuerung, "Nase fürs Geschäft" etc. (vgl. Wolff (Prognos AG) 1991; Batten 1989). Mehrwert bringt der Branchenguru, nicht der Lötkolbentechniker; bringt der Projektmanager, nicht der "Codierknecht"; bringt der Accountmanager, nicht der Boxenverkäufer.

Die Forderungen des Marktes finden ihre Korrespondenz im Wertewandel der Arbeitenden: immer weniger sind bereit, 'bloßes Rad im Getriebe' zu sein, empirische Untersuchungen (z.B. Rosenstiel et al. 1989) zeigen, daß das Bedürfnis nach einer interessanten, herausfordernden Aufgabe an erster Stelle steht (Abb. 14).

Wir haben uns deshalb entschieden, zwei Alternativen ergänzend zur herkömmlichen Linienkarriere anzubieten, als Projektmanager oder als Consultant.

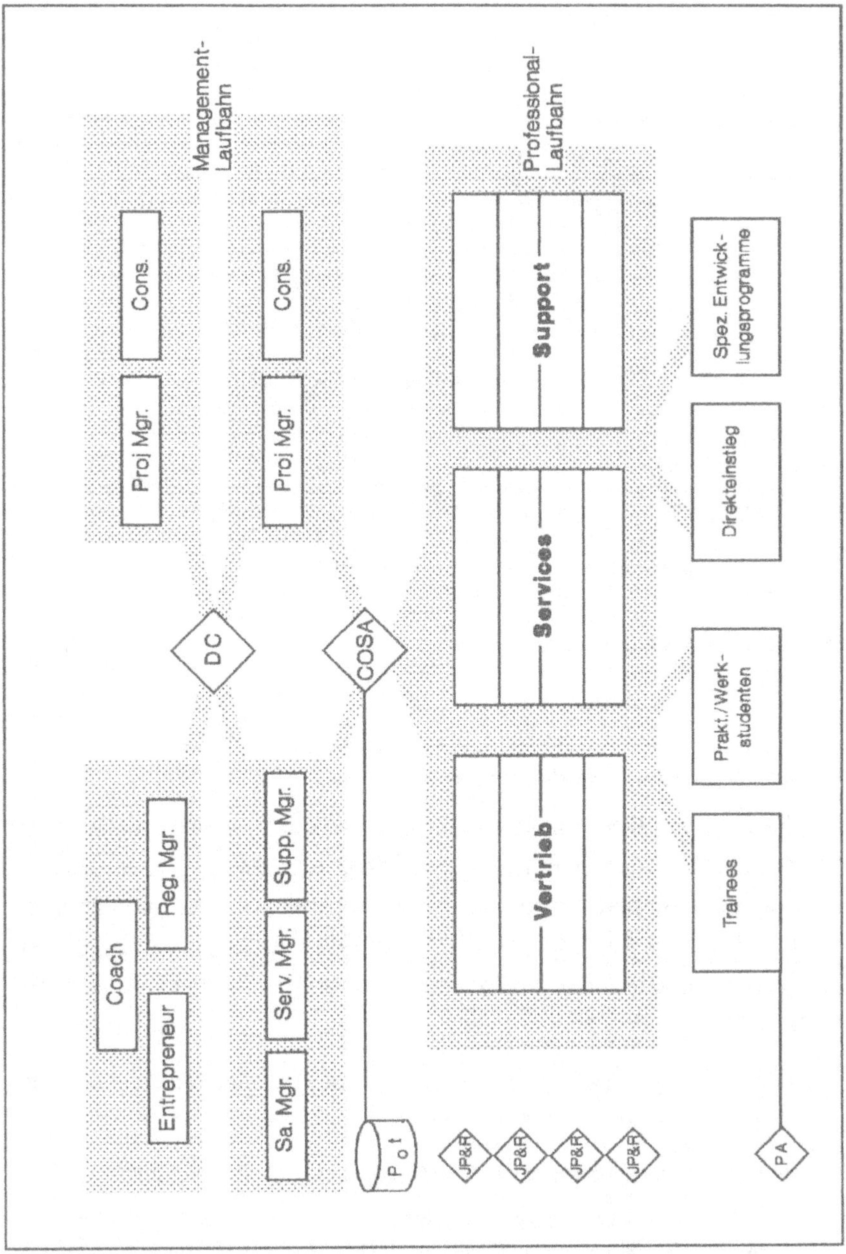

Abb. 13: Funktionsübergreifende Karrierewege

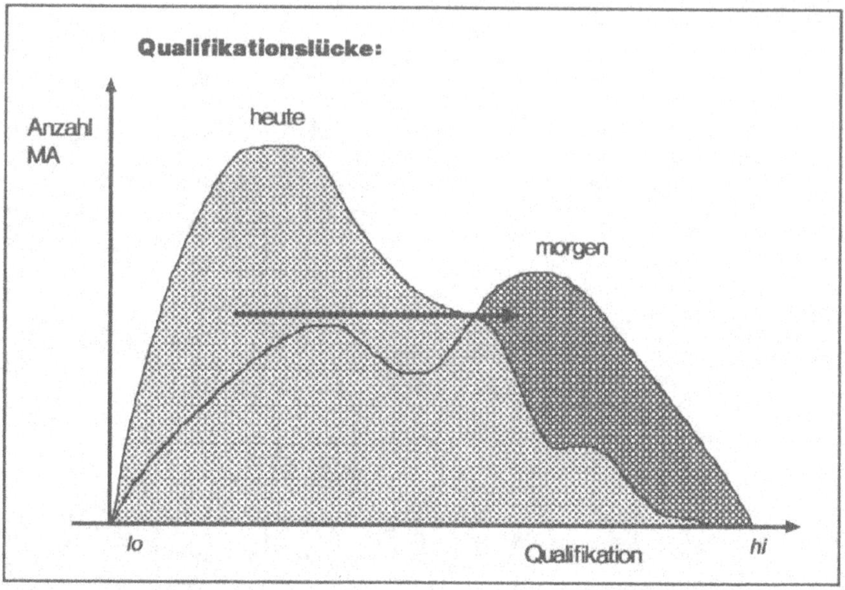

Abb. 14: Qualifikationslücke

- *Die Rolle des Projektmanagers*

Wie oben bei der 'Matrixorganisation' skizziert, besteht die Rolle eines Projektmanagers darin, ein ressortübergreifendes Team dazu zu bewegen, eine klar definierte, azyklische, komplexe Aufgabe zu lösen (vgl. Hofstetter 1987; De Marco/Lister 1991). Er muß damit drei sehr unterschiedliche Dinge unter einen Hut bringen: Kunde, Projekt und Team.

Für den Erfolg eines Projektmanagers sind folgende kritische Situationen entscheidend:

- Überzeugen des Kunden von der Problemanalyse und -lösung
- Aufsetzen und Planen des Projekts
- Organisation der notwendigen sachlichen und personellen Ressourcen
- Führen des Projektteams und Kontrolle des Projektforschritts
- Politische und psychologische Arbeit mit den Betroffenen des Projekts
- Wegmanagen von Störungen und Lieferung Schritt für Schritt

- *Anforderungsprofil für Projektmanager*

  Um diese Situationen adäquat meistern zu können, haben sich folgende Schlüsselmerkmale bewährt (vgl. Hofstetter 1989, S. 20 ff; Reschke/Schelle/Schnopp 1989):

  - Streßtoleranz (Flexibilität, Initiative, Zielstetigkeit)
  - Soziabilität (Einfühlungsvermögen, Kommunikationsstärke)
  - Führungsstärke (Führen ohne Linienmacht, schnelles Motivieren)
  - Abstraktionsvermögen (ganzheitliches Denken, Urteilskraft). (Abb. 15).

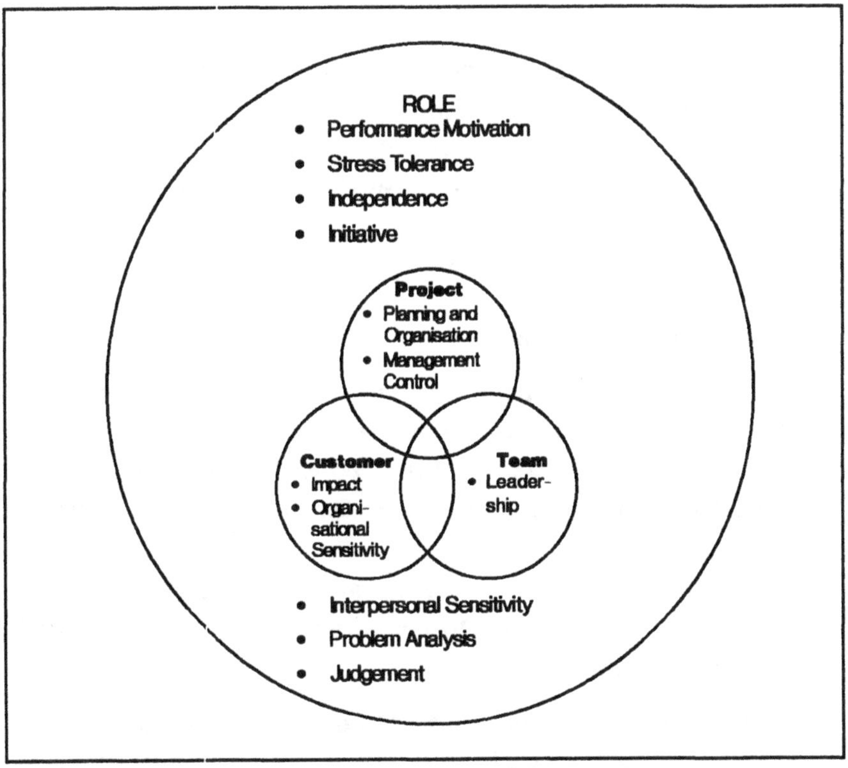

Abb. 15: Project Manager

- *Entwicklung von Projektmanagern*

Sieht man sich diese Schlüsselmerkmale etwas genauer an, wird klar, daß sich derartige Kompetenzen nicht ohne weiteres in Schulungen vermitteln lassen [5]. Das Managen komplexer Situationen lernt man am besten im 'richtigen Leben' mit einem geeigneten Coach. Dazu ist eine starke Selbstentwicklungskompetenz des potentiellen Projektmanagers einerseits und eine starke Lernkultur des Unternehmens andererseits notwendig. Die Selbststeuerung in einer lernenden Organisation ist gekennzeichnet durch "Action Learning", "Interfusion" (nach Bernd Gerken, Radar für Trends), "autonome Arbeitsgruppen", "Holschuld der Information", "offene Prozeßplanung" und "Coaching/ Mentor-Angebote".

Vor Beginn dieser Entwicklung ist deshalb eine sehr sorgfältige Weichenstellung notwendig: in einem Workshop ("COSA") werden Stärken, Schwächen, Interessen, Erwartungen und Vorerfahrungen ausführlich analysiert, Situationen realistisch durchgespielt und Lernprojekte und Fördermaßnahmen aufgesetzt.

- *Die Rolle des Consultants*

Wir hörten oben, daß der Kunde eines Computerunternehmens gar nicht so sehr an Computern interessiert ist als an der Lösung seiner ärgsten Probleme; letzteres kann ihm weder der klassische Verkäufer noch der typische Ingenieur bieten, sondern nur ein branchenversierter Berater.
"Der Kunde" muß allerdings ausdifferenziert werden, da es sich in unserem Geschäft um größere Organisationen handelt mit unterschiedlichen Interessengruppen:

- die IS- oder DV-Abteilung mit sehr technologischen Fragen
- die Nutzer oder Fachabteilung mit branchentypischen Bedürfnissen
- das Topmanagement mit strategischen und finanziellen Interessen (s. Abb. 16).

Die Heterogenität und Tiefe dieser Interessen läßt sich nach unserer Erfahrung nicht durch ein Jobprofil abdecken, so daß wir entsprechend drei verschiedene Consultantfamilien entwickeln:

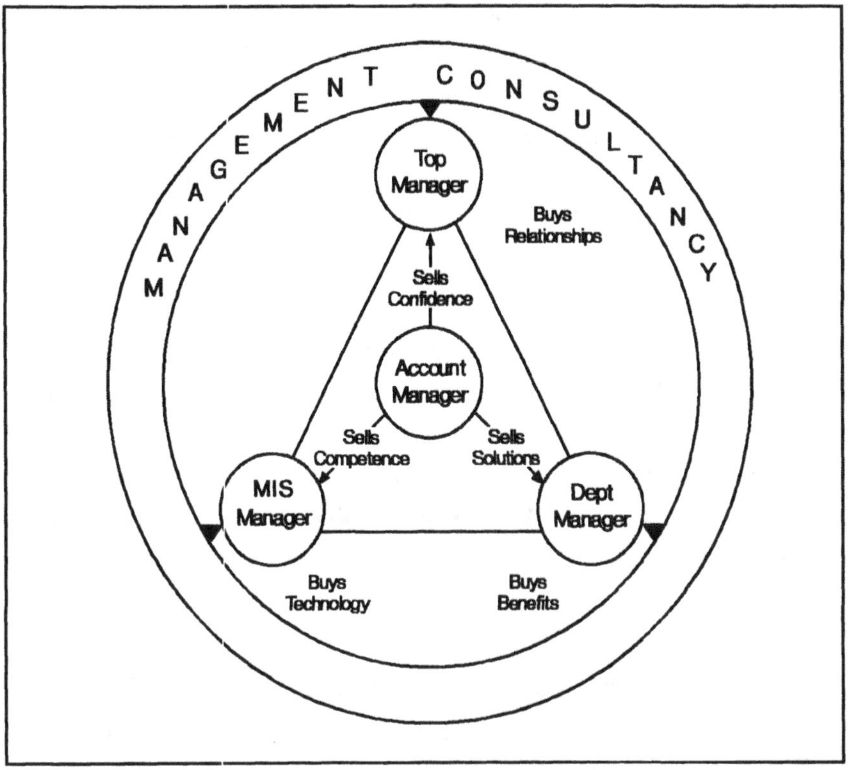

Abb. 16: Management Consultancy

- *Das Profil des Beraters für Informationsmanagement und Informationstechnologie*

  Seine "Kunst" besteht darin, den Faktor 'Information' zum Wettbewerbsfaktor zu machen: Informationsstrategien für Business-Prozesse, Management von Computerressourcen (Kapazität, Netzwerk, Sicherheitskonzept), Systemberatung (Datenbanken, Betriebssysteme, Anwendungen, SW-Engineering) (Braun 1990). Die Schlüsselqualifikation ist, theoretisches Know-how in praktische Lösungsvorschläge übersetzen zu können.

- *Das Profil des Anwendungsberaters*

  Die Herausforderung besteht im "Spagat" zwischen der Sprache der Branche (z.B. eines Bankers, Maschinenbauers, Arztes) und der Sprache der Systemanalyse (z.B. Entity-Relationship, HIPO). Die Akzeptanz von Brancheninsidern ist natürlich höher als die von bloßen Informatikern. Ein guter Anwendungsberater zeichnet sich durch die richtige Spürnase für versteckte Probleme und Ursachen und Gespür für das Umgehen mit allzu menschlichen Widerständen aus (Hofstetter 1988, S. 1ff.).

- *Das Profil des Unternehmensberaters*

  Der richtige Unternehmensberater besticht nicht durch Besserwisserei, sondern durch natürliche und kompetente Autorität. Durch seine Persönlichkeit und sein Verhalten (Empathie) baut er Vertrauensbeziehungen auf. Mit einer Art "mentalem Flowchart" geht er gezielt, systematisch und strategisch von der Problemanalyse bis zur Lösungsimplementierung.

- *Entwicklung von Consultants*

  Für die Entwicklung von Topberatern gilt noch mehr als für Projektmanager, daß sich die wichtigsten Kompetenzen hierfür nicht im Klassenzimmer, sondern in herausfordernden Arbeitssituationen entwickeln.

7. Die Kluft zwischen Idee und Realität

Die Schwierigkeiten in der industriellen Praxis betreffen sowohl Detailfragen als auch generelle Probleme. Ein Kernproblem ist die Machtpolitik im Unternehmen: behalten die Linienmanager die Profit- & Loss-Verantwortung, entstehen diffuse Spielräume für Consultants und Projektmanager. Ihre (Miß-)Erfolge sind subjektive Spekulation, die reicht vom Prahlen über "großartige" Projekte bis zum frei disponiblen Handlanger der Linie. Sehr schwierig ist auch die Entwicklung dieser neuen 'Fachmanager', da sie nicht über die klaren Strukturen einer Schulung läuft, sondern angewiesen ist auf die Initiative von Kandidat und Coach. In diese Freiräume brechen leicht Subjektivismen, Seilschaften, Spielereien, Rituale ein. Überdies sind Entwicklungszeiträume über zwei Jahre (und bei den genannten Anforderungsprofilen liegt die Größenordnung eher bei 10

Jahren!) in sehr dynamischen Industrien kaum zu steuern; z.B. lassen sich Zielbahnhöfe für Jobrotationen nicht vereinbaren, wenn das Karriereschicksal des Paten unabsehbar ist.
Schließlich ist Personalplanung ein Thema, das meines Wissens noch kein Unternehmen befriedigend gelöst hat. Wieviel Consultants (welcher Spezies) brauchen wir zu einem definierten Zeitpunkt tatsächlich? Was geschieht mit Überzähligen? Kann man, wenn man zu wenig hat, aus Linienmanagern "über Nacht" Projektmanager machen? Ist das Potential und Anforderungsprofil, das heute unser Entwicklungshandeln bestimmt, auch in Zukunft gültig? Läßt sich die Entwicklung von Menschen überhaupt so verplanen (vgl. Westerlund/Sjöstrand 1981)?
Aus den Erfahrungen bei Digital kann ich eine immer wieder geäußerte Sorge allerdings nicht bestätigen, daß es schwierig wäre, Mitarbeiter für eine Fachkarriere zu erwärmen. Wir mußten z.B. den Zulauf zum Consultant sogar bremsen, da Hi-Potentials, wie sie sagten, lieber auf Vorstandsebene verkehren, als sich mit eigenen Mitarbeitern rumzuärgern.

Anmerkungen

1 Z.B. ist die Time-to-Market-Spanne japanischer Automobilhersteller nur ein Viertel der europäischen! (MIT: Die zweite Revolution in der Automobilindustrie, 1992).

2 DV-Programme/Speicher wachsen alle zwei Jahre um den Faktor 2, d.h. was wir vor 20 Jahren in Kilobyte maßen, messen wir heute in MB (= Faktor 1000)!

3 Sollprofile für den Erfolg des Jobinhabers können allerdings nur Wahrscheinlichkeitsaussagen treffen: die Praxis zeigt, daß die "Papierform" allen nicht reicht und daß man Ziele auch in unkonventioneller Weise erreichen kann.

4 Der Erfolg japanischer Unternehmen ist nicht zuletzt dadurch begründet, daß das Topmanagement durch kontinuierliche Jobrotation von unten entwickelt wird.

5 Digital Equipment testete eine Reihe von video- und computergestützten Paketen, wie Hoskyns, Longman Crown, Instrument Society of America.

Literaturverzeichnis

Batten, J. (1989): Tough Minded Leadership, New York 1989.

Braun, H. (1990): Strategische Informationsplanung und Architekturen, Digital 1990.

Belasco, J. (1990): Teaching the Elephant to Dance, Empowering Change in Your Organization, New York 1990.

De Marco, T./Lister, T. (1991): Wien wartet auf Dich - der Faktor Mensch im DV-Management, München 1991.

Gerken, B: Radar für Trends.

Hofstetter, H. (1987): Software-Entwicklung und Human Factor, Köln 1987.

Hofstetter, H. (1988): Die Leiden der Leitenden, Köln 1988, S. 161ff.

Ouchi, W. (1981): Theory Z, Reading 1981, S. 29ff.

Porter, M. (1985): Competitive Advantage, New York 1985, chap. 2.

Reschke, H. et al. (Hrsg.) (1989): Handbuch Projektmanagement, Köln 1989.

Rosenstiel, L. von et al. (1989): Führungsnachwuchs im Unternehmen, München 1989, Studie von B.A.T und UNIC.

Savage, Ch. (1990): 5th Generation Management, Bedford 1990.

Thompson, A./Strickland, A. (1987): Strategic Management, Concept and Cases, Plano 1987, S. 97ff.

Westerlund, G./Sjöstrand, S. (1981): Organisationsmythen, Stuttgart 1981.

Wolff, H.) (Prognos AG) (1991): Anforderungen der 90er Jahre. In: Jahrbuch Weiterbildung 1991: Verlag Handelsblatt GmbH.

Fachlaufbahnen bei Dornier

Heinz Renneke*

Gliederung

*) Dipl.-Wirtsch.-Ing. Heinz Renneke, Produktbereich Verteidigung und Zivile Systeme, Dornier GmbH, Friedrichshafen

Fachlaufbahnen bei Dornier

1. Unternehmensbeschreibung der Dornier GmbH

Die Dornier-Gruppe ist ein führendes Hochtechnologie-Unternehmen in der Bundesrepublik Deutschland. Eingebunden in die Deutsche Aerospace AG (DASA) besteht sie aus drei Einzelunternehmen: der Dornier GmbH, Friedrichshafen sowie den beiden Tochterunternehmen Dornier Luftfahrt GmbH, Oberpfaffenhofen und Dornier Medizintechnik GmbH, Germering bei München.

Gleiche oder gleichartige Aufgaben sind in jeweils einem dieser Unternehmen zusammengefaßt. Um den steigenden internationalen Anforderungen der Luft-, Raumfahrt- und Technologiemärkte gerecht werden zu können, sind die Aktivitäten von Dornier in folgende Geschäftsfelder aufgeteilt: Luftfahrt, Raumfahrt, Verteidigungstechnik, Medizintechnik sowie Spezielle Märkte (Abb. 1).

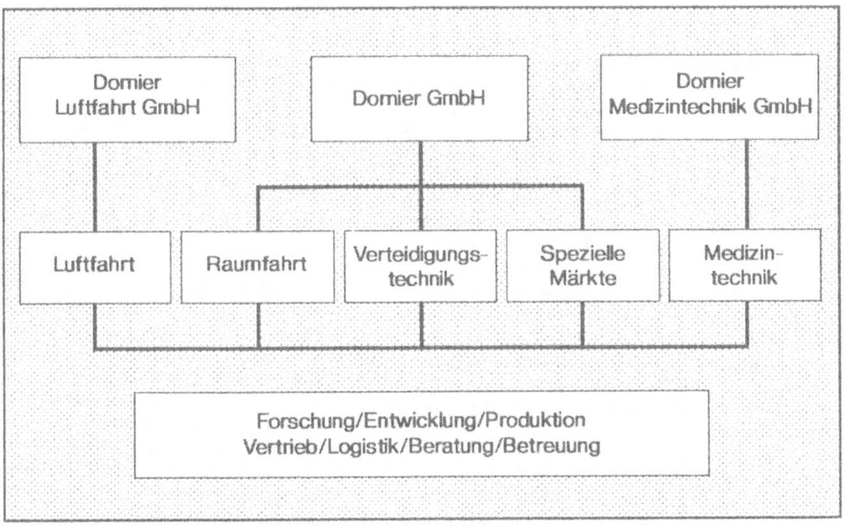

Abb. 1: Struktur der Dornier Unternehmensgruppe

Durch die Gründung der Deutschen Aerospace im Mai 1989 wurde Dornier zusammen mit Messerschmitt-Bölkow-Blohm (MBB), Motoren- und Turbinen-Union (MTU) und Telefunken Systemtechnik (TST) unter ein gemeinsames Dach gestellt. Die Aktivitäten der vier Unternehmen wurden in den Geschäftsbereichen Luftfahrt, Raumfahrt, Verteidigung und Zivile Systeme sowie Antriebe zusammengefaßt und in Form der DASA in den integrierten Hochtechnologiekonzern Daimler-Benz eingebunden.

Hinter dieser Bündelung von technologischem Know-How und langjähriger Erfahrung steht eine zukunftsweisende Idee: das Zusammenwirken im Verbund. Nur so ist es möglich, einerseits all die Synergie- und Kostensenkungspotentiale auszuschöpfen, die die nationalen und internationalen Wettbewerber schon seit langem nutzen, und andererseits durch hohe Wertschöpfungsanteile eine langfristig gesicherte Ertragskraft zu erreichen.

Die Organisationsstruktur der Deutschen Aerospace ermöglicht aufgrund ihrer eigenverantwortlichen Produktbereiche ein kundennahes, markt-orientiertes Arbeiten (Abb. 2).

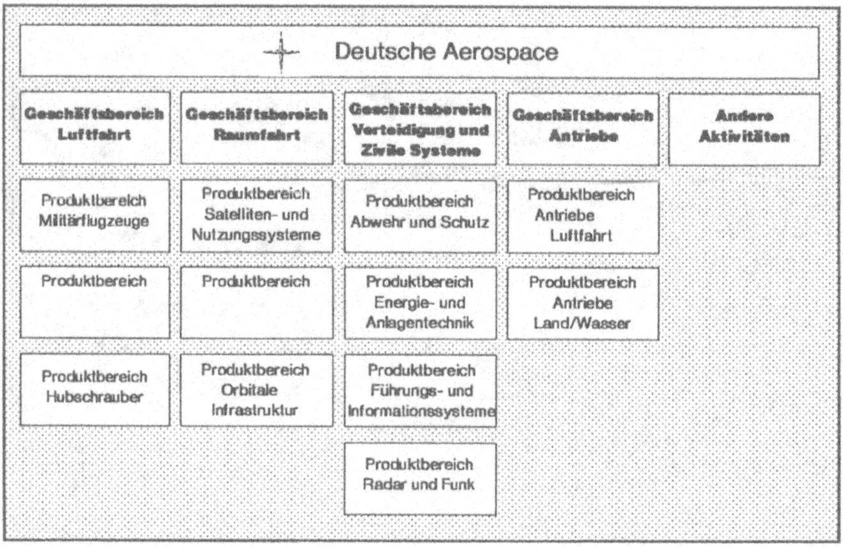

Abb. 2: Organisationsstruktur der Deutschen Aerospace

Einen Überblick über die Mitarbeiterstruktur der Dornier Unternehmensgruppe am Standort Friedrichshafen zeigt folgende Darstellung. Die gezeigte Struktur ist in etwa übertragbar auf die anderen, oben bereits erwähnten Standorte (Abb. 3).

	Mitarbeiter am Standort	Anteil Angestellte	Anteil Akademiker	Fachrichtungen
Luftfahrt	~ 800	~ 99 %	~ 50 %	• Maschinenbau • Luft- und Raumfahrttechnik • Elektrotechnik
Raumfahrt	~ 2200	~ 90 %	~ 60 %	• Elektrotechnik, Informatik • Nachrichtentechnik • Maschinenbau, L.u.R.-technik • Physik, Mathematik
Verteidigungstechnik	~ 2220	~ 90 %	~ 60 %	• Elektrotechnik, Informatik • Nachrichtentechnik • Maschinenbau, L.u.R.-technik
Gesamt	~ 5200*	~ 92 %	~ 60 %	350 Praktikanten und Auszubildende enthalten

Abb. 3: Dornier-Mitarbeiterstruktur am Standort Friedrichshafen

2. Einbindung der Fachlaufbahn in die Personalarbeit

Die Thematik der Fachlaufbahn ist nach unserem heutigen Verständnis und nach seiner Einordnung in die Laufbahnsystematik nach dem Zweiten Weltkrieg im Zuge des Aufbaus großer nationaler Behörden, Institute und Institutionen in den USA entstanden.

Die Bildung immenser naturwissenschaftlicher theoretischer Kompetenz in den USA führte zu dieser Entwicklung. Beispiele hierfür sind unter anderem die NASA und der Bau der ersten Atombombe in Los Alamos. In diesen riesigen Konglomeraten ingenieurwissenschaftlicher Kompetenz, in denen Bereiche wie etwa Produktvorbereitung oder Fertigung völlig fehlten, entstanden spezielle Probleme hinsichtlich der Entwicklung des hochqualifizierten Personals.

Man stellte in diesen Institutionen fest, daß es in großem Ausmaß den Typ des Forschers bzw. des absoluten Spezialisten gab, der ungeeignet war für die Übernahme von Managementfunktionen, der aber auf seinem Spezialgebiet im Grunde unverzichtbar war. Um diesen Spezialisten, die in der Regel gewisse Ansprüche an ihre materielle Ausstattung (z.B. Einzelzimmer, gehobene Büroausstattung) und an externe Statussymbole (z.B. Visitenkarte) hatten, eine äquivalente Alternative zur Linienlaufbahn bieten zu können, kam man auf die Idee der Fachlaufbahn als Parallele.

Es wurden durch die Einführung dieser Laufbahn Funktionen eingerichtet, die zwar ohne Personal- und Managementverantwortung waren, die jedoch vom Status und von der materiellen Ausstattung her den jeweiligen Linienfunktionen vergleichbar waren.

In den Bereichen Marketing und Vertrieb sowie im Consultinggeschäft lassen sich ebenfalls Beispiele für die Ursachen der Entwicklung der Fachlaufbahn nennen. In diesen Bereichen entstanden aus der Zwangslage, bspw. erfahrenen Beratern bzw. Marketing-Managern eine berufliche Perspektive bieten zu können, fachliche Funktionen wie Senior Engineers oder Senior Consultants. Diese hatten ebenfalls in der Regel keine Personalverantwortung und führten keine großen Teams, sondern waren auf sich allein gestellt. Sie waren allerdings hochqualifiziert und hatten im Kundenbereich hochrangige Ansprechpartner zu bedienen. Allein schon aus diesen Gründen der Akzeptanz bei hochrangigen Vertretern im Kundenbereich mußten diese Spezialisten mit externen Vollmachten und mit entsprechender materieller Ausstattung versehen werden (Visitenkarte, Briefkopf).

Dies waren die Vorläufer in der Zeit nach dem Zweiten Weltkrieg. Ende der fünfziger, Anfang der sechziger Jahre entstanden in Europa und damit in der Bundesrepublik Deutschland ebenfalls ähnlich große Institutionen wie 10 bis 15 Jahre zuvor in den USA und damit ähnliche Bedürfnisse für das hochqualifizierte Fachpersonal.

Unternehmen wie MBB und DORNIER mit ihren großen Forschungs- und Entwicklungskapazitäten und den damit verbundenen spezifischen Personalstrukturen beschäftigten sich als erste mit dieser Thematik. Es gab in diesen Unternehmen eine Ansammlung hochqualifizierter Spezialisten, die für die Übernahme von Führungs- und Managementfunktionen weniger geeignet waren. In der Regel wollten diese Spezialisten auch gar keine Führungspositionen mit entsprechender Personalverantwortung übernehmen. Trotzdem war bei diesem Personenkreis ein hohes Bedürfnis nach Anerkennung ihrer umfangreichen Erfahrungen und Spezialkenntnisse vorhanden, das man durch Zubilligung entsprechender gehobener materieller Ausstattung und durch Belegung mit internen und externen Statussymbolen zu befriedigen versuchte.

Anfang der sechziger Jahre begann man, sich mit unterschiedlichem Erfolg mit der Thematik Fachlaufbahn zu befassen. Dabei wurden auch Anleihen im öffentlichen Dienst gemacht, zumindest was die Bezeichnungen solcher Funktionen anbelangt. Die Titel "Referent" und "Hauptreferent" deuten bspw. darauf hin.

Etwa ein bis eineinhalb Jahrzehnte, also bis etwa Mitte/Ende der siebziger Jahre, wurde die Thematik eher halbherzig angegangen, indem man oftmals die Existenz von Fachfunktionen wie Referenten oder Hauptreferenten in Stabs- und Zentralbereichen der Unternehmen mit einer durchgängigen Fachlaufbahn-Systematik gleichsetzte, ohne daß etwa in großen Forschungs- und Entwicklungsbereichen mit mehr als 10.000 Mitarbeitern (wie bspw. bei Mercedes Benz) derartige Strukturen implementiert waren.

Ende der siebziger, Anfang der achtziger Jahre richteten wir bei DORNIER dann offiziell eine im ganzen Unternehmen durchgängige, klar definierte und mit bestimmten Symbolen ausgestattete Fachlaufbahn ein.

3. Die Fachlaufbahn bei Dornier

Nachdem wir in unserem Unternehmen die oben beschriebene Problematik etwa Mitte der siebziger Jahre erkannt hatten, dauerte es circa vier bis fünf Jahre, um im Zuge der Expansion der Firma eine Verschärfung des Personalproblems zu erleben. Mitte der siebziger Jahre war DORNIER deutlich kleiner als jetzt, und Probleme bei hochkarätigen Fachkräften kamen nur sporadisch vor.

Dann allerdings vergrößerte sich das Unternehmen bis Anfang der achtziger Jahre fast auf das Doppelte. Stark expansive Entwicklungen fanden vor allem im Forschungs- und Entwicklungsbereich statt. Dies führte zu sehr großen Einstellungsraten an Forschern und hochkarätigen Spezialisten. Die zu dieser Zeit schon länger (8 bis 10 Jahre) im Unternehmen befindlichen Forscher und Entwickler wurden zu Linienführungskräften befördert und führten diese stark expandierenden Bereiche. Im Zuge dieses rasanten Aufbaus boten sich Karrieremöglichkeiten im Linienbereich, die heute kaum mehr möglich sind.

Während dieser Periode wuchs langsam die Erkenntnis, daß es einen nicht geringen Teil an Spezialisten gab, die keine Führungskraft in der Linie werden wollten, weil sie erkannt hatten, daß sich ihre berufliche und persönliche Motivation aus dem Durchdringen ihrer jeweiligen Fachgebiete, dem Erwerb von Spezialkenntnissen sowie im Lösen bestimmter Problemstellungen ergeben hatte. Trotzdem drängten viele der Spezialisten in die Linienlaufbahn, um einen bestimmten (materiellen) Status zu erreichen.

Im Rahmen einer Gesamtbetrachtung, verbunden mit zunehmenden Führungsproblemen im gesamten Unternehmen, erkannten wir im Zuge einer Analyse, daß wir zu viele Führungskräfte mit hohen fachlichen Qualifikationen, aber mit relativ geringen persönlichen und (vor allem) Führungsqualifikationen in Linienfunktionen gebracht hatten.

Die hauptsächlichen Fehler waren:

Das Eingehen auf die Wünsche und das Nachgeben auf den Druck einzelner Fachkräfte, in die Linie zu kommen und das Befolgen des Prinzips, daß der bestgeeignete Fachmann mit der längsten Berufserfahrung automatisch befördert wurde, führte zu einer zu hohen Ansammlung von Fachspezialisten in Führungspositionen. Der letztgenannte Sachverhalt ist bei forschungs- und entwicklungsorientierten Unternehmen, die sich sehr stark auf wissenschaftliche und Ingenieurkompetenz abstützen, sozusagen systemimmanent.

Verstärkend kam hinzu, daß diese Fachkräfte in Führungspositionen von hochmotivierten und selbständig arbeitenden jüngeren Forschern und Entwicklern umgeben waren, so daß während dieser Expansivperiode Mängel hinsichtlich der Führungsqualifikationen normalerweise kaum erkennbar wurden.

In der heutigen Zeit, die durch eher marktorientiertes Geschäft, Stagnation, wenn nicht gar rezessiver Wirtschaftsentwicklung mit all den gegensteuernden Maßnahmen wie Kostensenkungs-, Effizienzsteigerungs-, und "Lean"-Programmen geprägt ist, treten jedoch die bisher eher verdeckten Mängel deutlich erkennbar zutage. Ein Ergebnis daraus war z.B. die Einführung von Auswahlsystemen für zukünftige Führungskräfte wie Assessment Centers und Qualifizierungsprogramme.

Wir bei DORNIER näherten uns dann ganz pragmatisch der Thematik der Fachlaufbahn. Nachdem die grundsätzliche Akzeptanz bei den mittleren und oberen Führungskräften erreicht worden war, bildeten wir eine Arbeitsgruppe mit mehreren Fachgebietsleitern. In circa vier bis fünf Workshops erarbeiteten wir eine Definition der Anforderungen an die Fachlaufbahn und danach eine Zuordnung zu den jeweiligen Ebenen der Linienlaufbahn. Dies mündete in eine detaillierte Beschreibung von Anforderungskriterien für die jeweiligen Stufen innerhalb der Fachlaufbahn. Danach galt es, treffende und griffige Bezeichnungen zu finden, was sich als schwierig erwies.

Parallel zu dieser Aktion wurde der Betriebsrat eingebunden, dem die oben geschilderte Problematik als Arbeitnehmervertretung natürlich bekannt war. Der Betriebsrat arbeitete sehr konstruktiv und positiv mit und trug letztendlich durch sein großes Engagement ganz wesentlich zur offiziellen Einführung der Fachlaufbahn im Unternehmen bei (Abb. 4).

Wegen der spezifischen Anforderungen in unserem Unternehmen reichte die Implementierung einer singulären Parallellaufbahn zur Linienlaufbahn nicht aus. Die normale Linienhierarchie, wie sie jedes Unternehmen in unterschiedlicher Ausprägung besitzt, wird bei uns durch eine Projektorganisation überlagert, die im Ergebnis eine Matrixorganisation ergibt. Daraus resultiert als dritte Säule, neben der Linien- und der Fachlaufbahn, die sogenannte Projektlaufbahn.

Die Einführung war schon deshalb erforderlich, weil Mitte der sechziger Jahre beginnend und sich dann fortlaufend verstärkend die ersten ganz großen Projekte in der Luftfahrt starteten, wie z.B. bei DORNIER die

Fachgebietsreferent

Der Aufgabenumfang entspricht grundsätzlich dem des Hauptreferenten.

Die Abgrenzung ergibt sich aus Größenordnung, Breite und langfristiger Bedeutung des Fachgebietes für das Unternehmen bzw. für wichtige Vorhaben.

Die Funktion beinhaltet in besonderem Maße die Verpflichtung des verantwortlichen Ansprechpartners und Problemlösers, das stets aktualisierte Fachwissen für das Unternehmen verfügbar und anwendbar zu halten.

- Mehrjährige Erfahrung als Hauptreferent oder in vergleichbarer Funktion
- Anerkanntes Expertenwissen intern und extern

Referent / Hauptreferent

- Verantwortliche Bearbeitung/Betreuung/Weiterentwicklung des Fachgebietes
- Wahrnehmung der Funktion des "Ansprechpartners"/"Experten"/"Beraters" für auftretende fachspezifische Problemstellungen aus verschiedenen Anwendungsbereichen
- Selbständige Erarbeitung schwieriger Problemlösungen
- Durchführung/Leitung technischer/wissenschaftlicher/systemanalytischer Studien
- Auffinden/Bewerten/Formulieren neuer Aufgaben

- FH-Ausbildung und 10 Jahre Erfahrung
- TH/TU-Ausbildung und 8 Jahre Erfahrung
- Promotion und 4 Jahre Erfahrung
- Sehr gute theoretische Fachkenntnisse und hohes Spezialwissen im Fachgebiet
- Hohes Maß an Kreativität
- Gut ausgeprägte Kooperationsfähigkeit

Fachbeauftragter

- Bearbeitung/Weiterentwicklung des Fachteilgebietes
- Selbständiges Erarbeiten von Lösungsvorschlägen auf dem Fachgebiet
- Auffinden/Bewerten/Formulieren/Vertiefen neuer Aufgaben und technischer Anwendungen
- Ansprechpartner im Innen- und Außenverhältnis für das spezielle Fachgebiet

- FH-Ausbildung und 8 Jahre Erfahrung
- TH/TU-Ausbildung und 6 Jahre Erfahrung
- Promotion und 4 Jahre Erfahrung
- Gute theoretische Fachkenntnisse und Spezialwissen im Fachgebiet
- Hohes Maß an Kreativität
- Gut ausgeprägte Kooperationsfähigkeit

Abb. 4: Dornier-Fachlaufbahn - Hauptaufgaben und Anforderungen

DO31 (senkrechtstartendes Transportflugzeug) oder bei MBB die VJK101 (senkrechtstartendes Jagdflugzeug). Auch in der Raumfahrt begannen Anfang der siebziger Jahre die ersten Satellitenprojekte AZUR und AEROS. Dies erforderte ein strukturiertes und ausgefeiltes Projektmanagement für das Beherrschen komplexer, umfangreicher technischer Aufgabenstellungen in den Gebieten Luftfahrt, Raumfahrt und Verteidigungstechnik.

Wir hatten damals eine ganze Reihe von Ingenieuren wieder zurückengagiert, die in den fünfziger Jahren mangels europäischer Nachfrage in die USA gegangen waren und dort in Institutionen wie der NASA gelernt hatten, wie man komplexe Projekte abwickelt. Diese Know-How-Träger waren dann die Lehrmeister für ganze Generationen junger Ingenieure, die wir zu jener Zeit engagierten. Daraus entwickelte sich dann im wesentlichen die Thematik der Projektlaufbahn. Die Systematik, die wir heute kennen, hat sich allerdings erst Mitte der siebziger Jahre parallel zur Bildung der Fachlaufbahn ergeben. Der wesentliche Gedanke dabei war, die Frage aller im Projektmanagement Tätigen: "Was mache ich nach dem Projekt?" positiv beantworten zu können.

Für die Laufzeit eines Projektes erwarb sich der Projektleiter auch einen entsprechenden Status. Die große Frage bei den Betroffenen richtete sich auf die Zeit danach. Ins Nichts zu fallen und seinen erworbenen Status zu verlieren, erschien den Betroffenen wenig erstrebenswert. Junge Mitarbeiter wurden durch solche Gedanken abgehalten, die Projektlaufbahn einzuschlagen und drängten zusätzlich zu den oben beschriebenen Fachspezialisten in die Linienlaufbahn.

Die Grundidee bei der Einführung der Projektlaufbahn war dann, einen einmal erworbenen Status auf einer Ebene parallel zu jeweiligen Funktionen in der Linien- und Fachlaufbahn beizubehalten, und dies unabhängig davon, ob einer ein Projekt der Kategorie, die seinem persönlichen Status entsprach, aktiv bearbeitete, oder ob er sich in einer Überbrückungsphase bis zum nächsten Projekt befand.

Die zweite Idee war, die Projektleiter sinnvollerweise verstärkt auch Linienaufgaben wahrnehmen zu lassen, mit der Maßgabe, im Rahmen der Möglichkeiten von der Linie wieder zurück in ein Projekt zu wechseln.

Auch der umgekehrte Weg wurde forciert, so daß ein gegenseitiger Austausch zwischen Linie und Projekt stattfinden konnte. Eingeschränkt galt dies auch für die Fachlaufbahn, allerdings nur bis zur Referentenebene. Dort waren die Betroffenen in den höheren Ebenen in der Regel älter und meist so spezialisiert, daß ein sinnvoller Austausch nicht mehr stattfinden konnte.

Als verstärkender Anreiz wirkte, daß es absolut karriereförderlich war, wenn Linienführungskräfte mindestens einmal ein Projekt abgewickelt hatten und umgekehrt, wenn Projektleiter mindestens einmal eine Linienfunktion ausgeübt hatten. Neuerdings ist für den weiteren Aufstieg im Rahmen des Führungskräfteentwicklungs- und -planungsprogrammes eine Rotation horizontal durchaus erwünscht.

Ein ganz wesentlicher Meilenstein in der Entwicklung der Projektleiterlaufbahn war in den Jahren 1984/85 die Einführung der Projektleiterschulung. Die ersten Ideen hierzu waren Anfang der achtziger Jahre entstanden. Dies trug enorm zur Steigerung der Attraktivität der Projektlaufbahn und zur Gewinnung junger Nachwuchskräfte für dieses Personalentwicklungsprogramm bei. In der ersten Zeit betrug der Aufwand für die Schulung noch eineinhalb Jahre "full-time". Heute ist das Programm wesentlich schlanker und das Ergebnis qualitativ mindestens so gut wie damals. Einige der ersten Absolventen dieser Schulung diffundierten nach Beendigung des Programms in die Linienlaufbahn, weil dort sehr starker Bedarf vorhanden war. Damit war die gewünschte Rotation, der gewünschte Austausch zwischen diesen beiden Laufbahnen von Beginn an gegeben.

Ergänzend zu den drei bisher angeführten Laufbahnarten ist als vierte die im Bereich des Vertriebs zu betrachten, da er eine spezifische Ausprägung hat. Im Vertrieb müssen oft hochkarätige Kunden angesprochen werden, so daß hier Vertriebsbeauftragte und Vertriebsleiter mit entsprechender materieller Ausstattung und entsprechenden Statussymbolen geschaffen wurden. Sie tragen keine Personalverantwortung, sondern sind den Vertriebsabteilungsleitern zugeordnet, die der Linienlaufbahn zuzuordnen sind (Abb. 5).

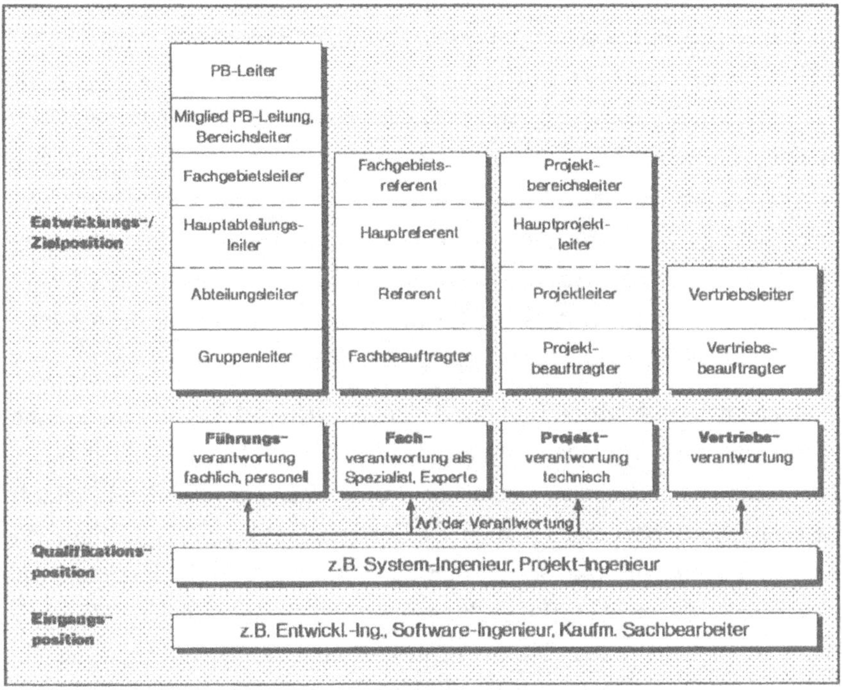

Abb. 5: Führungs-, Projekt- und Fachfunktionen Dornier/DASA

4. Erfahrungen

Wir hatten bei der Einführung der Fachlaufbahn neben den bereits aufgeführten noch einige weitere Zielsetzungen im Auge:

Ein Ziel war, und dies sollte nicht verschwiegen werden, mit der Einführung der Fachlaufbahn ein Netz zu spannen, um aus der Linie ausscheidende Führungskräfte auffangen zu können. Das heißt aber nicht, und das ist hier eine der großen Gefahren, daß die Fachlaufbahn zu einem reinen "Elefantenfriedhof" denaturiert, d.h. daß sich hier nur ehemalige Linienführungskräfte und Projektleiter befinden, die aus irgend einem Grund nicht mehr in ihrer Führungslaufbahn tätig sind. Bezüglich der einmal erworbenen materiellen Ausstattung ist die Möglichkeit des Wechsels in die Fachlaufbahn sehr attraktiv, da die ehemalige Führungskraft bzw. der ehemalige Projektleiter den erworbenen Status beibehält.

Es war von Anfang an klar, daß dies eine große Chance ist, solche in ihrer bisherigen Position aus welchen Gründen auch immer nicht mehr haltbare, aber verdiente Führungskräfte auffangen zu können und sie nicht ins Abseits stellen zu müssen. Eine große Gefahr, die damit verbunden, teilweise auch schon eingetreten ist, ist dabei der massive Druck, der aus den operativen Einheiten kommt, mißliebige oder nicht mehr ganz geeignete Führungskräfte in die Fachlaufbahn abzuschieben. Dieser Gefahr muß man von seiten der Geschäftsleitung und des Personalwesens entschieden entgegentreten. Auseinandersetzungen mit solchen Antragstellern sind deshalb vorprogrammiert.

Die Gefahr der Denaturation zum "Elefantenfriedhof" ist in schwierigen Zeiten wie jetzt besonders groß und teilweise auch schon eingetreten. Dies führt dazu, daß die Akzeptanz und die Attraktivität der Fachlaufbahn sowohl in der Linie als auch auf der Projektseite, aber generell auch in der Belegschaft massiv leiden und das ursprüngliche Interesse und die Bereitschaft, diesen Weg einzuschlagen, vor allem bei jüngeren Mitarbeitern deutlich schwinden. Daraus resultiert dann wiederum ein verstärkter Druck in die Linien- oder die Projektlaufbahn. Dies ist also die unerwünschte Seite.

Ein weiterer wichtiger Aspekt ist auch, daß konsequent ab einer bestimmten Ebene die Angehörigen der Fachlaufbahn im Organigramm ausgewiesen werden. In unserem Unternehmen geschieht dies ab Referentenebene. Dies war der ganz entscheidende Schritt zur Akzeptanz bei der Einführung dieser Laufbahn.

Weiterhin muß man hier, genauso wie in der Linie, streng darauf achten, daß eine pyramidenförmige Hierarchie aufgebaut wird. Man darf dem Drang und dem Druck zur nächsten Ebene nicht einfach nachgeben, sondern in den Toppositionen immer nur ganz wenige hochkarätige Spezialisten beschäftigen, die im ganzen Unternehmen auch wirklich anerkannt sind.

Das Gleiche gilt für die Ausstattung mit Vollmachten. Wenn ein Hauptreferent, der auch externe Funktionen wahrnimmt, nach außen hin auftritt, vielleicht sogar im Sinne einer Beraterfunktion, weil er eben ein Superspezialist auf seinem Gebiet ist, muß man ihn durchaus auch mit externen Vollmachten ausstatten. Damit dokumentiert man insbesondere nach außen, daß es hier um einen wichtigen und anerkannten Mitarbeiter im Hause geht. Außerdem beinhaltet die Dokumentation von Fachkompetenz eine wesentliche akquisitorische Komponente.

Bei allen angesprochenen Aspekten spielt die individuelle Behandlung eine wichtige Rolle. Eine Differenzierung auch innerhalb der Hierarchieebenen ist in diesem Falle einer Standardisierung vorzuziehen.

5. Ausblick auf mögliche weitere Entwicklungen

Wir befinden uns zur Zeit in einer schwierigen Phase, die durch Kurzarbeit und Personalabbau in den wehrtechnischen Aktivitäten gekennzeichnet ist. Dies berührt natürlich auch die hier behandelte Thematik. Darüber hinaus stehen wir vor der Aufgabe, wo immer möglich, Kosten zu minimieren oder zu eliminieren. Dies bedingt das sogenannte "Leanen" aller Produktbereiche im Konzern und eventuell sogar das Eliminieren ganzer Hierarchieebenen. Die gesamte Führungsstruktur steht derzeit auf dem Prüfstand. Vorentscheidungen bzw. Entscheidungen in einzelnen Unternehmensbereichen des Konzerns sind bereits gefallen. Zusätzlich sollen die Leitungsspannen im Unternehmen deutlich verbreitert werden.

Dies wirft natürlich die Fragestellung auf, ob in diesem Zusammenhang die weitere Existenz einer Fachlaufbahn überhaupt noch sinnvoll ist und ob sie in der Zukunft noch ein geeignetes Führungsinstrument darstellt. Diese Fragestellung läßt sich aus heutiger Sicht wie folgt beantworten:

Die Fachlaufbahn sollte auch in der Zukunft, allerdings in eingeschränkter Form, beibehalten werden. Die Anzahl der Stellen muß deutlich reduziert werden. Es dürfen wirklich nur solche Mitarbeiter in dieser Laufbahn sein, die sich als Fachspezialisten auf ihrem Gebiet bewährt haben. Dabei müssen sie in der Lage sein, ihre Beratungstätigkeit sowie Erfindungs-und Spezialistentätigkeit dem gemeinsamen Ganzen direkt zur Verfügung zu stellen und damit einen signifikanten Wertschöpfungsbeitrag zur schnelleren Entwicklung von Produkten zu leisten. Nur dann wird diese Laufbahn überdauern.

Die DASA-Struktur mit ihrer Marktorientierung basiert ja auf der Überlegung, marktnah Geschäfte zu plazieren und zu realisieren. Dies bedeutet für die noch bestehenden großen Forschungs- und Entwicklungsbereiche, daß sie differenziert und innerhalb der marktorientiert operierenden Produktbereiche den jeweiligen Competence-Centers zugeordnet werden, die dann wirtschaftlich als Profit-Centers etc. geführt werden. Damit wandeln sich die großen F&E-Bereiche zu effektiveren Einheiten, die produktnah und kostenoptimiert als Ressource zur Verfügung stehen.

Parallele Karrierelaufbahnen bei 3M

Ulrich Ströttchen*

Gliederung

*) Dipl.-Oec. Ulrich Ströttchen, Hauptabteilungsleiter Personal, 3M Deutschland GmbH, Neuß

Parallele Karrierelaufbahnen bei 3M

1. "Dual Ladder" - ein logisches Produkt

"Erfolg haben", griffiger "Karriere machen", einfacher "vorwärtskommen"..... Synonyme aus einer vergangenen Leistungskultur?

Es gibt einigen Wandel.

Den, der gemeinhin als Wertewandel in unserer Gesellschaft diagnostiziert wird. Vielfach besprochen, beschreibt er neue Orientierungen, die an Bedeutung gewonnen haben: "...sich etwas leisten wollen" hat auf hohem Niveau für viele weiter an Reiz gewonnen; das protestantische Ethos des "etwas leisten müssen" wird als auf dem Rückzug befindlich diskutiert.

Geleistet wird dann eher im privaten Bereich, weniger im Arbeitsalltag.

Arbeitssegmentierungs-Bemühungen der 70er und 80er Jahre leisten ihren Beitrag für vielfältige "Sinndiskussionen". Eine Vielzahl von Seminarangeboten ist beredter Beleg.
Der kleinere Mikrokosmos eines 4000-Mann-Unternehmens wie der 3M in Deutschland zeigt Schattierungen.
Die beschriebenen Trends sind nicht so deutlich; Erfolg als tragendes Prinzip der Unternehmenskultur wird hier hautnah erlebt... und verinnerlicht.
"Weiterkommen" oder "seine Karriere machen" ist nach wie vor für viele ein Ziel, um Wünschenswertes zu realisieren: Wertschätzung, materielle Beweglichkeit, Machtentfaltung.

Eine zweite Ebene des Wandels hat sich innerhalb der Unternehmen vollzogen. Einige der bedeutungsschweren Worthülsen wie "die Anforderungen steigen", "der Konkurrenzkampf (am Markt) wird härter", "wir müssen schneller werden" oder "Qualität heißt, die Bedürfnisse des Kunden (über)zuerfüllen" haben die Arena der intellektuellen Analytiker verlassen.

Sie sind Teil des Arbeitsalltags geworden.

3M in Deutschland

3M Deutschland GmbH

Hauptverwaltung	Neuss
Gründung	1951
Umsatz 1991	1.540,3 Mio DM
Mitarbeiter	3.284 (am 31.10.1991)
Exportanteil	28 %
Fertigungsstätten	Hamburg, Kamen, Hilden, Düsseldorf-Reisholz MONTA Klebebandwerk GmbH, Immenstadt
Kunden-Service-Büros und Verkaufsstützpunkte	Hamburg, Neuss, Dreieich bei Frankfurt, Ludwigsburg, Ismaning bei München

3M Laboratories (Europe) GmbH

Hauptverwaltung	Neuss
Gründung	1984
Mitarbeiter	388
Weitere Standorte	Hamburg, Borken, Kamen, Hilden, Neuss

3M Medica GmbH

Hauptverwaltung	Borken/Westfalen
Gründung	1989
Mitarbeiter	618
Fertigungsstätte	Borken/Westfalen

3M Inter-Unitek GmbH

Gründung	1968
Sitz	Puchheim
Mitarbeiter	41
Fertigungsstätte	Esting

3M weltweit

Hauptverwaltung	St. Paul/Minnesota/USA
Gründung	1902
Umsatz 1991	13.340 Mio US$ davon 49 % außerhalb USA
Mitarbeiter	88.477
Produktionsstätten in	42 Ländern
3M Gesellschaften in	57 Ländern
Aufwendungen für Forschung und Entwicklung 1991	914 Mio US$ (6,8 % des Umsatzes)
Basis-Technologien	über 100
3M Aktien	An allen Weltbörsen gehandelt, u.a. Frankfurt und Düsseldorf, Blue Chip Aktien
Aktionäre	113.800

Abb. 1: Unternehmensorganisation 3M

Eine der praktischen Konsequenzen ist der Trend zu flacheren Organisationen und die Folge weniger Führungspositionen ... mit der Erfordernis von mehr Verantwortung, Entscheidungsfreiraum und Kompetenz auf den mittleren und unteren Ebenen.
Wird die Zahl der Führungspositionen geringer, gewinnt deren erfolgreiche Besetzung weiter an Bedeutung. Sie war und ist eine strategische Schlüsselaktivität.

Eine gewisse Karrieremüdigkeit ("...warum soll/muß ich mich mit fordernden/(un)fähigen/respektlosen Mitarbeitern herumschlagen?"), weniger Führungspositionen, härtere Auswahlmethoden für Führungskräfte und das Angewiesensein auf qualifizierte Spezialisten haben das Thema des "Dual Ladder", des zweiten Karriereweges, interessant unter vielen Blickwinkeln gemacht.

2. Die frühen Vorläufer

In den meisten Unternehmen dürfte es frühe Vorläufer für parallele Karrierelaufbahnen gegeben haben. So auch bei 3M.

Unter Verzicht auf Systematik, teilweise auch auf Öffentlichkeit, haben sie dazu beigetragen, hochqualifizierte Spezialisten an das Unternehmen zu binden.

Im Laufe der letzten 10-15 Jahre ist bei 3M in Deutschland eine Vielzahl solcher Konzepte, mitunter unter anderem Etikett, entwickelt worden. Gemeinsames Kennzeichen war ihnen, daß sie in der Regel mindestens vier Laufbahnschritte aufwiesen und mindestens einen auf Hierarchiestufen, der gemeinhin Führungskräften vorbehalten war.

Die Konzepte streuen über alle Unternehmensfunktionen. Sie erfassen Positionen in Forschung, Technik, Marketing, Controlling, Datenverarbeitung, Logistik und Personalwirtschaft.

Sie sind jeweils in Phasen entstanden, in denen die Organisation ihre Wandlung von vertikaler, hierarchisch motivierter Segmentierung zum lateralen Spezialistentum, quer über alle Unternehmensbereiche, vollzogen hat.

Dieser Prozeß ist durch drei Entwicklungen stark beschleunigt worden.

(1) Immer weniger waren Vorgesetzte in der Lage, "die Besten" ihres Faches zu sein.

Die Explosion des Wissens auf fast allen Gebieten hat uns "neue" Mitarbeiter beschert. Die, die qualifizierter und professioneller als je zuvor Aufgaben angehen. Und die, die Vorgesetzte fragen, welchen Beitrag sie zur erfolgreichen Aufgabenerledigung leisten können. Zu koordinieren, zu "coachen", "road blocks" aus dem Weg räumen ... neue Aufgabenstellungen von Führungskräften.

(2) Entscheidungen mußten/müssen schneller getroffen werden. Ein Großteil von Entscheidungen ist auf kompetente operationale Ebenen verlagert worden; die nächsthöhere Hierarchieebene ist nicht mehr in jedem Fall auch Entscheidungsinstanz.

(3) Daß Probleme lösen immer auch bedeutet, verschiedene Blickwinkel zu berücksichtigen, ist keine ganz neue Erkenntnis. Bei vielen Aufgabenstellungen ist ressort-übergreifend zu arbeiten. Die "neuere" Erfahrung ist mehr, daß es wohl möglich ist, "im Alleingang" vernünftige Lösungsansätze zu entwickeln. Mangels Integration "der anderen" scheitert aber dann regelmäßig die Umsetzung.

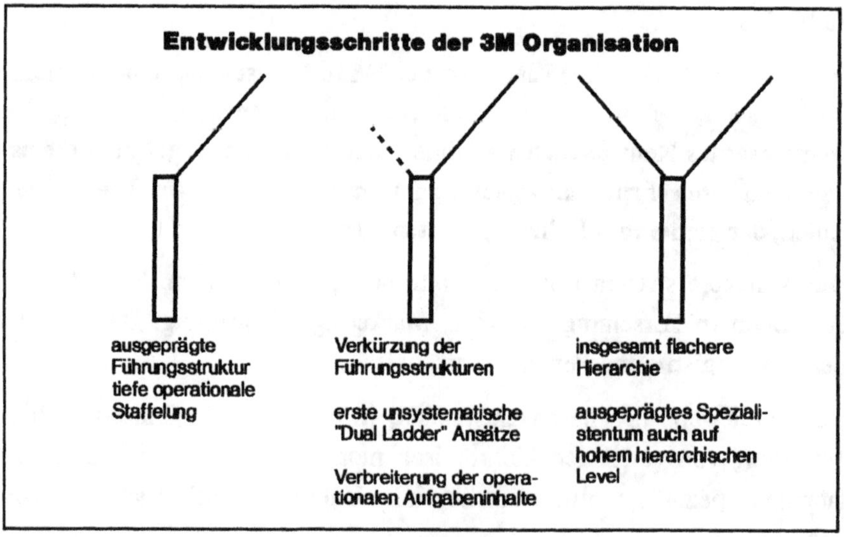

Abb. 2: Entwicklungsschritte der 3M Organisation

3. Studie "Einführung einer parallelen Karrierelaufbahn im Verkaufs-Außendienst"

Die 3M in Deutschland hat eine starke historische Wurzel in ihren Vertriebsbereichen.

Die insgesamt über 600 Mitarbeiter, die 2000 verschiedene Artikel über unterschiedliche Distributionswege vertreiben, sind nicht nur zahlenmäßig eine starke Gruppe. Kritische Haltung zu Grundfragen der Arbeitsbeziehung bedeuten in dem sensiblen Kontakt zu Kunden nicht selten die Gefahr von Umsatzverlusten.

3M Außendienstmitarbeiter sagen....

	"Zustimmung"
Ich bin mit meinen Möglichkeiten, einen besseren Job zu bekommen, zufrieden	**23 %**
Meine bisherige Entwicklung ist soweit zufriedenstellend	**51 %**

Es gab einigen sachlichen Hintergrund für diese Einschätzungen.

- Als "Karrieremöglichkeit" wurde weitestgehend nur die Übernahme von Führungsverantwortung angesehen.
- Es wurde bemängelt, daß systematische Personal-Entwicklungsansätze nicht vorhanden waren.
- Es gab nur geringe hierarchische Differenzierungen zwischen den Außendienstmitarbeitern. In der Regel waren es nicht mehr als 3 Stufen.
- Die Qualifikationsstruktur in den Vertriebsbereichen hatte sich verändert. Die Zahl der Mitarbeiter mit Fachhochschul- oder Universitätsabschluß hat sich innerhalb einer Dekade verdreifacht.

Weitergehende Gespräche mit Außendienstmitarbeitern erbrachten zusätzliche Aufschlüsse.

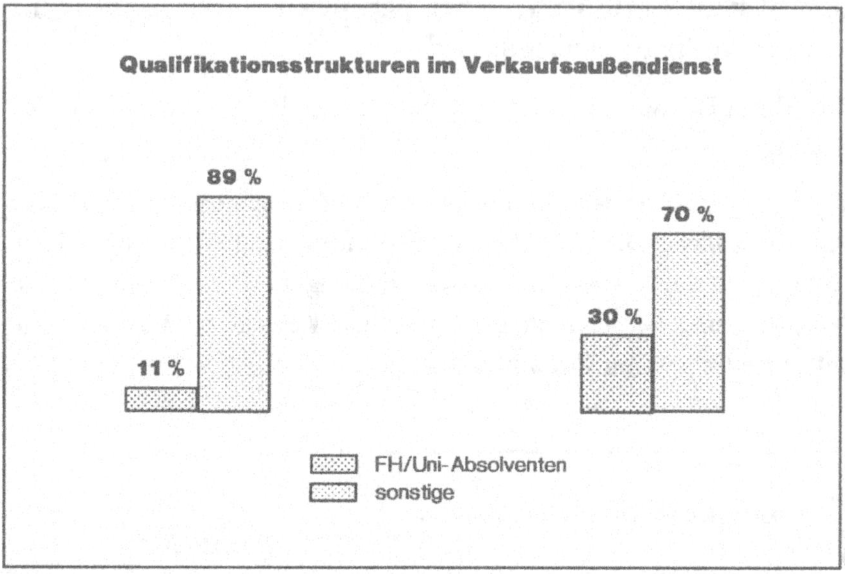

Abb. 3: Qualifikationsstrukturen

Für viele bedeutete "berufliches Vorwärtskommen"...

- das Gefühl, vielseitig gefordert zu sein
- nicht eindimensional an Umsatzerfolgen gemessen zu werden
- nach "außen" (Kunden, Kollegen) eine sichtbar "andere" Position einzunehmen
- Klarheit über berufliche Perspektiven zu haben
- in ihrem angestammten Aufgabenbereich "Vertrieb" zu bleiben

Wir als Unternehmen haben aus diesen Analysen verschiedene Schlüsse gezogen.
Wir haben gelernt, offener zu werden im Dialog über Karrieremöglichkeiten. Die weitverbreitete Angst, daß zu dem Zeitpunkt, in dem ein Vorgesetzter seinem Mitarbeiter mitteilt, daß er (z. Zt.) keine Karrieremöglichkeiten sieht, die Arbeitsbeziehung gestört wird, ist nach unseren Erfahrungen nicht gerechtfertigt.
Mitarbeiter (... wer nicht?) wollen Offenheit und Ehrlichkeit.
Sie sind in der Lage, mit qualifizierten Einschätzungen konstruktiv umzugehen.

Wir wollten "brachliegende" Erfahrungen und Begabungen von Außendienstmitarbeitern besser nutzen. Es gibt eine Vielzahl sinnvoller Projekte in einer Vertriebsorganisation, die nicht angepackt werden können, weil vermeintlich keine Ressourcen vorhanden sind.

Wir wollten keine Hierarchie um der Hierarchie willen schaffen. Dort, wo aufgrund unterschiedlicher Aufgabenstellungen Differenzierungen möglich und sinnvoll waren, wollten wir diese in neue Konzepte einarbeiten.

Wir wollten "Aufstiegschancen" nach Fähigkeiten und Leistungen vergeben und nicht nach dem Senioritätsprinzip vorgehen.

Das im Laufe von 10 Monaten durch intensive Diskussionen mit Vertriebs-Managern und auf der Basis von Marktstudien entwickelte Konzept wurde in den letzten 18 Monaten bei der 3M eingeführt.

Es besteht aus 4 Kernbereichen.

(1) Es ist ein Konzept, das seine Wirkung aus dem Gespräch mit der Zielgruppe, hier den Außendienstmitarbeitern, entfaltet. Also ist es ein Kommunikationskonzept.
Ein Großteil der Aktivitäten bestand daher darin, dieses neue Konzept umfassend vorzustellen und zu erläutern.
Dies ist sowohl durch eine Broschüre ("Parallele Karrierelaufbahn im Verkauf") als auch durch Diskussionsveranstaltungen geschehen. Kernstück des Dialogs waren Gespräche mit jedem einzelnen Mitarbeiter.

(2) Die parallele Karrierelaufbahn wurde durch fünf Stufen definiert. Zwei davon waren im außertariflichen Bereich angesiedelt.

(3) Jede dieser Stufen war über unterschiedliche Aufgabeninhalte definiert.
"S 1" wurde überwiegend als Einstiegsstufe für berufsunerfahrene Außendienstmitarbeiter definiert, "S 2" und "S 3" als die Stufen, die den Kernbereich der Außendiensttätigkeit in seiner heutigen Ausprägung beschreiben.
"S 3" und "S 4" betonen stark das eigenständige "Managen" komplexer Vertriebsprobleme auf allen Verhandlungsebenen.
Konzeptionelle Aufgabeninhalte machen einen erheblichen Anteil aus.

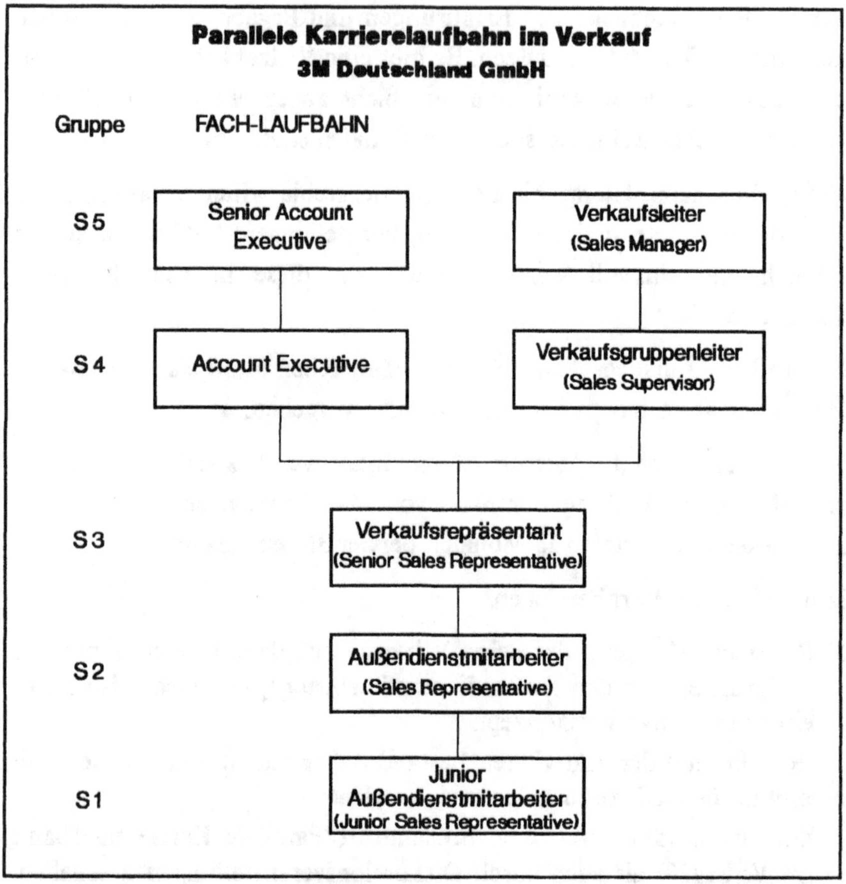

Abb. 4: Parallele Karrierelaufbahn

Zusammenfassung der Aufgabengebiete:

S 1: Junior Sales Representative

- Entwickelt in enger Zusammenarbeit mit seinem Vorgesetzten bzw. erfahrenen Verkäufern Verkaufstechniken und die Fähigkeiten, Marketingkonzepte umzusetzen
- Betreut in permanenter Abstimmung mit dem Vorgesetzten seine Kunden
- Eignet sich die notwendige Fachkompetenz im Hinblick auf Produkte und Märkte an
- Entwickelt die Fähigkeit, zur Verfügung stehende Arbeitsmittel einzusetzen

S 2: Sales Representative

- Betreut Kunden oder Regionen in Abstimmung mit dem Vorgesetzten
- Setzt Marketingkonzepte zielorientiert in seinem Verantwortungsbereich um
- Kommuniziert im Rahmen der Vorgaben
- Ist für die erforderliche Vermarktung seiner Produkte in seinem Verantwortungsbereich verantwortlich
- Setzt die zur Verfügung stehenden Instrumente, Methoden und andere Verkaufsfunktionen zweckorientiert ein

S 3: Senior Sales Representative

- Betreut Kunden oder Regionen selbständig
- Setzt Marketingkonzepte zielorientiert in seinem Verantwortungsbereich um
- Kommuniziert im Rahmen der Vorgaben
- Ist für die erfolgreiche Vermarktung seiner Produkte in seinem Verantwortungsbereich verantwortlich
- Setzt die ihm zur Verfügung stehenden Instrumente, Methoden und andere Verkaufsfunktionen zweckorientiert ein
- Arbeitet mit in nationalen Gremien
- Übernimmt Sonderaufgaben innerhalb seiner Organisation (z.B. Fieldtests, Einarbeitung neuer Mitarbeiter, Sondermärkte)

S 4: Account Executive

- Betreut Schlüsselkunden oder Marktsegmente oder Regionen eigenverantwortlich
- Entwickelt kunden-/marktspezifische Vermarktungskonzepte auf der Basis von Analysen und unter Berücksichtigung der jeweiligen 3M Strategien
- Setzt zur Durchsetzung seiner Aufgaben alle zur Verfügung stehenden 3M Ressourcen sachgerecht und selbständig ein
- Repräsentiert das Unternehmen auf allen Funktionsebenen bei seinen Kunden

S 5: Senior Account Executive

- Betreut Schlüsselkunden oder Marktsegmente oder Regionen eigenverantwortlich

- Entwickelt kunden-/marktspezifische Vermarktungskonzepte auf der Basis von Analysen und unter Berücksichtigung der jeweiligen 3M Strategien
- Setzt zur Durchsetzung seiner Aufgaben alle zur Verfügung stehenden 3M Ressourcen sachgerecht und selbständig ein
- Repräsentiert das Unternehmen auf allen Funktionsebenen bei seinen Kunden
- Arbeitet mit in nationalen und internationalen Gremien
- Betreut ggf. internationale Großkunden

(4) Neben der jährlichen "Leistungs- und Verhaltensbeurteilung" kam konzeptionell dem Vergleich von differenzierten Anforderungsprofilen mit Ist-Qualifikationen der Mitarbeiter ein hoher Stellenwert zu. Umgruppierungen in eine höhere S-Klasse sollten nur auf Basis dieser Betrachtungen vorgenommen werden.

Anforderungsprofil		Ausprägung der Qualifikationsmerkmale: 1 - sollte 2 - bedingt erforderlich 3 - erforderlich 4 - unverzichtbar				
1. Anforderungen an die Person						
		S1	**S2**	**S3**	**S4**	**S5**
1. Erscheinungsbild	- Gewährleistet durch gute Umgangsformen, korrekte Kleidung und durch seine Ausstattung ein positives Erscheinungsbild - Macht Unternehmensstil und -kultur durch sein Auftreten nach außen sichtbar	2	3	4	4	4
2. Kommunikationsverhalten	- ist in der Lage, selbstsicher und initiativ Kontakte herzustellen - Entwickelt Kontakte durch ein konstruktives Reagieren	1	2	3	4	4
3. Kommunikationsverhalten	- Verfügt über eine ausgeprägte Rede- und Sprachgewandtheit - Verwendet präzise Ausdrucksformen, verbal und schriftlich - Beschafft und verwendet sachbezogene Informationen	1	3	4	4	4
4. Glaub-/Vertrauenswürdigkeit	- Ist zuverlässig (hält Zusagen ein) und verbindlich (macht Zusagen) - Verhält sich seinen Partnern gegenüber aufrichtig und ehrlich	4	4	4	4	4

Abb. 5a: Anforderungsprofil

Anforderungsprofil 1. Anforderungen an die Person		Ausprägung der Qualifikationsmerkmale: 1 - sollte 2 - bedingt erforderlich 3 - erforderlich 4 - unverzichtbar				
		S1	S2	S3	S4	S5
5. Teamfähigkeit	- Trägt durch konstruktive Beiträge zum Teamergebnis bei - Stellt Eigeninteressen hinter die Interessen des Teams - Respektiert Meinungen und Entscheidungen des Teams	1	2	3	4	4
6. Selbständigkeit	- Setzt eigenständig und verläßlich, unter Aus- Ausschöpfung des eingeräumten Handlungsspielraums, die übertragenen Aufgaben um - Kann situationsgerecht selbständig handeln - Entwickelt Eigeninitiative und Eigenkontrolle	-	2	3	4	4
7. Flexibilität	- Stellt sich durch geistige Beweglichkeit schnell auf veränderte Situationen und Anforderungen ein - Reagiert situationsgerecht im Rahmen der sich bietenden Möglichkeiten	1	2	3	3	4
8. Kreativität	- Entwickelt eigene Ideen und bringt Vorschläge ein, die sich außerhalb der Vorgaben bewegen - Kann Programme/Pläne auf Bedürfnisse hin individuell gestalten und anwenden	-	1	2	3	4
9. Mobilität	- Ist bereit, für gestellte Aufgaben in unterschiedlichen Einsatzgebieten tätig zu sein - Kann zusätzliche/außerordentliche Aufgaben übernehmen	2	2	2	3	4
10. Motivation	- Verfügt über eine positive Grundeinstellung zu seinen Aufgaben - Zeigt ein hohes Maß an Engagement und Arbeitsfreude	2	3	3	4	4
11. Verantwortungsbereitschaft	- Ist bereit, die Verantwortung für die übertragenen Aufgaben zu übernehmen - Verhält sich in Handeln und Vorgehen verantwortungsbewußt	2	3	3	4	4
12. Einstellung zum Unternehmen	- Ist der Gesamtheit des Unternehmens gegenüber positiv eingestellt - Ist bereit, einen positiven Beitrag zum Unternehmen und zur Entwicklung der Firmenkultur zu leisten	2	3	4	4	4

Abb. 5b: Anforderungsprofil

Anforderungsprofil **1. Anforderungen an die Fachkompetenz**		Ausprägung der Qualifikationsmerkmale: 1 - sollte 2 - bedingt erforderlich 3 - erforderlich 4 - unverzichtbar				
		S1	**S2**	**S3**	**S4**	**S5**
1. Produktwissen	- Verfügt über ein breites Produktwissen und besitzt Kenntnisse über Technologien und Anwendungen - Kann seine Produkte gegenüber Wettbewerbsprodukten differenzieren	1	2	3	4	4
2. Arbeitsorganisation	- Gewährleistet, daß eine der Bedeutung der Aufgabe entsprechende, effiziente Zeitverwendung erreicht wird - Strukturiert Arbeitsabläufe wirtschaftlich	-	2	3	4	4
3. Einsatz von modernen Arbeitsmitteln	- Setzt verfügbare Arbeitsmittel zweckorientiert und innerhalb der bestehenden Systeme ein - Sichert einen permanent hohen Kenntnisstand bezüglich der bestehenden Arbeitsmittel und deren Nutzung	1	2	3	3	4
4. Arbeitsvorbereitung	- Bereitet sich systematisch auf den Arbeitstag vor - Beschafft alle erforderlichen Unterlagen und Informationen - Plant konkret seine Arbeitstage	-	1	2	3	4
5. Kontrolle und Analyse	- Überprüft periodisch Ergebnisse gegenüber Vorgaben/Plandaten - Analysiert Abweichungen und entwickelt Korrekturmaßnahmen - Verfolgt Vorgänge konsequent und methodisch	2	2	2	3	4
6. Betreuungsqualität	- Schafft Akzeptanz seiner Fachkompetenz und Beratungsqualität auf Kundenseite - Entwickelt ein Vertrauensverhältnis zu wichtigen Funktionen - Ist zuverlässig, engagiert und informativ - Ist in der Lage, die gewünschten oder geforderten Informationen/Unterlagen zu übermitteln und/oder zu überlassen	2	3	3	4	4
7. Tourenplanung	- Plant Touren unter Kosten- und Zeitgesichtspunkten - Entwickelt Eigendisziplin bei der Einhaltung - Legt Besuchsfrequenz nach der Bedeutung seiner Kunden fest - Stellt durch Besuchsplanung die Einhaltung sicher - Berücksichtigt Veränderungen intern oder auf Kundenseite	2	3	3	4	4
8. Merchandising	- Entwickelt eine optimale Warenpräsentation am P.O.S. - Wirkt auf die Logistik ein unter Nutzung/Berücksichtigung der Kundensysteme zur Sicherung der Warenverfügbarkeit	2	3	4	4	4
9. Account Management	- Kennt die internen Strukturen, Abläufe und Entscheidungsprozesse bei Kunden - Entwickelt langfristige Entwicklungspläne - Bringt die Denk- und Handlungweisen des Kunden in Übereinstimmung mit den eigenen organisatorischen Möglichkeiten	-	1	2	3	4

Abb. 5c: Anforderungsprofil

Anforderungsprofil		Ausprägung der Qualifikationsmerkmale: 1 - sollte 2 - bedingt erforderlich 3 - erforderlich 4 - unverzichtbar				
1. Anforderungen an die Fachkompetenz						
		S1	**S2**	**S3**	**S4**	**S5**
10. Portfolio-Technik	- Kennt die Portfolio-Technik als Planungsmethode - Wendet periodisch Kunden-Portfolio zur Kategorisierung seiner Kunden an	-	-	-	2	3
11. Vertriebs-steuerungs-systeme	- Verfügt über EDV-Grundkenntnisse - Kennt und akzeptiert Vertriebssteuerungssysteme - Setzt die Systeme ziel- und zweckorientiert ein	1	3	4	4	4
12 Distributions-struktur	- Kennt die Distributionsstruktur für seine Produkte am Markt - Kennt die Funktionen auf jeder Distributionsstufe - Ist über relevante Verflechtungen und Trends informiert	1	3	4	4	4
13. Marketing-Techniken	- Verfügt über Grundkenntisse im Hinblick auf Marketing-Mix/-Techniken - Ist in der Lage, Marketing-Konzepte zu interpretieren und auf seine Arbeit zu übertragen - Verfolgt Vorgänge konsequent und methodisch	-	1	2	3	4

Abb. 5d: Anforderungsprofil

Anforderungsprofil		Ausprägung der Qualifikationsmerkmale: 1 - sollte 2 - bedingt erforderlich 3 - erforderlich 4 - unverzichtbar				
1. Anforderungen an unternehmensinterne, Markt- und Wettbewerbskenntnisse						
		S1	**S2**	**S3**	**S4**	**S5**
1. Kenntnisse der internen Strukturen	- Kennt alle relevanten Unternehmensfunktionen und -abläufe - Kennt die nationale/internationale Unternehmensstruktur - Verfügt über Grundkenntnisse der 3M Produktbereiche	-	1	2	3	4
2. Kenntnisse der Pan-European Key Account Strategies		-	-	1	2	3
3. Kenntnisse der Company Informations-systeme	- Ist in der Lage, die Systeme und Informationen zweckorientiert einzusetzen - Kann alle relevanten Informationen analysieren und interpretieren	-	1	2	3	4
4. Kenntnisse der Cross Divisional References	- Nutzt die bereichsübergreifenden Informationssysteme zur Vermittlung von Kontakten und zum Aufbau von Referenzen	-	-	-	2	3
5. Wettbewerbs-kenntnisse	- Kennt die wesentlichen Wettbewerber und deren Marktanteile/Marktbedeutung - Verfügt über Strukturdaten (Organsation, Produktfelder etc.) - Ist über die aktuellen Strategien und Vorgehensweisen informiert	-	2	4	4	4
6. Marktkenntnisse	- Kennt die wesentlichen Marktdaten (Marktgröße, Teilmärkte etc.) - Ist über Marktstrukturen und Distributionswege informiert - Kennt die Marktmechanismen und -konditionen - Kann die eigene Marktposition einschätzen und berücksichtigen	1	3	4	4	4
7. Kenntnisse d. technischen/ technolog. Entwicklung	- Kennt die wesentlichen Technologiefelder, deren Bedeutung und Entwicklung - Nutzt alle verfügbaren Informationsquellen zur permanenten Aktualisierung des eigenen Wissensstandes	-	1	2	3	4

Abb. 5e: Anforderungsprofil

Anforderungsprofil 1. Anforderungen an unternehmerische Fähigkeiten		Ausprägung der Qualifikationsmerkmale: 1 - sollte 2 - bedingt erforderlich 3 - erforderlich 4 - unverzichtbar				
		S1	S2	S3	S4	S5
1. Autorität und Überzeugungskraft	- Verfügt über eine natürliche Autorität und Überzeugungskraft, die auf Fachkompetenz und Erfahrung basiert - Ist entscheidungsfreudig und -sicher	-	2	2	3	4
2. Organisationsvermögen	- Ist in der Lage, Organisationsstrukturen zu entwickeln und den jeweiligen Gegebenheiten anzupassen - Kann Arbeitsabläufe unter Nutzung aller verfügbaren Ressourcen optimieren	-	1	1	3	4
3. Unternehmerisches Denken und Handeln	- Ist in seinem Denken und Handeln von unternehmerischen Faktoren bestimmt (Wachstum, Gewinn, Marktanteile, Organisationsgefüge, Ressourcen etc.) - Ist in Übereinstimmung mit den Unternehmenszielen und -strategien	-	1	2	3	4
4. Ziel- und ergebnisorientiertes Verhalten	- Kennt die definierten Unternehmensziele für den Verantwortungsbereich und richtet das Handeln darauf aus - Vereinbart Zielvorgaben intern und extern (Kunden, Schnittstellen) - Entwickelt und verfolgt kurz-, mittel- und langfristige Geschäftspläne	-	1	2	3	4
5. Ergebniskontrolle und -analyse	- Nutzt bestehende und entwickelt neue Systeme zur Ergebniskontrolle - Analysiert Ergebnisse und entwickelt daraus Maßnahmen und Aktivitäten	-	1	2	3	4
6. Entscheidungsfähigkeit	- Verfügt über die Fähigkeit, situationsgerecht und angemessen zu entscheiden - Gründet seine Entscheidungen auf sachlicher Basis	2	3	4	4	4
7. Moderations- u. Coachingfähigkeiten	- Entwickelt und verfolgt Strategien und Maßnahmen - Ist in der Lage, einzelne Mitarbeiter und Teams positiv zu beeinflussen und zu steuern - Betreibt eine zweckorientierte, offene Kommunikationspolitik	-	1	2	3	4
8. Repräsentationen	- Ist in Einstellung, Verhalten und Handeln vorbildlich - Repräsentiert das Unternehmen nach innen und außen in einer Form, die der 3M Firmenkultur entspricht und dem Firmenimage zuträglich ist	-	-	2	3	4

Abb. 5f: Anforderungsprofil

Grundlegend für die volle oder teilweise Anwendung der parallelen Karrierestruktur sind sachliche Entscheidungen des Vertriebs-Managements.

Komplexität der Vertriebsaufgabe und Vielschichtigkeit der Marktstrukturen sind Entscheidungshilfen, um zu bestimmen, wie häufig die einzelnen Stufen in der Organisation vertreten sein sollen.

Also ... ein klassisches arbeitsanalytisches Strukturmodell?

Eher nicht ... weil der Ansatzpunkt ein anderer ist:

Wie kann ein Unternehmen Talente, Begabungen und Erfahrungen seiner Mitarbeiter möglichst umfassend für Markterfolg nutzen?

5. Resümee

In vielen Befragungen von Mitarbeitern rangiert die Zufriedenheit mit gesehenen Aufstiegsmöglichkeiten am Ende der Ranking-Liste. Allzuleicht lassen sich viele Führungskräfte in eine defensive Position bringen. Die strukturell bedingte Knappheit von hierarchisch hoch angesiedelten Positionen wird als "Enttäuschungspotential" für Mitarbeiter interpretiert.

"Ent-täuschen" meint ja im eigentlichen Sinne des Wortes das Loslassen von einer Täuschung, ist also ein befreiender realistischer Akt. Nicht nur Karriere-Jobs sind rar, auch Talente.

Gespräche über dieses Thema können viel zu einer guten, realistischen Arbeitsbeziehung beitragen.

Parallele Karrierelaufbahnen als "give away" für unzufriedene Leistungsträger?

Wenn man etwas gibt, das nichts wert ist (... weil es keiner Anstrengung bedarf), wird es nicht als Fortschritt empfunden. Von daher hat die Kopplung realistischer Mehr-Aufgaben mit persönlichem Fortschritt nach unserer Meinung einen hohen Stellenwert.

Aus den dargestellten Materialien und Erläuterungen ist der Anspruch einer gewissen Analytik ersichtlich.

Differenzierte Betrachtungen von Menschen mit unterschiedlichen Leistungs- und Begabungspotentialen sind notwendig, weil innerhalb des Unternehmens über nicht mehr oder weniger als die Vergabe beruflicher Chancen entschieden wird.

Manchmal geschieht es, daß analytische Betrachtungen zu Ergebnissen führen, die auf einer "common sense" Ebene von den Beteiligten nicht geteilt werden. Der Anspruch an Analytik sollte "hinreichend" sein ...ganzheitliche Einschätzungen zeigen manchmal Grenzen auf.

Fach-/Führungslaufbahn-Konzept der HEWLETT-PACKARD GMBH

Sylvia Hofstetter*

Gliederung

---

*) Sylvia Hofstetter, Personalreferentin Vertriebsbereich Süd, Hewlett-Packard GmbH, Taufkirchen

Fach-/Führungslaufbahn-Konzept der HEWLETT-PACKARD GMBH

1. Gestatten - Hewlett-Packard -; dürfen wir uns kurz vorstellen?

1.1 HP-weltweit

Hewlett-Packard ist ein weltweit führendes Unternehmen der Informationstechnologie. Es entwickelt, fertigt und vertreibt als einziger Elektronikanbieter Computer, Meßgeräte und elektronische Bauteile. 1939 in Palo Alto, Kalifornien, von William R. Hewlett und David Packard gegründet, zählt HP heute mit weltweit 89.000 Mitarbeitern und einem Jahresumsatz von 14,5 Mrd. Dollar zu den 30 größten Industrieunternehmen in Amerika. In 50 Fertigungsstätten, verteilt auf 16 Länder, werden über 12.000 verschiedene Produkte entwickelt, produziert und vermarktet. Rund um den Globus sind ca. 600 Vertriebsbüros und autorisierte Händler für Verkauf und Kundendienst zuständig.

Der Erfolg von Hewlett-Packard basiert auf der Innovationskraft und der kundenorientierten Ausrichtung des Unternehmens.

1.2 HP-deutschlandweit

Mit der Gründung der ersten Auslandstochter, der Hewlett-Packard GmbH in Böblingen, hat Hewlett-Packard 1959 die Geschäftstätigkeit auf Europa ausgedehnt. Anfangs fertigten 18 Mitarbeiter im Hinterhaus einer Böblinger Strickwarenfabrik Sinusgeneratoren sowie analoge Gleich- und Wechselspannungsvoltmeter nach Plänen der amerikanischen Muttergesellschaft. Heute ist die Hewlett-Packard GmbH mit einem Jahresumsatz von 4,5 Mrd. DM und 6.200 Beschäftigten die größte HP-Tochter. Sie spielt deshalb für die Europaaktivitäten des Konzerns eine zentrale Rolle (s. Abb. 1).

Hauptverwaltung

Personal, Finanzen, Technik, Qualität, Umwelt, IT, Recht, Patente, Öffentlichkeitsarbeit

Europäische Marketingzentren

- Computersysteme
- Computerprodukte
- Medizinelektronik
- Analytische Meßtechnik
- Remarketing

Forschung und Entwicklung

- CAD-Systeme
- Software für System-Management
- Elektronische Meßtechnik
  - Puls-/Funktionsgeneratoren
  - Digitale IC-Testsysteme
  - Glasfaser-Meßgeräte
- Medizinelektronik
  - Geburts-, neonatale Überwachung
  - Patientenüberwachung
  - Chirurgische Überwachung
- Analytische Meßtechnik
  - Flüssigkeitschromatographie
  - Spektralphotometrie
  - Dioden-Array-, Fluoreszenz-, RI- und EC-Detektoren

Fertigung

- Computer
  - Mehrplatzsysteme, Server
  - Workstations
- Elektronische Meßtechnik
  - Puls-/Funktionsgeneratoren
  - Digitale IC-Testsysteme
  - Glasfaser-Meßgeräte
- Medizinelektronik
  - Geburts-, neonatale Überwachung
  - Chirurgische Überwachungssysteme
  - Patienten-Überwachungssysteme
  - Ultraschall-Bildgeräte
- Analytische Meßtechnik
  - Flüssigkeitschromatographen
  - UV-VIS-Spektrographen
  - Dioden-Array-, Fluoreszenz-, RI- und EC-Detektoren
  - Massenspektrometer
  - Gaschromatographen
  - Labordatensysteme
- Leiterplatten

Vertrieb

- Verkauf und Marketing
  - Computer-systeme
  - Computerprodukte
  - Elektronische Meßtechnik
  - Medizin-elektronik
  - Analytische Meßtechnik
  - Elektronische Bauelemente
  - HP-Händler
  - HP-Vertriebspartner
  - Öffentliche Auftraggeber
- Dienstleistungen
  - Beratung und Systemintegration
  - Kundenschulung
  - HP-Finanz-Service
  - Technischer Kundendienst
  - Supportzentrum Ratingen
- Verkauf und Marketing
  - Computersysteme
  - Computerprodukte
  - Elektronische Meßtechnik
  - Medizinelektronik
  - Analytische Meßtechnik
  - Elektronische Bauelemente
  - HP-Händler

Europäische Verteilungszentren

- Personalcomputer
- Peripherie
- Taschenrechner
- Verbrauchsmaterial
- Ersatzteile
- Elektronische Bauelemente

Abb. 1: Hewlett-Packard GmbH

1.3 Standorte

Böblingen ist der Sitz der Hauptverwaltung, der Fertigung und der Europäischen Verteilungszentren. Ebenfalls in Böblingen sind die Bereiche Elektronische Meßtechnik, Medizinelektronik und CAD-Systeme sowie die Europäischen Marketingzentralen für Computersysteme und Computerprodukte vertreten. In Waldbronn bei Karlsruhe befindet sich der Unternehmensbereich Analytische Meßtechnik. Die Vertriebsorganisation ist geographisch in fünf Vertriebsbereiche unterteilt. Neben Verkauf und Kundendienst bietet HP mit zentralen Einrichtungen wie z.B. dem Supportzentrum in Ratingen oder der Organisation für Beratung und Systemintegration ein weitreichendes Angebot von Dienstleistungen.

1.4 Die HP-Unternehmenskultur

"Ich bin der Überzeugung, daß Männer und Frauen gute und kreative Arbeit leisten wollen und diese auch leisten, wenn sie über das entsprechende Umfeld verfügen."(Bill Hewlett) Aufgrund dieser Erkenntnis entwickelte sich bereits in den frühen Gründerjahren eine eigene HP-Unternehmenskultur. Grundlage des "HP-WAYS" sind Werte wie gegenseitiges Vertrauen, Offenheit und Ehrlichkeit, die Arbeit im Team sowie die Verpflichtung zu Qualität, Innovation und Flexibilität. Diese Werte leiten alle Mitarbeiter beim Erreichen der Unternehmensziele, die eine grundsätzliche Haltung bezüglich Gewinn, Kunden, Betätigungsgebiet, Wachstum, Mitarbeiter, Führungsstil und gesellschaftlicher Verantwortung beschreiben.

Ein wichtiges Instrument zur Erreichung dieser Unternehmensziele ist die Führung durch Zielvereinbarung (Management by Objectives), wonach Mitarbeiter gemeinsam mit den Vorgesetzten Ziele für die jeweiligen Aufgabenbereiche erarbeiten. Dieser Führungsstil ist die Grundlage für die Übertragung unternehmerischer Verantwortung und gibt den Mitarbeitern die Möglichkeit zur Selbstverwirklichung und den Freiraum, eigene Ideen zu enwickeln und umzusetzen. Selbständiges und eigenverantwortliches Arbeiten setzt schnelle und regelmäßige Information voraus. Aus diesem Grund existiert bei HP ein breit angelegtes Netz von Medien und Mitteln der Mitarbeiterinformation, dazu gehören auch regelmäßige Ansprachen der Geschäftsleitung.

1.5 Aktive Mitarbeiterentwicklung

In einem Wirtschaftszweig, in dem sich der Stand der Technik und die Kundenbedürfnisse ständig und mit großem Tempo verändern, ist die persönliche und fachliche Weiterentwicklung der Mitarbeiter besonders wichtig. HP bietet seinen Mitarbeitern umfangreiche Trainings- und Weiterbildungsmaßnahmen an. Aufgrund einer ganzheitlichen Betrachtungsweise des Menschen umfaßt dieses Angebot sowohl Maßnahmen zur persönlichen, arbeitstechnischen und fachlichen Fortbildung als auch Sprachkurse oder Angebote zur Freitzeitgestaltung. Dieses breite Angebot und die Bereitschaft zu lebenslangem Lernen bilden die Grundlage für das Prinzip der Beschäftigungssicherheit (Abb. 2).

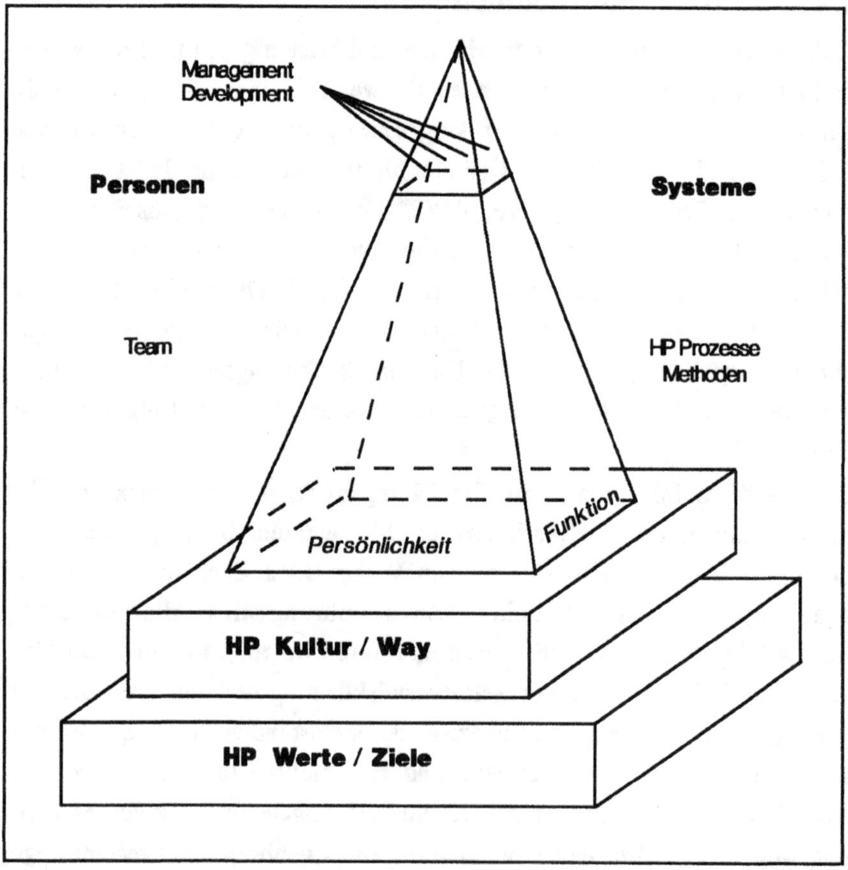

Abb. 2: Mitarbeiterentwicklung

2. Wie kam es zu der Überlegung, eine Fachlaufbahn zu "installieren"? (Geschichte, Hintergründe, Entwicklungen)

Einer der Grundsteine unseres Unternehmens sind, wie bereits im Teil "Unternehmenskultur" angerissen, die HP-Werte, als Grundlage für die Unternehmensziele. Es sollen dabei konkrete Leitlinien vermittelt werden, die jeder versteht und an denen sich jeder orientieren kann.

Die fünf wertorientierten Grundsätze lauten:

1. Wir haben Vertrauen in unsere Mitarbeiter sowie Achtung und Respekt vor ihrer Persönlichkeit.
2. Wir legen besonderen Wert auf das hohe Niveau unserer Leistungen und Beiträge.
3. Wir legen unserem Tun kompromißlose Integrität zugrunde.
4. Wir erreichen unsere Unternehmensziele im Team.
5. Wir fordern und fördern Flexibilität und Innovation.

Aus diesen fünf wertorientierten Grundsätzen folgt eine Reihe von Unternehmenszielen zu den Bereichen Gewinn, Kunden, Betätigungsgebiet, Wachstum, Führungsstil, Gesellschaftliche Verantwortung und Mitarbeiter.

Das Unternehmensziel im Bereich Mitarbeiter lautet:

"Alle HP-Mitarbeiter sollen am Unternehmenserfolg, den sie mit erwirtschaften, teilhaben. Ihre Beschäftigung soll ihnen aufgrund ihrer Leistungen sicher sein. Arbeitsplatz und Arbeitsumgebung sollen sicher und ansprechend gestaltet sein. Die individuellen Leistungen der Mitarbeiter sollen anerkannt werden. Darüber hinaus wollen wir Voraussetzungen schaffen, die es ihnen ermöglichen, persönliche Genugtuung sowie Selbstwertgefühl aus ihrer Arbeit zu gewinnen." "Mitarbeiter sind unser größtes Vermögen" (Bill Hewlett)

Das Unternehmensziel im Bereich Führungsstil lautet:

"Wir wollen die Initiative und schöpferische Kraft unserer Mitarbeiter fördern, indem wir dem Einzelnen einen weiten Entscheidungsspielraum beim Erreichen der klar definierten Unternehmensziele lassen."

Nach diesen Leitlinien und Grundsätzen richtet sich auch unter anderem sehr stark die gesamte Personalarbeit unseres Unternehmens aus. In diesem Umfeld ist auch die Entwicklung des folgenden Konzeptes zu sehen.

Vor etwa 6 Jahren wurde eine Projektgruppe aus Personalabteilung, Betriebsrat, Vorgesetzten und Mitarbeitern gebildet, die sich intensiv mit dem Thema "Fachlaufbahn als Alternative zur Führungslaufbahn" beschäftigt.

Die Problembeschreibung, die man aus damaliger Sicht machen konnte, lautete:

1. Anreize und Anerkennung für Fachexperten fehlen
2. Bewertung der Fachbeiträge ist zu niedrig
3. Karriere bisher nur über Management möglich

Die Folgen dieser Probleme wurden gleichzeitig sehr schnell deutlich:

- Demotivation, innere Kündigung, Know-How-Verlust
- nicht realisierte Produktchancen
- Innovationsfähigkeit leidet
- Unternehmensziele werden nicht erreicht
- Beförderung des Experten zum Vorgesetzten mit der Konsequenz: evtl. Verlust eines guten Fachmannes und Gewinn eines schlechten Vorgesetzten.

Aus diesen ersten Überlegungen heraus entstand ein Lösungsansatz bzw. wurden erste Rahmenbedingungen für das neue Konzept festgelegt.

(1) Ziel soll sein:
  - Stärkung unserer Fähigkeit, technische Innovationen strategisch einzubeziehen und wirkungsvoll, herausragend umzusetzen
  - Konzeption einer attraktiven und anerkannten Alternative zur Führungslaufbahn

(2) Das Konzept soll folgende Punkte besser ermöglichen:
  - bessere Produkte und Produktstrategien
  - bessere Effizienz bei anspruchsvollen Projekten
  - Motivation und Integration technischer Spitzenkräfte
  - Hewlett-Packard als Heimat für technische Höchstleistungen

(3) Das Konzept soll nicht sein:

- Lösungsmöglichkeit für personelle Problemfälle (OE-Entsorgungskanal)
- Anpassung auf Einzelfälle
- persönlicher Referent des Managers
- Automatische Laufbahn für Mitarbeiter mit sehr guten Leistungen
- Senioritätsbeförderung

Aus allen diesen Überlegungen heraus entstand ein Modell, das sowohl Fach- als auch Führungslaufbahn möglich macht, das "DUAL-LADDER-Konzept, unter dem für Mitarbeiter bei gleichen Startbedingungen Fach- und/oder Führungskarrieren möglich sind (Abb. 3).

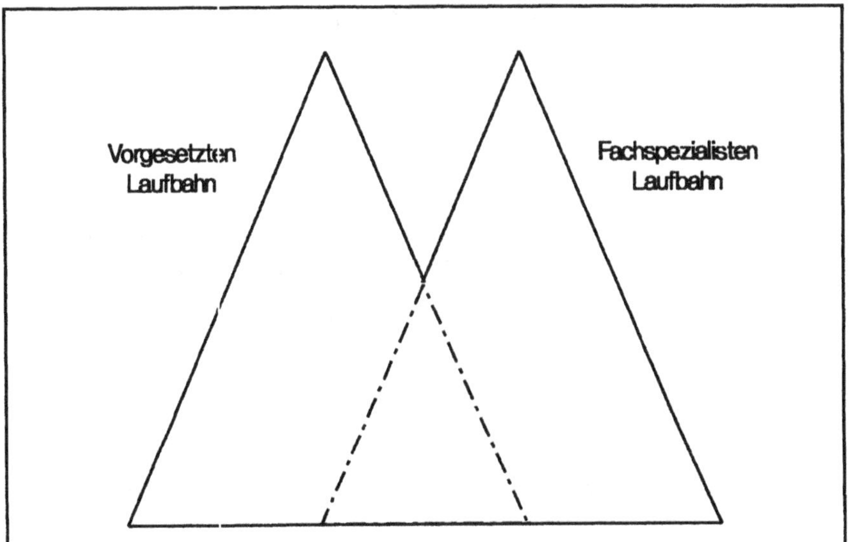

Abb. 3: Dual Ladder

3. Wie sieht das DUAL-LADDER-Konzept im Detail aus?

Nun geht es an die direkte Umsetzung der vorher genannten Ziele, Rahmenbedinungen und Problemfelder, betrachtet aus dem Vertriebsbereich von Hewlett-Packard heraus.

Wichtig ist, von vornherein die Verantwortung von Manager zu Berater/Spezialist abzuklären und festzulegen, um die ersten Differenzierungsprobleme gar nicht erst aufkommen zu lassen:

Manager:
- Businessverantwortung
- Strategieverantwortung
- Führungsverantwortung
- Implementierung

Berater/Spezialist unterstützt den Manager durch:
- Markterfolg durch technischen Beitrag
- Applikations- und Business-Know-How
- höchstes technisches Niveau - Implementierung
- Innovation
- Fachtraining
- Darstellung nach außen

Als nächstes ist die Struktureinbindung der Mitarbeiter aus der Fachlaufbahn von Bedeutung, die bei Hewlett-Packard folgendermaßen aussieht:

1. Sie gehören mit zum Management-Team der jeweiligen Ebene
2. Sie sind in die Abteilungsstruktur integriert
3. Sie sind an Entscheidungen beteiligt
4. Sie haben Implementierungsverantwortung
5. Sie sind in die Gehaltsstruktur für Führungskräfte integriert
6. Sie sind häufig Einzelkämpfer

Zwei Beispiele aus dem Vertriebsbereich sollen das Ganze nun noch im Detail verdeutlichen:

3.1 "Beratung und Systemintegration"

Hier läßt sich die Mitarbeiterentwicklung nach dem Dual-Ladder-Konzept sehr gut sehen.

Der Ernennungsprozeß im Mitarbeiterentwicklungsplan sieht folgende Schritte vor (Abb 4):

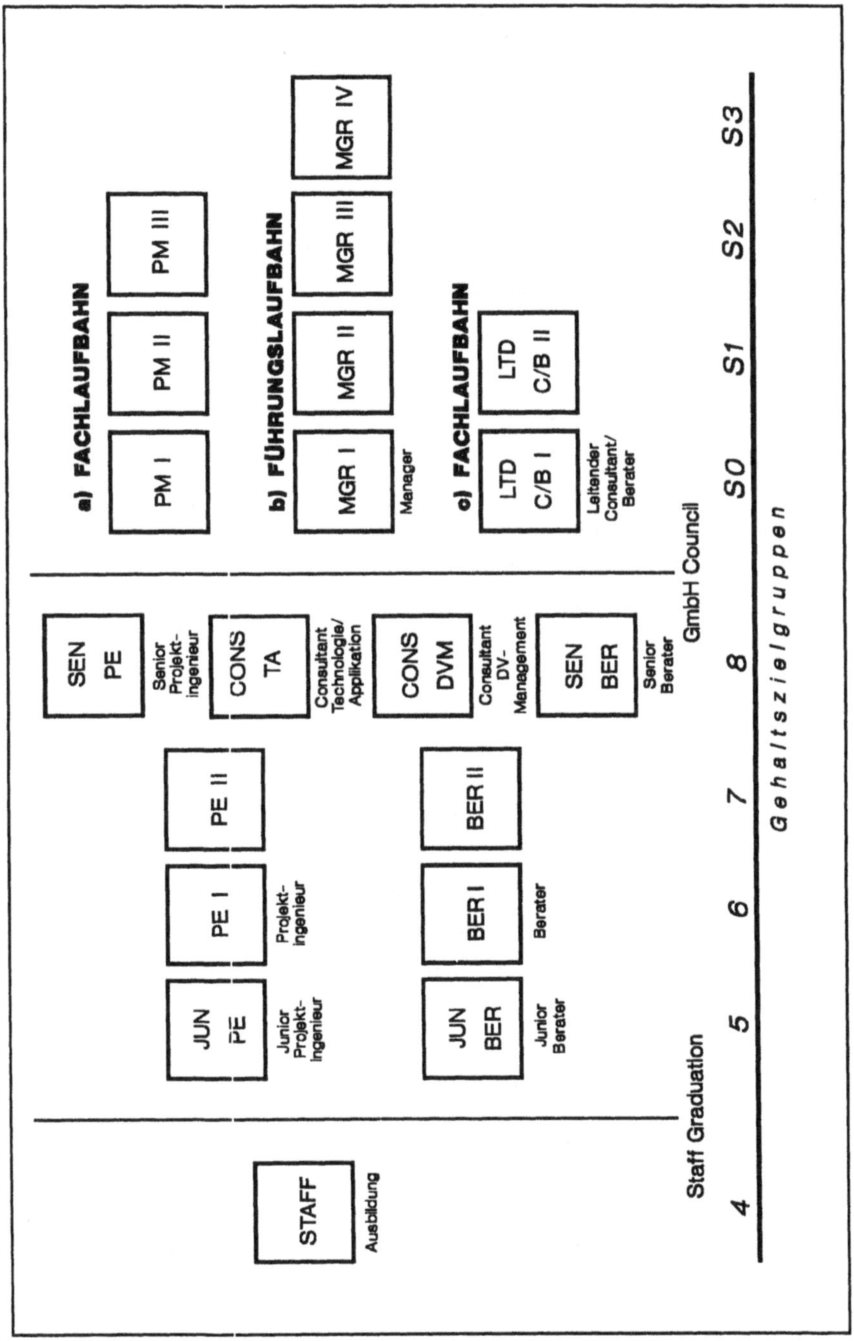

Abb. 4: Mitarbeiterentwicklung "Beratung & Systemintegration" (Fachlaufbahn/ Führungslaufbahn)

(1) Hochschulabsolventen beginnen als Staff der Gehaltsgruppe 4.

(2) Nach der Staffzeit ist eine Graduation durchzuführen, in der der Mitarbeiter fachliches und verkäuferisches Wissen und Kenntnisse nachweist. (Präsentation eines fachlichen Themas, verbunden mit Vorstellung von Dienstleistungen).

(3) Übergang vom Junior-Berater/Projektingenieur zum Berater/Projektingenieur erfolgt automatisch über Berufserfahrung.

(4) Übergang vom Berater/Projektingenieur zum Senior
   - Berater/Consultant/Senior-Projektingenieur
   - Präsentation des Businessplanes vor dem GmbH-Management
   - Ernennung durch das GmbH-Managment

(5) Übergang vom Senior-Berater/Consultant zum Leitenden Berater/Consultant
   - Schriftlicher Antrag durch den Vorgesetzten, in dem der Schritt begründet wird und die Voraussetzungen nachgewiesen werden
   - Präsentation vor der Gesamtrunde der Manager aus "Beratung und Systemintegration" über Businesspläne
   - Schriftlicher Antrag dieser Gesamtrunde an das GmbH-Management
   - Ernennung durch das GmbH-Management
   - In Abstimmung mit dem GmbH-Management wird die Zahl der Leitenden Berater begrenzt.

Die einzelnen Positionen im Bereich Fach- und Führungslaufbahn unterscheiden sich, wenn wir im Beispiel weitergehen, in ihren Eingangsvoraussetzungen, Anforderungen, Schwerpunkten und Aufgaben folgendermaßen:

3.1.1 Leitender Berater I und II
Leitender Consultant I und II (Abb. 4, Punkt c)

Eingangsvoraussetzungen:

- Mindestes 10 Jahre Berufserfahrung als Berater oder in vergleichbarer Tätigkeit, davon mindestens 3 Jahre als Senior-Berater/Consultant bei Hewlett-Packard
- Überdurchschnittliche Leistungen über mehrere Jahre als Seniorberater oder Consultant. Erfolgreiche Umsetzung seiner Businesspläne über 3 Jahre (Dienstleistungen und Verkaufsaufträge)

- Entscheidende Beiträge zur Gewinnung bzw. Abwicklung von mindestens 3 Großprojekten
- Bereitschaft zum längerfristigen Einsatz außerhalb seiner/s Geschäftsstelle/Wohnortes
- Vorbildfunktion

Hauptaufgaben/Verantwortlichkeiten/Schwerpunkte:

- Der Leitende Berater/Consultant nimmt die Aufgaben/Verantwortlichkeiten des Senior-Beraters/Consultants bei für HP strategisch wichtigen Kunden/Projekten wahr.
- Er berichtet an einen Abteilungs-Manager.
- Er übernimmt überregional die fachliche Betreuung von Beratern bei Systemanalysen und Implementationen komplexer Systeme/Lösungen, die mit lokalen Ressourcen nicht gelöst werden können.
- Er unterstützt den Abteilungs-Manager bei der Auswahl, fachlichen Anleitung und Entwicklung von Mitarbeitern.

3.1.2 Projektmanager I, II und III (Abb. 4, Punkt a)

Eingangsvoraussetzungen:

PM I: Studium der Ingenieur- oder Wirtschaftswissenschaften sowie ca. 5-jährige Erfahrung in Vertrieb oder Systemberatung oder ca. 5-jährige Erfahrung in der Softwareentwicklung in Projektleiterfunktion.

PM II: Erfolgreiche Abwicklung von Projekten in der Größenordung von mindestens 4 x X KDM Revenues oder X MDM Revenues über einen längeren Zeitraum. Mindestens 3 Jahre Erfahrung als Projektmanager.

PM III: Erfolgreiche Abwicklung von Projekten in der Größenordung von mindestens 8 x X KDM Revenues oder X MDM Revenues über einen längeren Zeitraum. Mindestens 6 Jahre Erfahrung als Projektmanager.

Hauptaufgaben/Verantwortlichkeiten/Schwerpunkte:

Der Projektmanager ist verantwortlich für den technischen und finanziellen Erfolg von Kundenprojekten. Die Tätigkeit beginnt mit der Akquisition bzw. Pre-Sales Unterstützung und geht über die Vertragsverhandlung bis zur vollständigen Abwicklung und Abnahme der Projekte. Der

Projektmanager führt und berät die mit seinen Projekten befaßten Mitarbeiter in fachlicher Hinsicht.

Der Projektmanager berichtet an einen Abteilungs-Manager oder den Leiter eines Projektzentrums.

3.1.3 Distrikt-Manager I-IV Beratung und Systemintegration (Abb. 4, Punkt b)

Eingangsvoraussetzungen:

- Studium der Ingenieur- oder Wirtschaftswissenschaften sowie eine mehrjährige Erfahrung in der HP-Vertriebsorganisation oder einer gleichwertigen Tätigkeit.

  Distrikt-Manager I: (keine Vorgaben)
  Distrikt-Manager II: 10-20 Mitarbeiter, › 3 Mio. DM Umsatz
  Distrikt-Manager III: 20-50 Mitarbeiter, › 6 Mio. DM Umsatz
  Distrikt-Manager IV: 50-100 Mitarbeiter, › 15 Mio. DM Umsatz

Hauptaufgaben/Verantwortlichkeiten/Schwerpunkte:

- Der Distrikt-Manager ist verantwortlich für die Führung der Mitarbeiter sowie den finanziellen Erfolg der ihm zugeordneten Organisation. Er plant und überwacht die kontinuierliche Erbringung der vereinbarten Dienst-/Projekt-Leistungen. Er erstellt und überwacht die Einnahmen-, Kosten- und Gewinnvorgaben für die ihm unterstellten Dienstleistungsbereiche.
- Er berichtet an den übergeordneten Manager "Beratung/Systemintegration".

Natürlich ist bei entsprechender Befähigung und Motivation auch ein Wechsel des Mitarbeiters zwischen Fach- und Führungslaufbahn möglich. Gehaltlich bedeutet es für den Mitarbeiter keinen Unterschied, ob er die Fach- oder Führungsschiene einschlägt.

3.2 "Field-Admin" (Verwaltung im Vertriebsbereich)

Nicht nur im Level Systemberatung sind Fach- bzw. Führungskarriere für die Mitarbeiter möglich. Dieses Konzept existiert auch im Verwaltungsbereich, wie das zweite, kurze Beispiel zeigt.

Der Mitarbeiterentwicklungsplan (Abb. 5) sieht hier einen Einstieg von Junior-Sachbearbeiter zu Sachbearbeiter und dann zu Senior-Sachbearbeiter vor. Diesen Werdegang geht jeder einzelne Mitarbeiter im Sachbearbeitungsbereich. Danach steht, je nach Fähigkeit und Qualifikation, die Entscheidung für Fach- oder Führungslaufbahn, d.h. für Supervisor I und II oder für Trainings- und Systemkoordinator (= TSK) bzw. Systemadministarator an (Der Fachkoordinator ist für mitarbeiterstarke Bereiche als Zwischenstufe eingeplant.) (Abb. 5).

- Die Ausprägung der Führungsaufgabe bei einem Supervisor I und II (Abb. 5, Punkt a):

  Ziel ist die Sicherstellung einer effizienten und reibungslosen Vertriebsunterstützung/Auftragsabwicklung unter Beachtung der HP-Geschäftsgrundsätze und -Policies und unter Gewährleistung hoher Kundenzufriedenheit; Führung eines Teams von kfm. Sachbearbeitern/innen.

  Gefordert ist eine abgeschlossene kaufmännische Berufsausbildung; Englisch; umfassende Spezialkenntnisse von Systemen und Prozessen; Führungskenntnisse.

  Für den Supervisor I sind 4-5 Jahre Berufserfahrung als Sachbearbeiter notwendig, für den Supervisor II 2-3 Jahre als Supervisor I.

- Die Ausprägung der Fachaufgabe bei einem Trainings- und Systemkoordinator (= TSK) (Abb. 5, Punkt b):

  Ziel sind die Sicherstellung eines bestmöglichen Ausbildungsstandes der Sachbearbeiter/innen und die Gewährleistung eines reibungslosen Informationsflusses zwischen den einzelnen Verwaltungsbereichen sowie einer qualifizierten Unterstützung der eingesetzten Systeme unter Beachtung der HP-Policies und der gesetzlichen Regelungen. Gefordert sind eine abgeschlossene kaufmännische Berufsausbildung; Englisch; umfassende Spezialkenntnisse von Systemen und Prozessen sowie pädagogisch-didaktische Fähigkeiten.

  Für den TSK sind 4-5 Jahre Berufserfahrung als Sachbearbeiter notwendig.

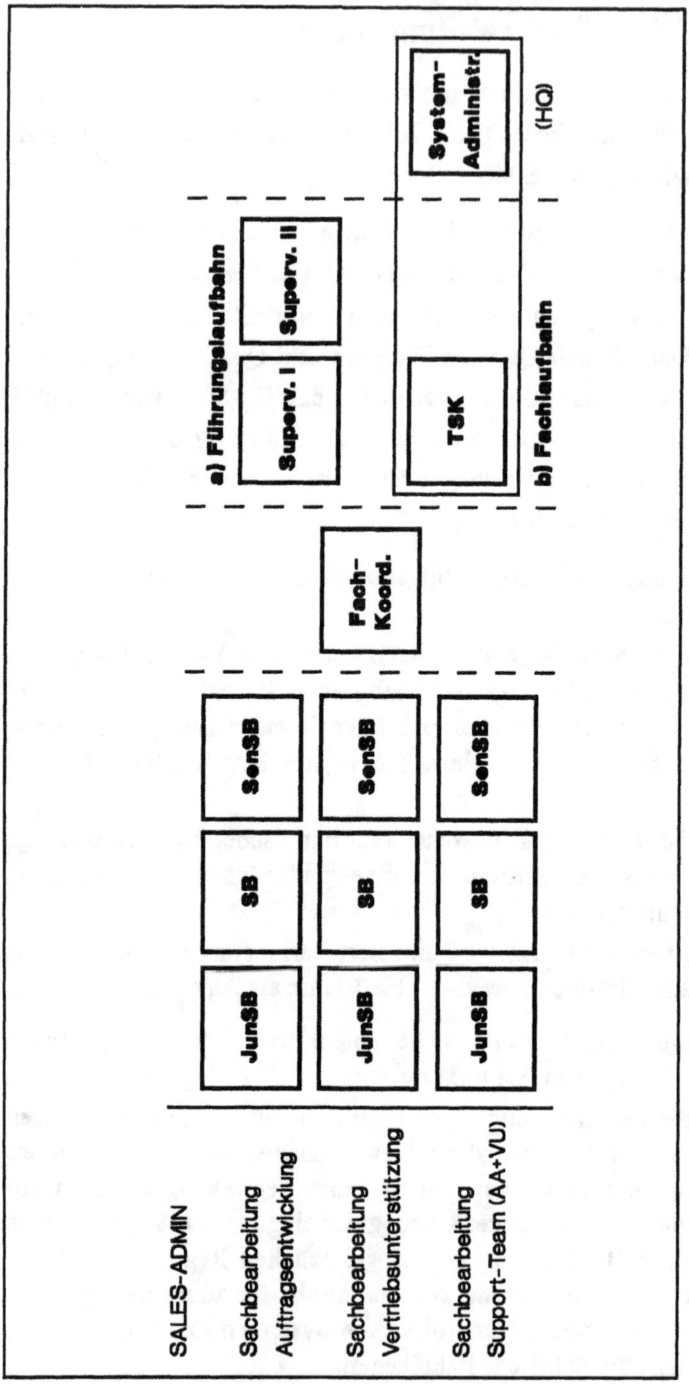

Abb. 5: Mitarbeiter-Entwicklungsplan Field-Admin

Auch hier gilt die Möglichkeit des Wechsels zwischen Fach- und Führungsaufgaben bei entsprechender Befähigung. Die gehaltliche Entwicklung ist bei beiden Laufbahnen gleich.

4. Welche Erfahrungen machen wir mit dem Konzept (pro und contra), und in welche möglichen Richtungen denken wir weiter (Zukunft)?

Insgesamt wird Mitarbeiterentwicklung nach dem Dual-Ladder-Konzept nun seit etwa 6 Jahren im Vertriebsbereich erfolgreich durchgeführt. In diesen Jahren hat sich gezeigt, daß die Vorteile des Modells die Nachteile deutlich überwiegen. Diese Erfahrungen haben uns darin bestärkt, dieses Modell weiter beizubehalten und zu fördern.

Nachteile:

- weniger, auf den ersten Blick deutliche Verantwortungspfade, Abgrenzung Fach- zu Führungskraft
- Experten höher bezahlt als bisher mit dem eventuellen Nachteil für den Mitarbeiter, daß er für den Markt - Firmen ohne dieses Modell - zu hoch bezahlt ist.

Vorteile:

- mehr Kraft für technische Beiträge und dadurch bessere Produkte (am Markt)
- bessere Motivation für Fachexperten
- stärkere Nutzung brachliegenden Potentials
- besseres technisches Niveau
- bessere Hiringmöglichkeiten bei externen Experten
- keine unnötige Umpolung von Experten zu Managern
- gleichwertige Teamarbeit Manager/Experte
- bessere Repräsentation nach außen
- technisch kompetenter Ansprechpartner für Kunden
- intensivere Bindung an die Firma

Ein Ausblick in die Zukunft ist aus heutiger Sicht nicht ganz einfach und die Ideen/Gedanken dazu noch recht am Anfang.

Ausgehend von dem Grundgedanken, den Anforderungen des Mitarbeiters, des Kunden und des Arbeitgebers gerecht zu werden, kann man sich heute, in einem sich immer schneller verändernden Markt (was unsere Branche betrifft), völlig veränderte Strukturen und damit auch Aufgabenfelder vorstellen.

Der Mitarbeiter fordert mehr Flexibilität, stärkere Projektorientierung, besseren Freizeitausgleich usw.

Der Kunde fordert stärkere Ausrichtung nach seinen Bedürfnissen, Wünschen, mehr Flexibilität usw.

Der Arbeitgeber fordert schnelle, erfolgreiche Abwicklung der Projekte, engagierte, motivierte Mitarbeiter usw.

Selbstorganisierende, selbststeuernde Gruppen, in denen die reine Funktion einer Führungskraft immer weniger gefordert ist, die sich je nach Anforderungen, Projekten neu formieren und in denen je nach Situation, Bedarf und Konstellation ein anderer die Projektgruppenleitung übernimmt. Der Wechsel zwischen Fach- und Führungsaufgabe wird damit fließender, dynamischer, bekommt andere Schwerpunkte. Diese Ideen, verbunden mit einer flexibleren Arbeitszeit- und Arbeitsortgestaltung, erfordern dann neue Modelle, die zwar weiter den Grundgedanken des Dual-Ladder-Prinzips beinhalten, jedoch mit anderen Aufgabenstellungen und Bedingungen.

Die Fachliche Führungslaufbahn im Unternehmen IBM

Werner Foerster*

Gliederung

---

*) Werner Foerster, EL Personal, IBM Deutschland Entwicklung GmbH, Böblingen

Die Fachliche Führungslaufbahn im Unternehmen IBM

Darstellung über einen Karriereweg parallel zur Managementlaufbahn mit Personalverantwortung

1. Einführung

Die vorliegende Darstellung über die Fachliche Führungslaufbahn im Unternehmen IBM (schwerpunktmäßig IBM Deutschland GmbH) erhebt nicht den Anspruch einer wissenschaftlichen Arbeit. Sie reflektiert vielmehr die betriebliche Praxis und zeigt auf, welche Rationale ihr zugrunde liegen.

Originär ist lediglich die umfassende Art der Zusammenstellung der vielfältigen Teilaspekte zu dieser in Wirtschaft und Industrie als fortschrittlich angesehenen Ausformung der Organisationsentwicklung. Organisationsentwicklung in komplexen hierarchischen Strukturen und hohem Anteil intellektueller Arbeit an der Gesamtwertschöpfung kommt heute nicht mehr aus ohne Delegation fachlicher Führungsverantwortung an diejenigen, welche die besten und neuesten Kenntnisse (Expertise) besitzen.

'EMPOWERMENT' = WER KANN, DER DARF

Die vorliegende Ausarbeitung kann als "Innenansicht der konsequenten Interpretation personalpolitischer Prinzipien in der IBM" auch intern Verwendung finden. Sie ist eine Zustandsbeschreibung unter Einbeziehung der neuesten internen Entwicklungen ("Neue Berufsbilder", 'Lean Management' etc.).

Trotz weitgehender Offenheit enthält diese Beschreibung keine vertraulichen Geschäftsdaten.

1.1 Erläuterung verwendeter Begriffe und Abkürzungen

MA	Mitarbeiter/innen In allen Fällen sind Mitarbeiter beiderlei Geschlechts gemeint.
Skill	- Gesamtqualifikation - Wissen und Können unter Einbeziehen persönlicher und professioneller Fähigkeiten - Wissensgebiet
Manager	- Führungskraft mit Personalverantwortung - Abteilungsleiter - Hauptabteilungsleiter - Bereichsleiter etc.
Professionals	Mitarbeiter mit weitgehend eigenständigem Arbeitsbereich überwiegend basierend auf abgeschlossener Fachhochschul- / Hochschulausbildung bzw. gleichwertigen Kenntnissen.
Professionell	Berufliches Verhalten von Professionals.
Fachlaufbahn	Fachliche Führungslaufbahn. Ein Karriereweg parallel zur Fachlaufbahn. Führungslaufbahn mit Personalverantwortung.

2. Das Konzept 'Fachliche Führungslaufbahn'

'Innovationskraft' ist einer der wesentlichen Begriffe, mit denen das Image der IBM verbunden wird. Das Geschäft der IBM ist seit jeher geprägt durch den Einsatz neuesten Wissens und neuartiger Methoden, um dem Markt fortschrittliche Lösungen im Geschäftsfeld Informationsverarbeitung anbieten zu können. Das bedingt natürlich einen hohen Anteil an Mitarbeiterinnen und Mitarbeitern, welche dieses Wissen und Können aufgrund entsprechender Schulbildung, Berufsausbildung sowie in der Praxis erworbener Erfahrungen besitzen.

In der IBM haben deshalb über 97 % der Mitarbeiter eine qualifizierte Berufsausbildung.

Siehe nachfolgende Tabelle.

Hauptschulabschluß/Fachschulreife mit Lehre	53 %
Fachschulreife + Lehre mit Fachschule 2/4 Semester	9 %
Fachhochschulabschluß/Berufsakademie	18 %
Hochschul-/Universitätsstudium*	17 %
* Promotion zählt als höchstwertige, spezielle Berufserfahrung	

Abb. 1: Berufsausbildung

Hoher technischer und kaufmännischer Bildungsstand darf natürlich nicht "statisch" sein, wenn auch künftig erfolgreiche Geschäfte in fortschrittlichen Wirtschaftszweigen möglich sein sollen. Deshalb stellt die IBM ihren Mitarbeitern umfangreiche Möglichkeiten zur beruflichen Weiterbildung zur Verfügung (siehe dazu 5.6 "Fachliche Vitalität in der Fachlaufbahn").

Darüber hinaus treffen sich die hohen geschäftlichen Anforderungen mit den Wünschen und Forderungen der Mitarbeiter nach Perspektiven für die berufliche Entwicklung, genannt Aufstiegsmöglichkeiten. Auch die Fülle der professionellen Führungsaufgaben kann nicht vom Management allein bewältigt werden. Ein Wirtschaftsunternehmen, welches überwiegend im kreativen Bereich der Wertschöpfungsskala tätig ist, neue Technologien und Lösungen für komplexe Problemstellungen entwickelt und umsetzt, muß Anteile an der unternehmerischen Verantwortung bzw. der Management-Verantwortung an befähigte Fachkräfte delegieren.

Deshalb und aus anderen wichtigen Gründen, die nachstehend behandelt werden, hat die IBM Deutschland schon 1968 das Konzept "Fachliche Führungs-Laufbahn" eingeführt. Dieses Konzept bietet neben der 'klassischen' Management-Hierarchie, d.h. parallel dazu, Aufstiegsmöglichkeiten als Fachliche Führungskraft.

Die verschiedenen Zweige und Ausformungen sowie die "Dynamik" dieser "Fachlaufbahn" in der IBM Deutschland sollen in den folgenden Kapiteln näher erläutert und dargestellt werden.

3. Grundlagen

Vor dem Hintergrund sich rasant verändernder Märkte, anspruchsvollerer Kunden und einer innovativen Branche braucht ein Unternehmen gleichermaßen motivierte wie hochqualifizierte Mitarbeiter.

Kurze Innovationszyklen und Standardisierungen der Produkte unterscheiden den heutigen Markt für Kommunikationstechnik vom Wettbewerbsgeschehen früherer Jahre. Es reicht nicht mehr, konkurrenzfähige Produkte rechtzeitig herzustellen. Sie müssen auch ebenso schnell auf den Markt gebracht werden. Alle Anbieter sind auf der Jagd nach dem Vorsprung an Zeit, der den Erfolg garantiert. Sie straffen ihre Organisationsstrukturen, produzieren mit modernsten Maschinen und erweitern ihre Serviceabteilungen, doch *letztendlich kommt es immer auf den einzelnen Mitarbeiter des Unternehmens an.* Er ist der entscheidende Erfolgsfaktor.

Auch bei IBM ist das nicht anders. Nicht die Computer oder Automaten sind kreativ und originell. Es sind dic Mitarbeiter, die den Hauptanteil zum Erfolg des Unternehmens beitragen. Sie sind es, die Pläne und Strategien entwerfen und verwirklichen. Ihre intellektuellen Fähigkeiten, ihre fachliche Kompetenz und ihr Engagement - zusammen mit einer wegweisenden Unternehmensphilosophie - haben die IBM zum Marktführer gemacht.

Förderung und Entwicklung der Fachkräfte lassen sich also allgemein aus "unternehmerischer Klugheit" ableiten. Bei IBM ist sie deshalb Hauptbestandteil der Personalpolitik und ist in den Unternehmensgrundsätzen (Abb. 3) und in den Grundprinzipien der Personalpolitik (Abb. 4) verankert.

Entsprechend diesen Grundsätzen und Prinzipien und um eine wirksame Organisationsentwicklung zu ermöglichen, rekrutiert die IBM ihre Mitarbeiter bereits bei der Einstellung weitgehend unter dem Aspekt "Führungsnachwuchs". Die Personalentwicklung als innerbetrieblicher Prozeß (Potential-Erkennung, Potential-Pflege) ermöglicht dann die Besetzung der mittels Arbeitsorganisation geschaffenen Positionen.

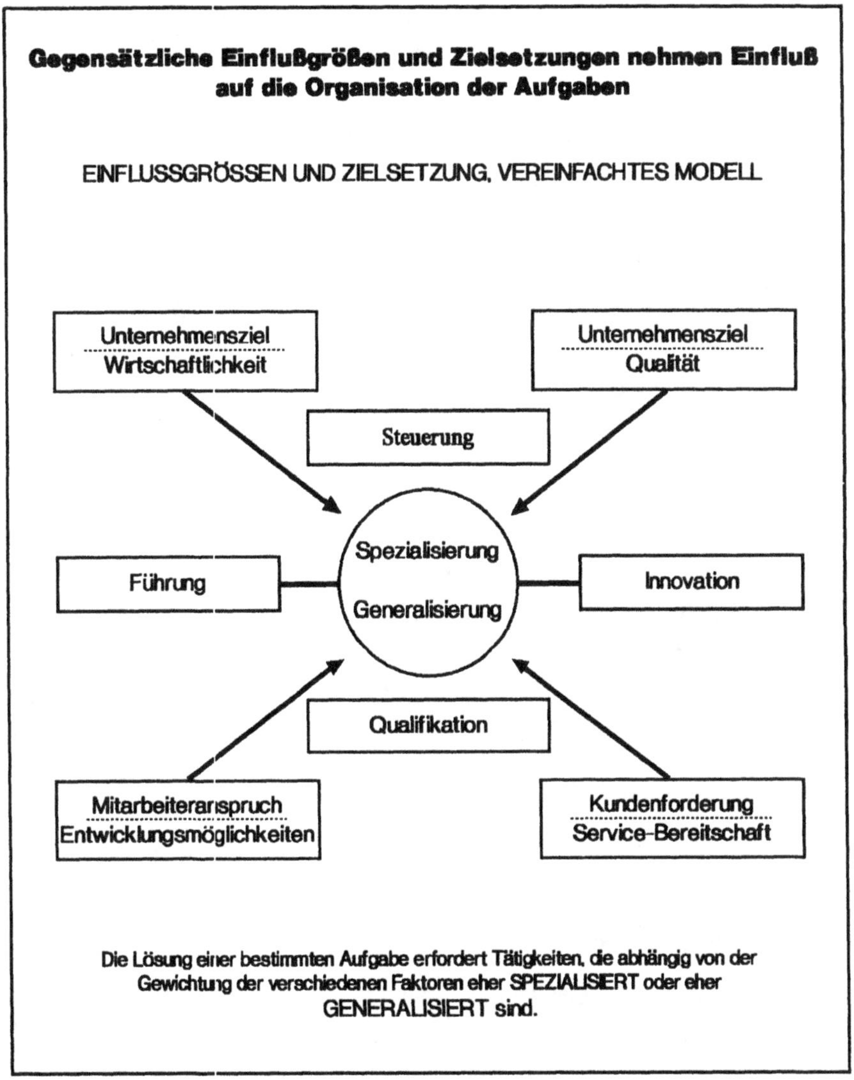

Abb. 2: Arbeitsorganisation, Einflußgrößen und Zielsetzung

3.1 Unternehmensgrundsätze

Die Unternehmensgrundsätze der IBM sind die Richtschnur für verantwortungsbewußtes Handeln der Mitarbeiter. Zusammen mit den strategischen Zielen sind sie die Basis für alle unternehmerischen Aktivitäten und Entscheidungen.

Die Grundsätze ergeben sich aus einer einfachen, rationalen Sicht der Aufgaben und Ziele des Unternehmens. Ganz oben steht der Kunde. Mit ihm wird eine intensive Partnerschaft angestrebt, bei der hochwertige Produkte und ein anspruchsvoller Service die Vertrauensbasis bilden. Für IBM ist das der Weg, der über den effizienten Einsatz aller Ressourcen zur Sicherung der Ertragskraft und zum Wachstum in und mit der Branche führt. Selbstverständlich sind die Grundsätze auch eine Verpflichtung gegenüber den Aktionären.

Erklärtermaßen versteht sich die IBM als ein verantwortungsvoller Teil der Gesellschaft, mit ausgesprochenen Verpflichtungen gegenüber den Mitarbeitern, den Partnern und der Umwelt.

Darüber hinaus ist Mitarbeiterentwicklung als wesentliches Element der Personalverantwortung der Führungskräfte ein eigenständiger Bestandteil der Allgemeinen Führungspflichten.

Bereits vor Jahrzehnten hat das Unternehmen mit weltweiter Gültigkeit diese Unternehmensgrundsätze aufgestellt, die die Unternehmensphilosophie der IBM definieren.

- Achtung vor dem Einzelnen
- Dienst am Kunden
- Spitzenleistung - unser Leitmotiv
- Effektive Führung
- Verpflichtung gegenüber den Aktionären
- Faires Verhalten gegenüber Lieferanten
- Verantwortung des Unternehmens gegenüber der Öffentlichkeit

Abb. 3: Unternehmensgrundsätze

Sie bilden den Rahmen, in dem sich die Unternehmensstruktur in der Vergangenheit entwickelt hat und weiterhin entwickelt. Jede Führungskraft ist verpflichtet, gemäß diesen Grundsätzen zu entscheiden und zu handeln. Gleichermaßen wird *auch von den Mitarbeitern der Fachlaufbahn erwartet, daß sie das Unternehmen vor dem Hintergrund dieser Grundsätze nach innen und außen vertreten.*

3.2 Personalpolitische Prinzipien

Basierend auf den Unternehmensgrundsätzen sind die Grundprinzipien der IBM Personalpolitik entwickelt worden. Es handelt sich hierbei um verbindliche Regeln, die ein hohes Maß an Transparenz besitzen und auf die sich Mitarbeiter, Führungskräfte und Betriebsräte berufen können.

1. Der Respekt vor dem einzelnen Mitarbeiter im Unternehmen muß erhalten und gefördert werden.
2. Die Beziehungen zwischen Mitarbeiter und Führungskraft müssen auf Gegenseitigkeit beruhen.
3. Die Führungskräfte müssen ziel- und ergebnisorientiert führen.
4. Die Zusammenarbeit mit den gesetzlichen Vertretungen der Mitarbeiter soll vertrauensvoll erfolgen.

Abbildung 4: Grundprinzipien der Personalpolitik

Als eine wesentliche Ableitung aus diesen Prinzipien der Personalpolitik und aus dem schon erwähnten unternehmerischen Kalkül ist die Auswahl und Förderung von Führungskräften bei IBM integraler Bestandteil des Zusammenwirkens.

Daß sich Personalentwicklung bei IBM nicht auf die optimale Besetzung der Führungspositionen mit Personalverantwortung beschränkt, sondern (unter Einsatz ähnlicher Steuerungs-Prozeduren/Programme) explizit auch auf die Fachliche Führungslaufbahn bezieht, ist ein wichtiger

Beitrag zum Unternehmenserfolg und zur Unternehmenssicherung (zu Personalentwicklung siehe 5.0 ff.).

Einerseits entspricht dies dem Bekenntnis des beständigen Strebens nach 'Spitzenleistungen' (wie bereits in den Unternehmensgrundsätzen aufgezeigt), andererseits fordert der Wertewandel in der nachwachsenden Generation eine Entsprechung in den beruflichen Entfaltungsmöglichkeiten. Entfaltungsmöglichkeiten, die sich nur durch Übertragung wesentlicher Befugnisse und Verantwortlichkeiten außerhalb der Management-Hierarchie wirksam und in ansprechendem Umfang umsetzen lassen.

Unter Wertewandel erkennt die IBM die Motivationsskala der zukünftigen Träger unserer Gesellschaft.

An oberster Stelle stehen:

- Bevorzugung anspruchsvoller, herausfordernder Täigkeiten unter Übernahme persönlicher Verantwortung
- Individuelles Arbeiten
- Weiterbildungsmöglichkeiten
- Möglichkeiten zur Mitwirkung und zur
- Flexiblen Arbeitseinteilung

Optimale Nutzung der Fähigkeiten und des Leistungswillens (in Summe "des Potentials") aller Mitarbeiter erschließt sich durch ständige Weiterentwicklung und ein Entfaltungsklima, welches diese Nutzung gezielt einfordert.

FÖRDERN DURCH FORDERN

4. Titel/Strukturen/Flexibilität

In nahezu allen Unternehmensbereichen sind die auszuübenden Tätigkeiten mit Verfahren der Arbeitsbewertung untersucht und dann (wie in den beiden nachfolgenden Abbildungen dargestellt) hierarchischen Stufen der 'Fachlaufbahn' zugeordnet.

Zur Orientierung ist unter 4.1 die Titel-Struktur der 'Fachlaufbahn' aufgezeigt, wie sie national (D) und international im Unternehmen IBM gebräuchlich ist. Die verschiedenen Bezeichnungen korrelieren miteinander und ermöglichen ein weltweit gleiches Verständnis.

Das unter 4.2 gezeigte Grob-Raster läßt die inhaltliche Abstufung der Positionen einer Fachlaufbahn erkennen.

Im unteren Bereich geschieht die Differenzierung überwiegend durch die gesteigerte Komplexität und steigende Anforderung der Aufgabenstellung. Diese läßt sich (basierend auf den Erfahrungswerten langjähriger analytischer Arbeitsbewertung) in Form von Tätigkeitsprofilen darstellen.

Der 'Mittelbau' stellt die Grundpositionen der Fachlichen Führung dar; hier ist die Tätigkeit bereits deutlich *durch die Persönlichkeit* geprägt. Der *Arbeitswert ergibt sich aus unternehmerischen Befugnissen,* die übertragen und wahrgenommen werden.

Da diese Befugnisse Risiken beinhalten, ist zur Übertragung an den Mitarbeiter/die Mitarbeiterin seitens Management (Leitung) *Vertrauen* eine notwendige Voraussetzung.

Die Spitzenpositionen der Fachlaufbahn sind bestimmt durch *'Leadership'*. Tätigkeit und Persönlichkeit sind untrennbar verbunden mit außergewöhnlich hoher Qualifikation und anerkannter Autorität (siehe dazu auch 4.3).

4.1 Internationale Vergleichbarkeit der Fachlaufbahnstufen/ -Titel

4.1.1 Bewertungskriterien in den Anforderungsprofilen

Basis für die Bewertung von Tätigkeiten sind sogenannte Anforderungsprofile. Diese reichen bis in die Ebenen der Fachlaufbahn hinein, d.h. sie sind der gültige Maßstab für die Arbeitswert-Unterscheidung. Im unteren Bereich ist Komplexität der wesentliche Faktor.

Darüber tritt als Unterscheidungskriterium die Befugnis in den Vordergrund (siehe dazu Abb. 7).

Prinzipiell geschieht dies in der IBM weltweit nach ähnlichen Gesichtspunkten. Nachstehend sollen die Hauptkriterien der Anforderungsprofile/"Position Classifications" aufgezeigt werden.

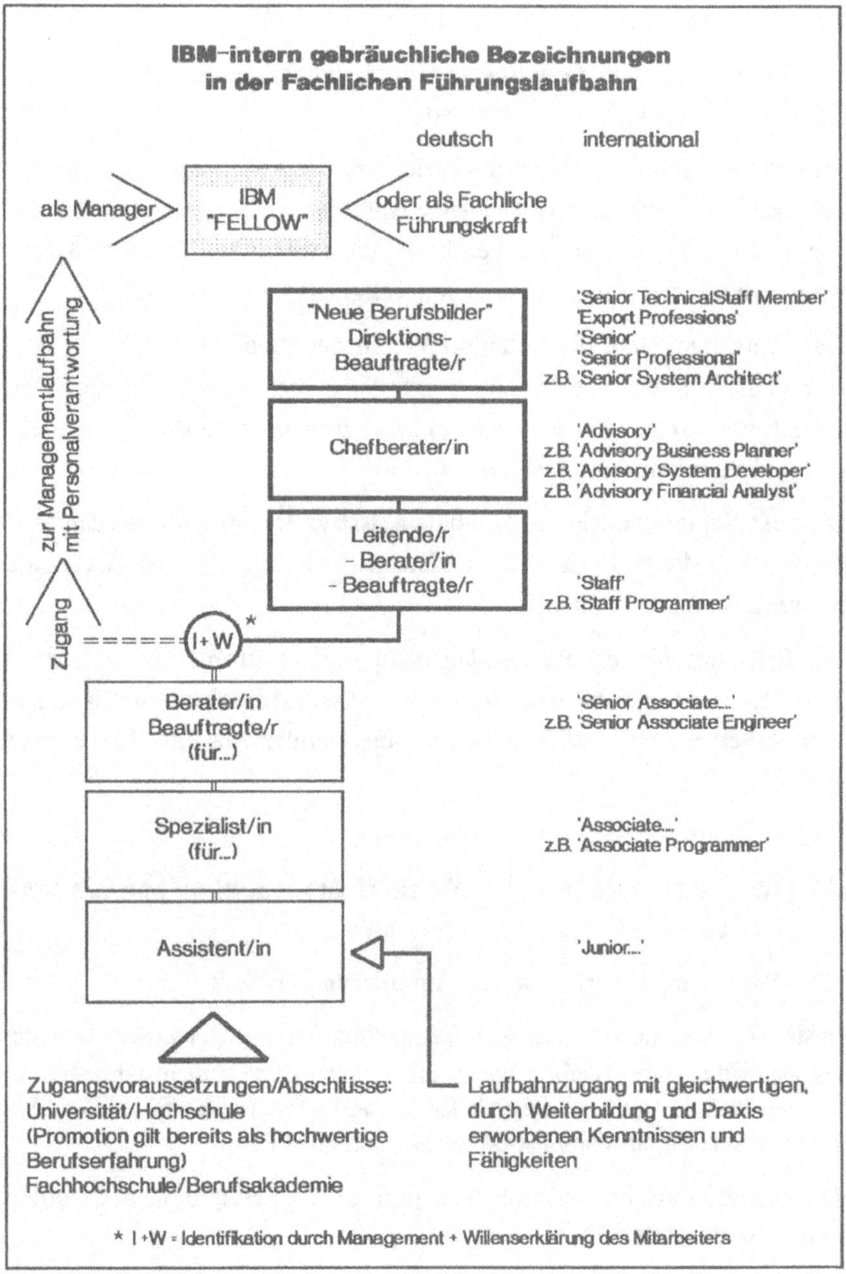

Abb. 5: Graphische Übersicht Internationale Vergleichbarkeit der Fachlaufbahnstufen/-Titel

A	**Bewertungskriterien der Tätigkeitsprofile/Anforderungsprofile Arbeitsbewertung in Deutschland** • Schul-/Berufsausbildung • Berufserfahrung • Wissen und Können • Lösungsmöglichkeiten/Denkrahmen • Verantwortung/Ermessensspielraum • Dienstliche Verbindungen
B	**"Position Classification"/"Job Evaluation" International** • Education • Experience • Decisions • Creative and analytical Ability • Inside relationships • Outside relationships • Managerial Responsibility • Financial Responsibility

Abb. 6: Bewertungskriterien, Deutsches Profil/Internationales Profil

Wenn auch die Bewertungsmethode in der IBM Deutschland sich von der in anderen IBM Länder-Organisationen im Detail unterscheidet, so ist erkennbar, daß die profilartige Darstellung der Tätigkeiten in der Fachlaufbahn gleichermaßen zu den wertentscheidenden Aussagen führt.

4.2 Die wesentlichen vertikalen Unterschiede zwischen den Fachlaufbahnstufen

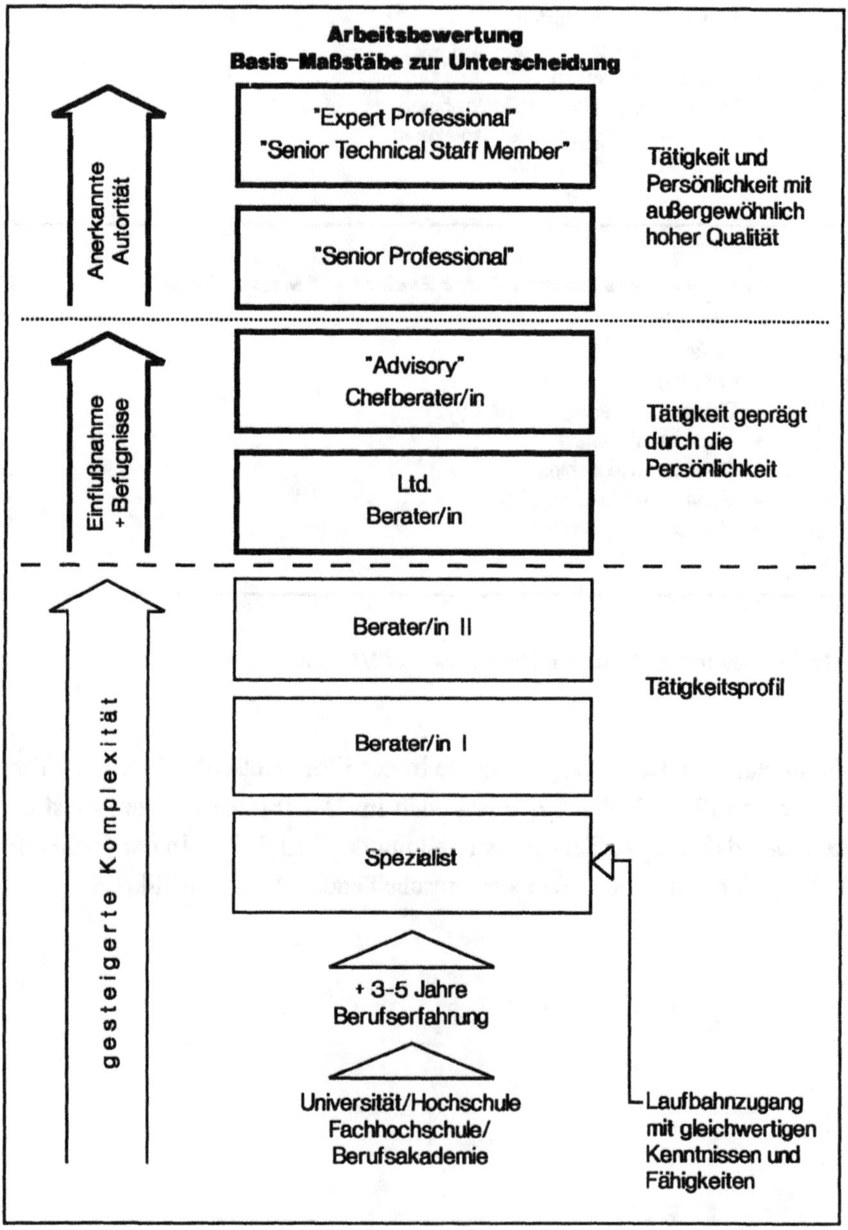

Abb. 7: Basis-Maßstäbe zur wertmäßigen Unterscheidung der Fachlaufbahnstufen

Entgeltstufen	Wissen + Können	Wirkungsrahmen	Verantwortung und Ermessensspielraum	Öffentlichkeit
x	Spezialkenntnisse in definiertem Fachgebiet	Entwicklung von Lösungen für neue Aufgabenstellungen	Auswahl + Begründung der optimalen Lösungen mit langfristigem Charakter	
x+1	Spezialkenntnisse auf komplexem Fachgebiet	Entwicklung von Lösungen für komplexe Aufgabenstellungen	Auswahl + Begründung der optimalen Lösungen mit Einfluß auf strategische Pläne	
x + 2	Anerkannter Experte, Spezialkenntnisse auf komplexem Fachgebiet mit umfangreichen Kenntnissen angrenzender Gebiete	Entwicklung von Lösungen für komplexe + neuartige Aufgabenstellungen unter Berücksichtigung angrenzender Funktionen	Auswahl + Begründung der optimalen Lösungen mit Einfluß auf angrenzende Funktionen	Fachvorträge vor internen + externen Gremien, Veröffentlichungen in Fachzeitschriften
x + 3	International anerkannter Experte in einem höchstkomplexen zukunftsweisenden Fachgebiet oder Experte mit nat. Befugnis	Entwicklung von Richtlinien + Grundlagen, die IBM-weit beachtet werden. Innovation, Patente	Verantwortlich für Projekte und Entscheidungen, die mehrere Fachbereiche einschließen mit firmenweiten Befugnissen (GmbH)	Bedeutende Veröffentlichungen, häufiges Auftreten vor internen und externen Gremien
x + 4	International anerkannte Autorität in seiner Disziplin	Erschließung neuer Forschungs- und Anwendungsbereiche	Repräsentiert und vertritt die IBM national und international	International bedeutende Veröffentlichungen, Vorlesungen an FHS/HS/Uni
Y	**Hat mehrere Jahre erfolgreich seine Disziplin geprägt und damit das Geschäft der Firma nachhaltig dispositiv beeinflußt / Voraussetzung zur Nominierung für die 'Corporate-weite' Anerkennung als STSM ***			

Abb. 8: Wesentliche Tätigkeitsmerkmale in der Fachlaufbahn-Hierarchie

4.3 Die Oberen Positionen in der Fachlaufbahn

4.3.1 "Senior Technical Staff Member" - "STSM" -

Dieser Titel dokumentiert die firmenintern weltweit wirkende Anerkennung herausragender Leistungen und Beiträge zum Unternehmenserfolg auf den dafür bedeutendsten technisch-wissenschaftlichen Fachgebieten.

Zugleich geschieht damit die Demonstration der besonderen Kompetenz gegenüber den externen Partnern in der wissenschaftlichen Welt (es besteht der Anspruch, daß die jeweilige Disziplin wesentlich beeinflußt wird) und gegenüber dem Kunden. Die Auszeichnung als "STSM" beinhaltet für den Kunden das Angebot höchster fachlicher Beratungskompetenz.

Eine solchermaßen ausgezeichnete Persönlichkeit wirkt üblicherweise aktiv als Berater für das oberste Management sowie als 'Mentor' für jüngere Kollegen mit weitreichendem technischen Potential.

Die Auszeichnung 'STSM' wird über einen strengen internationalen Zertifizierungs-Prozeß verliehen. Nachstehend soll die international einheitliche Definition der Position für sich sprechen:

Senior Technical Staff Members - 'STSM'
The Senior Technical Staff Member position recognizes the limited number of engineering, programming, scientific, and systems employees whose contributions are, by virtue of distinguished and sustained technical achievement, clearly superior to the contributions expected of senior engineers, programmers, and scientists.

Abb. 9: "Senior Technical Staff Member", Originaltext der Definition

Senior Engineer/Programmer/Scientist - der "Pool", aus dem die 'STSM' 'geschöpft' werden:

Die international als "Senior Engineer/Programmer/Scientist" bezeichneten Spitzenkräfte in Entwicklung und Forschung sowie deren Tätigkeiten zeichnen sich aus durch folgende Kriterien:

(1) Personenbezogen
- Außerordentliche Erfahrung und Kreativität auf einem bedeutenden techn./wissenschaftlichen Arbeitsgebiet
- Intern und extern anerkanntes techn./wissenschaftliches Expertentum (technical leadership) auf einem wichtigen Spezialgebiet (Veröffentlichungen, Vorträge, Patente, aktive Mitgliedschaft in Fachverbänden)

(2) Tätigkeitsbezogen
- Verantwortung für Entwicklung neuer, weiterführender Produkte, Anwendungen und Technologien
- Verantwortung für Innovation, Definition und Durchsetzung technischer Ziele und richtungsweisender Strategien/Konzepte mit entscheidender Auswirkung auf den Erfolg der jeweiligen "Line of Business" (Product Mission) bzw. der Entwicklungsfunktion
- Zusammenarbeit mit höchsten Professional- und Management-Ebenen in Division und Corporation
- Regelmäßige, beratende Kontakte zu "Executive Management" wichtiger Kunden und Fachverbände
- Beeinflussung der "Company Results" über eine Strategische-Plan-Periode hinaus.

4.3.2 "Neue Berufsbilder" im Vertrieb und Dienstleistungsbereich (im internationalen Sprachgebrauch "Expert Professions")

Die kontinuierliche Delegation von Befugnissen und Verantwortung hin zu den im direkten Kundenkontakt stehenden Mitarbeitern wird unter dem Stichwort "Field Empowerment" konsequent fortgeführt.

Field Empowerment meint, Fachkompetenz und Entscheidungskompetenz selbständig umzusetzen. Wer selbständig agieren soll, braucht definierte Freiräume. Dazu gehört auch, daß definierte Entscheidungen ohne Einschaltung von Management/Stabsfunktionen getroffen werden können. Wer den konkreten Fall am besten kennt, wird auch die beste Entscheidung treffen.

Delegation und Empowerment stellen neue Ansprüche an die Fachkompetenz. Kompetenz ist ein zentraler Faktor der Kundenzufriedenheit und damit der Dienstleistungsproduktivität. Überzeugend wirkt der, "der es kann". Deshalb hat die IBM von Kunden und Fachwelt anerkannte Spitzenkräfte, die das Top-Management unserer Kunden auf hohem Niveau beraten können.

Wer jedoch im Rennen um die fachliche Elite die Nase vorn haben will, muß Perspektiven für persönlichen Erfolg aufzeigen. *Mit "Neuen Berufsbildern" unternimmt die IBM deshalb eine Initiative, um die fachlich-methodische Elite im Bereich Kundenberatung auszubauen, die auch außerhalb der Managerlaufbahn eine eindeutige und attraktive Entwicklungsperspektive bietet.* Dies zielt auf professionelle Stärkung des IBM Dienstleistungsgeschäfts bei Marketing und Services und zeigt berufliche Chancen auf.

Hinter diesen Überlegungen verbergen sich keineswegs völlig neue Berufe; neu sind aber die Spitzenanforderungen, die wir an unsere Arbeit in noch höherem Maß stellen. Der Kunde erwartet von uns solche Spitzenleistungen.

Die Einführung der *"Neuen Berufsbilder"* als hierarchische Spitzenpositionen geschieht konzertiert international. Der international eingeführte Terminus lautet *"Expert Professions"*. Als Oberbegriff wird auch "MASTER" verwendet. Nachstehend einige der möglichen Positionen/Aufgabenfelder für solche "Master" im Vertrieb und Dienstleistungsbereich.

- Chefdesigner/Lösungs-Architekt
- Vertriebsbevollmächtigter
- Unternehmensberater
- Projektmanager
- Leiter Marktentwicklung

Abb. 10: Neue Berufsbilder für Top-Fachkräfte in Marketing und Services

Position	**Projektmanager (Große Kundenprojekte sowie bedeutende Projekte innerhalb Generalunternehmer-Aufträgen)**
Konzept:	• IBM Repräsentant in allen Aspekten eines Projektes • Implementiert IBM Verpflichtung gegenüber Kunden
Verantwortung:	• Alleiniger Ansprechpartner bei der Projektimplementierung • Leiter des Projektes vom Start bis Fertigstellung
Erfahrung:	• IBM Berufserfahrung in kaufmännischen und technischen Geschäftsfeldern • Eindeutige Erfahrung in Geschäftsprozessen, Organisation und Resource-Management 10 Jahre Erfahrung und Erfolg im Projekt-Mgmt.
Entscheidungsbefugnis:	Alleiniger Entscheider in allen Belangen der Projektimplementierung zur Erfüllung der Kundenzufriedenheit
Führungsverantwortung:	• Berichtsweg an Service Zentrum/ Geschäftsstelle • Fachverantwortung für alle Beteiligten IBM Mitarbeiter • Führung der externen Partner • Finanzielle Verantwortung für Kosten/Profit

Abb. 11: "Neue Berufsbilder", Beispiel einer Definition, Projektmanager als "Master"

Der Ernennung in eine solche Position liegt ein Zertifizierungsprozeß zugrunde; siehe dazu die folgende Abbildung.

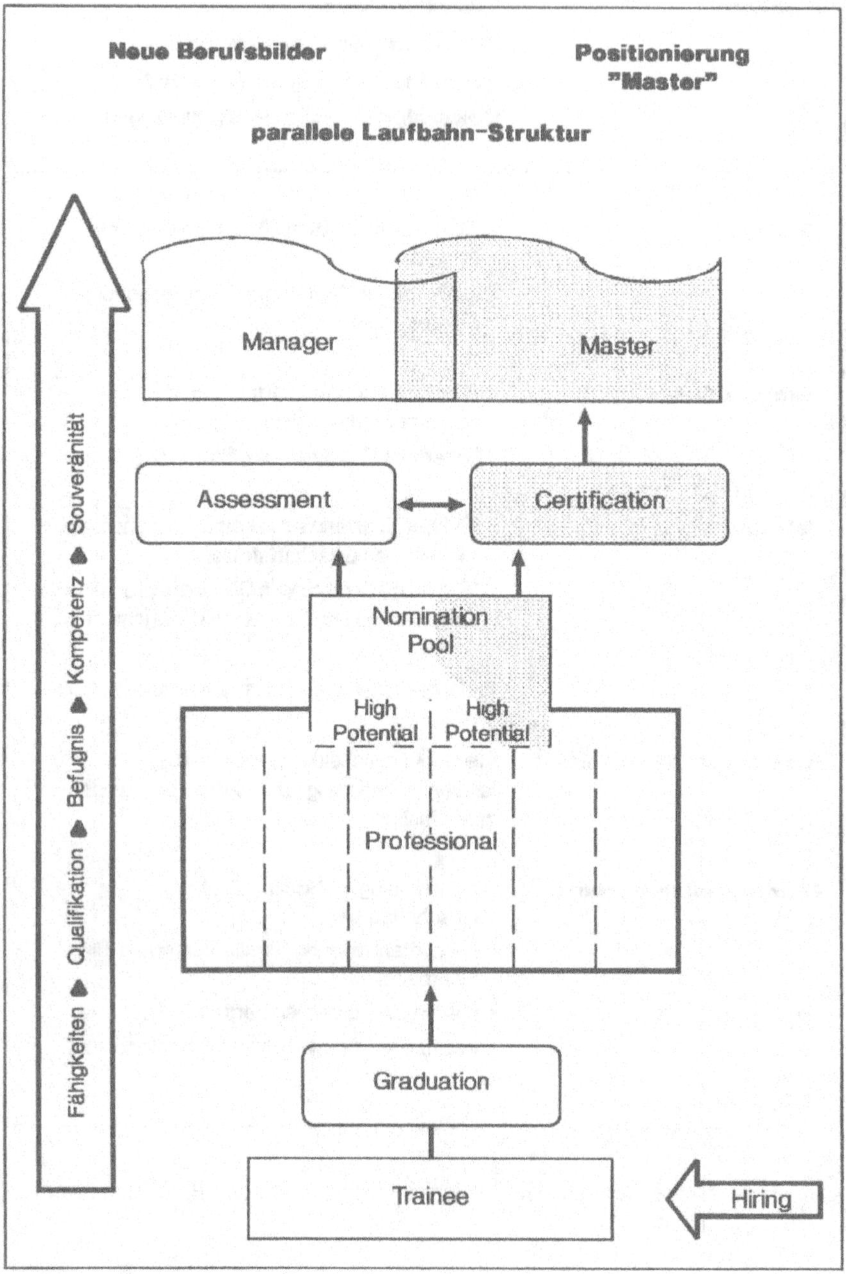

Abb. 12: "Neue Berufsbilder", Positionierung des "Master" innerhalb der parallelen Laufbahnstruktur

Aus der permanenten Qualifizierung im täglichen "Einsatz für die beste Lösung der großen Kundenprobleme" werden Fachliche Spitzenkräfte für die Aufnahme in einen "Nomination Pool" vorgeschlagen. Die dadurch bewirkte besondere Beachtung aller Aktivitäten wird unterlegt durch bewertende Dokumentation einer umfangreichen Kriterienliste. Nachstehend eine Auswahl aus der Gruppierung:

- Besondere Erfahrungen
- Strategische Fähigkeiten
- Durchsetzen/Umsetzen
- Leitung internationaler/interdisziplinärer Arbeitskreise
- Erfolge/Referenzen
- Soziale Kompetenz/Führungswirkung

Abb. 13: "Neue Berufsbilder", Kriteriengruppen

Das Entscheidungs-'Board' für die Ernennung verstärkt sich durch Management verschiedener Unternehmensbereiche und Fachliche Spitzenkräfte aus dem Umfeld der Kandidaten ("Peers").

Die Ernennung erfolgt für zunächst 5 Jahre; das Niveau ist "im Wettbewerb" zu halten.

Die Entlohnung der 'Master' geschieht sehr weitgehend variabel bzw. ergebnisorientiert.

Bernhard Dorn, Geschäftsführer Software und Services:
"Die 'Master' entlasten das Management im Entscheidungsprozeß."

"Wir wollen, daß diese Mitarbeiter sich in unsere strategischen und operativen Überlegungen einmischen und dem fachlichen Argument mehr Geltung verschaffen."

"Es ist wie im Sport: Jeder Einzelne im Verein orientiert sich an der Technik und den Ergebnissen der Spitzensportler. Genauso sind die neuernannten 'Master' Vorbilder, die die Ausrichtung der ganzen Mannschaft bestimmen."

"Natürlich ist Erfahrung nötig, um von Kollegen und Kunden anerkannt zu werden."

"Die 'neuen Berufsbilder' erweitern die berufliche Perspektive der Fachkräfte soweit nach oben, daß niemand mehr nervös nach höheren Managementpositionen schielen muß, während er/sie viel lieber fachorientiert arbeiten möchte, und für die IBM bedeutet das: Wir bringen die höchste Kompetenz dorthin, wo sie hingehört: Zum Kunden."

4.3.3 "IBM Fellow"

Diese höchste Auszeichnung innerhalb der IBM Corporation weltweit wurde weithin bekannt wegen des "spektakulären Grades beruflicher Selbstbestimmung", welcher damit verbunden ist.

Vielfach bereits in der internationalen Presse beschrieben, soll nachstehend die offizielle Ankündigung einer Ernennung der 'IBM Corporation' für sich sprechen:

"IBM Fellows"

In recognition of outstanding records of distinguished and sustained technical achievement in the fields of engineering, programming, science and technology, the following individuals are designated as IBM Fellow. IBM Fellows are given freedom to choose and carry out their work in areas related to their specialization in order to promote creative achievement.

An appointment as an IBM Fellow is a career designation and carries with it appropriate privileges. IBM Fellows may be relieved of the normal constraints of organization and business controls in order to devote their energies and talents to advancement of their chosen projects. Upon appointment by the Chief Executive Officer, an IBM Fellow may have five years in which to pursue his or her technical discipline or field of specialty and to determine his or her own work schedule. During that period an IBM Fellow is expected to travel wherever appropriate both within IBM and elsewhere to share, maintain or improve expertise and competence. A primary consequence of this freedom will enable the IBM Fellow to act as an internal corporate consultant in areas related to the field of specialty which earned the appointment.

Upon completion of the five-year period an IBM Fellow's work should be formally evaluated, and an extension of the period of self-direction may be granted.

Abb. 14: Ankündigung einer Ernennung zum "IBM Fellow" (Originaltext)

4.4 "Flexibilität" zwischen den Führungslaufbahnen der Manager (Leiter) sowie der Fachlichen Führungskräfte

Innerhalb der beiden parallelen Laufbahnen vollzieht sich der Wechsel (überwiegend als Aufstieg) vertikal in Orientierung an den unterschiedlichen Inhalten und Wertigkeiten der Positionen.

Es gibt jedoch durchaus auch einen Wechsel zwischen den beiden Laufbahnen. Diese "Flexibilität" ist gewollt und wird durch die "Fachlaufbahn" erst ermöglicht.

Einige Besonderheiten sind zu bemerken:

- Ersternennungen in der Managementlaufbahn sind nur auf der ersten Ebene (1st Line) möglich.
- Ein Wechsel von Management in die Fachlaufbahn bedingt normalerweise eine Aufgabenstellung, die der Entgeltsstufe des Mitarbeiters entspricht. In jedem Fall geschieht die künftige Entgelt-Entwicklung in Orientierung am Arbeitswert der Tätigkeit.

Die Gründe eines Umstiegs von der Management- in die Fachlaufbahn sind vielschichtig. Sie reichen in Einzelfällen von "Problemen in der Personalführung" bis zum Wunsch bzw. der geschäftlichen Erfordernis, die vorhandene fachliche Kompetenz ohne den Aufwand der Personalführung konzentrierter einzusetzen. Normalerweise ist dieser Wechsel unproblematisch, da alle Abteilungsleiter vor ihrer Ersternennung über mehrere Jahre gute fachliche Leistung gezeigt haben müssen. Im Falle von Führungsproblemen allerdings (aufgrund intensiver Personalentwicklungs- und Auswahlverfahren erfreulich selten) stellt die "Fachlaufbahn kein Allheilmittel" zur Problemlösung dar. Das wird gleich erkennbar, wenn man betrachtet, daß die Forderung nach sozialer Kompetenz, insbesondere im oberen Bereich der fachlichen Laufbahn, gleichermaßen gestellt ist. Diese Voraussetzung trifft für die Moderation zwischen Fachleuten genauso zu wie für den Bereich Kundenkontakt und Öffentlichkeit. Kurz gesagt, *das Qualifikationsprofil der Fachlichen Führungskraft wird mit steigender Verantwortung dem des 'Managers' immer ähnlicher.*

a) IBM Deutschland insgesamt	Bezugsgröße approx. 2.500 Manager	
	1991	1992
Ersternennungen z. Mgr., also Wechsel aus der Fachlaufbahn	7 %	5 %
Wechsel aus dem Mgmt. in die Fachlaufbahn	7 %	9 %

b) Beispiel Entwicklungslaboratorium	Bezugsgröße approx. 170 Manager	
	1991	1992
Ersternennungen z. Mgr.	5 %	4 %
Wechsel aus dem Mgmt. in die Fachlaufbahn	7 %	10 %

Abb. 15: 'Flexibilität' im Wechsel zwischen Fachlicher Führung und Management - Ist-Zahlen

Neben der Flexibilität an sich zeigen die obigen Zahlen, daß die erklärte Absicht der IBM, die Anzahl ihrer Management-Positionen zu verringern, (kürzere Berichtswege/größere Kontrollspannen/"Lean Management") wirkungsvoll umgesetzt wird.

5. Mitarbeiterentwicklung und -förderung

Ein entscheidender Förderungsaspekt in der Fachlaufbahn ist das Vorhandensein eines dualen Laufbahnkonzeptes im Unternehmen überhaupt.

Die häufig unglückliche Frage: "Fachliche Spezialisierung oder Karriere", wird bei Vorhandensein des dualen Laufbahnkonzeptes abgelöst durch die Frage: "Fachliche oder personelle Karriere?" Diese Frage wiederum ist weniger schwierig zu beantworten, da der materielle wie soziale Gewinn in der fachlichen Karriere ähnlich vielversprechend ist wie in der personellen Führungskarriere.

Die Förderung Fachlicher Führungskräfte beginnt bei deren Einstellung.

5.1 Einstell-Assessment

Da für höherwertige fachliche Aufgaben neben der hohen fachlichen und methodischen Kompetenz auch soziale Kompetenz sowie Persönlichkeitsstärke notwendig sind, reichen die herkömmlichen Auswahlverfahren, wie z.B. das Interview, nicht mehr aus.

Die Bewerber werden Gruppenaufgaben ausgesetzt, die ihre

- Kommunikationsfähigkeit
- Integrationsfähigkeit
- Durchsetzungsfähigkeit
- Teamfähigkeit
- Konfliktlösungsfähigkeit
- Soziale Urteils- und Lernfähigkeit

herausfordern.

Die Kombination von Gruppen-Assessment, fachlichem und persönlichem Interview und Management-Diskussionen ergibt ein Bild des Bewerbers, das deutlich mehr zeigt als seine fachliche Befähigung.

Wird der Bewerber eingestellt, hat das Management von Beginn an mit dem 'Material des Einstell-Assessments' wichtige Informationen über das geschätzte Entwicklungspotential bzw. seine Stärken und Schwächen. Statt Mitarbeiter in den ersten Jahren nur "auszuschöpfen", kann vom ersten Tage an das Potential gepflegt und vergrößert werden.

5.2 "Early Identification Program"/"Technical Potential"

Folgende Darstellung dieser speziellen Mitarbeiterförderungsprogramme bezieht sich auf die Praxis innerhalb der IBM Deutschland Entwicklung GmbH.

Das "Early Identification Program" identifiziert in den ersten vier Jahren der Betriebszugehörigkeit Mitarbeiter, die bereits zu diesem relativ frühen Zeitpunkt durch besondere Leistungen bzw. durch besonderes Verhalten positiv auffallen und sich damit als Fachliche oder Personelle Führungskraft empfehlen.

Diese "frühen" Kandidaten unterliegen nicht nur der besonderen Aufmerksamkeit des Managements, sondern werden bereits überdurchschnittlich geschult und mit Sonderaufgaben betraut.

Die Identifikation des "Fachlichen Potentials" geschieht wesentlich mit den Instrumenten "Leistungsbewertung" (s. 6.1.3) und "Beratungs- und Förderungsgespräch" (s. 5.4).

Im Beratungs- und Förderungsgespräch werden die Leistungen der vergangenen Periode gewürdigt und neue, herausfordernde Arbeitsziele für die nächste Periode vereinbart.

Ergibt die Leistungsbewertung über mehrere Perioden herausragende fachliche Leistungen, kann das dazu führen, daß der Mitarbeiter in die "Technical Potential"-Gruppe oder in die "High Technical Potential"-Gruppe nominiert wird. Die Zugehörigkeit zu diesen Gruppen setzt voraus, daß das Management davon überzeugt ist, daß der betreffende Mitarbeiter besonders schnell hohe fachliche Kompetenz und die entsprechende Anerkennung erreichen wird. Für 'High Technical Potential'-Kandidaten kann das das Erreichen der Anerkennung als "Senior Technical Staff Member" oder sogar als "IBM Fellow" bedeuten.

Die Zugehörigkeit zu den 'Technical Potential'-Gruppen bedeutet, daß neben den üblichen Zielsetzungen zusätzliche Ziele gesetzt werden, die dem herausragenden technischen Potential entsprechen:

- Projekte erfolgreich zum Abschluß bringen
- wesentlichen Beitrag zum Erfolg der Entwicklungsfunktionen leisten
- Teilnahme an 'High Level Meetings'
- Führung von Arbeitsgruppen
- Beratung des Managements
- Anstoß/Promotion von Patenten und Veröffentlichungen
- Beratung/Training anderer Mitarbeiter
- aktive Universitätsbeziehungen
- aktive Teilnahme an nationalen/internationalen Kongressen und Symposien
- Definition der eigenen Lern- und Trainingsbedürfnisse
- hohe soziale Kompetenz.

Daß diese Bestrebungen erfolgreich sind, beweist eine Studie über 59 Senior Technical Staff Member, die ergibt:

- 93 % erhielten hohe interne Anerkennungen, verbunden mit erheblichen Geldpreisen,
- 78 % publizieren national und international,
- 75 % halten Patente,
- 66 % sind aktive Mitglieder in wissenschaftlichen Gesellschaften, davon 24 % in führenden Positionen,
- 41 % haben Lehraufträge an Universitäten und Hochschulen.

Die erwähnten Ziele und Anerkennungen stehen im Dienste eines Entfaltungsklimas, in dem technisch potente Mitarbeiter die Möglichkeit zur Weiterentwicklung erleben und nicht das Gefühl haben, "abgeschöpft" zu werden.

Die aufgeführten Anerkennungen, die noch zu ergänzen sind durch die *Chance, Innovationspreisträger oder Mitglied in der "IBM Academy of Technology" zu werden, bieten die Möglichkeit, sich sozial aufsteigend zu erleben. Der fachlich in dieser Weise anerkannte Mitarbeiter erlebt ein Image, das der gesellschaftlichen Bedeutung des Manager-Image nicht nachsteht.*

5.3 Mitarbeiter-Förderungs-Programm (MFP)

Eine zentrale Förderungsmaßnahme für Management wie für Fachliche Führungskräfte gleichermaßen ist das "Mitarbeiter-Förderungs-Programm" (MFP).

Das Mitarbeiter-Förderungs-Programm ist eine Trainingsreihe zur Persönlichkeitsentwicklung und zur Erhöhung der sozialen Kompetenz. Die Trainings sollen den Teilnehmern helfen, die Hintergründe ihres Verhaltens zu begreifen und neue Verhaltensformen mit Selbstvertrauen und Vertrauen in andere zu entwickeln und damit Kommunikation und Teamarbeit wirkungsvoll und kongruent zur eigenen Persönlichkeit praktizieren zu können.

Das Programm besteht aus 3 Seminaren von jeweils 4 Tagen Dauer, in einem Zeitraum von ca. 2 Jahren (siehe Abb. 16).

In der Zeit zwischen den Seminaren haben die Teilnehmer Gelegenheit, sich persönlich beraten zu lassen. Bei aktuellen Arbeitsproblemen, die in beobachteten Situationen erkennbar werden, ergibt sich die Möglichkeit für persönliche Empfehlungen.

Die Entscheidung, auch die technischen Hoffnungsträger dabei zu unterstützen, ihre soziale Kompetenz weiter zu entwickeln, basiert auf der Erkenntnis, daß der Fachexperte in der Regel mit verbalen und geschriebenen Argumenten und Präsentationen, Protokollen und Entscheidungen auftritt. Dies sind allesamt "Medien", die sich nur mit einem hohen Maß sozialer Kompetenz überzeugend kommunizieren lassen. Dabei gilt: Je genialer die Ideen, um so schwieriger sind sie häufig "normalen" Menschen zu vermitteln.

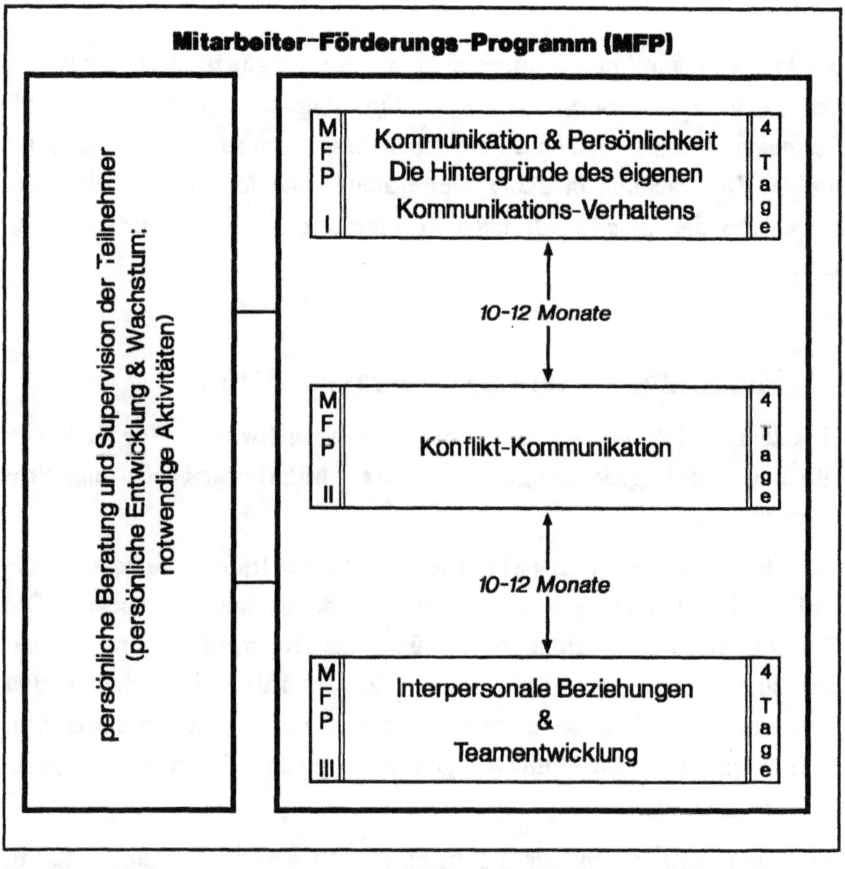

Abb. 16: Mitarbeiter-Förderungs-Programm (MFP)

5.4 Das Beratungs- und Förderungsgespräch (B+F)

Im Rahmen des Personalprogramms 'B+F' kommt dem **'B+F-Gespräch'** zentrale Bedeutung zu. Das Beratungs-und Förderungsgespräch muß mindestens einmal im Jahr zwischen Mitarbeiter und Vorgesetztem durchgeführt werden. Die zahlreichen Ziele und Inhalte des *B+F-Gesprächs* sollen, im Zusammenhang mit dem Thema Fachliche Führungslaufbahn lediglich als Grobgliederung in drei Hauptteile, angerissen werden:

1. Besprechung der Leistungen, orientiert an den Arbeitszielen des vergangenen Beurteilungszeitraumes (siehe 6.1.2; Abbildungen 24 und 25).
2. Gemeinsame Planung und Festlegung der Arbeitsziele für das kommende Jahr (dabei werden nicht die Tätigkeiten, sondern zu erreichende Ergebnisse beschrieben).
3. Gemeinsame Erarbeitung von Plänen für die berufliche Weiterbildung und -entwicklung. Hierzu gehört auch die Diskussion über die gegenseitigen Erwartungen und Vorstellungen hinsichtlich der Laufbahn des Mitarbeiters. *Diese ist die wichtigste Schaltstelle für die Entscheidung, höhere Verantwortung im Rahmen der Fachlichen Führungslaufbahn zu übernehmen/übertragen:*
   - *Willenserklärung des Mitarbeiters*
   - *Bestätigung des Potentials durch den Vorgesetzten*
   - *Planung der nächsten Entwicklungsschritte* (Training, Schulung, Rotation, Auslandsabordnung etc.)

5.5 Chancengleichheit, ein 'Frauenthema' von Bedeutung

Qualifizierte Frauen einzustellen, ihr Potential zu entwickeln, ihnen Chancen und Perspektiven zu eröffnen, bedeutet,

- einem veränderten Bildungs-, Rollen- und Erwerbsverhalten von Frauen Rechnung zu tragen,
- die Nutzung des gesellschaftlichen Potentials in vollem Umfange zu ermöglichen,
- Ausbildungsinvestitionen zur Wirkung zu bringen,
- die spezifische Problemlösungs-Kompetenz als entscheidenden Faktor des Wettbewerbs zu nutzen.

Auf der Basis des Unternehmensgrundsatzes "Achtung vor dem Einzelnen" gehört das Prinzip der Chancengleichheit zur IBM Tradition. In der Praxis der Personalverantwortung heißt dies, ohne Rücksicht auf Geschlecht, Alter, Religion oder ethnische Zugehörigkeit, alle Personen bei gleicher Leistung gleich zu behandeln.

Das Prinzip der Chancengleichheit ist fester Bestandteil der IBM Führungsgrundsätze und Richtschnur für jede Führungskraft bei der praktischen Umsetzung der Personalverantwortung in der täglichen Personalarbeit.

Die Notwendigkeit beruflicher Entwicklung von Mitarbeiterinnen und das Interesse des Unternehmens an qualifizierter Potentialsicherung lassen es sinnvoll erscheinen, Frauen rechtzeitig Entscheidungshilfen und Wege zur Realisierung der zwei Lebensbereiche, Beruf und Privatleben, aufzuzeigen.

In nur Frauen zugänglichen Orientierungsschulungen lernen Mitarbeiterinnen nicht nur, ihre beruflichen Ziele klarer zu definieren, sondern auch, ihr Rollenverständnis und Rollenverhalten zu überprüfen.

Bewußtseinsbildung ist zu allererst eine Frage der Unternehmenskultur. Sie wird glaubwürdig durch innerbetriebliche Instrumente zur Herstellung beruflicher Chancengleichheit.

Hierfür steht an erster Stelle eine faire Personalführung.

Die bereits 1970 eingeführte 'Gleitende Arbeitszeit', Programme und Maßnahmen, wie z.B. die Betriebsvereinbarungen der IBM

- zur besseren Vereinbarkeit von Familie und Beruf, (Erziehungszeit bis zu 4 Jahren)
- außerbetriebliche Arbeitsstätten,
- Pflegepause (bei schwerpflegebedürftigen Angehörigen)

können diese Problematik für Frauen und Männer entschärfen. Diese Regelungen bedürfen jedoch immer der Berücksichtigung der spezifischen betrieblichen Situation.

Dies insbesondere, wenn es darum geht, die vielen weitreichenden Potentiale der immer häufiger sehr gut ausgebildeten Frauen durch den beruflichen Aufstieg in Führungspositionen nutzbar zu machen.

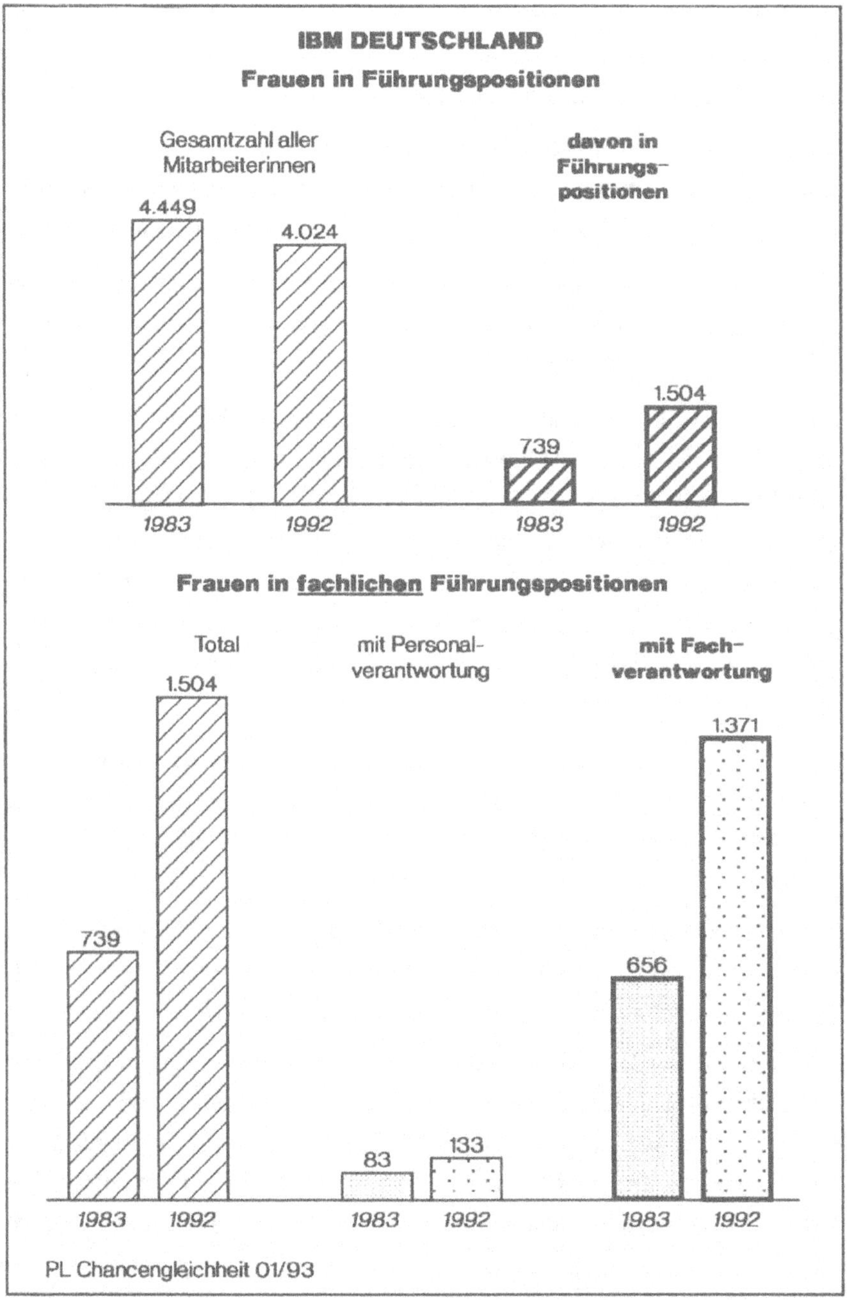

Abb. 17: Frauen in Fachlichen Führungspositionen

Eine der Zielsetzungen ist, qualifizierte Bewerberinnen mit Entwicklungspotential bei Neueinstellungen verstärkt zu berücksichtigen und damit *einer zunehmenden Anzahl von Frauen die Übernahme verantwortungsvoller Positionen zu ermöglichen.*

Die Planung der beruflichen Entwicklung nach Leistungsgesichtspunkten und unter Berücksichtigung zukünftiger Qualifikationsanforderungen wird deshalb auch konsequent auf Frauen im Unternehmen angewandt.

Chancengleichheit schaffen heißt nicht, Fördern einer schwachen Gruppe, sondern gleiche Anwendung des Leistungsgedankens für alle Mitarbeiterinnen und Mitarbeiter.

Um die Ernsthaftigkeit der Thematik zu unterstreichen und in der Erkenntnis, daß gezielt Aktionen erforderlich sind, hat das Unternehmen 1982 entschieden, die Funktion einer *"Beauftragten für Chancengleichheit"* zu schaffen. Die wichtigste Aufgabe in dieser Funktion ist es, ein Klima zu schaffen, das die Verwirklichung des Prinzips der Chancengleichheit erleichtert und dazu beiträgt, sowohl männlichen und weiblichen Vorurteilen als auch den im Unternehmen selbst bestehenden Hindernissen entgegenzuwirken und diese abzubauen.

Zur Bewußtseinsbildung wird durch interne und externe Publikationen darauf Einfluß genommen, daß die Bemühungen des Unternehmens, Chancengleichheit zu praktizieren und zu fördern, von allen Mitarbeitern verstanden werden.

Ein sehr wichtiger Faktor ist ein Berichtswesen, das die Entwicklung von Frauen in Führungspositionen, in höherwertigen Tätigkeiten und die Einstellerfolge von qualifizierten Bewerberinnen kontrolliert.

Die jährlich aus dem IST-Stand des Vorjahres mit der Geschäftsleitung verabschiedeten quantitativen Zielvorgaben, z.B. für den Anteil der Frauen bei den Neueinstellungen von Hochschulabgängern, den Anteil der Frauen in Fachlichen Führungs- und in Managementpositionen, werden dokumentiert und bei negativen Abweichungen untersucht und kommentiert.

Maßnahmen, wie der explizite Wunsch auch nach weiblichen Bewerbungen in Stellenanzeigen, die Berücksichtigung von Frauen in Firmenpublikationen als auch die Überprüfung auf eine frauenfreundliche Einstellpraxis, werden erfolgreich durchgeführt und für die Zukunft festgeschrieben. So soll der Anteil der Hochschulabgängerinnen bei Neueinstellungen mindestens ihrem Anteil am Bewerbungsaufkommen entsprechen.

Bei einem etwa konstanten Anteil der Frauen an der Belegschaft der IBM Deutschland von rund 16 % hat sich die absolute Anzahl der Mitarbeiterinnen in Managementpositionen und im Fachlichen Führungsbereich in den letzten 10 Jahren verdoppelt. In Managementpositionen hat sich der Anteil der Frauen, auf der Basis aller Führungskräfte mit Personalverantwortung, von 2,9 auf 5,3 % erhöht. Ihr *Anteil in der Fachverantwortung ist von 5,6 auf 10,4 % angestiegen.* Das Programm wird in vollem Umfang von der Unternehmensleitung unterstützt; das Prinzip der Chancengleichheit ist Chefsache.

Die Bemühungen der letzten Jahre lassen heute eine nahezu problemlose und vorurteilsfreie Zustimmung zu den Zielen des Programms im gesamten Unternehmen feststellen; die Zusammenarbeit ist aufgeschlossen, sachlich und konstruktiv.

Fortschritte bei der Chancengleichheit in der beruflichen Entwicklung sind sichtbar und werden auch in Zukunft zu einer weiteren Verbesserung der Position der Frauen in der IBM Deutschland führen. Strukturentwicklungen und unterstützende Maßnahmen erfordern Nachdruck, aber auch Geduld über einen langen Zeitraum.

5.6 Fachliche Vitalität in der Fachlaufbahn

Die Konkurrenzfähigkeit der IBM hängt von kompetenten Mitarbeitern ab, die in der Lage sind, neue technologische und wirtschaftliche Anforderungen rechtzeitig zu erkennen.

Fachliche Vitalität sind der Wille und die Fähigkeit der Mitarbeiter, sich fachlich auf der Höhe zu halten.

Gerade Fachliche Führungskräfte müssen es zur professionellen Berufsauffassung machen, sich fachlich weiterzubilden, nicht stehenzubleiben. Stehenbleiben bedeutet zurückfallen.

Fachlich vitale Führungskräfte zu haben, ist die wichtigste Komponente des langfristigen Erfolgs der IBM. Doch muß auch das verfügbare Instrumentarium zum Ausbau und zur Pflege der verschiedenen Fähigkeiten diesem hohen Anspruch gerecht werden; Fachkräfte mit Handlungskompetenz sind der Schlüssel zum Erfolg.

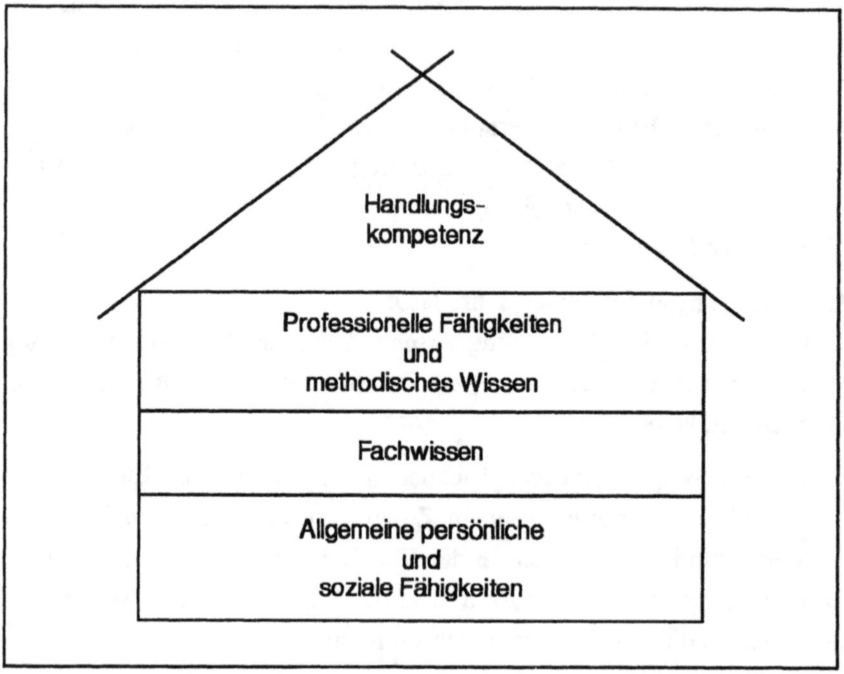

Abb. 18: Kompetenzen-Modell

5.6.1 Bibliotheken und Fachinformationsdienste der IBM

Gerade die Mitarbeiter/innen in den Fachlichen Führungspositionen sind darauf angewiesen, beständig den neuesten Kenntnisstand auf den für ihre Aufgaben relevanten Wissensgebieten verfügbar zu haben. Aktive Neugierde und Selbststudium sind wichtige Basiselemente, um fachlich auf der Höhe zu bleiben.

Fachübergreifende Arbeitsgruppen, Rotationen und Teilnahme an fachlichen Symposien erweitern die Möglichkeiten systematisch. Doch bedarf es auch passender Instrumente, um aus dem betrieblichen Alltag heraus auf fachliches Wissen zugreifen zu können.

Die Bibliotheken der IBM, mit einem Präsenzbestand von über 25.000 Bänden geschäftsrelevanter Fachliteratur, Verfügbarkeit von über 800 Fachzeitschriften und Möglichkeit zu *Online-Recherchen in weltweit über 1000 Datenbanken* stellen einen wesentlichen Beitrag zum Erhalt des 'State of the Art' besonders für die MitarbeiterInnen der Fachlichen Führung dar.

Der Literaturbestand der IBM Bibliotheken ist elektronisch gespeichert und kann über Online-Kataloge abgefragt werden. Neben der Suche nach Bibliotheks-Literatur kann auch nach Erwerbungen einzelner Abteilungen gesucht werden.

Neben dem Einkauf von Fachliteratur ist *Fernleihe aus anderen Bibliotheken* ein weiterer Service der IBM Bibliotheken.

5.6.2 Die IBM Deutschland Bildungsgesellschaft GmbH

Seit Januar 1993 ist das Bildungswesen der IBM als eigenständige Gesellschaft innerhalb der Holding organisiert. Mit 350 eigenen Mitarbeitern und einer großen Anzahl freier Mitarbeiter und Partner stellt die IBM Bildungsgesellschaft ihre Kompetenz und Logistik sowohl am Bildungsmarkt der Informationsbranche als auch intern zur Weiterbildung der Mitarbeiter und Führungskräfte zur Verfügung.

Insgesamt bietet das Unternehmen bundesweit in vier Bildungszentren und in der Akademie für Unternehmensführung Kurse zu mehr als 1400 unterschiedlichen Themenschwerpunkten an.

Die externen Umsatzziele liegen oberhalb 200 Mio. DM.

Fast so hoch liegt der anteilige Aufwand für die interne Schulung und Weiterbildung.

Die Intensität der Nutzung läßt sich zurückblickend an der durchschnittlichen Anzahl Schulungstage je IBM Mitarbeiter messen: In den letzten 10 Jahren nahm jeder IBM Mitarbeiter im Durchschnitt an 10-13 Schulungstagen jährlich teil, (nicht enthalten sind Kurse im Rahmen der Freizeitbildung. 1991 belegten rund 4000 Teilnehmer Abendkurse der Fachschulung und Sprachenschulung).

Seit 1989 ist **"Mehr Wissen und Können"** eine der fünf Prioritäten der IBM Deutschland. Daraus wird ersichtlich, welchen Stellenwert das Unternehmen der ständigen Erweiterung der Qualifikation und Kompetenz seiner Mitarbeiter beimißt.

Im Bereich der Weiterbildung wird nicht trennscharf erfaßt, wie hoch der Anteil der Fachlichen Führungskräfte an der Nutzung interner Weiterbildungsveranstaltungen ist.

Qualitativ jedoch ist erkennbar, daß ein Großteil des internen Bildungsangebotes auf Experten-Niveau zielt. Dies ist genau der Bildungsbereich, der von den Fachlichen Führungskräften intensiv genutzt wird.

Das Spektrum der internen Bildungsmaßnahmen umfaßt Lernprogramme für das Selbststudium, Kurse in den nationalen Bildungszentren, internationale Seminare (z.B. im "International Education Center La Hulpe", Brüssel und im "European Head Quarter", Paris) und die Teleakademie, welche eine interaktive Teilnahme ('life') an entfernt stattfindenden Lehrveranstaltungen ermöglicht.

Extern umfaßt das Angebot ebenfalls Seminare, Tagungen und Vorträge bis hin zu Messen und speziellen Hochschulseminaren. Entsprechende Teilnehmerzahl vorausgesetzt, finden solche Veranstaltungen auch in IBM eigenen Räumen statt.

5.7 "Bildungsplaner"/"Skill-Planer"

In verschiedenen Unternehmensbereichen wurden Hilfsmittel eingeführt, welche den im Rahmen des jährlichen "Beratungs- und Förderungsgesprächs" stattfindenden "Bildungs-Dialog" (intern auch "Skill-Dialog") strukturiert ergänzen sollen.

Besonders die fachliche Elite zeichnet sich dadurch aus, die Programme und Prozesse zur Weiterbildung intensiv zu nutzen.

Nachstehend einige 'Originalzeilen' aus dem 'Bildungsplaner' der Entwicklung.

5.7.1 Bildungsplaner '93, Entwicklung

Umfeld: Der technologische Fortschritt und ein härter werdender Wettbewerb in unserem Markt der Informationstechnik führen in immer kürzeren Zeitabständen zu neuen, leistungsfähigeren Produkten in neuen Anwendungsbereichen und mit neuen Funktionen. Diese uns allen bekannte Dynamik verlangt uns eine kontinuierliche Anpassung unseres Wissens ab und fordert neue Formen der Zusammenarbeit.

Der Erhalt der Handlungskompetenz unserer Mitarbeiterinnen und Mitarbeiter liegt im lebensnotwendigen Interesse unserer Firma und jedes Einzelnen. Zur Handlungskompetenz gehören

- Allgemeine persönliche und soziale Fähigkeiten
- Professionelle Fähigkeiten und methodisches Wissen
- Fachwissen

Besonders das Fachwissen unterliegt der oben genannten Dynamik und ist ständig erneuerungsbedürftig. Entsprechend fallen Umfang und Detaillierungsgrad der Wissensgebiete im vorliegenden Bildungsplaner aus. Zudem sollte der steigenden Bedeutung der professionalen Fähigkeiten und des Methodenwissens besondere Beachtung entgegengebracht und durch gezielte Förderungs- und Bildungsmaßnahmen entsprochen werden. (Die Entwicklung und Förderung der persönlichen sozialen Fähigkeiten geschieht ganzheitlich, im Rahmen der Mitarbeiterentwicklungsprogramme.)

Zielsetzung und Nutzen: Der Bildungsplaner ist ein formales Instrument für Führungskraft und Mitarbeiter, um eine zielgerichtete Mitarbeiterentwicklung zu unterstützen. Mitarbeiterförderung und -entwicklung sind nicht neu in der IBM und wurden mit unterschiedlichen Schwerpunkten schon immer aktiv betrieben.

Der Bildungsplaner soll die Dynamik des permanenten Weiterbildungsprozesses verstärken, in dem die Eigenverantwortlichkeit des Mitarbeiters gefördert und gefordert wird, neben den vorhandenen Kursangeboten weitere Bildungsmöglichkeiten intern und extern zu nutzen.

Um den Mitarbeiter für künftige fachliche Anforderungen vorzubereiten, plant die Führungskraft mit dem Mitarbeiter auf der Basis des individuell ermittelten Bildungsbedarfs geeignete Schulungen und sonstige Maßnahmen. Er ist somit eine strukturierte Unterstützung bei der individuellen Entwicklungsplanung im Rahmen des jährlichen Beratungs- und Förderungs-Gesprächs (s. 5.5).

Der Bildungsplaner ist auch Grundlage für eine bedarfsgerechte Planung und Entwicklung von Schulungsangeboten der Bildungsfunktion.

Anhand eines Wissenskatalogs sollen

- der Bildungsbedarf in Beziehung zur gegenwärtigen und künftigen Aufgabenstellung gebracht werden,
- die anforderungsgerechte Weiterbildungsplanung pro Mitarbeiter gezielt verbessert werden.

5.7.2 Skill-Dialog/Bildungs-Dialog

- Im Bildungs-Dialog (durchaus auch als Teil des Zielsetzungsgesprächs) wird der SOLL-Skill zwischen Mitarbeiter und Führungskraft besprochen. Er ergibt sich aus den Anforderungen an die Tätigkeiten des Mitarbeiters.
- Die Besprechung des IST-Skills hat die Vertraulichkeit eines Personalgesprächs.
- Das Ergebnis des Dialogs ist die Basis für die Planung der Entwicklung des Mitarbeiters und der notwendigen Maßnahmen.

Die jeweilige Wissenstiefe soll (numerisch oder verbal) durch die folgenden vier Skill-Stufen beschrieben werden:

0	**Problembewußtsein** Kein Wissen bzw. Wissen zur Anwendung nicht ausreichend
1	**Wissen und Verstehen** Kann in diesem Wissensgebiet arbeiten (Fachwissen)
2	**Können** Beherrscht dieses Wissensgebiet für konsequentes Umsetzen (Erfahrung)
3	**Expertentum** Beherrscht das Wissensgebiet als Experte und kann das Wissen weitergeben

Abb. 19: "Skill"-Stufendefinition

Der aus den Bildungs-Dialogen resultierende Schulungsbedarf wird auf Bereichsebene erfaßt und analysiert. Er ist die Basis für die Planung des künftigen Weiterbildungsangebots der Schulungsabteilung.

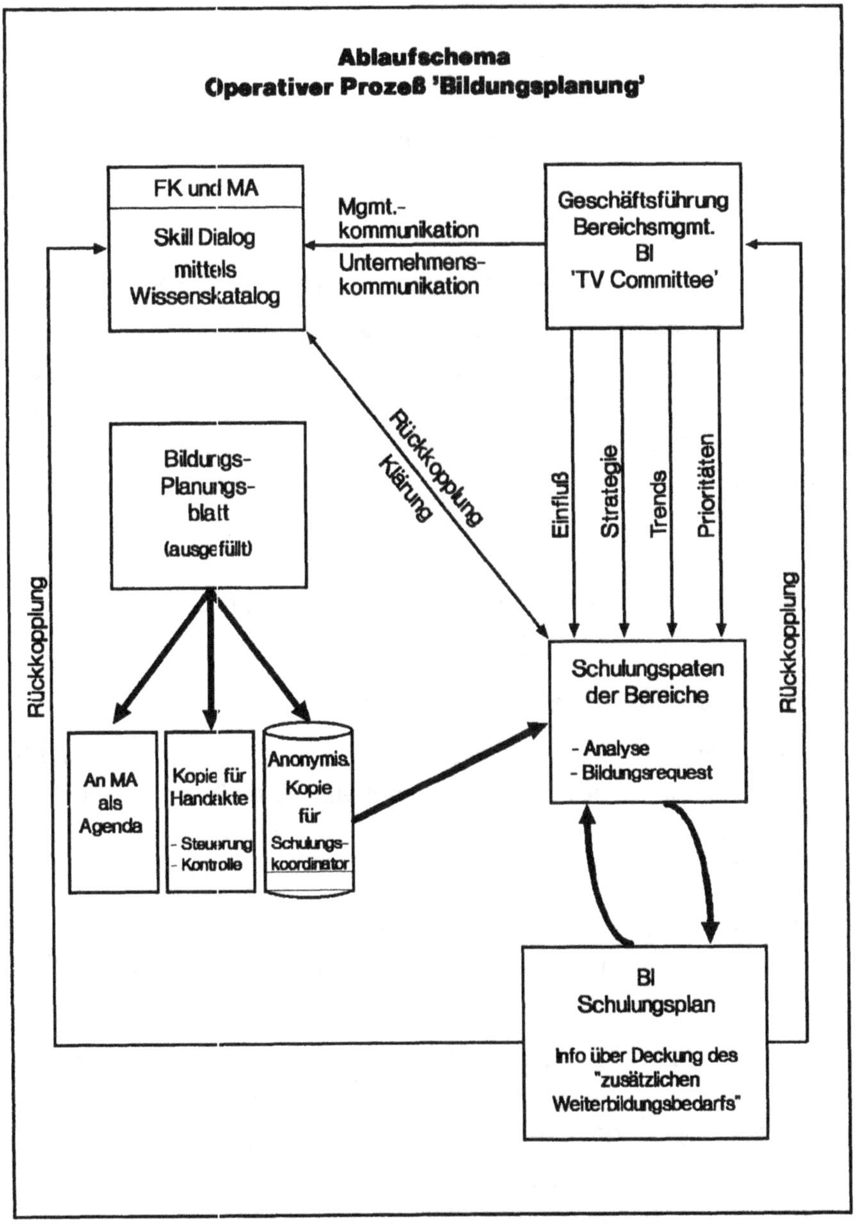

Abb. 20: Ablaufschema, Bildungsplanung

5.7.3 "Skill-Planer"

Einige Unternehmensbereiche benutzen bereits *"Skill-Planer"*. Unter diesem internen Begriff ist eine sehr weitgehende Analyse und auch präzise Orientierung für sogenannte *"Soll-Skill-Profile"* zu verstehen:

Für definierte Aufgabenfelder wird die erforderliche Qualifikation in Profilform aufgezeigt. Mitarbeiter und Führungskraft ermitteln die *Skill-Delta*, indem daran individuelle *Ist-Skill-Profile abgeglichen werden.*

Anonymisiert ist damit eine 'Skill-Analyse' für ganze organisatorische Einheiten möglich.

Ein "On Line Skill-Planer" befindet sich z. Zt. in der Testphase. Er wird in Kürze mit erheblich höherem Komfort und besseren Analyse- und Planungs-Anwendungen die bisher eingesetzten Instrumente verdrängen. *Es ist beabsichtigt, die Methodik des "Skill-Planers", einschließlich der zugehörigen Werkzeuge, in den Angebotskatalog der IBM Dienstleistungen aufzunehmen.*

5.8 Beförderung in der Fachlaufbahn (unterschiedliche Praxis in verschiedenen Unternehmensbereichen)

(1) Beförderung im Vertrieb und vertriebsnahen Bereichen

Unabhängig von der Bezeichnung der Funktion: Bei Tätigkeiten, für die als *Meßwerte des Erfolgs "Kundenzufriedenheit und Umsatz"* im Vordergrund stehen, ist die Voraussetzung für hierarchischen Aufstieg in der Fachlaufbahn die *Leistung.*

Diese Leistung, die sich stark an den beiden o.g. Werten orientiert, bindet die anderen Leistungskriterien (siehe dazu 6.1.2), ganzheitlich betrachtet, in der *Vertriebsleistung* ein.

Deshalb gibt es eine einzige, klar definierte Plattform für Beförderungen (Promotions) in der Fachlaufbahn des Vertriebs und angrenzender Funktionen: Die "Eligibility" ('Beförderbarkeit'). Sie leitet sich ab bzw. ergibt sich numerisch aus der *"Summe der Ergebnisse der jährlichen Leistungsbewertung"* (siehe dazu auch 6.1.2).

Bei gegebener "Eligibility"/Beförderungsfähigkeit (-würdigkeit) - werden zusätzliche Kriterien wie Komplexität, Befugnisse/Selbständigkeit/Kompetenzpotential herangezogen, um - im Rahmen einer Soll-Struktur - die besten Kandidaten zur Beförderung zu identifizieren. Die stärksten *Kandidaten werden über die einmal jährlich stattfindende "Personal-Runde" der besonderen Beachtung ausgesetzt.*

(2) Beförderung in nicht vertriebsorientierten Bereichen

In den nicht direkt vertriebsorientierten Bereichen werden zur Unterscheidung der verschiedenen Arbeitswert-/Entgeltfindungs-Stufen der Fachlichen Führungslaufbahn (Fachlaufbahn) Hilfsmittel der Arbeitsbewertung eingesetzt. Für die Fachlichen Führungspositionen bedeutet das (wie in Abb. 7 dargestellt) die Ausweitung der Befugnisse, basierend auf steigender *Komplexität.* Für die oberen Positionen ist es der Grad der anerkannten *Autorität.*

An einem Beispiel aus der Entwicklung soll nachstehend (Abbildung 22) aufgezeigt werden, wie "Beförderung als gesteuerter Prozeß" ablaufen kann.

5.8.1 Beförderungsplanung für Fachliche Führungskräfte

Entscheidende Schaltstelle im Beförderungsprozeß für Fachliche Führungskräfte ist das "Promotion Board".

Hier ist seitens des vorschlagenden Managers (Hauptabteilungs-/Bereichsleiter) zu erklären/zu verteidigen:

- Die Notwendigkeit der Besetzung.
- Die Wahl des/der Kandidaten/innen.

Die Mitglieder des "Promotion Board" sind neben dem Personalleiter die Leiter der Funktionen und Bereiche.

Moderator ist normalerweise ein leitender Mitarbeiter der Personalfunktion. Es wird offen (bisweilen kontrovers) diskutiert. Bei höheren Positionen werden die Meinungen von Gleichgestellten ("Peers") aus der Fachlaufbahn in die Entscheidungen einbezogen. Die Entscheidung erfordert weitgehende Einigkeit.

Kriterienliste für die Beförderungsplanung für "Chefberater/in" im Vertrieb und im Dienstleistungssektor

Persönlich:

- Persönlichkeit mit überzeugendem Auftreten und hohem Verantwortungsbewußtsein
- anerkannte Fachliche Führungspersönlichkeit intern und bei Kunden
- akzeptiert und trägt Verantwortung für die von seiner Einheit bzw. der IBM gesetzten Ziele in seinem Fachgebiet
- denkt und handelt unternehmerisch

Fachlich:

- Hervorragendes fachliches Wissen im Aufgabengebiet
- Kennt die übergreifenden technischen Trends der Informationsverarbeitung, kann diese darstellen und sein Fachgebiet entsprechend beeinflussen
- Kennt Mitbewerberangebote und Business-Trends in seinem Fachgebiet und betreibt aktiv die Weiterentwicklung der Geschäftsposition innerhalb der IBM
- Kann Weiterentwicklungen seines Aufgabengebietes in ihren strategischen und praktischen Auswirkungen bewerten und diese sowie den Nutzen für Kunden darstellen
- Hat große praktische Erfahrung in Projektmanagement, System Design und Consulting

Sonstig:

- Steht für anspruchsvolle Referate in seinem Fachgebiet zur Verfügung
- Berät mittleres und höheres IBM- und Kundenmanagement
- Hält Kontakte zur Fachwelt innerhalb und ggf. außerhalb der IBM
- Ist mit Befugnissen ausgestattet, die dispositiven Charakter haben

Abb. 21: Beispiel einer Kriterienstelle für die Beförderungsplanung für "Chefberater/in" in Vertrieb und Services

VORAUSSETZUNGEN:

- Bedarf für die Übertragung besonderer Befugnisse bzw. Wahrnehmung besonderer Verantwortung liegt vor (Projekt-/Teamleitung etc.)
- Kein MA entspricht der Einstufung bzw. ist verfügbar
- Fähige(r) Nachwuchs-MA ist identifiziert bzw. hat das erforderliche Potential

ABSICHTSERKLÄRUNG:

- Bereichsmanagement schlägt namentlich vor und begründet mit Bedarf / Qualifikation / Leistungsbild

VORPRÜFUNG PERSONAL (ARBEITSBEWERTUNG):

- IST-Stellenbesetzung der Funktion
- Beschreibung der Tätigkeit und der wahrzunehmenden Befugnisse
- Prüfung der Relation des Arbeitswertes innerhalb der Ländergesellschaft (Holding)
- Qualifikation der Kandidaten unter Einbeziehung personenbezogener Merkmale
- Leistungsbild der Kandidaten

BEFÖRDERUNGSPLANUNG FÜR DAS LAUFENDE JAHR:

- Zustimmung des "Promotion Board" unter Vorsitz des Geschäftsführers (moderiert durch Personal)
- Rückmeldung an das direkte Management
- Administration und öffentliche Ernennung

Abb. 22: Beförderungsplanung, ein iterativer Prozeß, Beispiel aus dem Bereich Entwicklung

6. Anreizsystem

Die IBM bekennt sich dazu, Hochleistung zu fordern. Dieser Forderung steht ein Anreizsystem gegenüber, das dieser hohen Forderung entspricht.

Der Rahmen und die Funktionen des beruflichen Aufstiegs in der Fachlaufbahn der IBM wurden bereits aufgezeigt. Die hierarchisch/arbeitswertmäßig unterschiedlichen Ebenen ("Level") sind zugleich Basis für die Ermittlung der aus verschiedenen Komponenten bestehenden Zuwendungen.

6.1 Materielle Zuwendungen/Entgelt

Bei der IBM kann jeder erwarten, daß seine Leistung auch finanziell anerkannt wird. Die IBM bekennt sich zu einer differenzierten Bezahlung. Wer größere Verantwortung für Sachaufgaben oder Personen übernimmt und dieser Anforderung gerecht wird, kann auch mit einem höheren Gehalt rechnen.

Die IBM Gehaltspolitik verfolgt nachstehende Ziele: Jeder Mitarbeiter kann erwarten, anforderungsentsprechend und leistungsgerecht bezahlt zu werden. Das Management stellt sicher, daß diese Ziele erreicht werden. Einheitliche Verfahren, wie eine jährliche Leistungsbewertung für alle und eine sorgfältige Zuordnung der Tätigkeiten zu Gehaltsgruppen, gewährleisten, daß die Ziele für jeden einzelnen Mitarbeiter realisiert werden.

Bei der IBM sind Bezahlungsfragen das Ergebnis von nachvollziehbaren Grundsätzen, definierten Anforderungs- und Leistungskriterien und persönlicher Entwicklung in dem Maße, wie Mitarbeiter sich der Herausforderung der Aufgaben stellen.

6.1.1 Anforderungsprofile/Strukturen - national und international

Anforderungsgerechte Unterscheidung ist eine Forderung der IBM Gehaltspolitik (siehe dazu 4.1.1 und 4.2; Abb. 6, 7, 8 und 22).

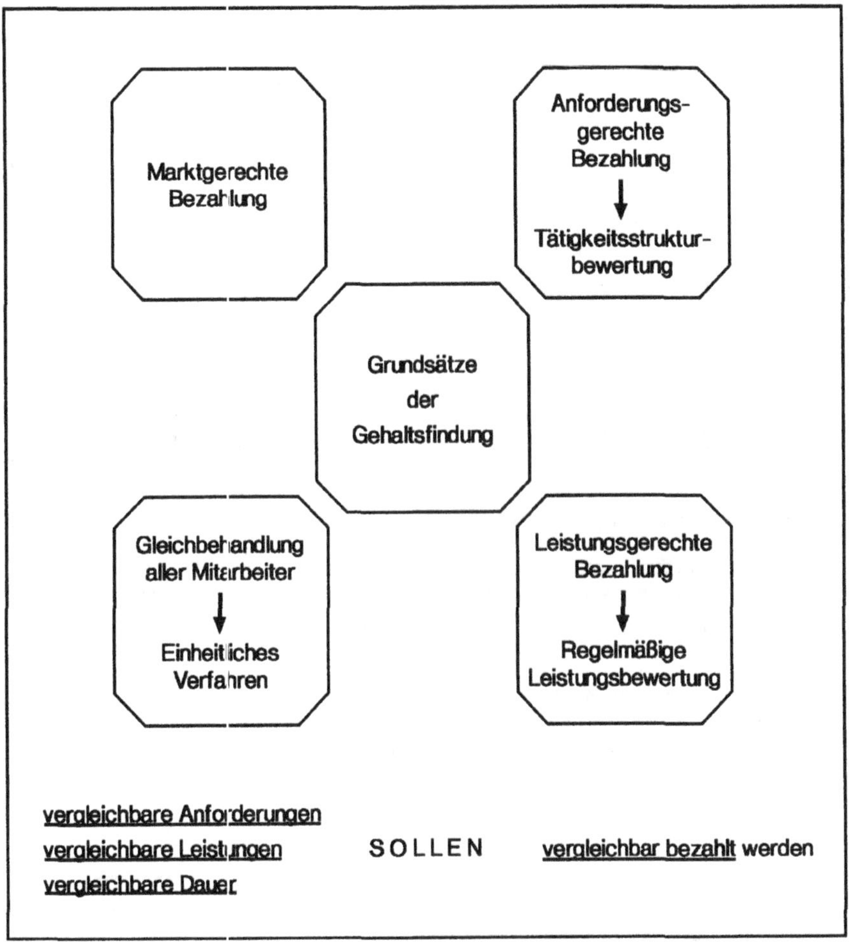

Abb. 23: Gehaltspolitischer Grundsatz

6.1.2 Leistungsgerechte Unterscheidung der Fachlichen Führungskräfte

Dem Anspruch nach leistungsgerechter Unterscheidung bei Laufbahn- und Gehaltsententwicklung entspricht bei IBM das Personalprogramm der jährlichen Leistungsbewertung.

Nachstehend der skizzierte Ablauf der Leistungsbewertung:

Leistungsbewertung

Arbeitsziele

- Zu Beginn der Bewertungsperiode werden aus der Tätigkeitsbeschreibung abgeleitete Arbeitsziele festgelegt
- Am Ende wird den Zielen das erreichte Ergebnis gegenübergestellt

Leistungskriterien

Die Beurteilung der beobachteten Leistung erfolgt nach fünf Kriterien.* Zur Erläuterung sind den Kriterien mehrere kennzeichnende Begriffe zugeordnet

Gehaltsfindungsgruppen

Aus der Zusammenfassung der Kriterienbeurteilungen und ihrem Vergleich mit denen anderer Mitarbeiter ergeben sich die Gehaltsfindungsgruppen.**

Integrationseinheiten

Mitarbeiter, deren Leistungen zur Festlegung der endgültigen Leistungsgruppe untereinander verglichen werden, bilden Integrationseinheiten

* Die fünf Kriterien s. Abb. 25.
** Die Gehaltsfindungsgruppen s. Abb. 26.

Abb. 24: Leistungsbewertung in der Fachlaufbahn

⋆ Die Leistungskriterien
Arbeitsergebnisse
Fachkönnen
Arbeitsstil
Initiative
Kommunikation und Teamarbeit

Abb. 25: Die Leistungskriterien

⋆⋆ Die Gehaltsfindungsgruppen

Gruppe	Beschreibung
1	Die Anforderungen wurden beträchtlich übertroffen
2	Die Anforderungen wurden übertroffen
3	Die Anforderungen wurden voll erfüllt
4	Die Anforderungen wurden im allgemeinen erfüllt
5	Die Anforderungen wurden nicht erfüllt

Abb. 26: Die Gehaltsfindungsgruppen

6.1.3 Leistungsbezogenes Entgelt

(1) IBM Gehaltsstruktur

Für die aufsteigenden Arbeitswertstufen ("Level"; Vergleichsreihen) werden überlappende Gehaltsspannen definiert.

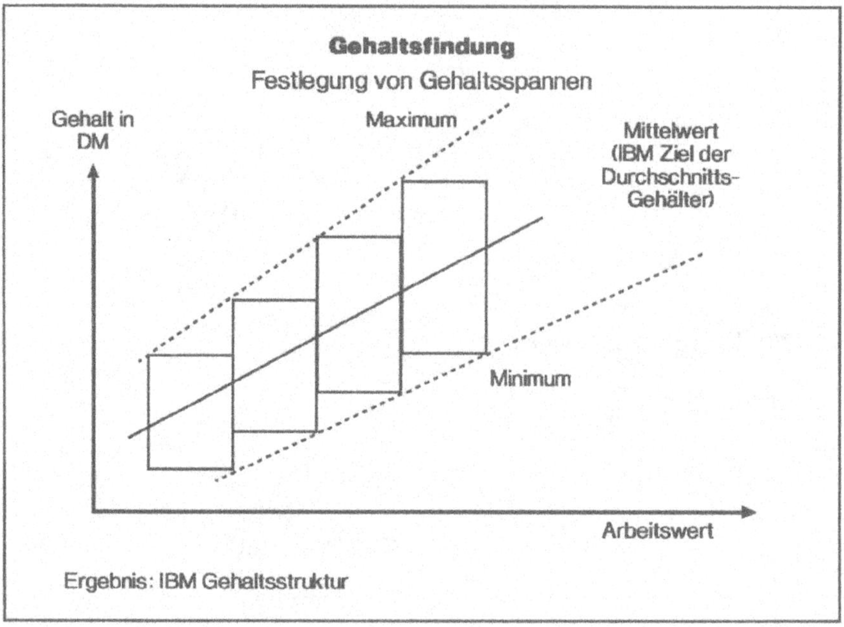

Abb. 27: Überlappende Gehaltsspannen

Innerhalb einer Gehaltsspanne ist das schrittweise Hineinwachsen der Gehälter abhängig von der Leistung.

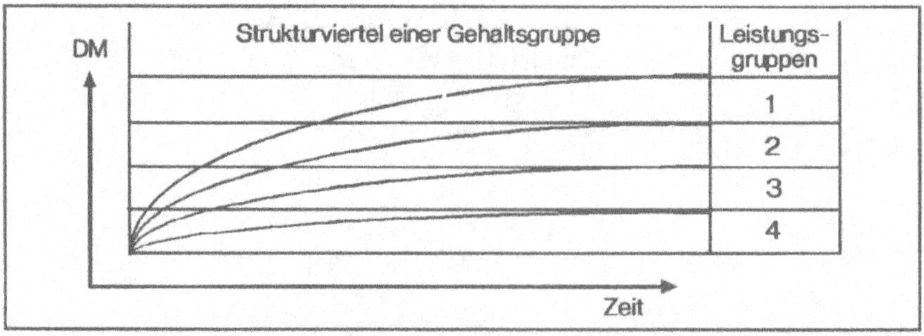

Abb. 28: Modell einer Gehaltsmatrix

(2) Leistungsbonus

Zusätzlich zur leistungsorientierten Dynamik der Gehaltsentwicklung existiert in der IBM ein Leistungsbonus-Programm. Der Leistungsbonus ist variabel und orientiert sich in seiner Gesamtsumme am jährlichen Geschäftsergebnis.

Jeder Mitarbeiter hat die Möglichkeit, den persönlichen Leistungsbonus über die Leistungsbewertung zu beeinflussen. Das direkte Management kann innerhalb gegebener Bandbreiten auf die Bonushöhe Einfluß nehmen.

Es ist somit *möglich, sich durch Leistung zusätzlich zum Grundgehalt und der Urlaubsvergütung eine weitere Einkommenskomponente zu erschließen, - bis weit über den Betrag eines Monatsgehaltes hinaus.*

(3) Zielbonus

Zur Zeit laufen Versuche, den Leistungsbonus für Manager direkt an konkret vorgegebene Ziele zu knüpfen, bei denen eine klare Entscheidung *erreicht/nicht erreicht* möglich ist, wir nennen das Zielbonus. Bei Erreichen aller Ziele ist ein höherer Bonus (Zielbonus) zu erlangen, bei Nichterreichen gibt es lediglich einen Basisbetrag. Der Unterschied zwischen Zielbonus und Leistungsbonus liegt in der stärkeren Zielorientierung/Ergebnisorientierung, d.h. einer höheren Chance, aber auch in einem höheren Risiko. *Bei erfolgreichem Abschluß der Versuche ist daran gedacht, den Zielbonus auch auf Fachliche Führungskräfte auszudehnen.*

6.1.3.1 Erfolgsabhängiges Entgelt im Vertrieb

Mitarbeiter/innen, die an vorderster Front im Vertrieb tätig sind, sogenannte *"Vertriebsbeauftragte"*, haben die deutlichsten Meßwerte für ihre Leistung, nämlich Umsatzziele.

Jede(r) *"Vertriebsbeauftragte"* verpflichtet sich gegenüber dem Management, einen genau definierten Anteil an der gesamten Vertriebsleistung der Organisation (Geschäftsbereich, Region, Branchenzentrum etc.) persönlich zu realisieren, (natürlich mit Unterstützung der vorhandenen Infrastruktur und Expertise).

Die Umsatzziele ('Quoten') sind immer herausfordernd hoch angesetzt in Orientierung an den Marktmöglichkeiten.

Normalerweise wird ein Gehaltsfixum definiert (30-70 %), das vom Vertriebsergebnis unberührt bleibt.

Die verbleibende Differenz bis 100 % ist variabel entsprechend der Ergebnisse. Werden alle Ziele erfüllt, beträgt damit das Einkommen 100 %. Bei Minderleistung (weniger Umsatz als 100 % der "Quote") fällt das Entgelt proportional geringer, bei Zielüberschreitung proportional höher aus.

Häufig ist das Umsatzziel allein nicht ausreichend, um die Marketing- bzw. Vertriebsleistung wirksam anzureizen. In Kombination mit der "Quote" werden daher qualitative Ziele (Marketing-Ziele) vereinbart. Auch in diesen Fällen ist der *Effekt auf das Einkommen direkt ergebnisabhängig.*

Zusammengefaßt:

Die Entlohnung im Vertrieb ist ergebnisabhängig variabel. Sie enthält für die Mitarbeiter/innen Risiken und Chancen.

Das Unternehmen sieht in der ergebnisabhängigen, variablen Bezahlung den Vorteil einer über Anreizwirkung vergrößerten Gesamtleistung.

6.1.4 Anerkennungsprogramme

Als Würdigung für einmalige, bedeutende oder herausragende Leistungen (die über das hinausgehen, was üblicherweise an einem bestimmten Arbeitsplatz erwartet wird) können besondere, materiell ausgestattete Anerkennungen ('Awards') vergeben werden.

Um die gewünschte Motivation zu bewirken, sollte der Zeitraum zwischen Leistung und Anerkennung möglichst kurz sein.

Grundsätzlich wird ein Anerkennungsschreiben erstellt und dem Mitarbeiter persönlich überreicht.

Diese besonderen Anerkennungen für Spitzenleistungen sind nicht auf eine Mitarbeitergruppe beschränkt. Es ist jedoch *plausibel, daß die Gruppe der Fachlichen Führungskräfte sich ganz besonders durch Kreativität und spontane Leistungsbereitschaft auszeichnet und damit häufig in den Genuß besonderer Anerkennung kommt.*

Hervorzuheben ist noch die Anerkennung aufgrund von Erfolgen in besonders ausgelobten Wettbewerben.

- *Qualitätswettbewerb*
  Dieser Wettbewerb soll die langfristige Qualitätsstrategie des Unternehmens unterstreichen und Mitarbeiter/innen zu Spitzenleistungen auf diesem Gebiet anreizen.
- *Innovationspreis*
  Anerkennung für Innovation durch Patentanmeldungen und technisch führende Veröffentlichungen.
- *Patentanmeldungen*
  Sie werden im Rahmen eines Punktesystems mit Prämien belohnt. Die ausgezeichneten Mitarbeiter/innen erhalten Urkunden und Anerkennungsschreiben überreicht.

Anerkennungen können jederzeit auch an Gruppen von Mitarbeitern (Teams) vergeben werden.

6.2 Image und Personalmarketing

IBM ist bei leistungsfähigen Fachkräften als Arbeitgeber mit attraktiven Laufbahnmöglichkeiten bekannt.

Klare Außendarstellung ermöglicht es potentiellen Bewerbern für die Fachliche Führungslaufbahn, sich über die IBM als adäquaten Arbeitgeber ein Urteil zu bilden.

Zur imageprägenden Werbung für ihre Produkte und Dienstleistungen geht IBM zusätzlich verschiedene Wege, um mit potentiellen Kandidaten für spätere Führungsaufgaben in Kontakt zu treten:

- Informationsveranstaltungen an Hochschulen und Fachhochschulen
- Exkursionen und Besuche von IBM Betriebsstätten
- Teilnahme an Messen mit organisierten Gelegenheiten zur Information über Firmenkultur, Tätigkeiten und Laufbahnen
- Teilnahme an Veranstaltungen der studentischen Organisationen (z.B.: AIESEC/IAESTE/BONDING etc.). Bevorzugt findet hier der Infor-

mationaustausch in direktem Gespräch bzw. in der Gruppendiskussion statt.

- Vielfältige Praktika im Rahmen sogen. "Studentenprogramme"
- Möglichkeit, praxisbezogene Diplomarbeiten zu schreiben
- Teilnahme an "Kooperationsprojekten" zwischen IBM und verschiedenen Fakultäten der Hochschulen.

7. Entwicklungen/Trends

Langfristige Ausblicke in die zukünftige Entwicklung der Arbeitsformen des Fachlichen Führungsbereichs müssen, wie alle Trendaussagen, mit der Beobachtung derzeitig erkennbarer Veränderungen beginnen.

Folgende Auflistung beschreibt solche Veränderungen, die insgesamt einen Trend zu flexibleren Arbeitsformen erkennen lassen:

- *Zunehmend kurzfristig wechselnde Aufgabenstellungen mit wechselndem fachlichen Schwerpunkt.*
- Es ist 'zunehmend normal', zwischen "Teamleitung"/"Projektleitung" mit allen Aspekten der Fachlichen Führung und Verantwortung für ein 'reines Fachthema' zu wechseln (Wechsel der Risiken).

  (Zum Ausgleich evtl. vorliegender Unterschiede im Arbeitswert der verschiedenen Aufgabenstellungen wird daran gedacht, diese mittels sogen. Positionszulagen auszugleichen).
- Teams/Projektgruppen werden sich immer seltener einer festen Hierarchie bzw. Organisation zuordnen lassen; *vielmehr wird Matrix-Organisation zunehmend häufiger zeitlich befristete Einheiten bilden.*

  Innerbetriebliche Arbeitsteilung wird abnehmen, bisher getrennte Aufgabenbereiche werden vernetzt, ganzheitliche Aufgaben- und Organisationsstrukturen bilden.

  Arbeitszeiten werden sich auch für Fachliche Führungskräfte flexibilisieren. Noch vor wenigen Jahren war Führung lediglich im "Vollzeitmodus" denkbar; dabei stand die Forderung nach weitgehender *Kontrolle* spürbar im Vordergrund. *Kontrolle verliert künftig, zumindest im Bereich professioneller Arbeit, zugunsten Ergebnisorientierung an Bedeutung.*

  Mit dieser Entwicklung wird ebenso die an Position und Titel orientierte Autorität abnehmen und durch individuelle fachliche Führungskompetenz zunehmend ersetzt. *Bereits heute reklamieren die Fachkräfte größere Autonomie bezüglich des WIE ihrer Arbeitserledigung; dieser Trend wird sich noch verstärken.*

- *Die Bedeutung sozialer Fähigkeiten, wie 'Konfliktfähigkeit' und 'gruppenintegrative Befähigung' werden zunehmend bedeutender, wenn autonome Fachkräfte zu gemeinsamen Ergebnissen geführt werden müssen.*
- *Die Entwicklung des Einkommens wird sich verstärkt in Richtung leistungsorientierter bzw. ergebnisorientierter Anteile (Boni/Prämien) verlagern.*

8. Ausblick

Die Komplexität der Aufgabenstellungen wird künftig zunehmend nur noch von Arbeitsgruppen bewältigt werden können. Dabei wird es darauf ankommen, daß jedes Gruppenmitglied sein eigenes Verhalten so steuern kann, daß offene, vertrauensvolle Kommunikation möglich ist. Der Einzelne muß fähig sein, von anderen zu lernen und sein eigenes Wissen weiterzugeben.

Fachliche Führung wird zum Erreichen exzellenter Arbeitsergebnisse in steigendem Maße notwendig, wobei soziale Kompetenz zur Schlüsselqualifikation wird.

Dazu müssen überwiegend Fähigkeiten erworben werden, für die es keine formalen Ausbildungsformen gibt:

- Wahrnehmungsfähigkeit sozialer Prozesse
- Verständnis für die kognitiven und emotionalen Vorgänge bei sich selbst und bei anderen
- Integrationsfähigkeit

Daher wird die *Selbstqualifizierung* durch funktionales Lernen in der sozialen Gruppe immer wichtiger. Der tägliche Arbeitsprozeß wird zum *"Miteinander"*, *"Voneinander"* und *"Füreinander"*. Diese Entwicklung ist nur durch lebendige Erfahrung möglich und beansprucht eine wesentlich längere Zeitspanne als der Erwerb von reinen Fachkenntnissen.

Damit künftige Führungskräfte bereits in jungen Jahren das erwartete Qualifikationsprofil entwickeln können, ist zu wünschen, daß Möglichkeiten für praktische berufliche Erfahrungen sowie duale Ausbildungspfade verstärkt angeboten werden. Dabei sind sowohl die Hochschulen als auch die Unternehmen gleichermaßen in der Pflicht.

Die Verantwortung für die Entwicklung ihrer Gesamt-Qualifikation werden Fachliche Führungskräfte (und die dorthin "nachwachsenden Potentiale") künftig immer deutlicher selbst (autonom) übernehmen müssen; der Wettbewerb um Fachliche Führungspositionen (wie allgemein um Positionen mit Führungscharakter) wird deutlich härter werden.

Literaturverzeichnis

Die vorliegende Ausarbeitung stützt sich ausschließlich auf firmeninternes Gedankengut, wie es vom Verfasser als professionellem Mitarbeiter des Personalwesens der IBM Entwicklung GmbH verstanden wird und in den nachstehend genannten internen Unterlagen (bei teilweise anderer Themenstellung) enthalten ist.

Braun, H. (Leitender Berater PL Grundsatz und Projekte) (1991): IBM Fachmanagement für die Märkte der Zukunft.

Burkhardt, M. (Leiter Personalentwicklung und Führungsakademie) (1993): Personalpolitische Informationen.

Corporate Instruction, Science and Technology, Number 103, May 14 (1991): "The IBM Fellow Program", TPD 106 B, "Senior Technical Staff Member Program".

Cunningham, T. E./Falkowski, G. R. (IBM Rochester, Minnesota) (1988): "Thoughts on Building a Career within a Dual Ladder System".

Fleck, H. (Unternehmensbeauftragte für Chancengleichheit) (1993): Vortragsentwurf zum Thema Chancengleichheit und statistische Unterlagen "Frauen in Fachlichen Führungspositionen".

Foerster, W./Beyer, R./Casper, G./Knauft, G. (IBM Deutschland Entwicklungslaboratorien) (1982): Bericht der Arbeitsgruppe zur Prüfung/Aufstellung von Kriterien für die Einstufung von Wissenschaftlern und Ingenieuren in der Entwicklung.

Gruhn, H. (Leiter PL Bezahlungssysteme) (1992): Das Konzept der Parallel-Laufbahn in der IBM Deutschland.

Gruhn, H. (Leiter PL Bezahlungssysteme) (1993): 'Neue Berufsbilder', Informationen aus dem Fachgebiet Arbeitsbewertung, Statistische Angaben.

Marketing (interne Zeitschrift für den Vertrieb) Nr. 12, 9. Juni 1992): "Was ist neu an den neuen Berufsbildern" (ein Gespräch der Redaktion mit Bernhard Dorn und Edmund Hug).

Pommer, H. J. (Personalleiter) (1991): Konzepte und Programme der Personalentwicklung im Unternehmen IBM, Sonderdruck, Carl Heymanns Verlag.

Schibalski, B. (Chefberater Personalentwicklung) (1993): Mitarbeiterförderung und -entwicklung, bezogen auf Fachliche Führungskräfte in den Entwicklungslaboratorien Böblingen. (Originärer Beitrag zu 5.0 ; 5.1 ; 5.2; 5.3)

Schneevoigt, I. **(1990):** Chancengleichheit bei IBM: Fortschritte und Ausblicke. In: Domsch, M./Regnet, E. (Hrsg.): Weibliche Fach- und Führungskräfte. Wege zur Chancengleichheit, Stuttgart: Schäffer-Verlag, S. 165-179.

Wilberg, E. (Leitender Berater Personal-Marketing) (1993): GGK Frankfurt 20920-P-2004, Innenansichten; (gesichteter Entwurf).

Entwicklung eines Laufbahn- und Gehaltssystems in einem mittelständischen Unternehmen

Eduard Jochum*

Gliederung

---

*) Dr. Eduard Jochum, Leiter Personalabteilung und Kaufmännischer Leiter Dienstleistungszentrum, Wandel & Goltermann GmbH & Co., Eningen u.A.

Entwicklung eines Laufbahn- und Gehaltssystems in einem mittelständischen Unternehmen

1. Zur Unternehmenssituation

Das Unternehmen, die Wandel & Goltermann-Gruppe (W&G) ist international einer der führenden Hersteller elektronischer Meßgeräte für die Nachrichtentechnik. Aus einem schwäbischen kleinen Familienbetrieb erwachsen, arbeiten heute weltweit ca. 2.400 Mitarbeiter bei W&G, unter der Leitung der Gründererben A. Wandel und F. Goltermann. Aufgrund der hochtechnologischen Produkte (Investitionsgüter) ist zwangsläufig der Anteil an hochqualifizierten Mitarbeitern sehr groß. So sind in der Bundesrepublik unter den ca. 1.400 Mitarbeitern etwa 300 Ingenieure, die vor allem in Forschung und Entwicklung (F&E), Produktmarketing und Vertrieb zusammenarbeiten.

Um die nachfolgend beschriebenen Konzeptentwicklungen zu Laufbahnalternativen und Gehaltssystem besser einordnen zu können, sollte nachfolgendes zur Unternehmens- und Führungsphilosophie als Hintergrundinformation bekannt sein:
Ende der 80er Jahre entwickelte die Führungsmannschaft zusammen mit den Firmeninhabern unter externer Moderation ein zukunftsorientiertes Unternehmens- und Führungsleitbild ("Unsere Grundlagen partnerschaftlicher Zusammenarbeit"), das das gesamte Handlungskonzept des Unternehmens prägt. Dazu gehört auch ein partnerschaftlicher Umgang mit der Arbeitnehmervertretung inklusive eines hohen Konsensstrebens in allen Bereichen, ein kollegiales Betriebsklima, hohe unternehmerische Verantwortung für die Mitarbeiter, Veränderungsbereitschaft, eine sehr offene Informationspolitik und eine partnerschaftliche Beteiligung der Mitarbeiter und des Betriebsrats über den gesetzlichen Rahmen hinaus. Ziel der damit verbundenen Unternehmensentwicklungen in dezentrale, überschaubare und steuerbare Unternehmensstrukturen ist es dabei u.a., den Mitarbeitern nicht nur Verantwortung zu übertragen, sondern auch

Freiräume für unternehmerisches, eigenverantwortliches Handeln zu schaffen, was sich insbesondere durch sinnvolle Arbeitsgestaltung und -inhalte kennzeichnet. - "Jeder ist sein eigener Chairman!"

Vor diesem Hintergrund wurden die Entwicklung alternativer Laufbahnkonzepte und eines damit verbundenen Gehaltssystems für den unteren bis mittleren Führungskreis in partizipativer Beteiligung aller Betroffenen durchgeführt.

2. Ausgangssituation für Laufbahnkonzepte und Gehaltssystem

Anregungen und Unterstützungen für die Entwicklung von alternativen Laufbahnkonzepten zur Führungslaufbahn kamen insbesondere aus den Entwicklungsbereichen.

Dabei stand im Vordergrund, Regelungen und Anreize für Projektleiter und Fachspezialisten zu finden.

Darüber hinaus beruht der Bedarf an Laufbahnalternativen auf ähnlichen Überlegungen wie sie auch aus der Literatur bekannt sind (vgl. z.B. Domsch 1993, S. 69f.):

- Aufstiegschancen schaffen, ohne Managementaufgaben zu übernehmen
- Belohnung von Spezialisten-Know how
- spezifischere Entlohnungsmöglichkeiten
- Vermeidung von Spezialistenbeförderung in Managementfunktionen
- individuellere Anreize für F&E-Ingenieure.

Man war sich bereits im Vorfeld des Projektes im klaren, daß alternative Laufbahnen zur Führungslaufbahn (wie Fachlaufbahn und Projektleiterlaufbahn) ihre Wirksamkeit einbüßten, wenn nachfolgende Fehlerquellen bzw. Negativerfahrungen nicht vermieden würden:

- Schaffung eines "Abstellgleises" ("Altersruhesitz", "Elefantenfriedhof") für "abgeschobene" Führungskräfte, die ihren Führungsaufgaben nicht (mehr) hinreichend gerecht werden;
- Durchschnittsleistungen gefördert würden und nicht besonderes technologisches oder fachspezifisches Know how befördert würde;

- keine bereichsübergreifenden allgemein akzeptierten Auswahl- und Beförderungsregelungen gefunden werden;
- die Alternativ-Konzepte keinen Anreiz für die Ingenieure und andere Fachspezialisten darstellen.

Basierend auf den Ideen einer partizipativen Unternehmensentwicklung wurde zunächst eine Projektgruppe "Fachlaufbahn" (16 Mitglieder) aus allen Unternehmensbereichen und über alle Hierarchieebenen hinweg gebildet. In den Ausarbeitungsphasen wurde diese Projektgruppe auf sechs Kerngruppen-Mitglieder reduziert. Diese Kerngruppe stellte ihre Ergebnisse in der Großgruppe wieder zur Diskussion. Neben Fach- und Führungskräften in der Projektgruppe waren auch der Betriebsratsvorsitzende (selbst früher als Systemingenieur bei umfangreichen F&E-Projekten beteiligt) sowie ein erfahrener Entwicklungsingenieur als weiterer Vertreter des Betriebsrates beteiligt. Der Aufgabenbereich und die Zielsetzung der Gruppe wurden bereits nach der zweiten Projektsitzung um den Bereich der Entwicklung eines entsprechenden Gehaltssystems für den unteren und mittleren Führungs- und Fachlaufbahn-Kreis erweitert. Für den oberen Führungskreis existierte ein Gehaltssystem. Eine enge Anpassung an dieses Gehaltssystem war in der Zielsetzung zwar nicht vorgesehen, die Schnittstellen sollten jedoch definiert werden, um einen unkomplizierten Übergang vom einen zum anderen Gehaltsbereich zu gewährleisten.

3. Vorgehensweise der Projektgruppe

3.1 Zur generellen Anreiz-Gestaltung

Zunächst kam in der Projektgruppe auch von der Mitarbeiter-Seite die Frage nach der Verbindung von Fachlaufbahn-Gruppen und Projektleitungs-Funktionen zu den entgeltlichen und sonstigen Leistungen auf. Die Frage nach der Bedeutung von materiellen Anreizen stand dabei mit im Vordergrund. Da die aus der Literatur und Praxis bekannten Laufbahnkonzepte gerade nicht diesen entgeltbezogenen Aspekten die wesentlichste Bedeutung beimessen, sondern im Sinne der Zwei-Faktoren-Theorie Herzbergs gerade in F&E-Bereichen Motivation und Anreizgestaltung durch andere Faktoren erreicht werden, sollte diese Frage zuerst geklärt werden. Diese Klärung erschien auch wichtig, um die Ausgestaltung der

Fachlaufbahn und der Projektleitungsfunktion an den Bedürfnissen der Mitarbeiter und den Funktionsbereichen zu orientieren und um offensichtliche Schwachstellen zu beseitigen.

Das Projektteam beantwortete in einem Brain-Writing-Prozeß folgende Fragen:

- "Warum arbeite ich bei W&G, was motiviert mich dabei besonders?
- Wenn ich auch an meine unmittelbaren Arbeitskollegen und/oder Mitarbeiter denke, weshalb arbeiten diese bei W&G und was glaube ich, motiviert diese?"

Das Ergebnis spiegelt die in der Literatur, insbesondere für Entwickler in der Industrie beschriebene Werteskale zum Teil wider (vgl. z.B. M. Domsch 1983). Anders als bei der vom Verfasser, M. Domsch u.a., Anfang der 80er Jahre durchgeführten I.P.A.-Studie/F.G.H.-Studie, standen die materiellen Anreize mit weitem Abstand an letzter Stelle. Dies mag damit zusammenhängen, daß in der I.P.A.-Studie F&E-Manager nach Anreizen für ihre Mitarbeiter gefragt wurden und Führungskräfte eher die Gehaltsaspekte im Vordergrund sehen als beispielsweise ihr eigenes Führungsverhalten. Diese Tendenz kann auch durch eine Reihe eigener Befragungen im Rahmen von internen Workshops als auch bei anderen Unternehmen bestätigt werden.

Die Beantwortung der oben genannten Frage - "Was motiviert mich/Kollegen/Mitarbeiter bei W&G" - ergab bei der W&G-Projektgruppe folgende Wertung in der Reihenfolge der Nennungen, mit den wesentlichsten dazugehörenden verdichteten Aussagen:

1. *Arbeitsgebiet und Arbeitsinhalte*
   interessante Aufgabengebiete; technische Herausforderung; Möglichkeit zur Realisierung eigener Ideen; Arbeit bringt Freude, gibt Sinn;

2. *Entscheidungsfreiräume*
   umfangreiche Entscheidungsfreiräume und -befugnisse; große Verantwortung; Mitgestaltungsmöglichkeiten;

3. *Arbeitsumfeld und -bedingungen, Anerkennung*
   guter Umgang im Team; angenehmes Team; gutes Betriebsklima; gute zeitgemäße Arbeitsbedingungen; Anerkennung der Leistungen durch Kollegen und Vorgesetzte;

4. *Persönliche Entwicklungsmöglichkeiten*
   gute Weiterbildungsmöglichkeiten; Verwirklichung eigener Pläne und Ziele mit Unternehmenszielen vereinbar;

5. *Gehalt*
   Bezahlung stimmt, gute Sozialleistungen

3.2 Führungs- und Leitungs-Aufgaben

Nachdem die Frage geklärt war und Konsens über die inhaltlichen Anreiz- und Wertestrukturen hergestellt war, widmete sich die Gruppe einer anderen, vorab zu klärenden Frage nach der Möglichkeit, Projektleiter aus dem Entwicklungsbereich in ein Management- bzw. Fachlaufbahnkonzept zu integrieren. Zum einen herrschte bei den Betroffenen die Meinung, Projektleiter sind gleichzusetzen mit "Gruppenleitern", aber Führungskräfte auf Zeit, mit der Unsicherheit wie es nach dem Projektabschluß weitergeht.

Zum anderen gab es die Meinung, Projektleiter haben nur fachliche "Führungs"- besser Leitungsfunktionen - und gehörten eher zu einer Fachlaufbahngruppe.

Um die Gründe für die Meinungsunterschiede aufzudecken, hatte die Projektgruppe die Aufgabe zu klären, wodurch sich Führungsaufgaben von Projektaufgaben unterscheiden. Dazu war die Frage zu beantworten:

"Wenn Sie an den Aufgabenumfang eines Projektleiters denken, was sind die Hauptaufgaben und wie ist die Schwerpunktverteilung?"

Die gleiche Frage war für eine Führungskraft auf einer vergleichbaren Ebene zu beantworten.

Abbildung 1 zeigt die Unterschiede von Führungsaufgaben im Vergleich zu Projektleitungsaufgaben. Dabei sind in der jeweiligen Funktion die Tätigkeiten in der Reihenfolge ihrer Bedeutung aufgelistet.

Aufgaben-Schwerpunkte

Führungskraft	**Projektleiter**
- Zielvereinbarungen treffen - Mitarbeitergespräche führen - Vorbildfunktion ausüben - Entwicklung von Konzepten (strategisch) - Arbeitsorganisation - soziale Verantwortung für die Mitarbeiter praktizieren - Arbeitsziele mit Mitarbeitern abklären - Kapazitätsplanungen durchführen - Schaffung eines guten Betriebsklimas - Delegation von Verantwortung	- Erarbeitung Produktdefinition mit Marketing - Ressourcen mit den Projektaufgaben und -zielen abstimmen - Übernahme der Terminverantwortung - Synergien nutzen und Abstimmung mit anderen Projekten - Teambesprechung/Projektfortschritt - Bewältigung von Projekt-Änderungen - Projektsteuerung und Koordination der Projekte - Kunden- und Vertriebskontakte - projektbezogene Weiterbildung, Kompetenzentwicklung

Abb. 1: Aufgabenschwerpunkte

Betrachtet man die Aufgabenschwerpunkte von Führungskräften und Projektleitern im F&E-Bereich genauer, dann zeigt sich, daß mit zunehmender Komplexität und Dauer der Projekte (z.B. bis zwei und mehr Jahren) auch beim Projektleiter zunehmend mehr Führungsaufgaben lagern. Viele Mitglieder einer Projektgruppe (bis ca. acht Mitarbeitern) gehören permanent einem Projektteam an und der Projektleiter ist somit gleichzeitig der einzige, der Führungsaufgaben wie z.B. Zielvereinbarung und Mitarbeiterbeurteilung sinnvoll wahrnehmen kann (vgl. dazu z.B. Jochum 1987, S. 39-44).

Es zeigt sich auch, daß eine a priori-Festlegung von Projektleitungs-Funktionen nicht zweckmäßig erscheint, sondern daß gerade eine Projektleitungsfunktion die Möglichkeit beinhaltet, die Führungsfähigkeiten und Leitungsfähigkeiten im Sinne einer realen "Trainings"-Situation zu entwickeln und zu überprüfen (vgl. Domsch 1993, S. 171-174). Je nach Bedarf und Fähigkeiten kann daher die Projektleitung in eher sachaufgabenorientiertem Leiten oder eher mitarbeiterorientiertem und administrativem Führen bestehen (s. Abb. 2).

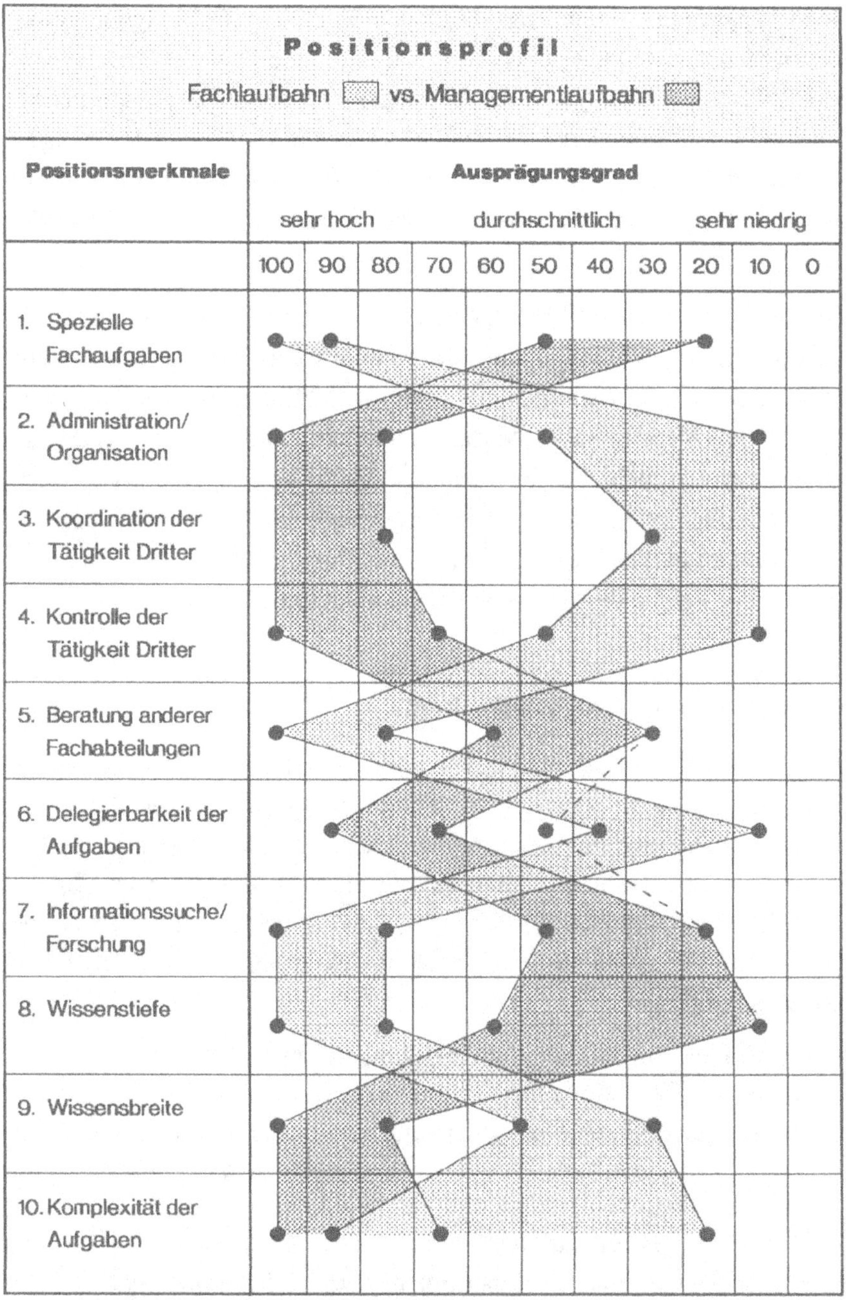

Abb. 2: Positionsprofil der Laufbahnalternativen

Um auf der anderen Seite auch eine stärkere Differenzierung zwischen Fachlaufbahnmerkmalen und Management- bzw. Führungslaufbahnmerkmalen vornehmen zu können, wurden außerhalb der Projektgruppe 15 Führungskräfte gebeten, Führungsaufgaben und Fachspezialistenaufgaben zu differenzieren. Sie sollten anhand eines Merkmalskataloges, wie ihn Pössnecker (vgl. 1986, S. 209-211) im Unternehmen eingesetzt hatte, in modifizierter Version Fach- und Führungsaufgaben differenzieren.

Dabei zeigten sich ähnliche Ergebnisse wie sie Pössnecker vorlagen. Allerdings war bei W&G eine Bandbreite festzustellen, die u.a. daraus resultierte, daß sich die Befragten die Fach- und Führungskräfte auf unterschiedlichen hierarchischen Niveaus vorstellten. Je höher die Hierarchiestufe ist, um so mehr klaffen Fach- und Führungsaufgaben auseinander. Gruppen- oder Projektleiter in Kleinprojekten haben eben noch einen hohen Anteil an Sachaufgaben zu bearbeiten. Das Ergebnis (s. Abb. 3) zeigt, daß sich die Profile deutlich voneinander abgrenzen lassen.

3.3 Erweiterte Projektaufgaben

Wie oben bereits angedeutet, wurde nach der zweiten Projektsitzung der Projektgruppe neben der Gestaltung eines Fachlaufbahn- und Projektleitungskonzeptes auch die Differenzierung eines neuen Gehaltssystems für den unteren und mittleren Führungskreis übertragen, um gleichzeitig die Unterscheidung von Fachlaufbahnstufen und Management-Stufen zu gewährleisten. Die weiteren Schritte der Projektgruppe wurden daher wie folgt neu festgelegt:

- Entwicklung und Definition von Anforderungsmerkmalen für Führungs- und Fachlaufbahn;
- Differenzierte Beschreibung der Laufbahnstufen WGG 1 bis WGG 3 und Abgrenzung zum obersten Gehaltssystem WGG 4 und höher und zum Tarifbereich unterhalb von WGG 1;
- Erarbeitung des Einstufungs- und Ernennungsprozesses;
- Vorbereitung des ersten Einstufungsprozesses der unteren und mittleren Führungskräfte und Spezialisten durch den oberen Führungskreis
- Abstimmung des Leistungsumfanges der jeweiligen Gehaltsstufe mit der Geschäftsleitung;

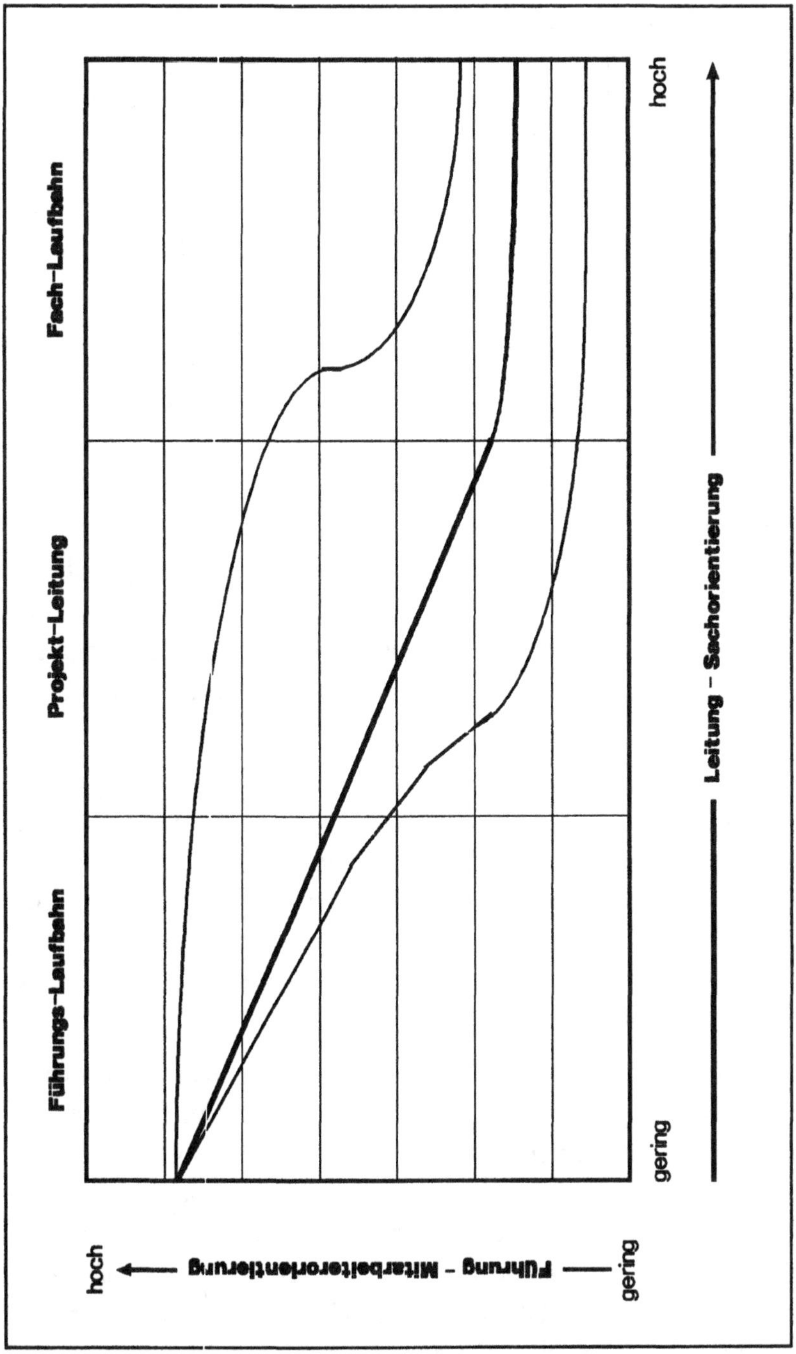

Abb. 3: Laufbahn-Alternativen

- Abstimmung des Leistungsumfanges und anderer Konzeptbausteine mit dem Betriebsratsgremium;
- Vorklärung zum Verfahren bei Einstufungsunterschieden in den dezentralen Unternehmensbereichen.

4. Inhaltliche Gestaltung der Laufbahnalternativen

4.1 Entwicklung und Beschreibung von Anforderungsmerkmalen

Mit den geplanten Funktionsbewertungsverfahren sollte auch die Möglichkeit geschaffen werden, neben der sinnvollen Einstufung im unteren und mittleren Führungskreis, eine Angleichung zu finden an das bestehende summarische Bewertungsverfahren im oberen Führungskreis. Die Intention eines Teils der Projektgruppenmitglieder ging, aufgrund einer scheinbar besseren und genaueren Differenzierbarkeit der einzelnen Positionsstufen, eher auf die Entwicklung analytischer Positionsbeschreibungsverfahren, wie sie aus Literatur und Unternehmenspraxis hinreichend bekannt sind (vgl. z.B. Zander 1990, 1991), ein.

Es galt also, einen Konsens zu finden zwischen summarischem und analytischem System. Die Projektgruppe sammelte zunächst Merkmale, die die Tätigkeitsbereiche von Führungskräften und Spezialisten auf unterschiedlichen Hierarchiestufen kennzeichnen (um hier nicht auf die methodischen Schritte im einzelnen einzugehen, vgl. zur Analyse von Tätigkeitsmerkmalen sowie zum methodischen Vorgehen z.B. Ulich 1992, Kap. 2 und 3; Schelle 1982).

Die Projektgruppe hatte zunächst nur die Möglichkeit, aufgrund der eigenen Kenntnisse und Erfahrungen Positionsbeschreibungen vorzunehmen und diese Beschreibungen zu Merkmalskategorien zu verdichten. Im darauffolgenden Schritt konnte die Projektgruppe ihren Merkmalskatalog nochmals überarbeiten, nachdem die Projektgruppenmitglieder sich mit anderen Beispielen aus Literatur und Praxis intensiv befassen konnten (s. so z.B. Zander 1990, S. 108-116). Die Detailbearbeitung wurde in der Kernprojektgruppe (6 Mitglieder) vorgenommen und vom Gesamtgremium wie nachfolgend beschrieben verabschiedet:

Anforderungsmerkmale für die Führungs- und Fachlaufbahngruppen WGG 1-WGG 3:

- Berufs-Ausbildung
- Berufs-Erfahrung
- Fach-/Methodenkenntnisse
- Markt-Orientierung
- Verantwortung für Finanz- und Sachmittel
- Mitarbeiterführung und Zusammenarbeit
- Kontaktpflege
- Gestaltungsumfang, Selbständigkeit und Flexibilität

Im einzelnen beinhalten die Merkmale folgende Beschreibungs-Aspekte:

Berufsausbildung

- Art der Ausbildung (form. Ausbildungsabschlüsse)
- Praxisbezug der Ausbildung
- Qualität der Abschlüsse
- Interdisziplinarität
- Orientierung der Abschlüsse

Berufserfahrung

- Führungserfahrung qualitativ/quantitativ
- Dauer im und außerhalb eines Fachgebietes
- Erfahrungen in unterschiedlichen Aufgabengebieten
- Verhandlungsführung
- Menschenkenntnisse
- Geschäftsbeziehungen
- Flexibilität im Einsatz

Fach-/Methodenkenntnisse

- Umsetzungsfähigkeit
- Zukunftsorientierung
- Aktualität
- Projektmanagement
- Präsentationstechnik
- Arbeitstechniken
- Kreativitätsmethoden
- Moderationserfahrung
- Fachgebietsumfang

Marktorientierung

- Zukunftsmärkte
- Applikationen

- Marktentwicklung
- Marktvolumen
- Technologieentwicklung

Verantwortung für Finanz- und Sachmittel
- Ergebnisse
- Termine
- Kosten
- Investitionen
- Umsatzhöhe und -volumen
- Budgetplanung

Mitarbeiterführung und Zusammenarbeit
- Mitarbeiterförderung
- Gesprächsführung
- Motivationsfähigkeit
- Integrationsfähigkeit
- Mitarbeiteranzahl
- Mitarbeiterqualifikation
- Kooperationsfähigkeit
- Konfliktmanagement
- laterale Führung, Umgang mit Kollegen
- Coaching

Kontaktpflege
- Neukontaktgewinnung
- Verbindlichkeit/Ergebnis
- Sprachkenntnisse
- geplante/ungeplante Kontakte
- Häufigkeit des Wechsels

Gestaltungsumfang, Selbständigkeit und Flexibilität
- interdisziplinäres Denken
- Eigeninitiative
- Innovationszyklen
- Innovationsverhalten
- Vielfältigkeit und Aufgabengröße
- Gestaltungsfreiraum
- Dispositionsfähigkeit
- Originalität und Kreativität
- Beweglichkeit im Denken

Management-Laufbahn WGG 1

Berufsausbildung
Hochschulstudium (Soll-Anforderung)

Berufserfahrung
Erste Berufserfahrung nach FH-Abschluß mind. 5-7 Jahre; Uni, TH mind. 4-6 Jahre;
erste erfolgreiche Leitungserfahrungen in unterschiedlichen Projekten;
erste Führungserfahrung auf einem Fachgebiet

Fach- und Methodenkenntnisse
spezifische Aufgaben in die Praxis umsetzen, selbständige eigenständige Leistungen erforderlich;
tiefes aktualisiertes Wissen;
Methodenkenntnisse wie Zeitmanagement, Präsentation, Kreativitätstechnik;
zielorientiertes Durchsetzungsvermögen; Einbeziehen von Innovation in seine Aufgaben;
Design-Optimierung

Marktorientierung
Grundlegende Umsetzung der Anforderungen des Qualitäts-Handbuchs;
Umsetzen von neuen Technologien und Otimieren;
selbständige Produktprofilzusammenstellung; Beobachtung des Marktes

Verantwortung für Finanz- und Sachmittel
Die Tätigkeit verlangt sehr häufige Entscheidungsvorbereitung. Bei großer Sorgfalt und Beachtung der Vorschriften und Verfahren können Arbeitsfehler/Fehlentscheidungen mit Schaden vermieden werden. Dieser Schaden wird oft erst in anderen Funktionsbereichen oder außerhalb des Unternehmens, mitunter mit einer zeitlichen Verschiebung während der Prüfung, Weiterverarbeitung oder Verwendung entdeckt. Das beeinflußt den weiteren Arbeitsablauf erheblich, macht Umdispositionen erforderlich und beeinträchtigt vorübergehend Qualität und/oder Quantität der Arbeitsleistung

Mitarbeiterführung und Zusammenarbeit
von Führungskraft > WG 4; delegierte Verantwortung;
Mitarbeiteranzahl in Abhängigkeit der Aufgabengebiete (Entwicklung bis ca. 5-10 Mitarbeiter, Fertigung bis ca. 40 Mitarbeiter)
MA-Beurteilung unter fachlichen Aspekten unter Anleitung; schlägt Förderungsmaßnahmen vor, Erstellen von Anforderungsanalysen; fachliche Verantwortung, Leitungsverantwortung;
Zielvereinbarungen treffen im Rahmen von Feedback-Gesprächen

Kontaktpflege
Die Position erfordert überwiegend aktive Kontakte mit Personen innerhalb und/oder außerhalb des Unternehmens, wobei die zu diskutierenden Angelegenheiten fachliche Überzeugungskraft gegenüber anderen Funktionsbereichen (Interessenkollision aus Verhandlungsposition), d.h. eigene Initiative, Verhandlungsgeschick, Einfühlungsvermögen und Kenntnisse der Vorschriften, der praktischen Arbeit und Verfahren verlangen

Gestaltungsumfang, Selbständigkeit und Flexibilität
Die Arbeit wird bei größeren und schwierigen Aufgaben nur durch gemeinsame Besprechung der Arbeitsergebnisse überwacht. Entscheidungshilfen erfolgen bei sehr schwierigen Einzelaufgaben fallweise; selbständige Gestaltung stark wechselnder Arbeiten mit großer Wahlmöglichkeit; unkonventionelle Lösungsansätze; große Eigeninitiative mit zukunftsorientierter Entscheidungsfindung

Abb. 4a: Management-Laufbahn WGG 1

Management-Laufbahn WGG 2

Berufsausbildung
Hochschulstudium (Soll-Anforderung)

Berufserfahrung
2-4 Jahre erfolgreiche Führungserfahrung, (ca. 6-11 Jahre Berufserfahrung
Verhandlungen mit internen/externen Stellen; Schnittstellen festlegen;
Führungs-Erfahrungen in einer Disziplin; Planung, Organisation

Fach- und Methodenkenntnisse
Anwendung von wesentlichen Arbeitstechniken; Moderations- und Präsentationserfahrung; Projekt-Mitarbeiter fachlich betreuen
Kunden beraten und Leitung größerer Projekte (Bsp. HF-Technik, Optik);
hat Überblick über Fachgebiet und vertiefte Kenntnisse in mehreren Spezialgebieten

Marktorientierung
Entscheidungsvorbereitung; Technologie-Beratung;
Beratung von Marketing und Entwicklung über Marktgeschehen auf dem Absatz- und Beschaffungsmarkt

Verantwortung für Finanz- und Sachmittel
Zwischenstufen zwischen WGG1 und WGG3 (siehe dort Beschreibung)

Mitarbeiterführung und Zusammenarbeit
von Führungskraft >WG 4; delegierte Verantwortung; MA-Beurteilung unter fachlichen Aspekten
Mitarbeiteranzahl (Entwicklung bis ca. 10 Mitarbeiter; in der Fertigung bis ca. 50 Mitarbeiter) im Rahmen der Delegation selbständig; persönlichkeitsorientierte Förderung und Anleitung ist Supervisor/Mentor; beherrscht Delegation von Aufgaben; trifft Zielvereinbarungen

Kontaktpflege
zwischen Stufe 1 und 3
Reaktion auf Kontaktaufnahme; pflegt Kontakte selbständig zu Nachbarbereichen;
Kundenkontakt; Kontakt-Partner: Entwickler, Vertrieb (z.B. Applikationen)

Gestaltungsumfang, Selbständigkeit und Flexibilität
originäres Denken erforderlich; teilweise vorhandene, teilweise neue Verfahren erforderlich; sehr großer Planungs- und Gestaltungsumfang z.B. für reibungslosen Produktionsablauf. Die Arbeit wird im Hinblick auf das Einhalten funktionaler Richtlinien für das Erreichen der gestellten Ziele überwacht. Entscheidungshilfen bei grundsätzlichen Problemen

Abb. 4b: Management-Laufbahn WGG 2

Management-Laufbahn WGG 3

Berufsausbildung
Hochschulstudium (Soll-Anforderung)

Berufserfahrung
5-7 Jahre erfolgreiche Führungs-Erfahrung;
insgesamt ca. 10-12 Jahre Berufserfahrung in mind. einer Disziplin mit mehreren Spezialgebieten

Fach- und Methodenkenntnisse
Anwendung von unterschiedlichen Arbeitstechniken, kann aufgrund von Berufsausbildung und Berufserfahrung die Kenntnisse gezielt und aufgabenbezogen umsetzen; wesentl. Methoden der Kreativitätstechnik; Präsentations- und Moderationserfahrung; kann mehrere Projekte parallel leiten; Mitarbeiter fachlich und persönlich betreuen; Leitung in F&E-Projekt (Bsp. Analog und Digital-Übertragungstechn.)

Marktorientierung
setzt W&G-Ideen, -Lösungen in internen/externen Gremien durch; Präsentieren am Markt; neue Lösungswege; verfolgt die Marktentwicklung; sorgt für Bedienerfreundlichkeit und vollständige, verständliche Dokumentation; => Gerätefamilie; volles Applikations-know how => Geräteniveau

Verantwortung für Finanz- und Sachmittel
mittel- und langfristige Entscheidungs-Vorbereitung und kurzfristige Entscheidung. Treffen von regelmäßig schwierigen Entscheidungen. Durch hohen Grad an Sorgfalt, Aufmerksamkeit und gründlicher Kenntnis der betrieblichen und fachlichen Zusammenhänge Vermeiden von Fehlentscheidungen. Fehlentscheidungen bedeuten große Schäden, die in anderen Funktionsbereichen oder außerhalb des Unternehmens sehr oft zu spät bemerkt werden. Empfindliche Arbeitsabläufe, Jahreszielsetzungen für den Aufgabenbereich werden wesentlich beeinflußt. Fehler nur durch langfristige Umdisposition zu beseitigen. Große Qualitäts- und Quantitätseinbußen.

Mitarbeiterführung und Zusammenarbeit
Führung der Mitarbeiter ohne Anleitung oder Delegation
Mitarbeiterzahl (Entwicklung ca. 10 Mitarbeiter oder auch darüber; in der Fertigung bis ca. 50 Mitarbeiter);
Zielvereinbarungen, umfassende Förderungsmaßnahmen,
fördert Persönlichkeitsentwicklung; ist Mentor seiner Mitarbeiter

Kontaktpflege
Kunden-Kontakt; mit Vertrieb and. Kooperations-Partnern
Reaktion auf Kontakt-Knüpfung durch Vorgesetzte
Die Position erfordert aktive Kontakte mit Personen in hohen Führungspositionen innerhalb und/oder außerhalb des Unternehmens, was eine beträchtliche eigene Initiative, Verhandlungsgeschick, Einfühlungsvermögen und gründliche Kenntnisse von Bereichszielsetzungen, Zusammenhängen des Unternehmens, dessen Praktiken und Verfahren voraussetzt.

Gestaltungsumfang, Selbständigkeit und Flexibilität
Die Arbeit wird nur im Hinblick abteilungsbezogener Zielsetzungen überwacht. Entscheidungshilfe nur bei Grundsatzproblemen von Führungskraft auf Anfrage gegeben; eigenständige Gestaltung sehr komplizierter Vorgänge; Neugestaltung im Rahmen des Fachgebietes, sehr großer Planungsumfang; flexible Gestaltung schwieriger Zusammenhänge.

Abb. 4c: Management-Laufbahn WGG 3

Management-Laufbahn WGG 4 und höher

Berufsausbildung
Hochschulstudium (Soll-Anforderung)
Berufserfahrung
Führungserfahrung in unterschiedlichen Funktionen 12-15 Jahre;
Vertragsgestaltung, BWL-Kenntnisse, Verhandlungserfahrung; vertiefte Arbeitsrechtskenntnisse; Moderationserfahrung; Unternehmenskennzahlen
Führung in mind. einer Disziplin mit fundierter Erfahrung in mehreren Spezialgebieten
Fach- und Methodenkenntnisse
Umsetzung von techn. wiss. Methoden auf sehr umfassendem Fachgebiet; umfassende Kreativitätstechnik; Erkennen von System-Zusammenhängen;
Kennen mehrerer Spezialgebiete und Umsetzen marktorientierter Lösungen; Erkennen von strategischen Zusammenhängen; langfristiges Denk- und Handlungswissen; logisches Vorgehen und pragmatische Umsetzung; Überblick über eigenes Arbeitsgebiet hinaus (Bsp. Telekommunikation)
Marktorientierung
Kennen von Zukunftsmärkten (langfristig, strategisch); Gesamttrends (z.B. Übertragungstrends); Kennen von Basisentwicklungen und Marktbedarf
Verantwortung für Finanz- und Sachmittel
Budget-Planung, Investitions-Planung, Soll-Ist-Vergleich, Sachkosten-Planung, Ergebnis-Verantwortung
Treffen von ständig sehr schwierigen Entscheidungen; mit einem fortgesetzt hohen Grad an Sorgfalt bei Abwägen der Auswirkungen auf gegenwärtige und zukünftige Situation des Unternehmens können Fehlentscheidungen vermieden werden. Die sonst immer auftretenden Schäden werden erst so spät bemerkt, daß sie nicht mehr korrigiert werden können. Kurz- oder langfristig treten hohe Verluste/Gewinnschmälerungen auf; bzw. sind hohe Gewinne zu realisieren.
Mitarbeiterführung und Zusammenarbeit
Mitarbeiterzahl 16-30 und größer, Qualifikation, Beurteilung, Förderung, Personalplanung; Integrationsaufgaben, Motivation und mitarbeiterbezogene Führung; ist Coach seiner Mitarbeiter und Prozeßberater; Führung von mehreren Projektleitern oder Führungskräften. Gestaltung des Mitarbeitereinsatzes, Auswahl und Entwicklung der Mitarbeiter auch abteilungsübergreifend.
Kontaktpflege
Kontakt-Knüpfung zu Lieferanten, Kunden, Hochschulen; völlig selbständig und aktiv; Präsentation und Kommunikation in englischer Sprache; Verantwortung für technische Vertragsinhalte; Abschätzen von Lieferantenqualifikationen; Vertretung in Ausschüssen; "Diplomatie" als Verhandlungsgrundlage. Die Position erfordert aktive Kontakte mit Schlüsselkräften innerhalb und außerhalb des Unternehmens. Sie verlangt weitreichende eigene Initiative, Verhandlungsgeschick und Einfühlungsvermögen. Diese Position kann sowohl Politik als auch Praktiken, Verfahren und das Ergebnis des Unternehmens wesentlich beeinflussen.
Gestaltungsumfang, Selbständigkeit und Flexibilität
Die Arbeit wird im Hinblick auf formulierte Grundannahmen zur unternehmensspezifischen Zielsetzung überwacht. Entscheidungshilfen nur bei sehr schwierigen Grundsatzfragen notwendig; sehr hoher Grad an originärem Denken erforderlich; eigenverantwortliche Aufgabenerfüllung. Aufgabe stellt Höchstanforderungen an kombinatorisches Denken. Höchste geistige Wendigkeit bei umfangreichen Planungsaufgaben und vielseitigen Entwicklungs- oder Produktionsvorgängen. Beeinflussung und Steuerung zukünftiger Produkt- und Marktentwicklungen; finanz- oder personalpolitische Fragen.

Abb. 4d: Management-Laufbahn WGG 4 und höher

Fach-Laufbahn WGG 1

Berufsausbildung
Hochschulstudium erforderlich (bis auf extreme Ausnahmen/Muß-Anforderung)

Berufserfahrung
Erste Berufserfahrung nach FH-Abschluß mind. 5-7 Jahre; Uni, TH mind. 4-6 Jahre; besonders hohe Fachkenntnisse in einem Sach/Fachgebiet, weit über andere Mitarbeiter hinausragen in der MA-Laufbahn; taktisch-operativ; erfolgreiche Projektleitung

Fach- und Methodenkenntnisse
spezifische Aufgaben in die Praxis umsetzen, selbständige eigenständige Leistungen erforderlich; tiefe Detailkenntnisse, z.B. von Baugruppen;
methodische Kenntnisse (Präsentation; erste Moderationserfahrungen);
komplexe Zusammenhänge erkennen und verständlich darstellen; System-Denken;
Kenntnisse wissenschaftlich-technischer Informations-Beschaffung; Aufzeigen von Grenzgebieten; unkonventionelle Lösungswege; eigenständige Projektplanung als Problemlösungsansatz

Marktorientierung
kennt Stand der Technik (extern) und interne Anwendungen in seinem Fachgebiet (Bauelemente und Baugruppenmarkt); verfolgt technologische Entwicklung; Fachliteratur/-messen vertieft bekannt

Verantwortung für Finanz- und Sachmittel
Die Tätigkeit verlangt sehr häufige Entscheidungsvorbereitung. Bei großer Sorgfalt und Beachtung der Vorschriften und Verfahren können Arbeitsfehler/Fehlentscheidungen mit Schaden vermieden werden. Dieser Schaden wird oft erst in anderen Funktionsbereichen oder außerhalb des Unternehmens, mitunter mit einer zeitlichen Verschiebung während der Prüfung, Weiterverarbeitung oder Verwendung entdeckt. Das beeinflußt den weiteren Arbeitsablauf erheblich, macht Umdispositionen erforderlich und beeinträchtigt vorübergehend Qualität und/oder Quantität der Arbeitsleistung

Mitarbeiterführung und Zusammenarbeit
führt bis zu 2 Mitarbeiter fachlich;
fachliche Integration und Motivation; fachliche Qualifikations-Beurteilung; unterstützt Führungskraft bei fachlichen Führungsaspekten

Kontaktpflege
Die Position erfordert überwiegend aktive Kontakte mit Personen innerhalb und/oder außerhalb des Unternehmens, wobei die zu diskutierenden Angelegenheiten fachliche Überzeugungskraft gegenüber anderen Funktionsbereichen (Interessenkollision aus Verhandlungsposition), d.h. eigene Initiative, Verhandlungsgeschick, Einfühlungsvermögen und Kenntnisse der Vorschriften, praktischen Arbeit und Verfahren verlangen. Fachenglisch beherrschen (passiv).

Gestaltungsumfang, Selbständigkeit und Flexibilität
Die Arbeit wird bei größeren und sehr schwierigen Aufgaben nur durch gemeinsame Besprechung der Arbeitsergebnisse überwacht. Entscheidungshilfen erfolgen bei sehr schwierigen Einzelaufgaben fallweise; selbständige Gestaltung stark wechselnder Arbeiten mit großer Wahlmöglichkeit; unkonventionelle Lösungsansätze; große Eigeninitiative mit zukunftsorientierter Entscheidungsfindung; Optimieren bekannter und neuer Technologien; operative Fähigkeiten zur technologischen Entscheidungsvorbereitung.

Abb. 5a: Fach-Laufbahn WGG 1

Fach-Laufbahn WGG 2

Berufsausbildung
Hochschulstudium (Muß-Anforderung)

Berufserfahrung
insgesamt 6-11 Jahre besonders tiefgreifende Kenntnisse auf mehreren Spezialgebieten (beherrschen); hält interne und externe Referate; spez. Fachvorträge auf mindestens einem Spezialgebiet

Fach- und Methodenkenntnisse
kennt Gerätefamilie; Präsentation intern, extern
PM-Zeit; Kreativitätstechniken; Beratungstätigkeit auf dem Spezialgebiet Risiko-Abwägung, Team-Moderation.

Marktorientierung
kennt den externen Stand der Technik/Wissenschaft und deren interne Anwendung und Umsetzung für ein erweitertes Sachgebiet bzw. mehrere Sachgebiete (z.B. Geräte); verfolgt permanent Marktentwicklung; sorgt für Bedienerfreundlichkeit und vollständige verständliche Dokumentation (Gerätefamilie); volles Applikations-Know-how (Geräteniveau)

Verantwortung für Finanz- und Sachmittel
Zwischenstufe zwischen WGG1 und WGG3 (siehe dort Beschreibung)

Mitarbeiterführung und Zusammenarbeit
bis 3 Mitarbeiter; fachliche Integration und Motivation; fachliche Qualifikations-Beurteilung; fachliche Anleitung von Mitarbeitern und Kollegen

Kontaktpflege
Die Position erfordert überwiegend aktive Kontakte mit Personen innerhalb und/oder außerhalb des Unternehmens; wobei die zu diskutierenden Angelegenheiten fachliche Überzeugungskraft gegenüber anderen Funktionsbereichen (Interessenkollision aus Verhandlungsposition), d.h. eigene Initiative, Verhandlungsgeschick, Einfühlungsvermögen und Kenntnisse der Vorschriften, praktischen Arbeit und Verfahren verlangen. Führt Gespräche mit wichtigen externen Partnern. Fachenglisch aktiv beherrschen

Gestaltungsumfang, Selbständigkeit und Flexibilität
originäres Denken erforderlich; teilweise vorhandene, teilweise neue Verfahren erforderlich; sehr großer Planungs- und Gestaltungsumfang z.B. für reibungslosen Produktionsablauf. Die Arbeit wird im Hinblick auf das Einhalten funktionaler Richtlinien für das Erreichen der gestellten Ziele überwacht. Entscheidungshilfen bei grundsätzlichen Problemen

Abb. 5b: Fach-Laufbahn WGG 2

Fach-Laufbahn WGG 3

Berufsausbildung
Hochschulstudium (Muß-Anforderung)

Berufserfahrung
10-12 Jahre auf Fachgebiet mit anderen Spezialgebieten; ist bekannt auf seinem Fachgebiet.
Verknüpfung mehrerer Fachgebiete; Gremienarbeit; Fachvorträge
externe Repräsentation;
Veröffentlichungen taktisch-strategisch

Fach- und Methodenkenntnisse
Geräte-Familie; Schwachstellen erkennen
und Maßnahmen entwickeln;
Team-Moderation (ca. 10 Mitarbeiter)

Marktorientierung
Kennen des Technikstandes und der Entwicklungstrends und der potentiellen internen Anwendungen für ein sehr erweitertes Sachgebiet; verfolgt Marktentwicklung; sorgt für Bedienerfreundlichekeit und vollständige, verständliche Dokumentation (Gerätefamilie); volles Applikations-Know how (Geräteniveau)

Verantwortung für Finanz- und Sachmittel
mittel- und langfristige Entscheidungs-Vorbereitung und kurzfristige Entscheidung. Treffen von regelmäßig schwierigen Entscheidungen. Durch hohen Grad an Sorgfalt, Aufmerksamkeit und gründlicher Kenntnis der betrieblichen und fachlichen Zusammenhänge Vermeiden von Fehlentscheidungen. Fehlentscheidungen bedeuten große Schäden, die in anderen Funktionsbereichen oder außerhalb des Unternehmens sehr oft zu spät bemerkt werden. Empfindliche Arbeitsabläufe, Jahreszielsetzungen für den Aufgabenbereich werden wesentlich beeinflußt. Fehler nur durch langfristige Umdisposition zu beseitigen. Große Qualitäts- und Quantitätseinbußen.

Mitarbeiterführung und Zusammenarbeit
bis 5 Mitarbeiter; fachliche Integration und Motivation; (fachliche) Mitarbeiter-Beurteilung; führt Mitarbeiter insbesondere fachlich; Projektzielfindung; Prioritätenregelung

Kontaktpflege
gleich wie WGG4, jedoch auf der Ebene Geschäftsbereiche
Qualifikation der Gesprächspartner sehr hoch

Gestaltungsumfang, Selbständigkeit und Flexibilität
Bereitet technologische Grundsatzentscheidungen vor;
interdisziplinäres, strategisches Denken

Abb. 5c: Fach-Laufbahn WGG 3 und höher

Fach-Laufbahn WGG 4 und höher

Berufsausbildung
Hochschulstudium (Muß-Anforderung)

Berufserfahrung
10 bis 15 Jahre einschlägige Erfahrungen und weit fachübergreifende Kenntnisse der ges. Technologie; bzw. des ges. Fachgebietes;
Intern. Überblick, sehr enge Beziehung zur techn. Entwicklung; strategisches visionäres Denken erforderlich.
Lehr- und Vortragserfahrung

Fach- und Methodenkenntnisse
System-Zusammenhänge erkennen können
Geräte-Familie; Division-Arbeitsgebiet beherrschen
Mitdefinition von Arbeitsgebieten
=> Geräten, Produktstrateg., Aufgaben
marktgerechte Konzeption; durch neue Technologien
gilt als Experte auf dem Gebiet; Präsentationskenntnisse

Marktorientierung
kennt die Entwicklungstrends und die potentiellen internen Anwendungen für mehrere Sachgebiete; verfolgt auch die Marktentwicklungen
Recherchen von neuen Applikationen in anderen Märkten;
analysiert Zukunftsmärkte

Verantwortung für Finanz- und Sachmittel
Budget-Planung, Investitions-Planung, Soll-Ist-Vergleich, Sachkosten-Planung, Ergebnis-Verantwortung
Treffen von ständig sehr schwierigen Entscheidungen; mit einem fortgesetzt hohen Grad an Sorgfalt beim Abwägen der Auswirkungen auf gegenwärtige und zukünftige Situation des Unternehmens können Fehlentscheidungen vermieden werden. Die sonst immer auftretenden Schäden werden erst so spät bemerkt, daß sie nicht mehr korrigiert werden können. Kurz- oder langfristig treten hohe Verluste/Gewinnschmälerungen auf; bzw. sind hohe Gewinne zu realisieren.

Mitarbeiterführung und Zusammenarbeit
bis 10 Mitarbeiter als PL bis zu 5
hat hohe soziale Kompetenz- führt nicht nur fachlich, sondern auch Mitarbeiter sozial

Kontaktpflege
ist Firmen-Vertreter bei Ministerien und anderen Behörden
Kontaktpartner für Gremien, Hochschulen;
knüpft aktiv neue interne und externe Kontakte und pflegt diese

Gestaltungsumfang, Selbständigkeit und Flexibilität
spezifiziert mehrere Aufgabengebiete
interdiszipl./visionäre Fähigkeiten oder Verhaltensweisen, Treffen von technologischen Grundsatzentscheidungen; höchste Motivationsfähigkeiten

Abb. 5d: Fach-Laufbahn WGG 4 und höher

Anhand dieser Merkmals-Kategorien werden die Positionsanforderungen für WGG 1 bis WGG 3 im einzelnen sowohl für die Führungs- als auch für die Fachlaufbahn beschrieben. Ergänzend wurde auch nach diesem Merkmalskatalog die Eingangsstufe WGG 4 für den oberen Führungs- und Spezialistenkreis beschrieben.

Die Beschreibungen der Positionsmerkmale für die Führungslaufbahnen sind in Abbildungen 4a bis 4d und für die Fachlaufbahn in den Abbildungen 5a bis 5d zusammengefaßt.

4.2 Darstellung und Beschreibung der Laufbahnalternativen und -stufen

Wie aus der Abbildung 2 hervorgeht, stellt die Projektleitungs-Funktion eine Zwischenstufe zwischen Führungs- und Fachlaufbahntätigkeit dar und kann auch als "natürlicher" Personalentwicklungsschritt angesehen werden. Wichtig war bei der Entwicklung des Konzepts, daß die Nachteile, die eine Projektleitungs-Funktion mit sich bringen, vermieden werden (siehe dazu Domsch 1993, S. 173). Besonders wichtig war dabei für die Projektleiter, daß sie nicht nach einer Zeit einer verantwortungsvollung Projektleitungstätigkeit in ein "Loch" fallen bzw. in ihre frühere Gehaltsgruppe zurückgestuft werden.

Eine Beruhigung war es für diesen Kreis, daß sie jeweils in einer Gehaltsgruppe eingestuft werden und dann nicht nach Projektende eine Gehaltsgruppe tiefer fallen (auch arbeitsrechtlich nicht ohne weiteres möglich), sondern daß ihnen mit anderen Schwerpunkten gleichwertige Aufgaben im Rahmen einer Führungs- oder Fachlaufbahn-Funktion übertragen würden. Dies bedeutet aber auch, daß bei der Ernennung von Projektleitern und der Einstufung in eine der Gehaltsbänder/-gruppen ein sehr sorgfältiger Auswahlprozeß erfolgen muß. Denn wenn der Projektleiter dem Anforderungsumfang seiner Gehaltsgruppe nicht gerecht würde, bedeutet dies den für alle Beteiligten schmerzlichen Weg der Herabstufung oder des Mitschleppens von weniger geeigneten Mitarbeitern auf dieser Gehaltsstufe. Dies wiederum hätte zur fatalen Folge, daß diese Laufbahngruppe und -stufe für die besser geeigneten Führungskräfte und Spezialisten unattraktiver würde.

Um sowohl in der Innen- als auch in der Außenwirkung Statusverluste zu umgehen und Funktionsbezeichnungen nicht an abstrakten Hierarchiebegriffen wie Gruppenleiter oder Hauptabteilungsleiter zu orientieren, entschloß man sich, solche abstrakten Bezeichnungen nur bedingt im Rahmen der Fachlaufbahn zu verwenden. Hinzu kommt, daß in der Außenwirkung bei Kunden und anderen Gesprächspartnern die Bezeichnungen "Abteilungsleiter", "Gruppenleiter" oder "Sachbearbeiter" zu Abqualifizierungen der Gesprächspartner führen können. Auf der Führungsebene gibt es daher nur noch die Bezeichnung "Leiter", was sich auf dessen spezifischen Führungsbereich bezieht. Das gleiche gilt für die Projektleitungsfunktionen.

Im Bereich der Fachlaufbahn hat man bei Bedarf die Möglichkeit, allgemeinere Begriffe zu verwenden, falls die Funktion nicht genauer gekennzeichnet werden könnte. Ansonsten soll auch hier die Funktionsbezeichnung möglichst präzise erfolgen (s. Abb. 6). Wie die jeweilige Unterstellung in der Unternehmensorganisation ist, geht für interne Zwecke ohnehin aus den Organigrammen der dezentralen Gesellschaften hervor. Ein solches System führt eher dazu, sich an Funktionen zu orientieren und nicht an "Dienstgraden".

5. Projekt-Abschluß und Umsetzungsschritte

Nachdem die Projektgruppe die Positionsbeschreibungen abgeschlossen hatte, wurden die Führungskräfte des oberen Führungskreises (WGG 4 und höher) gebeten, zusammen mit den jeweiligen Leitern der dezentralen Unternehmenseinheiten anhand der Positionsbeschreibungen ihre Führungs- und Fachlaufbahnpositionen anhand einer der W&G-Gehaltsstufen 1 bis 3 einzuordnen. Da diese Zuordnung unmittelbar mit Namen von betroffenen Mitarbeitern verbunden war, sollte die Bemerkung hinzugefügt werden, wenn Stelleninhaber und Positionsmerkmale voneinander abweichen. So kann die Position z.B. in der Gruppe WGG 3 eingruppiert sein, der Stelleninhaber aber (noch) nicht die gesamten Anforderungen, die an die Position gestellt werden, erfüllen (und vice versa).

Die so vorgenommenen Einstufungen durch die Führungskräfte wurde dann den jeweils anderen Einstufungskreisen der jeweils anderen Einhei-

Gehaltsgruppen	Führungs-Laufbahn		Projektleitung	Fach-Laufbahn
≥ WGG 4	Leiter	Funktions-bereich	Projektleiter: .../ Leiter Projekt: ...	Leiter Fachgebiet: .../ Referent: ...
WGG 3	Leiter	Funktions-bereich	Projektleiter: .../ Leiter Projekt: ...	Leiter Fachgebiet: .../ Fachgebietsleiter: ...
WGG 2	Leiter	Funktions-bereich	Projektleiter: .../ Leiter Projekt: ...	Fachreferent
WGG 1	Leiter	Funktions-bereich	Projektleiter: .../ Leiter Projekt: ...	Sachgebietsleiter: .../ Sachgebietsreferent: .../ Leiter Sachgebiet: ...
Tarifvertragsgruppe	Leiter	Funktions-bereich	Projektleiter: .../ Leiter Projekt: ...	Entwicklungsingenieur Vertriebsingenieur

Abb. 6: Funktionsbezeichnungen

ten zur Verfügung gestellt. Die Führungskräfte hatten dabei die Aufgabe, sowohl die Einstufung ihrer eigenen Positionen und Mitarbeiter zu überprüfen, als auch die Einstufung der Kollegen zu kommentieren.

Es zeigte sich, daß bei den insgesamt ca. 140 vorhandenen Positionen bei etwa 10% Abweichungen und andere Einschätzungen vorlagen. Man fand bei dem Großteil davon schnell einen Konsens. Bei einigen wenigen Positionen setzten sich Führungskräfte der verschiedenen Bereiche mit ihren dezentralen Personalreferenten zusammen und diskutierten die Positions- und Mitarbeitereinstufungen schließlich aus. Die nächsten Schritte waren die Diskussion über den Leistungsumfang im Gehaltssystem sowie die damit verbundenen Benefiz-(Prämien etc.) und arbeitszeitliche Regelungen.

Diese Regelungen wurden dann nochmals mit dem Betriebsratsgremium abgestimmt. Dabei gab es lediglich noch eine Diskussion über die Verpflichtung des unteren und mittleren Führungskreises, die Betriebsordnung hinsichtlich der Zeiterfassung beizubehalten. Ein Konsens lag schließlich darin, daß man die diesbezüglichen Betriebsvereinbarungen von der Unternehmensseite her nicht kündigt und die Diskussion weitertreibt, sondern die Verpflichtung laut Betriebsvereinbarung bestehen bleibt, jedoch keine Zeitabrechnung und Kontrolle mehr erfolgt.

In einer abschließenden Sitzung wurde das Gesamtkonzept dem oberen Führungskreis nochmals vorgestellt und verabschiedet.

Es ist schwierig, ein solches Konzept hinsichtlich seines späteren und zukünftigen Erfolges zu prognostizieren bzw. auch nachfolgend zu überprüfen, welchen Erfolg und Nutzen ein solches Konzept gehabt haben wird. Einen Erfolg sieht man dabei aber nicht erst in einigen Jahren, sondern bereits heute, und zwar darin, daß über unterschiedliche Bereiche hinweg zusammen mit den Arbeitnehmervertretern ein breit getragener Konsens erzielt werden konnte.

Literaturverzeichnis

Becker, E. G. (1989): Anreizssysteme für Führungskräfte, Stuttgart.

Domsch, M (1984): Anreizsysteme für Industrieforscher. In: Domsch, M./Jochum, E. (Hrsg.): *Personal-Management in der industriellen Forschung und Entwicklung,* Köln u.a., 249-270.

Domsch, M. (1993): Laufbahnentwicklung für Industrieforscher. In: Domsch, M./Sabisch, H./Siemers, S. (Hrsg.): *F&E-Management,* Stuttgart, 153-176.

Gerpott, T. J./Domsch, M. (1991): Anreize im Bereich der industriellen Forschung und Entwicklung. In: Schanz, G. (Hrsg.): *Handbuch Anreizsysteme,* Stuttgart, 999-1023.

Jochum, E. (1987): Gleichgestelltenbeurteilung - Führungsinstrument in der industriellen F&E, Stuttgart.

Meisel, S. L. (1977): The Dual Ladder - The Rungs and Promotion Criteria. In: *Research Management,* 24-26.

Moore, D. C./Davies, D. S. (1977): The Dual Ladder - Establishing and Operating it. In: *Research Management,* 14-19.

Neuhaus, J. (1968): Die Parallelhierarchie - Eine Lösung zur Förderung der Wissenschaftler im Betrieb. In: *Industrielle Organisation,* Heft 10, 568-575.

Oechsler, W. (1982): Personalentwicklung - ein tätigkeitsfeldbezogener und fähigkeitsorientierter Ansatz. In: *Management Forum,* Wien, Heidelberg, 28-37.

Parden, R. (1981): The Manager's Role and the High Mobility of Technical Specialists in the Santa Clara Valley. In: *IEEE Transactions on Engeneering Management,* No. 1, 2-8.

Pössnecker, F. (1986): Die Einführung einer Fachlaufbahn in der Industrie. In: *Management Forum,* Band 6, Wien, Heidelberg, 199-214.

Schnelle, E. (1982): Metaplan-Gesprächstechnik. Kommunikations-Werkzeug für planende und lernende Gruppen, Quickborn.

Stoffer, E. (1989): Führungskräfteentwicklung. In: Sturz, H (Hrsg.): *Handbuch Personalmarketing,* Wiesbaden, 607-628.

Ulrich, E. (1992): Arbeitspsychologie, Stuttgart.

Wolff, M. (1979): Managers at Work-Revamping the Dual Ladder at General Mills. In: *Research Management,* 8-11.

Zander, E. (1990): Handbuch der Gehaltsfestsetzung, München.

Zander, E. (1991): Lohn- und Gehaltsfestsetzung in Klein- und Mittelbetrieben, Freiburg i. Br.

Fachlaufbahnen bei KARSTADT AG

Dietmar Hertel*

Gliederung

---

*) Dietmar Hertel, Personalentwicklung Abt. Führungskräfteentwicklung I, Karstadt AG, Essen

Fachlaufbahnen bei KARSTADT AG

1. Informationen zur KARSTADT AG

Die KARSTADT AG ist Teil des KARSTADT Konzerns, der 1991 mit 79.000 Mitarbeitern einen Außenumsatz von 19,14 Mrd. DM erzielte. Weitere Standbeine des Konzerns sind die Neckermann Versand AG und die NUR Touristik GmbH.

Die KARSTADT AG ist das größte Warenhausunternehmen in Europa mit einem Umsatz in 1991 von 12,7 Mrd. DM, der mit 67.000 Mitarbeitern in 164 Filialen erzielt wurde. Die KARSTADT AG betreibt z.Zt. in der Bundesrepublik Deutschland 164 Warenhäuser, deren Verkaufsflächen zwischen 4.000 und 30.000 qm liegen. Bedingt durch unterschiedliche Standorterfordernisse und aufgrund der extrem unterschiedlichen Hausgrößen wurde das Filialnetz der KARSTADT AG in 6 strategische Geschäftseinheiten aufgeteilt.

Die 6 Geschäftseinheiten definieren sich über die Angebotsbreite (Was wird verkauft?) und das Sortimentsniveau (Wie wird verkauft?). Das typische KARSTADT-Weltstadtwarenhaus zeichnet sich beispielsweise dadurch aus, daß viele Sortimentsbereiche auf hohem Sortimentsniveau angeboten werden. Im typischen Vorstadtwarenhaus werden viele Sortimentsbereiche des täglichen Bedarfs mit wenigen Serviceleistungen angeboten.

Die KARSTADT-Sortimente werden in hohem Maße zentral beschafft und mittels komplexer Planungs- und Steuerungssysteme bedarfs- und standortgerecht durch die einzelnen Filialen von den Warenverteil- und Regionalzentren geordert. Wesentliche Voraussetzung für den kontinuierlichen Warenfluß vom Hersteller bis in die Abteilungen der Filialen ist die reibungslose Kommunikation zwischen Ein- und Verkauf, Hauptverwaltungs- und Filialressorts. Der Erfüllungsgrad dieser Voraussetzungen wird im wesentlichen von drei Einflußgrößen bestimmt:

- dem Einsatz anwenderfreundlicher Informations- und Controllingsysteme;

- von Fach- und Führungskräften, die zur ressortübergreifenden Zusammenarbeit bereit und fähig sind;
- Mitarbeiter in Stabs- und Fachabteilungen, die die Probleme der Führungskräfte und Mitarbeiter vor Ort kennen (möglichst aus eigener Anschauung).

Diese drei Einflußgrößen definieren ihrerseits wieder Anforderungen an die fachliche und persönliche Kompetenz von Mitarbeitern in den Stabs- und Fachabteilungen der Hauptverwaltung sowie den Filialen.

2. Fachlaufbahn als Bestandteil der Personal- und Laufbahnentwicklung

Bevor die Vorbereitung auf und die Förderung in Stabspositionen dargestellt werden, soll ein Blick auf die Entwicklung des Konzerns deutlich machen, wie sich zentrale Systeme bei KARSTADT über die Jahrzehnte weiterentwickelt haben. In der über 110-jährigen Geschichte des Unternehmens lassen sich grob 4 Phasen der organisatorischen Entwicklung unterscheiden:

Phase 1: Aufbau und Entwicklungsphase *bis 1939*

- Aufbau des Filialnetzes
- Einrichtung eines zentralen Einkaufs
- zentrale Rechnungsregulierung
- Buchhaltungen in den Filialen

Phase 2: Wiederaufbauphase *bis 1960*

- Wiederaufbau, Neuerrichtung von Warenhäusern
- gleichzeitig zentraler und dezentraler Einkauf
- erste Ansätze zentraler Fachabteilungen
- Buchhaltungen in der Filiale

Phase 3: Expansionsphase *bis 1987*

- Ausbau des Filialnetzes
- zentrale Diversifikation und Rückgang des dezentralen Einkaufs
- zentrale Stäbe und Fachabteilungen

- dezentrale Verwaltungen (Organisations- und Personalbüros in den Filialen)
- zunehmend zentrale Entscheidungen auf der Basis zentraler Systeme

Phase 4: Internationalisierung des Geschäftssystems *ab 1987*

- Kooperationen, Beteiligungen, Auslandsaktivitäten
- zentraler und regionalisierter Einkauf
- Verwaltungsverbünde mehrerer Filialen
- neue Formen der Arbeitsorganisation zwischen Stab und Linie (z.B. Projektarbeit)
- dezentrale Entscheidungen auf der Basis zentraler Systeme und im Rahmen zentraler Ziele, Ausbau von Importbüros in den wichtigsten Beschaffungsländern

Aufgrund der klaren Regelung von Zuständigkeiten und Funktionsbereichen bis Mitte der 80er Jahre waren Mitarbeiter in den zentralen Stäben gefordert, die sehr tiefes Wissen in relativ kleinen Fachbereichen hatten.

Die zunehmende Komplexität von Aufgabenstellungen und betrieblichen Problemen aufgrund der Internationalisierung neuer Geschäftsführer und Systeme erfordert zunehmend Mitarbeiter in den Fachabteilungen, die praktische Problemstellungen ganzheitlich lösen können. So wird sich jeder Spezialist künftig die Kollegen in anderen Fachbereichen suchen, die ihm bei der Gesamtlösung des Problems helfen können. Er muß in der Lage sein, als Primus inter Pares den Input seiner Kollegen aus anderen Fachbereichen im Sinne der Aufgabenstellung oder der Zielsetzung zu koordinieren. Dazu ist es vor allem erforderlich, daß er seinen Kollegen die übergeordnete Zielsetzung verdeutlicht und versucht, sie für die Zielerreichung zu begeistern. Er gibt damit ein Stück der Verantwortung für die Lösung ab und teilt den Erfolg oder die positive Rückmeldung mit seinen Kollegen.

Dies erfordert natürlich auch Vorgesetzte, die hohes Vertrauen in die Problemlösungskompetenz ihrer Mitarbeiter haben. Es geht nicht um die formale Entsendung von Mitarbeitern in Projekte oder Arbeitsgruppen oder das Einbeziehen von Kollegen aus anderen Abteilungen aufgrund vorhandener persönlicher Beziehungen. Es geht vielmehr um die grundsätzliche Bereitschaft von Vorgesetzten, die Einbindung von Mitarbeitern anderer

Fachbereiche in Problemlösungen für den eigenen Fachbereich zuzulassen: und dies in der Überzeugung, daß heterogene Arbeitsgruppen qualitativ deutlich bessere Arbeitsergebnisse erzielen (und bei straffer Projektorganisation auch in akzeptablen Bearbeitungszeiten).

Die Bereitschaft zu abteilungsübergreifender Zusammenarbeit und das komplexe Verständnis von Problemstellungen wird gefördert durch eine berufliche Entwicklung, die sich über verschiedene Stationen in Stab und Linie erstreckt. Ein planvoller Perspektivwechsel läßt den Mitarbeiter Probleme aus Anwender- und Entwicklungssicht kennenlernen.

Den beschriebenen Anforderungen stehen noch zu häufig wenig ausgeprägte Fähigkeiten der Stabsmitarbeiter gerade in diesen Bereichen gegenüber, da deren persönliche Entwicklung durch z.T. jahrzehntelange zentrale Stabsarbeit in einem Abteilungsbereich geprägt ist. Damit verbunden ist häufig große Fachkompetenz, aber auch bürokratisches Verhalten und enges Ressortdenken. Vorgesetzte solcher Mitarbeiter, die ähnliche berufliche Entwicklungen durchlaufen haben, fördern dieses Verhalten und verschärfen so die Problematik.

Am Beispiel des Karriereweges zum Personalleiter und Geschäftsführer wird im folgenden Kapitel verdeutlicht, wie bei KARSTADT Fach- und Führungslaufbahnen miteinander verzahnt werden und welche Perspektiven damit verbunden sein können.

3. Darstellung zweier Förderkonzepte

Ein wesentliches Ziel der KARSTADT-Personalpolitik sind Auswahl und Förderung von Mitarbeitern aus eigenen Reihen über die verschiedenen hierarchischen Ebenen durch eine praxisorientierte und systematische Personalentwicklung.

Die Gültigkeit und Bedeutung dieses Prinzips der Förderung aus eigenen Reihen wird durch die Tatsache dokumentiert, daß ca. 80 % der Mitglieder der Unternehmensleitung aus eigenen Reihen stammen. In der Karriere von Führungskräften bei KARSTADT war in der Vergangenheit der Wechsel zwischen Stabs- und Linienpositionen eher die Ausnahme als die

Regel. Typisch war ein Kaminaufstieg in den Funktionsbereichen Einkauf, Verkauf oder Personal. Die damit zusammenhängenden Gefahren wurden dargestellt.

An den Beispielen der Karriereplanung für

- Personalleiter und
- Geschäftsführer

wird aufgezeigt, wie die gläsernen Wände zwischen Stab und Linie sowie Stabs- und Fachabteilung systematisch aufgebrochen werden. Das Organigramm einer selbständigen Filiale zeigt die hierarchische Einbettung der Positionen Personalleiter und Geschäftsführer (Abb. 1).

3.1 Der Weg zum Personalleiter

Der typische KARSTADT-Personalleiter, im Unternehmen großgeworden, hat folgenden Karrierepfad durchlaufen:

- kaufmännische Ausbildung
- Lohnbuchhalter bzw. Sachbearbeiter im Personalbüro
- Assistentenanwärter Verwaltung
- Assistent Verwaltung
- Verwaltungsleiter (kaufmännischer Leiter in kleinen Filialen, dem Geschäftsführer direkt unterstellt)
- Personalleiter mittleres Haus
- Personalleiter größeres Haus

Bis zum Wechsel in die Position des Verwaltungsleiters kann man von einer klassischen Fachlaufbahn sprechen. Der Mitarbeiter erhält durch immer komplexere fachliche Aufgaben zunehmend Einblicke in die Gesamtabläufe des Personalwesens. Der Mitarbeiter hat auf seinem Weg zum Personalleiter i.d.R. ein hohes Maß an fachlichem Know How im Personalwesen bei KARSTADT erworben. Darüber hinaus hat er aufgrund der unterschiedlichen Filialsituationen und der verschiedenen Vorgesetzten ein hohes Maß an persönlicher Reife und Erfahrung, aber auch an Anpassungsfähigkeit erlangt.

Er hatte allerdings auf diesem Weg wenig Gelegenheit, sich breiter über Abläufe und Zusammenhänge in der Organisation zu informieren. Er

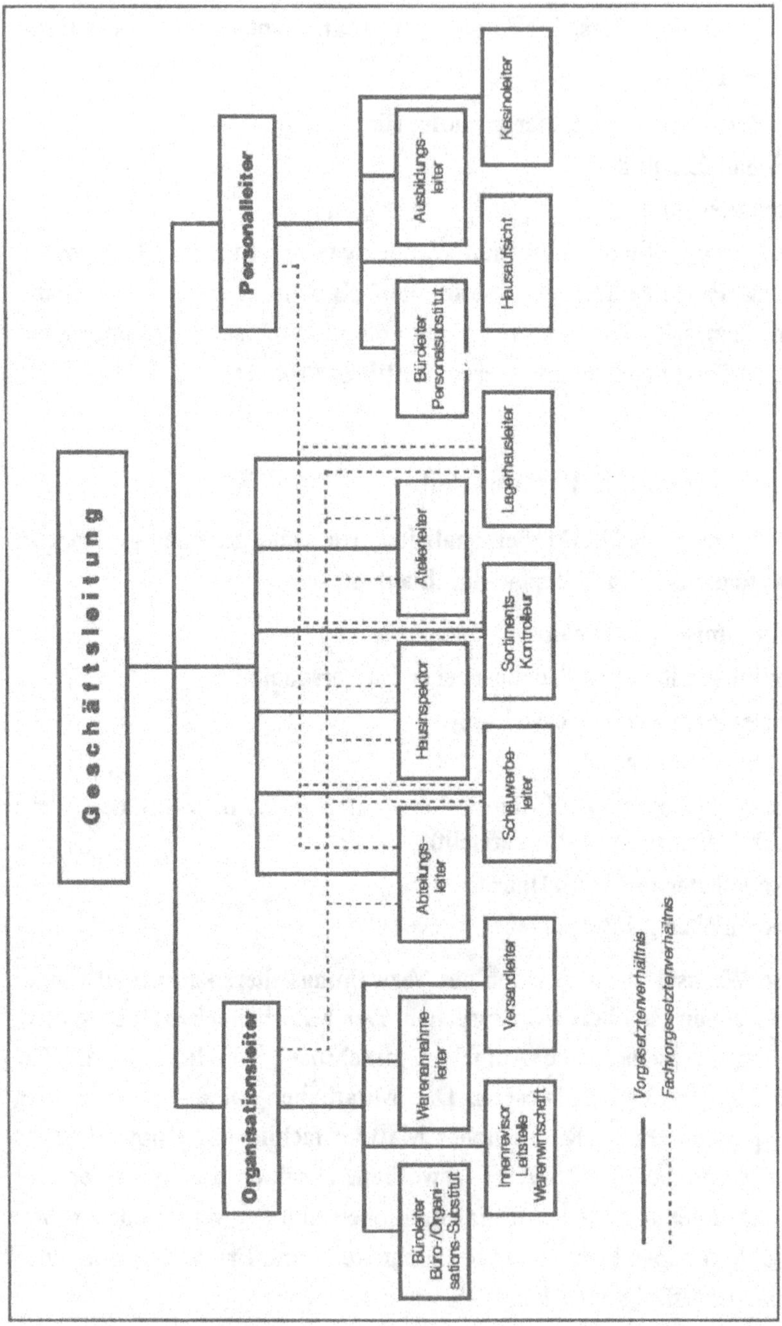

Abb. 1: Organisationsplan einer Filiale

sieht Aufgaben und Problemstellungen eher aus seiner fachlichen Kompetenz, aus dem Blickwinkel der Filiale und des Standortes und entscheidet in diesem Rahmen. Die möglichen Auswirkungen dieses Verhaltens sollen durch folgendes Beispiel deutlich gemacht werden:

Eine wesentliche Aufgabe des Personalleiters ist die Steuerung der Personalkosten und der Personalstruktur. Aus seiner Sicht hat der Personalleiter einen großen Teil dieser personalwirtschaftlichen Aufgabe gelöst, wenn es ihm gelungen ist, sein geplantes Personalkostenbudget einzuhalten bzw. umsatzangepaßt einzuhalten. Dazu muß er sich unter kurz- und mittelfristigen Gesichtspunkten darüber Gedanken machen, mit welchen Maßnahmen er seine Zielvorgaben, zum Beispiel die Personalkosten für ein Geschäftsjahr, erreicht. Diese Maßnahmen können u.a. auch darin bestehen, Auszubildende in einem geringeren als dem geplanten Maße einzustellen, oder bestimmte vakante Positionen eine Zeitlang nicht zu besetzen, oder nur in Teilzeit zu besetzen.

Diese Problemlösung hat zur Folge, besonders wenn mehrere Personalleiter in verschiedenen Häusern ähnliche Maßnahmen ergreifen, daß dem Unternehmen auf mittlere Sicht nicht genügend qualifizierte Mitarbeiter für Führungsnachwuchspositionen zur Verfügung stehen oder die Bedienungs- und Beratungskompetenz sinkt. Eine aus Sicht des Personalleiters vielleicht akzeptable Lösung führt auf Unternehmensebene zu Problemen mit höherer Tragweite.

Als Folge dieses Verhaltens wird es erforderlich, Führungsnachwuchskräfte in größerem Maße von außen zu rekrutieren bei:

- höheren Kosten
  (Beschaffungskosten, Antrittsgehälter, Einarbeitungskosten)
- i.d.R. höherer Fluktuationsziffer
- niedrigerer Verbundenheit zum Unternehmen

Die entstandenen Kosten werden außerdem über einen Verteilerschlüssel den Filialen belastet. Dadurch wird der kurzfristig erzielte Einsparungseffekt pro Haus zumindest zu einem Teil mittelfristig wieder aufgezehrt.

Dieses Beispiel ließe sich durch andere beliebig ergänzen. Gemeinsam wäre ihnen allen, daß der sog. Kaminaufstieg - ob in Linien oder in Stabsfunktionen - ein eingeschränktes Problembewußtsein erzeugt und auch die Bereitschaft zur bereichsübergreifenden Zusammenarbeit nicht gezielt entwickelt wird.

Der Weg eines Personalleiters heute soll an folgendem Beispiel deutlich werden:

- Nach dem Abitur praktische Ausbildung im Personalbüro, begleitendes Studium an einer Berufsakademie oder
- Studium der Betriebswirtschaftslehre (z.B. Schwerpunkt Personal)
- Einstieg als Trainee zum Personalleiter
- Assistent des Personalleiters
- Aufgabe in einem zentralen Bereich des Personalwesens (Personalwirtschaft oder -entwicklung)
- Kaufmännischer Leiter in einem kleinen bis mittleren selbständigen Haus
- Personalleiter in einer größeren Filiale
- Ggf. Wechsel in die Position Geschäftsführer oder des Leiters einer Fachabteilung (z.B. Leiter der Abteilung Führungskräfteentwicklung).

Durch diese Vorgehensweise - am Beispiel eines Hochschulabsolventen oder eines Mitarbeiters aus eigenen Reihen verdeutlicht - soll erreicht werden, daß der Personalleiter Aufgaben in seinem Ressort als ganzheitliche Problemstellungen erfaßt. Bis zum kaufmännischen Leiter durchläuft der Mitarbeiter im o.g. Beispiel die fachliche Laufbahn. Durch die zunehmend komplexeren Arbeitsgebiete wird der Mitarbeiter zu einem personalwirtschaftlichen Fachmann mit Spezialwissen in Teilbereichen.

Aufgrund des planmäßigen Perspektivwechsels (zentrale - dezentrale Sichtweise), der unterschiedlichen Tätigkeiten (eher konzeptionelle bzw. eher dispositive Tätigkeit), der unterschiedlichen Anzahl einflußnehmender Entscheider (in der Filiale i.d.R. der Geschäftsführer, in der Zentrale neben dem Vorgesetzten weitere Hierarchiestufen), kann der Personalleiter zusätzliche Fähigkeiten entwickeln, die ihm in seiner Position helfen. Außerdem hat er so die Gelegenheit, systematisch ein breites Informationsnetz im Unternehmen aufzubauen. Die gezielte Vorbereitung auf die jeweilige Aufgabe hilft ihm später, sich schnell einen Überblick über Prioritäten und Handlungsalternativen zu verschaffen.

3.2 Der Weg zum Geschäftsführer

Die Position des Geschäftsführers ist aus Sicht von Abteilungsleitern, aber auch aus Sicht anderer Mitarbeitergruppen eine sehr attraktive Position. Der Zugang zu dieser Position war bis vor einigen Jahren Führungskräften aus eigenen Reihen vorbehalten. Diese Führungskräfte waren in der Regel Abteilungsleiter im Verkauf einer großen Filiale. Nur in Ausnahmefällen war es Mitarbeitern aus Stabsabteilungen oder Organisations- und Personalleitern möglich, in diese Position zu wechseln.

Der Berufsweg des Geschäftsführers einer mittelgroßen Filiale sah i.d.R. folgendermaßen aus:

	Alter bei Positionsantritt	Standzeit in der Position (in Jahren)
- Ausbildung z. Einzelhandelskaufmann	16	3
- Verkäufer	19	1
- Substituten-Anwärter	20	1
- Substitut mittlere Filiale	21	2
- Substitut große Filiale	23	2
- Abteilungsleiter kleines Haus	25	2
- Abteilungsleiter großes Haus	29	2
- Geschäftsführer-Assistent	30	1
- Geschäftsführer kleines Haus	33	3
- Geschäftsführer mittleres Haus	36	

Auch hier zeigt sich das Prinzip, daß erst nach der Ansammlung fachlichen Wissens für qualifizierte Mitarbeiter der Weg zu Führungsaufgaben offensteht (hier mit Übernahme der Abteilungsleiter-Position).

Eine sehr erfolgreiche Führungskraft konnte es bei schneller Beförderung schaffen, mit 36 Jahren Geschäftsführer eines mittelgroßen Hauses zu sein. Allerdings liegt der Altersdurchschnitt bei Eintritt in die Position Geschäftsführer bei über 36 Jahren. Realistisch ist der Einsatz als Geschäftsführer in einem mittleren Haus mit frühestens 40 Jahren.

Der am Beispiel des Geschäftsführers beschriebene Kaminaufstieg birgt - ähnlich wie im Beispiel des Personalleiters - eine Reihe von Gefahren in sich:

- Der Geschäftsführer ist einer Branche sehr stark verbunden (i.d.R. ist es die Branche, in der er seine Ausbildung absolviert hat). Er beurteilt Probleme auch in anderen Branchen aus dieser Sicht heraus. Dieses Problem verringert sich allerdings mit zunehmender Standzeit als Geschäftsführer.
- Der Geschäftsführer ist eher dem operativen Geschäft verhaftet. Konzeptionelle Fähigkeiten, Einblick in übergeordnete Problemzusammenhänge oder in strategische Entwicklungen konnten im o.g. Beispiel weniger entwickelt werden.
- Der Geschäftsführer kennt und bewertet die Leistungen der Fachabteilungen der Hauptverwaltung aus seiner langjährigen Praxis als Führungskraft in der Linie.

Demgegenüber gibt es Möglichkeiten, die Transparenz zwischen den Unternehmensbereichen zu erhöhen und die Flexibilität der Führungskräfte zu fördern. Ein Ansatz ist die systematische Vorbereitung auf die Position des Geschäftsführers nach einer zwei- bis dreijährigen Fachlaufbahn.

Als Beispiel soll dazu der Karriereweg eines Geschäftsführers dienen, der in der Fachlaufbahn durch die Übernahme zunehmend bedeutsamerer Projekte auf sein Potential für Linienfunktionen aufmerksam machen konnte.

Fachlaufbahn	Alter bei Positionsantritt	Standzeit in der Position (in Jahren)
- Ausbildung als Einzelhandelskaufm.	19	2
- Studium der Betriebswirtschaft	21	5
- Eintritt als Mitarbeiter in der Unternehmensplanung	27	3
- Trainee zum Geschäftsführer	30	1
- Geschäftsführer kleines Haus	32	2
- Geschäftsführer mittleres Haus	34	4
- ggf. Leiter eines Hauptabteilungsbereichs der HV	37	

Der Stabsbereich Unternehmensplanung ist nur ein Beispiel. Fachlaufbahnen als Voraussetzung für den Wechsel in die Linie sind in der Personalzentrale oder der Organisationsabteilung ebenfalls möglich. Auch hier verhilft der planmäßige Wechsel zwischen Fach- und Linienlaufbahn der

Führungskraft zu einer abgewogeneren Bewertung von Situationen und Vorschlägen; dies gilt auch dann, wenn es um die Abwägung von Filial- versus Unternehmensinteressen geht.

Die Aufgabenbereiche der Führungskraft innerhalb der Fachlaufbahn sind für die persönliche Entwicklung nicht so sehr ausschlaggebend. Viel wichtiger als die Wahl des fachlichen Ressorts sind folgende Fragen:

- Wie hoch ist der Anteil an konzeptionellen Aufgaben in dieser Position?
- Bestehen Möglichkeiten, der Unternehmensleitung eigene Vorschläge/ Ideen zu präsentieren?
- Gibt es bereichsübergreifende Projekte und Möglichkeiten zur Teilnahme an einem dieser Projekte?
- Bestehen Möglichkeiten, an der Umsetzung von Konzepten beteiligt zu sein?

Für die Führungskraft, die sich nach der Ausbildung gegen das Studium und für den Weg über die Praxis entschieden hat, besteht ebenfalls die Möglichkeit, abhängig vom Erfolg in der Fachlaufbahn, in die Linie zu wechseln. Dies soll ebenfalls am Beispiel eines Mitarbeiters verdeutlicht werden, der heute Geschäftsführer ist.

	Alter bei Positionsantritt	Standzeit in der Position (in Jahren)
- Ausbildung als Bürokaufmann	19	2
- Tätigkeit als Bürokaufmann in der Filialbuchhaltung	21	2
- Anwärter zum Assistenten des Organisationsleiters	23	2
- Assistent des Organisationsleiters einer Filiale	25	2
- Organisator in der Hauptverwaltung	27	3
- Führungsassistent z. Geschäftsführer	30	1
- Geschäftsführer kleines Haus	31	3
- Geschäftsführer mittleres Haus	34	3
- ggf. Leiter eines Hauptabteilungsbereichs der HV	37	

Erfahrungen auch aus anderen Unternehmen zeigen, daß Führungskräfte, die ressortübergreifende Stellenwechsel mit dem zusätzlichen Wechsel zwischen Stabs- und Linienpositionen durchlaufen haben, sehr erfolgreich sind und weniger dogmatisch eigene Meinungen und Vorstellungen vertreten.

Die Karrieremuster in beiden Beispielen orientieren sich an bestehenden klassischen Strukturen und können sicher helfen, einen Teil der durch die Stab-Linien-Organisation bedingten Gefahren zu verringern. Ein vielleicht noch höheres Gefahrenpotential wird durch die Arbeitsabläufe in der funktionalen Organisationsstruktur bedingt. Eingangs wurde aufgezeigt, daß neben der Fähigkeit, komplexe Probleme mehrdimensional zu betrachten, Mitarbeiter aus Fachabteilungen sich den immer schneller ändernden Rahmenbedingungen anpassen müssen. Das nötige Maß an Flexibilität und Dynamik können Mitarbeiter in funktionalen Stab-/Linienstrukturen nur begrenzt erwerben.

Im folgenden Teil soll deshalb aufgezeigt werden, daß durch Maßnahmen der Organisationsentwicklung neue Strukturen und Rahmenbedingungen geschaffen werden müssen, die effiziente Arbeit unter oft wechselnden Rahmenbedingungen erst möglich machen.

4. Entwicklungen und Perspektiven

In komplexen Organisationen ist es Hauptaufgabe der Organisationsentwicklung, Rahmenbedingungen für schnell reagierende, vor allem aber agierende Organisationseinheiten zu schaffen.

Für die zentralen Stäbe und Fachabteilungen ist die Entwicklung neuer Systeme, Strategien oder Konzepte in den traditionell funktionalen Strukturen nur schwer, zukünftig sicher kaum noch möglich. Hinzu kommt ein weiterer, eher gesellschaftlicher Wirkungseinfluß (als Beispiele mögen hier Einstellung zur Arbeit, Suche nach der Sinnhaftigkeit der Arbeit etc. genügen), dem besonders auch Spezialisten in den Fachabteilungen unterliegen. Vor allem jüngere Mitarbeiter sind weniger an mit Symbolen der Macht und Status ausgestatteten Positionen als an interessanten und wechselnden Aufgabeninhalten interessiert. Erste Ansätze, in denen sich die o.g. Entwicklungen widerspiegeln, lassen sich wie folgt beschreiben:

- Die Aufträge der Unternehmensleitung werden zunehmend von Projektgruppen aus Stabs- und Linienleuten bearbeitet, wobei erstgenannte verschiedenen Stabsabteilungen entstammen.
- Die Einbindung von Systemanwendern oder Betroffenen erfolgt früh, um die Reibungsverluste bei Systemeinführung niedrig zu halten.
- Mitarbeiter in Fachabteilungen werden von ihren Vorgesetzten zunehmend projektorientiert eingesetzt; die Übertragung klarer Zuständigkeiten und Aufgabenbereiche nimmt ab, die Motivation der Mitarbeiter aufgrund der zeitnahen Erfolgserlebnisse nimmt zu.
- Es gibt vermehrt Beispiele, daß Mitarbeiter für ihre berufiche Entwicklung zwischen Stabsbereichen wechseln, um neue Problembereiche und damit persönliche Herausforderungen kennenzulernen, ohne davon im Sinne des hierarchischen Aufstiegs zu profitieren.

Aus Sicht der Personalentwicklung wird diesen Veränderungen wie folgt Rechnung getragen:

Es wird in regelmäßigen Abständen eine bereichsübergreifend zusammengesetze Gruppe von besonders qualifizierten Mitarbeitern aus Stabs- und Fachabteilungen zu einer Fördergruppe zusammengefaßt.

In Fördergesprächen, Kolloquien und Seminaren wird Verständnis und Zusammenarbeit der Stabsmitarbeiter untereinander und die bereichsübergreifende Zusammenarbeit auf Vorgesetztenebene gefördert.

Als Zusatznutzen verbessert sich die Bindung hochqualifizierter Mitarbeiter an das Unternehmen. So entsteht ein Pool von förderungswürdigen Mitarbeitern.

Abb. 2 zeigt, wie sich diese Entwicklungsmaßnahmen über 2 Jahre verteilen.

Die Förderung läßt sich in folgende Bausteine aufteilen:

- Planspiel (Bei der ersten Gruppe handelte es sich dabei um das vom USW Gracht und dem Handelsblatt regelmäßig durchgeführte Planspiel MARGA)
- Projekt
- Individualmaßnahmen

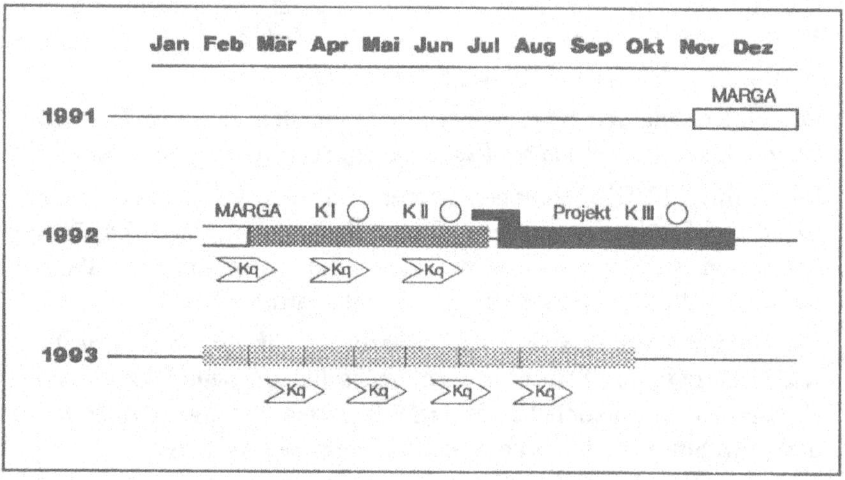

Abb. 2: Zeitplan des Förderprogramms für Stabsmitglieder

Diese Bausteine werden flankiert von aufeinander aufbauenden Seminaren (K I bis K III), Kolloquien (K q) und zwei Fördergesprächen mit dem jeweiligen Vorgesetzten.

Zielsetzung sowie Inhalte der Bausteine und der flankierenden Maßnahmen lassen sich wie folgt beschreiben:

Planspiel:

- methodische und inhaltliche Erarbeitung eines komplexen und neuartigen Themenfeldes durch die Gruppe.
- Teilnehmer erhalten einen Überblick über das System "Unternehmen"; Erlangung von betriebswirtschaftlichen Kenntnissen in Zusammenhängen. (Helicopter-Perspektive)

Projekt:

- Lösung eines unternehmensspezifischen Problems innerhalb eines begrenzten Zeitraums (aktuelle, übergreifende, noch nicht bearbeitete Problemstellung)
- im Planspiel erworbene Methodenkompetenz wird unter realen Bedingungen erprobt.

	Teilnehmer testen ihre Mitarbeiter und Vorgesetzenqualifikation in einer neuen Arbeitssituation. - Zusammenhänge der Fachabteilungen werden deutlich.
Individualmaßnahmen:	- auf der Basis der → Fördergespräche → der Rückmeldung durch Gruppe und Betreuer sowie → eines Individual Assessment werden individuelle Qualifikationsmaßnahmen geplant und durchgeführt.
Fördergespräche:	- aktueller Stand des Programms - konkrete Entwicklungsmöglichkeiten und daraus abzuleitende Qualifikationsmaßnahmen - bedarfs- und zielgerechte Förderung durch institutionalisierte Einbindung der Vorgesetzten
Kolloquien:	- höchstens 3-4 stündige fachthematische Veranstaltungen (Gruppe entscheidet über Thema, Ort und Zeit sowie weitere Modalitäten) - fachthematische Begleitung des Projekts - Gruppe trifft sich regelmäßig auch außerhalb der gruppenorientierten Phasen - das Förderprogramm wird auch für andere interessierte Personen transparent
Seminare:	Kommunikation I-III - Führungsplanspiel - Leiten von Arbeitsteams - meine Persönlichkeit - mein Führungsstil - Vor- und Nachbereitung der Förderprogrammphasen - kritische Reflexion des eigenen Arbeitsverhaltens

Die Erfahrungen mit der ersten Gruppe zeigen, daß die Programminhalte dem Entwicklungsbedarf der Teilnehmer entsprechen.

Probleme ergeben sich allerdings aus der Tatsache, daß sich besonders qualifizierte Stabsmitarbeiter auch einer besonderen Beobachtung durch Vorgesetzte erfreuen. Als Folge davon wurden Gruppenmitglieder während des laufenden Programms befördert oder erhielten neue interessante Aufgaben in anderen Unternehmensbereichen. Das führte zu Kollisionen mit der geplanten, vor allem zeitlichen Abfolge des Förderprogramms.

Dies sind allerdings Durchführungsprobleme, die durch Gespräche zwischen diesen Stabsmitarbeitern, deren Vorgesetzten und dem Betreuer der Fördergruppe gelöst werden können.

Damit wird eine weitere, für den Erfolg solcher Förderprogramme wichtige Voraussetzung angesprochen: der Betreuer, besser "Entwicklungsberater", der diese Gruppe begleitet. Ihm kommt neben der Organisation des Programms die wichtige Rolle zu,

- Berater in schwierigen persönlichen Situationen,
- Mittler bei der Lösung von Konflikten in der Gruppe oder
- Kraftquelle in Situationen ohne erkennbaren Ergebnisfortschritt

zu sein.

Einfühlungsvermögen, persönliche Autorität, aber auch gute Kenntnisse der Organisation oder betriebswirtschaftliche Kenntnisse sind nur einige Anforderungen an den Entwicklungsberater.

Der letzte Schritt in Richtung integrierter Konzepte zur Förderung von Mitarbeitern aus Fachabteilungen und Linienführungskräften wird in den nächsten Jahren ebenfalls getan.

Dann werden Förderprogramme mit o.g. Zielsetzung nicht mehr zielgruppenspezifisch für Stabs- *oder* Linienleute durchgeführt, sondern Mitarbeiter aus Stab *und* Linie ein gemeinsames Programm durchlaufen.

www.ingramcontent.com/pod-product-compliance
Lightning Source LLC
LaVergne TN
LVHW020451051026
849527LV00001B/347
* 9 7 8 3 7 9 0 8 0 7 5 5 4 *